MONTAIGNE

Une fête pour l'esprit

DU MÊME AUTEUR

Du Bellay : ses « Regrets » qu'il fit dans Rome. Paris, Nizet, rééd. 1981.

La Journée et ses moments dans la poésie française du XVIe siècle. Lille, Atelier de reproduction des thèses, 1975. *(Épuisé.)*

La Pléiade, Paris, PUF (« Que sais-je? », nº 1745), 1978. *(Épuisé.)*

Le Jour dans la poésie française au temps de la Renaissance, Tübingen, G. Narr, 1979. (Diffusion SEDES.)

Dix études sur le XVIe et sur le XVIIe siècle. Paris, Nizet, 1982.

La Pléiade. La poésie en France autour de Ronsard. Paris, Nizet, 1987.

Éditions critiques

Ronsard, *Discours. Derniers Vers.* Paris, coll. G.-F. (nº 316), 1979.

Du Bartas, *La Semaine.* Paris, STFM, 1981. (Diffusion Nizet.)

En collaboration

Histoire de la littérature française, sous la direction de Pierre Brunel. Paris, Bordas, rééd. 1986.

Le poète et ses lecteurs : le cas Ronsard. Nº VI, 2 de la revue *Œuvres & Critiques.* (Éd.)

Littératures étrangères de l'époque classique. Paris, Nathan, 1983.

Le Temps et la durée dans la littérature au Moyen Age et à la Renaissance, actes du colloque de Reims, 1984. Paris, Nizet, 1986. (Éd.)

Champagne-Ardenne : La littérature du Moyen Age et de la Renaissance, nº 5 de la revue *Études champenoises,* 1986. (Éd.)

Thibaut de Champagne, prince et poète au XVIIIe siècle, actes du colloque de Reims 1986. Lyon, La Manufacture, 1987. (Coéd. avec D. Quéruel.)

Le Sonnet à la Renaissance, actes du colloque de Reims 1986. (Éd.) En préparation.

Yvonne Bellenger

MONTAIGNE

Une fête pour l'esprit

BALLAND

« *Qu'un tel homme ait écrit, vraiment la joie de vivre sur terre en a été augmentée.* »

NIETZSCHE
Considérations intempestives

Chaque lecteur des *Essais* a son Montaigne, qui est susceptible de se transformer à chaque nouvelle lecture. Je n'ai pas cherché à présenter ici « le vrai Montaigne », comme eût dit Lanson, parce qu'à mes yeux il n'y en a pas. Montaigne lui-même a passé sa vie à dire combien il était difficile de se connaître, encore plus de se fixer. Autant que lui-même, son livre est d'une nature « ondoyante et diverse » et d'une richesse inépuisable.

Voilà donc le Montaigne qui est le mien. J'ai essayé de décrire son œuvre, de donner envie de la lire et de rendre compte en même temps des principaux courants critiques qu'elle a suscités. On sentira où vont mes préférences et quelle est l'image que je me fais de Montaigne. Malgré tout le respect que m'inspirent les travaux d'un Villey ou de plusieurs autres grands savants, je ne suis pas toujours de leur avis : je ne crois pas, comme Villey et d'autres, que le scepticisme de Montaigne ne corresponde qu'à une crise ; je ne crois pas non plus que les *Essais*, si accomplis qu'ils soient en tant qu'œuvre littéraire, puissent être lus hors de toute attention à l'histoire et à la réalité de l'homme qui les écrivit : la création littéraire n'est pas seulement la fiction et il n'est pas certain qu'elle gagne toujours à être traitée comme si elle l'était ! Il va sans dire qu'aucune de ces positions n'est incontestable. Aucune n'est nouvelle ni originale. Je ne prétends pas révéler un Montaigne jamais vu ni soutenir une thèse quelconque. Ce livre a été écrit pour dire le plaisir extraordinaire que m'a toujours procuré la lecture de Montaigne. C'est tout.

---

1. De cela, je me suis expliquée ailleurs, dans un article de *Crossroads and perspectives : French literature of the Renaissance (Mélanges Victor E. Graham)*, Genève, Droz, 1986, pp. 191-203.

Table

I. Michel 13

II. Le temps des désordres 27
   1. *Du temps de sa jeunesse* 29
   2. *Du temps de nos troubles* 49

III. Écrits 91
   1. *La* Théologie naturelle 95
   2. *Le* Journal de voyage en Allemagne et en Italie 107

IV. Les *Essais* 135
   1. *Première approche* 137
   2. *« Mon livre et moi »* 141
   3. *Être entendu* 165
   4. *« Que sais-je ? »* 190
   5. *« La forme entière de l'humaine condition »* 223
   6. *Quitter les Essais ?* 248

V. Depuis 253
   1. *Les Essais devant les contemporains* 255
   2. *Au XVIIe siècle* 263
   3. *Au XVIIIe siècle : de Coste à Naigeon* 272
   4. *Au XIXe siècle : de Naigeon à Villey* 280
   5. *Au XXe siècle : Montaigne parmi nous* 290

Annexes 299
   I. *Chronologies* 301
   1. Repères biographiques 303
   2. Repères historiques 306
   Paris ligueur 314

La grandeur de l'homme selon Raymond Sebond 316
Le succès de la *Théologie naturelle* 318

II. *Critiques et commentaires sur Montaigne* 321

Sur Montaigne et Sebond 323
Sur Montaigne et le *Journal de voyage* 327
Sur les *Essais*. Une écriture et un portrait 330
Les emprunts. L'évolution. L'ordre et le désordre 338
« Que sais-je ? » 345
Les grands thèmes 353

III. *Bibliographie* 363

Index des noms de personnes 377

I

MICHEL

La famille de Montaigne

Montaigne est né le 28 février 1533 « *entre onze heures et midi* » (I, 20 ; 84) [1] au château familial dont il porte le nom, près de Bordeaux : « *C'est le lieu de ma naissance et de la plupart de mes ancêtres* » (III, 9 ; 970). Pieux mensonge : il descend d'une famille certes ancienne dans la région, les Eyquem, mais d'élévation récente. Son arrière-grand-père, Raymond Eyquem, était devenu au XVᵉ siècle l'un des plus riches marchands de Bordeaux et c'est lui qui, en 1477 seulement, avait acheté la maison noble de Montaigne « maison noble », c'est-à-dire qu'elle conférait la noblesse à son propriétaire. Raymond Eyquem porte désormais le nom d'Eyquem de Montaigne, comme il en a le droit. Par héritage, le domaine de Montaigne passe ensuite à Grimon, le fils aîné de Raymond. Grimon continue d'accroître la richesse familiale mais de plus, il est le premier de la famille à devenir l'un des notables de sa ville : jurat (plus ou moins conseiller municipal) de Bordeaux pendant dix-huit ans et prévôt de justice.

---

1. Les citations de Montaigne, sauf précision contraire, sont tirées des *Essais*. Le premier chiffre, romain, renvoie au livre ; le second, arabe, au numéro du chapitre ; le troisième au numéro de la page dans l'édition Villey-Saulnier (voir Bibliographie, p. 366).

Nouvelle progression à la génération suivante : Pierre, le fils de Grimon et le père de notre Montaigne, est le premier de la famille à naître au château de Montaigne. Il abandonnera complètement la pratique du commerce ainsi que ses frères qui deviendront magistrats et hommes d'Église. Lui sera homme d'armes et homme de condition, c'est-à-dire qu'il vivra sans souci d'argent, dans le loisir – qui n'est pas l'oisiveté – et qu'il s'occupera à embellir sa maison : « *Mon père aimait à bâtir Montaigne, où il était né* » (III, 9 ; 951), à s'instruire, à prendre soin de ses biens, de sa famille et à assumer les charges publiques qui conviennent à un homme de son rang : en 1554, il deviendra même maire de Bordeaux.

En moins d'un siècle, voilà donc une famille qui s'est élevée de façon considérable et qui a complètement abandonné le négoce pour « vivre noblement »[1]. Le cas des Montaigne n'est pas unique et l'auteur des *Essais* (le premier qui abandonne le patronyme d'Eyquem pour devenir simplement Monsieur de Montaigne) représente bien cette nouvelle couche sociale dont l'importance et le pouvoir s'affirment au XVIᵉ siècle : non plus bourgeois, moins encore bourgeois gentilshommes à la manière de Monsieur Jourdain, mais riches, instruits, qui « utilisent leurs capitaux et leurs diplômes [...] de juristes pour acheter des offices et s'adjuger, du coup, le contrôle [...] de l'administration du royaume »[2].

Du côté maternel, Montaigne descend des Louppes, francisation du nom espagnol Lopez. Les Louppes, notables à Toulouse comme les Eyquem le sont à Bordeaux, deviennent vers ce même moment « de Villeneuve » comme les Eyquem ne sont plus que « de Montaigne ». L'auteur des *Essais* n'en parle guère et sa mère est l'une des grandes absentes de ses écrits (avec sa femme et sa fille) :

1. Voir George Huppert, *Bourgeois et gentilshommes. La réussite sociale en France au XVIᵉ siècle,* trad. franç., Flammarion, 1983, chap. VII : « Vivre noblement ».
2. G. Huppert, ouvr. cité, p. 11.

est-ce parce qu'elle a longtemps vécu (au point de survivre à son fils) et que Montaigne évoque les disparus plus que les vivants ? est-ce parce qu'il ne s'entendait pas avec elle, comme le prouvent certaines archives notariales postérieures à la mort de Pierre Eyquem ? est-ce enfin parce que la famille de sa mère était peut-être d'origine juive (des marranes convertis [1]) et installée à Toulouse depuis la fin du XVe siècle seulement [2] ?

Quoi qu'il en soit, quand Michel vient au monde, troisième enfant de ses parents (mais les deux premiers sont déjà morts) et aîné de sept autres (dont le dernier ne naîtra qu'en 1560, lorsque Montaigne aura vingt-sept ans), sa famille passe pour noble et le père entend bien que cette progression sociale s'affirme. Il élèvera donc ses enfants en conséquence, et en particulier l'aîné.

Une enfance heureuse

C'est sans doute à juste titre que Montaigne parle de son père comme d'un « bon père ». Non seulement Pierre Eyquem fut soucieux de pourvoir son fils d'une excellente éducation mais il se préoccupa d'en faire un enfant heureux en lui épargnant la peine et l'ennui souvent liés à l'apprentissage des choses les plus nécessaires, en particulier du latin et du grec. Les *Essais* racontent comment ce père modèle choisit pour son fils un précepteur allemand qui ne sût pas le français, de sorte qu'il ne lui parlât qu'en latin avant même que la langue de l'enfant fût « *dénouée* ». Pour que l'expérience fût complète, encore fallait-il que personne d'autre ne s'avisât de dire du français à Michel. Qu'à cela ne tienne ! « *Quant au reste de sa maison, c'était une règle inviolable que ni lui-même, ni ma mère, ni valet, ni chambrière ne parlaient en ma compagnie qu'autant de mots*

---

1. Les marranes étaient les Juifs convertis, plus ou moins par force, en Espagne au XVe siècle.
2. Encore que Montaigne, à plusieurs reprises, parle des Juifs avec sympathie, notamment dans le *Journal de voyage*. Voir plus bas, p. 288.

de latin que chacun avait appris pour jargonner avec moi.
C'est merveille du fruit que chacun y fit » (I, 26; 173). Le
résultat fut en effet magnifique : « *Nous nous latinisâmes*
tant qu'il en regorgea jusqu'à nos villages tout autour [...].
Quant à moi, j'avais plus de six ans avant que j'entendisse
non plus de français ou de périgourdin que d'arabesque. Et
sans art, sans livre, sans grammaire ou précepte, sans fouet et
sans larmes, j'avais appris du latin, tout aussi pur que mon
maître d'école le savait... » (*ibid.*)

Voilà pour le latin. Quant au grec, que Montaigne
possédait mal, il dit la manière dont son père avait entrepris
de le lui faire apprendre « *par art* [1] », au contraire du latin,
« *mais d'une voie nouvelle, par forme d'ébat et d'exercice* »
(*ibid.; 174*).

Et mieux encore : « *... parce que d'aucuns tiennent que cela*
trouble la cervelle tendre des enfants de les éveiller le matin
en sursaut et de les arracher du sommeil (auquel ils sont
plongés beaucoup plus que nous ne sommes) tout à coup et par
violence, il me faisait éveiller par le son de quelque instru-
ment et avait un joueur d'épinette pour cet effet; et ne fus
jamais sans homme qui m'en servit » (*ibid.*).

Tels étaient en effet les principes d'éducation de Pierre
Eyquem, probablement inspirés d'Erasme [2] et ainsi résumés
par son fils : « *... il avait été conseillé de me faire goûter la*
science et le devoir par une volonté non forcée et de mon
propre désir, et d'élever mon âme en toute douceur et liberté,
sans rigueur et contrainte » (*ibid.*).

Mais ce bonheur n'eut qu'un temps et l'extrême scrupule
de Pierre Eyquem en matière de pédagogie fut cause qu'il
se laissa convaincre de revenir à des méthodes moins
originales : à l'âge de six ans, Michel fut confié au collège
de Guyenne, à Bordeaux, « *très florissant pour lors et le*

---

1. « *Par art* » : artificiellement, au contraire du latin que l'enfant avait appris « *sans*
art », c'est-à-dire naturellement.
2. A propos de l'influence probable du *De pueris instituendis* d'Erasme (1467-1536) sur
les choix pédagogiques de Pierre Eyquem, voir Roger Trinquet, *La Jeunesse de*
Montaigne, Nizet, 1972.

meilleur de France » (*ibid.*; 175). Il s'y déplut néanmoins, son latin s'y abâtardit incontinent et il en sortit à treize ans, ayant achevé son « *cours* » – nous dirions : cursus –, « *à la vérité sans aucun fruit que je pusse à présent mettre en compte* » (*ibid.*), écrit-il trente ans plus tard.

La magistrature. La Boétie.

En 1554, âgé de vingt et un ans, Montaigne est nommé conseiller à la Cour des Aides de Périgueux. Cela implique qu'il a étudié le droit, probablement à Toulouse où il a de la famille et des amis, quoique nous n'ayons à ce sujet aucune certitude. Trois ans plus tard (en 1557), il devient conseiller au Parlement de Bordeaux où il restera jusqu'en 1570. Magistrat : telle fut donc la profession exercée par Montaigne, profession conforme aux usages de sa classe. L'importance n'en est pas seulement sociale, toutefois, et la pratique du droit a fait de Montaigne un homme entraîné à considérer les textes, à les examiner dans leur rapport avec la vie; de plus, son métier a transformé l'enfant lent, paresseux et capricieux qu'il était et qu'il dépeint quelquefois en un adulte responsable, un homme de jugement. De plus, Bordeaux n'est pas loin de Montaigne; il y est chez lui; il y retrouve des proches, en particulier parmi les conseillers du Parlement : un oncle paternel, deux cousins du côté de sa mère, un beau-frère. Lui-même épouse en 1565 Françoise de la Chassaigne, fille et petite-fille de présidents de ce Parlement.

Mais surtout, à Bordeaux, parmi ses collègues, il fait la connaissance de celui qui deviendra, pour trop peu d'années, son ami : Étienne de La Boétie. Montaigne a si bien parlé de cette amitié qu'on n'envisage pas de le faire après lui sans reprendre ses mots : « *Si on me presse de dire pourquoi je l'aimais, je sens que cela ne se peut exprimer qu'en répondant : Parce que c'était lui; parce que c'était moi* » (I, 28; 188).

Les deux hommes étaient fort différents : Montaigne en

bonne santé, curieux de tout, impatient, peu adroit, enjoué, passablement nonchalant, qui aime le plaisir mais n'en est pas l'esclave, qui exècre le mensonge, la cruauté, qui est au demeurant lucide et se montre un magistrat consciencieux; La Boétie plus âgé de trois ans, marié, installé dans la vie, écrivain confirmé, auteur notamment du *Discours de la servitude volontaire*, esprit rigoureux, homme discipliné, bon humaniste, intègre et posé, mais exigeant et sûr de lui, au demeurant négociateur avisé et apprécié de ses collègues du Parlement de Bordeaux. Cet homme remarquable meurt prématurément, en août 1536, dans sa trente-troisième année, laissant pour toujours Montaigne esseulé et en quête d'un ami – de l'ami perdu, peut-être : « *Si à si bonnes enseignes, je savais quelqu'un qui me fût propre, certes je l'irais trouver bien loin; car la douceur d'une sortable* [1] *et agréable compagnie ne se peut assez acheter à mon gré. O un ami! Combien est vraie cette ancienne sentence que l'usage en est plus nécessaire et plus doux que des éléments de l'eau et du feu!* » (III, 9; 981).

D'autre part, pendant toutes ces années, Montaigne n'est pas resté enfermé dans sa province. L'humeur casanière n'est pas son fort et il est venu au moins deux fois à Paris. Il a fréquenté la cour, il l'a suivie dans ses voyages – dont une fois à Rouen, en 1562, ce qui lui a permis de rencontrer des « *Cannibales* » (I, 31). Dès cette époque, la personnalité de Montaigne apparaît donc dans ses différents aspects : homme de lecture, de réflexion, mais aussi de contacts, et curieux du vaste monde.

La retraite

Le 18 juin 1568, Pierre Eyquem meurt, laissant Michel héritier de son nom, de ses terres et de ses biens, mais non sans avoir par testament réservé les droits de sa veuve. Cela fut la source d'un conflit, réglé devant notaire, entre la

---

1. *Sortable* : bien assortie.

mère et le fils, dès 1569. C'est cette même année 1569 que Montaigne fait paraître le premier texte imprimé signé de lui : la traduction française de la *Théologie naturelle* de Raymond Sebond, un moine espagnol du XVe siècle.

Il ne résigne pas immédiatement sa charge : loin d'y penser, il sollicite même un poste plus avantageux à la Grand-Chambre du Parlement vers la fin de 1569, mais il ne l'obtient pas. C'est alors seulement qu'il prend la décision de se retirer à Montaigne et, pour mieux marquer l'importance de l'événement, il fait graver en latin sur les travées de sa bibliothèque (sa « *librairie* ») l'inscription suivante qu'il date du jour de son trente-huitième anniversaire : « *L'an du Christ 1571, à l'âge de trente-huit ans, la veille des calendes de mars, anniversaire de sa naissance, Michel de Montaigne, depuis longtemps déjà ennuyé de l'esclavage de la Cour du Parlement et des charges publiques, se sentant encore dispos, vint à part se reposer sur le sein des doctes Vierges* [1] *dans le calme et la sécurité; il y franchira les jours qui lui restent à vivre. Espérant que le destin lui permettra de parfaire cette habitation, ces douces retraites paternelles, il les a consacrées à sa liberté, à sa tranquillité et à ses loisirs.* »

Cette inscription, reprise sans examen et colportée par l'histoire littéraire, a accrédité l'image d'un Montaigne replié loin des bruits du monde, passablement égoïste, ou pour le moins égotiste, soucieux à peu près exclusivement de son confort. Il n'en est rien. Montaigne aime sa liberté, certes, mais jamais il ne s'est tenu loin de la vie ni des hommes. Il reçoit, il aime la conversation, la société; il accomplit des missions politiques et diplomatiques nombreuses et parfois difficiles : en 1574, il a rejoint l'armée royale dans le Poitou; en 1577, Henri de Navarre le fait gentilhomme de sa chambre – en récompense de quelque service, assurément. Mais il va sans dire que le principal n'est pas là : le principal, c'est que chez lui, dans cette

---

1. *Les doctes Vierges* : les Muses.

« *librairie, qui est des belles entre les librairies de village* » (II,
17; 650) et où il se plaît mieux que partout ailleurs, il
entreprend une œuvre sans précédent. Il y travaille pendant toute la décennie et il la fait paraître au printemps
1580 à Bordeaux, chez l'imprimeur Simon Millanges, sous
le titre alors nouveau d'*Essais*, en deux livres. Le succès est
immédiat.

Le voyage d'Italie. La mairie de Bordeaux.

En 1580, Montaigne a quarante-sept ans. Au regard de
son siècle, c'est un homme déjà vieux. De plus, il est
malade : depuis deux ans, il est atteint de la maladie de la
pierre (qu'il appelle encore la gravelle : ce sont des calculs
rénaux), héréditaire dans sa famille et qu'on ne sait pas
soigner. Malgré cela, en juin 1580, il part à cheval (c'est un
excellent et infatigable cavalier) pour aller de ville d'eaux
en ville d'eaux soigner sa gravelle. Prétexte ? Non point. Il
se soigne. Il prend les eaux. Il en consigne scrupuleusement les résultats dans le journal de voyage qu'il tient
pendant son déplacement à travers ce qui est aujourd'hui la
France de l'est, la Suisse, l'Allemagne et l'Italie. Mais il ne
se contente pas de cela. Il observe, regarde, examine ce
qu'il voit; il parle avec ceux qu'il rencontre ou qu'il va
trouver; il goûte et apprécie la cuisine qu'on lui offre; il dit
ses déceptions : ainsi « *il ne trouva pas cette fameuse beauté
qu'on attribue aux dames de Venise* » [1]; il dit aussi ses bonnes
surprises dans ce texte qu'il n'a jamais envisagé de publier
et qui ne fut découvert et connu qu'au XVIIIᵉ siècle.

C'est pendant qu'il est en Italie, à Rome, qu'il apprend
que les jurats de Bordeaux l'ont élu maire de la ville. Il
n'avait pas sollicité cette charge ni cet honneur et il ne
l'accepte que sur l'ordre du roi. Il fallut donc revenir en
France. Montaigne fit la route sans se presser et retrouva

---

1. *Journal de voyage,* 7 novembre 1580. Éd. Garavini, p. 163 (voir Bibliographie,
p. 367).

son château en novembre 1581, après une absence de presque dix-huit mois.

Il s'acquitta de ses nouvelles tâches de maire, nous dit-il, sans zèle intempestif et sans ostentation, mais sûrement de façon satisfaisante puisqu'il fut réélu en 1583 pour une seconde période de deux ans – il le dit aussi. Le fait mérite d'autant plus d'être souligné que la période pendant laquelle Montaigne fut le premier magistrat municipal de Bordeaux était particulièrement délicate. La guerre faisait rage et le maire dut livrer quelques difficiles négociations. Il écrivit beaucoup : correspondance avec des grands, avec leurs conseillers, remontrances même aux rois de France ou de Navarre, comptes rendus aux uns, billets aux autres, etc. Citons simplement le début de cette lettre de remontrance à Henri III, du 31 août 1583 : « *On ne voit par les villes et les champs qu'une multitude effrénée de pauvres...* » Il eut maille à partir avec la Ligue, fort active à Bordeaux, dont le fanatisme lui faisait horreur. En outre, la peste, en 1585, ravagea la région.

On a chanté pouilles à Montaigne, rétrospectivement mais guère avant les XIXe et XXe siècles, pour n'être pas retourné à Bordeaux au terme de son mandat afin de remettre les clés de la ville aux jurats : en son temps, personne n'avait songé à s'étonner de cette légitime prudence, et moins encore à la critiquer. Risquer d'attraper la peste pour s'acquitter d'un devoir purement formel en accomplissant une cérémonie toute symbolique relève d'un héroïsme absurde et l'on peut estimer qu'il est tout à l'honneur de Montaigne de ne pas avoir été tenté par ce genre d'ostentation sotte et meurtrière.

La seconde retraite. Les Essais *de 1588. Les dernières années.*

Montaigne est rentré chez lui mais la guerre continue de faire rage dans le Périgord et la peste redouble de violence. L'ancien maire de Bordeaux doit quitter sa maison avec les siens et errer dans la campagne en fuyant l'épidémie et les soldats : « *J'eus à souffrir cette plaisante condition que la vue de ma maison m'était effroyable. Tout ce qui y était était sans garde, et à l'abandon de qui en avait envie. Moi qui suis si hospitalier fus en très pénible quête de retraite pour ma famille; une famille égarée, faisant peur à ses amis et à soi-même, et horreur où qu'elle cherchât à se placer, ayant à changer de demeure soudain qu'un de la troupe commençait à se douloir* [1] *du bout du doigt* [...]. *Tout cela m'eût beaucoup moins touché si je n'eusse eu à me ressentir de la peine d'autrui et servir six mois misérablement de guide à cette caravane* » (III, 12; 1048).

Enfin, il retrouve sa maison, ses livres et surtout son livre auquel, à partir de février 1586, il travaille continûment. Il lui ajoute un troisième volume; il relit et complète ce qu'il a publié précédemment.

Dès janvier 1588, il part (à cheval, comme toujours) pour Paris où paraîtra la nouvelle édition des *Essais*. Voyager était dangereux en cette époque troublée, et l'on pense aujourd'hui que ce voyage recouvrait une mission diplomatique secrète : il fut mouvementé; Montaigne fut attaqué par les détrousseurs dans la forêt de Villebois, au sud d'Angoulême, et c'est Condé qui le tira de ce mauvais pas; quelques mois plus tard, à Paris, fatigué et malade, il fut embastillé par les ligueurs, et cette fois, c'est l'intervention de la reine mère, la vieille Catherine de Médicis, qui le fit relâcher le soir même.

En juin 1588, paraissent les *Essais*, chez Abel L'Angelier, à Paris, « *cinquième* [2] *édition, augmentée d'un troisième livre et de six cents additions aux deux premiers* ». C'est pendant ce séjour de 1588 à Paris que Montaigne fait la connaissance de Marie Le Jars de Gournay, qui l'admire et avec qui

---

1. *Se douloir* : avoir mal. (Comprendre qu'au moindre bobo, on pensait à la peste, et il fallait partir !)
2. Nous ne connaissons que quatre éditions des *Essais* à cette date : 1580, 1582, 1587 et 1588. Erreur de l'imprimeur ? lapsus de Montaigne ? Il se peut qu'il y ait eu une édition aujourd'hui disparue.

il connaîtra une tardive mais profonde amitié. C'est elle qu'il appellera sa « fille d'alliance » : elle le restera jusqu'à la fin de sa vie.

Pendant cette année fertile en événements, Montaigne ne demeure pas immobile à Paris. Il suit la cour à Chartres, à Rouen, il va chez Mlle de Gournay en Picardie, il se rend aux états généraux de Blois où il est peut-être encore présent lors de l'assassinat du duc de Guise le 23 décembre [1].

A la fin de 1588, il retourne en Guyenne où il passera ses dernières années à se retire et à compléter les *Essais*. Il reste en relation avec Henri de Navarre, devenu roi de France (contesté) sous le nom d'Henri IV en août 1589. Mais il ne quitte plus Montaigne. Sa santé s'est dégradée. Il garde l'esprit toujours aussi vif et jeune mais son corps est celui d'un vieillard. Il se contente de continuer à recevoir de vieux amis et de plus récents, et de correspondre.

Lui qui a perdu presque tous ses enfants (six sur sept) est devenu grand-père. Sa fille Léonor s'est mariée en 1590 et elle a mis au monde une fille en mars 1591.

Il vit donc ainsi, dans la compagnie des siens mais aussi dans celle de la maladie et de la douleur : sans héroïsme, sans ostentation, avec philosophie, Montaigne supporte depuis 1578 sa gravelle (on sait l'intensité insupportable des douleurs que provoquent les coliques néphrétiques). Cette épreuve lui a inculqué une admirable sérénité. Grâce à elle en grande partie, il est devenu un sage, dans la plus haute acception du terme : « *C'est une des principales obligations que j'aie à ma fortune* [2] *que le cours de mon état corporel ait été conduit chaque chose en sa saison. J'en ai vu l'herbe et les fleurs et le fruit; et en vois la sécheresse. Heureusement, puisque c'est naturellement* » (III, 2; 816).

Michel de Montaigne mourut le 13 septembre 1592 pendant la messe dite dans la chapelle de son château. Son

---

1. Voir D. Frame, *Montaigne. A Biography,* p. 284.
2. *Fortune* : destinée.

cœur fut déposé dans la chapelle de Saint-Michel-de-
Montaigne (son village) et son corps enterré à Bordeaux,
dans l'église des Feuillants. Trois ans plus tard, en 1595,
publiée par les soins de Mlle de Gournay et de son ami
Pierre de Brach, paraissait l'édition posthume des *Essais,*
enrichie des ajouts manuscrits que Montaigne avait portés
sur son propre exemplaire de l'édition de 1588.

II

LE TEMPS
DES DÉSORDRES

1

Du temps de sa jeunesse

Une époque de contrastes

Montaigne écrit dans les *Essais* cette phrase qui fait frémir : « *Je me suis couché mille fois chez moi, imaginant qu'on me trahirait et assommerait cette nuit-là, composant avec la Fortune [1] que ce fût sans effroi et sans langueur...* » (III, 9 ; 970). Or le même homme est né en 1533, moins d'un an après qu'eut été publié à Lyon le *Pantagruel* de Rabelais où l'on pouvait lire, dans la fameuse lettre de Gargantua à son fils, des phrases remplies d'optimisme telles que celle-ci : « ... *par la bonté divine, la lumière et dignité a été de mon âge rendue aux lettres* [...]. *Maintenant toutes disciplines sont restituées, les langues instaurées...* » (*Pantagruel*, 8).

Ce contraste est caractéristique de toute la Renaissance française, partagée entre la ferveur et le dogmatisme, l'ouverture sur le monde et le repli, la générosité et la haine, la grandeur et la mesquinerie. Le XVIᵉ siècle commence avec l'élan fou et chevaleresque, encore largement médiéval, des guerres d'Italie, et il se termine dans les cruautés et les massacres provoqués par les conflits idéologiques des guerres de religion – affligeante apparition d'une certaine forme de mentalité moderne.

---

1. *Composant avec la Fortune que...* : comptant sur la Fortune, sur le hasard, pour que...

Tout cela fut mêlé, souvent contemporain : les guerres d'Italie, on s'en doute, ne furent pas seulement une promenade chevaleresque et, au début du XVIᵉ siècle, les Français étaient copieusement haïs dans la péninsule. A l'inverse, il arriva que, dans les pires moments des guerres de religion, se révèle la noblesse d'âme de certains. C'est alors que sortit des presses un maître livre comme les *Essais* et, sur le plan politique et religieux, ces conflits aboutirent à la victoire, hélas provisoire, de l'esprit de tolérance avec la conclusion de l'édit de Nantes en 1598.

La confusion fut grande et l'on en retrouve la trace dans la proche famille de Montaigne dont une sœur, Jeanne de Lestonnac, se convertit au calvinisme mais eut une fille, prénommée Jeanne elle aussi, catholique fervente, fondatrice d'un ordre religieux et canonisée en 1949!

Cependant, à considérer les choses dans leur ensemble, on aperçoit un mouvement général qui dessine une courbe largement descendante : pour le dire *grosso modo*, du mieux vers le pire, de l'espoir vers la catastrophe, de l'humanisme triomphant aux déchirements politiques et religieux.

Nous ne rappellerons pas ce qui est bien connu : que la Renaissance commence en Italie; qu'elle est favorisée par un certain nombre de faits et d'événements, retentissants ou non, de nature différente comme la prise de Constantinople par les Turcs en 1453, qui chasse les lettrés grecs de l'ancienne Byzance et du même coup enrichit l'Europe occidentale de leur présence, de leur savoir et de leurs manuscrits; comme un certain nombre d'inventions techniques (dues en particulier aux Portugais) en matière de navigation, qui ont pour résultat de rendre possibles ce qu'on appelle aujourd'hui les grandes découvertes, mais aussi de faciliter à travers le siècle des voyages au long cours inconcevables précédemment; comme une autre invention, d'un Allemand cette fois, l'imprimerie née à Mayence vers 1450 du travail de Gutenberg, le premier des médias modernes qui permit une diffusion sans exemple des idées nouvelles; comme les conséquences fécondes de la découverte de l'Italie par la noblesse et l'élite françaises, résultat heureux et imprévisible d'une initiative pourtant hasardeuse prise par un jeune roi sans cervelle à la fin du XVᵉ siècle, Charles VIII : certes, la France était prête à vivre la Renaissance, mais l'exemple de l'Italie fut déterminant.

Tout cela est antérieur à la naissance de Montaigne. Où en est-on en 1533 ?

Le pays de Montaigne

Montaigne naît sujet du roi François Iᵉʳ, donc Français mais aussi (mais surtout) Gascon. En hommage à Paris, n'écrit-il pas : « *Je ne me mutine jamais tant contre la France que je ne regarde Paris de bon œil* », et aussi : « *Je ne suis Français que par cette grande cité...* » (III, 9; 972)?

C'est que, d'une part, la Gascogne et Bordeaux sa capitale ne sont pas au XVIᵉ siècle de simples satellites d'un centre incontesté comme le deviendra Paris à partir du XVIIᵉ siècle. Le rayonnement intellectuel en est grand – pensons au prestige des humanistes qui font le renom du collège de Guyenne, notamment. Parlementaire bordelais, maire de sa ville pendant quatre ans, Montaigne se présente toujours comme un écrivain gascon, de langue française certes. Plusieurs témoignages le montrent très conscient de cette appartenance à sa province du Sud-Ouest; ainsi, il écrit dans son *Livre de Raison* [1] qu'il est « né aux confins du Bordelais et du Périgord [2] », c'est-à-dire « entre les langues d'oïl et d'oc. Entre les pays de droit coutumier et les pays de droit écrit (ou romain). Entre une France du Nord, plus développée, et un Midi analphabète malgré sa profonde

---

1. On dit encore son « Beuther » : il s'agit des *Éphémérides* de *Beuther*, sorte de calendrier dont une moitié de la page restait libre pour que leur possesseur puisse y inscrire ses propres « éphémérides ».

2. « ... *natus est... in confiniis Burdigalensium et Petragorensium...* », Montaigne, *Œuvres complètes*, éd. Thibaudet-Rat, p. 1414.

culture et ses traditions orales. Entre catholicisme et Réforme [1] ».

D'autre part, la Guyenne en 1533 n'était redevenue française que depuis trois quarts de siècle après être restée anglaise pendant trois cents ans. Le souvenir des anciens maîtres n'y était pas oublié et Montaigne, dans les *Essais*, parle encore du grand capitaine anglais de la guerre de Cent Ans comme de « *notre Talbot* » (II, 1 ; 337). La domination française dans cette province n'était pas toujours bien acceptée. On verra Montaigne, comme maire ou comme négociateur, obligé de s'entremettre dans des situations difficiles, favorisées sans doute par les troubles politiques où tout le pays est plongé, mais significatives d'un refus de la part d'une population qui se sent plus gasconne ou périgourdine que française. Dès avant cela, au début du règne de Henri II, en 1548, alors que Montaigne a quinze ans, la région est prise dans la plus grave tourmente qu'elle ait connue depuis longtemps et se soulève contre la gabelle, l'impôt sur le sel dont elle était jusque-là exempte et qu'avait établi François Ier à la fin de son règne. 20 000 rebelles à Bordeaux. La révolte fut violente, la répression terrible. Le connétable de Montmorency, réputé pour sa brutalité, entra dans la ville en grand appareil militaire et il y organisa un régime de terreur. Dès 1549, la situation y était rétablie. A quel prix... Par la suite, la province se montrera plusieurs fois turbulente et mutine.

Mais revenons en 1533. Peu d'années auparavant, en 1526, la Gascogne est devenue l'apanage de Marguerite de Valois, sœur de François Ier, bientôt reine de Navarre [2]. La région se trouve ainsi rattachée de plus près à la couronne

---

1. G. Nakam, *Montaigne et son temps. Les événements et les Essais*, p. 30.
2. Ne pas confondre les trois Marguerite royales du XVIe siècle : la nôtre, sœur de François Ier, auteur de l'*Heptaméron* et de plusieurs poésies, grand-mère de Henri IV ; la fille de François Ier, sœur de Henri II, nièce de la précédente, protectrice de la Pléiade et devenue duchesse de Savoie en 1559 ; enfin la « reine Margot », née en 1553 et popularisée par Alexandre Dumas, fille de Henri II, sœur de François II, de Charles IX, de Henri III et épouse de Henri de Navarre, futur Henri IV.

royale et aux Valois. De sa cour de Nérac, la nouvelle souveraine accroît le rayonnement de son royaume et de ses possessions; de plus, elle contribue à répandre les idées nouvelles : fort cultivée, la reine Marguerite est favorable au courant réformé, sinon elle-même réformée, au point d'encourir la censure de la Sorbonne (alors tribunal ecclésiastique) pour la publication de ses poèmes intitulés *Le Miroir de l'Ame pécheresse* en 1531 – à la grande fureur de son frère le roi de France! Il lui arrivera plusieurs fois de protéger des humanistes, des poètes, des artistes en difficulté avec le pouvoir de ce même roi de France.

Situation politique et religieuse vers 1533

Sur le plan politique, militaire et religieux, trois hommes du même âge, trois personnalités exceptionnelles occupent le devant de la scène européenne pendant la première moitié du XVIᵉ siècle : Henry VIII d'Angleterre qui a soustrait deux ans plus tôt (en 1531) l'Église anglicane à l'autorité du pape, François Iᵉʳ et Charles Quint qui prolongent ce qu'on appelle les guerres d'Italie, en fait moins italiennes qu'européennes. Le conflit est désormais une rivalité entre deux monarchies, celle des Valois et celle des Habsbourg, qui se disputent le pouvoir. Guerres (en Provence, 1536; en Champagne, 1544; en Lorraine, 1552) et trêves (1538, 1544, 1555) se suivent. Cependant, les deux souverains ont fort à faire avec l'agitation religieuse qui secoue leurs domaines respectifs. Le Habsbourg est aux prises avec ses protestants allemands et ceux-ci, pour lui faire la nique, s'allient à François Iᵉʳ devenu leur soutien (1531). Chez lui, la politique du roi de France est moins tranchée – le roi de France qui, au même moment ou presque (1536), va s'allier au Turc, au grand scandale de toute l'Europe. C'est que l'hérésie se développe dans le pays et François Iᵉʳ, roi autoritaire, ne la regarde pas d'un bon œil. D'autre part, la Sorbonne et le Parlement s'entendent pour réprimer ces germes de révolte, et le roi ne veut pas leur donner carte blanche. De sorte que sa politique hésite, accepte ce qui peut contribuer à favoriser le gallicanisme mais exclut toute rupture avec Rome. En outre, François Ier subit, du moins dans la première partie de son règne, l'influence de sa sœur, la reine Marguerite.

Au total, vers 1530, le roi passe pour tolérant ou du moins pour indulgent à l'égard des courants évangéliques, voire réformateurs, comme en témoignent ces propos de Gérard Roussel, un « *anti-Sorbonnique* », eût dit Rabelais, qui écrivait au moment où le roi était emprisonné en Espagne à la suite de la défaite de Pavie (1525-1526) : « *La captivité de notre roi a fait dresser la crête à nos adversaires, à ce point qu'ils sont convaincus de triompher... Si ce régime de rigueur doit durer, personne n'osera plus en sûreté annoncer le règne du Christ* [1]. »

Mais l'intérêt du roi pour les idées nouvelles n'empêche pas les bûchers de flamber. En 1529, Berquin, un ami d'Érasme, fut supplicié sur l'ordre du Parlement sans que le roi réussisse à le sauver. Ce ne fut pas le seul érasmien persécuté et Jean-Louis Vivès, autre disciple du maître de Rotterdam, écrivait à celui-ci en mai 1534 : « *Nous passons par des temps difficiles, où l'on ne peut ni parler ni se taire sans danger. En Espagne, on a arrêté Vergara et son frère Tovar, sans parler d'autres hommes fort savants. En Angleterre, ce sont les évêques de Rochester et de Londres, et Thomas Morus* [2] ». En 1535, ce Thomas More (ou Morus), l'ami d'Érasme, l'auteur d'*Utopie*, le plus grand humaniste anglais, est à son tour supplicié.

Érasme s'éteint en 1536, à l'âge de soixante-neuf ans. L'homme qui avait suscité la ferveur et l'hommage des esprits les plus remarquables de son temps, celui à qui Rabelais avait écrit en 1532 : « *Vous êtes pour moi un père et*

---

1. H. Lemonnier, *Charles VIII, Louis XII et François Ier. Les guerres d'Italie (1492-1547)* [*Histoire de France* de Lavisse], réimpr. Tallandier, 1982, p. 388.
2. M. Bataillon, *Érasme et l'Espagne*, Droz, 1937, p. 529.

une mère » et dont Montaigne évoque l'autorité et la très prestigieuse renommée, fût-ce en termes humoristiques, lorsqu'il écrit : « *Qui m'eût fait voir Érasme autrefois, il eût été malaisé que je n'eusse pris pour adages et apophtegmes tout ce qu'il eût dit à son valet et à son hôtesse* » (III, 2 ; 810), cet homme qui avait été la conscience de l'Europe intellectuelle a définitivement perdu la partie avant même de disparaître. De sorte que, « quand naît Montaigne, la réforme spirituelle d'inspiration érasmienne [est] en faillite » [1]. Et de l'autre côté des Pyrénées, l'Inquisition se développe.

Est-ce à dire que dès ce moment, les humanistes ont échoué ? Sans doute, mais en 1533 ils ne le savent peut-être pas encore.

La fondation du Collège royal

Ils ont à la vérité quelque excuse de s'y tromper. Trois ans plus tôt, en 1530, Guillaume Budé, le plus grand des humanistes français, a obtenu du roi la fondation du Collège royal (futur Collège de France), promise depuis longtemps et toujours différée. Le Collège « fut une association libre et ouverte d'hommes professant les mêmes doctrines, substituée à la conception corporative, exclusive et fermée, que représentait l'Université » [2]. Alors que la langue grecque était presque traitée en hérétique par la Sorbonne qui y voyait la possibilité de lire et d'examiner les Livres saints, le roi établissait des chaires de grec et d'hébreu indépendantes du contrôle de l'Église ; plus tard, ce seront les mathématiques et le latin. Les professeurs de ce qu'on appelait encore le « Collège des trois langues » étaient désignés comme les « Liseurs du Roi » ou, plus couramment, les « Lecteurs royaux ».

La Sorbonne ne cessa de s'opposer à cette nouvelle institution où elle voyait, non sans raison, un empiètement

---

1. G. Nakam, ouv. cit., p. 21.
2. Henry Lemonnier, ouvr. cit., p. 319.

sur ses prérogatives traditionnelles. Elle fit tout ce qui était en son pouvoir pour en bloquer le fonctionnement, allant jusqu'à demander au Parlement, en 1534, d'interdire aux Lecteurs d'enseigner sans son autorisation; en 1546 encore, il fallut que le roi, pour protéger plus efficacement ses « Liseurs », leur accordât le privilège de n'être justiciables que de la Chambre des Requêtes du Palais et d'échapper ainsi tant au Parlement qu'à la Sorbonne [1]. C'est dire combien, non seulement dans sa création mais dans son existence, le Collège représente l'une des victoires les plus solides et les plus incontestables de l'humanisme. L'esprit en était radicalement nouveau puisque, pour la première fois, l'acquisition du savoir se trouvait séparée de l'enseignement religieux.

En fait, si incontestable que soit cette victoire, on peut considérer qu'elle traduisait plutôt l'aboutissement d'une première Renaissance optimiste et porteuse d'espoir (telle que l'exprime la citation de Rabelais faite au début de ce chapitre, p. 29) que la situation effective de l'humanisme au premier tiers du XVIᵉ siècle.

Il est toujours facile de réduire la complexité des faits à quelques dates. Facile et faux à la limite. Toutefois il arrive que des événements soient significatifs. Tenons-nous-en à la France :

1529. Supplice de Berquin. Défaite de l'humanisme érasmien.

1530. Fondation du Collège royal. Triomphe de l'humanisme.

1534. Affaire des placards. Fin de la tolérance royale à l'égard de la Réforme.

---

1. Ces deux institutions étaient souvent hostiles à la politique de François Iᵉʳ, depuis l'affaire du Concordat en 1516. Cet accord entre le pape et le roi de France donnait à celui-ci le pouvoir de choisir les évêques et les abbés sous réserve de l'approbation du pape, hors du contrôle de l'Église. C'était un succès du gallicanisme mais plus encore du pouvoir royal et cela suscita l'opposition du Parlement et de l'Université, opposition assez violente pour durer deux ans avant que le roi n'en triomphât. Il en restait des rancunes tenaces qui se manifestèrent à toute occasion durant le règne de François Iᵉʳ.

L'Affaire des placards (18 octobre 1534)

Malgré bien des hésitations, le roi de France n'était pas fermé aux idées évangéliques et réformées. Rappelons ici, brièvement, que le courant évangélique exprimait un ardent désir de réforme dans l'Église. Il fut illustré, dès le début du XVIe siècle, par des hommes comme Lefèvre d'Étaples, Briçonnet devenu évêque de Meaux en 1516, Budé, Roussel, Vatable, etc. et protégé très efficacement par Marguerite de Valois, reine de Navarre à partir de 1527. Tous se référaient à la pureté de l'Église primitive et à l'enseignement des Évangiles (d'où le nom qu'on leur donna) : « *C'est dans l'Écriture sainte que se trouve la doctrine du Christ. – Ne suivons pas les dogmes des hommes, qui n'ont pas de fondement dans la lumière qui a brillé d'en haut. – Attachons-nous donc au seul Christ et à la doctrine apostolique; le reste est peut-être plus superstitieux que religieux. – Ce que nous faisons n'est point notre œuvre, mais celle de la bénédiction divine...* », écrivait par exemple Lefèvre d'Étaples [1], et l'on conçoit que ces aspirations aient rencontré celles des réformés. Toutefois, l'originalité du « groupe de Meaux » par rapport aux réformateurs Luther et plus tard Calvin, c'est que sa doctrine ne mène pas à la rupture avec Rome. Certes, plusieurs évangéliques passèrent au protestantisme, mais d'autres, nombreux, se refusèrent à franchir le pas et restèrent au sein de l'Église romaine. Citons le cas de Gérard Roussel, déjà mentionné plus haut (p. 34) qui, dénoncé comme hérétique et menacé du feu, énergiquement défendu par Marguerite de Valois, devint évêque d'Oloron en 1536 (ce qui n'empêcha pas la Sorbonne de condamner un de ses livres en 1543).

A n'en pas douter, la réforme évangélique n'était donc pas du protestantisme : « Ces précurseurs gardaient un respect profond pour le catholicisme en lui-même, pour la hiérarchie, pour le dogme : l'Église réformée par l'Église,

---

1. Henry Lemonnier, ouvr. cit., p. 374.

tel fut leur espoir passionné », écrit Henry Lemonnier [1]. Mais il s'en fallait que les gardiens d'une orthodoxie pure et dure qui siégeaient à la Sorbonne admissent cette modération : leur dénonciation des évangéliques était couramment outrancière, et cette outrance même finissait par se retourner contre eux.

C'est peut-être dans cette perspective qu'il faut apprécier l'ampleur et les limites de la tolérance de François Ier : comme un jeu de compromis entre deux forces opposées dont tantôt l'une tantôt l'autre inclinait le plateau de la balance.

Si bien que, de façon constante, le roi se méfiait du courant qui prenait le plus d'ampleur et se manifestait avec le plus de force. Contre la Réforme, jouait alors le fait qu'elle se développait à travers la France (et en particulier dans le Sud-Ouest, mais plus vers Toulouse que vers Bordeaux). Le phénomène inquiétait le souverain, décidé à se poser comme le successeur de Clovis et comme le défenseur de la foi chrétienne; pas un seul instant, François Ier n'était disposé à tolérer la moindre contestation de son autorité. Mais par ses goûts, par son caractère, le roi était un homme de la Renaissance; il lui plaisait d'exercer le mécénat, de s'entretenir avec les humanistes, les artistes, tous ceux qui représentaient les temps nouveaux, et il partageait leur mépris pour la gent monacale et sorbonnique qu'il n'aimait pas et qui le lui rendait bien.

On est là en octobre 1534. Les positions des adversaires se sont durcies et les modérés en font les frais. A l'étroitesse d'esprit fanatique des sorbonnards, répond désormais, chez certains luthériens, une exaltation non moins passionnée. C'est dans ce climat que, la nuit du 17 au 18 octobre 1534, sont affichés à Paris et en province des « *placards* » (des tracts) contre la messe; le roi en trouve même un apposé sur la porte de sa chambre, au château d'Amboise où il séjourne alors.

---

1. Ouvr. cit., p. 380.

Le ton de ces placards était d'une extrême véhémence :
« *J'invoque le ciel et la terre en témoignage de vérité contre
cette pompeuse et orgueilleuse messe papale, par laquelle le
monde (si Dieu bientôt n'y remédie) est et sera totalement
désolé, perdu, ruiné et abîmé* [1]. [...] *Le temps* [de la messe] *est
occupé en sonneries, hurlements, chanteries, vaines cérémonies, luminaires, encensements, déguisements et telles manières de sorcelleries.* [...] *En somme, vérité leur défaut, vérité les
menace, vérité les pourchasse, vérité les épouvante : par
laquelle en bref leur règne sera détruit à jamais* [2]. » Tout le
protestantisme des guerres de religion est déjà dans ces
placards, et déchaîne la fureur des catholiques.

Le Parlement et l'Université demandent des mesures
extraordinaires; des processions s'organisent partout pour
protester contre le sacrilège; les poursuites et les exécutions
se multiplient.

Le roi lui-même est courroucé : il a vu dans le geste qui
l'a ainsi défié une atteinte à son autorité et jamais plus il ne
manifestera à l'égard de la pensée réformée la même
ouverture d'esprit que précédemment. Les choses vont si
loin qu'il envisage même d'interdire l'imprimerie en
France « *sous peine de hart* [3] » et qu'il rêve un instant de
détruire les livres (janvier 1535). Le projet était certes
aberrant mais, à l'âge qu'avait alors la nouvelle invention, il
pouvait paraître réalisable; il resta sans lendemain. Toutefois l'idée mûrissait et, à travers les mouvements parfois
contradictoires de la politique royale (surtout à l'extérieur),
la répression contre le luthéranisme s'affirmait : le Clergé
obtenait le droit de poursuivre les hérétiques (1543) et,
cependant que Rome rétablissait l'Inquisition et instaurait
l'Index, la Faculté alliée au Parlement s'attaquait directement aux livres, surveillait rigoureusement la librairie
(1542) et établissait la première liste des œuvres mises à

1. *Abîmé :* englouti.
2. Cité par H. Lemonnier, ouvr. cit., p. 410.
3. *Hart :* corde. *Sous peine de hart :* ... de pendaison.

l'Index (1543) où figuraient les noms de Calvin, Luther, Marot, R. Estienne, etc.

Réforme et Contre-Réforme

C'est qu'entre-temps, Calvin (fixé à Genève depuis 1541) a publié l'*Institution de la religion chrétienne* d'abord en latin (1536) puis en français (1541). Il fournit ainsi aux protestants de langue française une « doctrine logique, harmonieuse, le dynamisme d'une ecclésiologie qui répondait aux besoins d'ordre et d'encadrement de la majorité des fidèles »[1] : elle fit le succès du calvinisme.

De l'autre côté, l'Église ne restait pas inactive et les principaux éléments de la Contre-Réforme catholique se mettaient en place. En 1534, un gentilhomme basque, Ignace de Loyola, fondait à Paris l'ordre des Jésuites dont les constitutions sont approuvées par le pape en 1540. Dès 1541, les premiers Jésuites engagent le combat contre les réformés. On sait quels allaient être l'influence et le rayonnement de la Compagnie dans l'histoire du XVIᵉ siècle et des siècles suivants. Dès 1549, saint François Xavier, ami personnel de Loyola, évangélisait le Japon. C'est dire combien les Jésuites, immédiatement, furent des serviteurs efficaces de la papauté, luttant habilement et sans relâche contre leurs adversaires, mais bien intégrés au monde moderne, participant à leur manière aux grandes découvertes, à l'ouverture de l'Europe sur les autres continents, ne tardant pas à créer ces collèges grâce auxquels ils allaient se rendre maîtres de l'éducation des élites, pour plusieurs siècles, dans l'Europe moderne.

Autre aspect de cette volonté de réforme catholique (après la fondation de la Compagnie de Jésus et la répression de l'hérésie par l'Inquisition romaine) : l'ouverture du concile de Trente en décembre 1545. Il siégera de façon épisodique jusqu'en 1563 (1545-1549, 1551-1552,

---

1. B. Bennassar, J. Jacquart, *Le XVIᵉ siècle*, A. Colin, p. 109.

janvier 1562-décembre 1563). C'est ce concile qui instaure véritablement la Contre-Réforme : on parle encore de Réforme « tridentine ». A cette date, en 1563, Montaigne a trente ans.

Changements de règnes

Avant d'en arriver là, bien des choses ont changé. Autour de 1550, le grand personnel politique de l'Europe est renouvelé : en France, François Ier meurt en 1547 et laisse le trône à son fils Henri II [1]. La même année, Henri VIII d'Angleterre disparaît : son fils Edouard VI lui succède jusqu'en 1553 où la couronne passe à Marie Tudor, récente épouse du prince Philippe d'Espagne [2]. Ce n'est que quelques années plus tard, en 1555 et 1556, que Charles Quint laisse la place à son tour en abdiquant au profit de son frère, l'empereur Ferdinand, pour l'Allemagne et l'Autriche, et de son fils Philippe II pour l'Espagne et ses possessions (la Flandre et l'Amérique); il se retire dans un monastère espagnol avant de mourir en 1558, un peu plus de dix ans après son vieux rival français. 1558 est aussi l'année où disparaît Marie Tudor et où sa demi-sœur Elisabeth monte sur le trône d'Angleterre qu'elle occupera pendant quarante-cinq ans.

La sœur de François Ier, Marguerite de Navarre, est morte en 1549 : l'année précédente sa fille Jeanne d'Albret avait épousé Antoine de Bourbon; elle deviendra reine de Navarre en 1555, deux ans après avoir donné naissance au petit prince de Béarn, futur roi de Navarre et futur roi de France sous le nom de Henri IV.

Cependant, le conflit avec l'Espagne se prolonge durant douze années encore après la mort de François Ier : il ne se termine qu'en 1559 par la paix du Cateau-Cambrésis qui marque la fin des guerres d'Italie. Sur les plans politique,

---

1. Le roman de Mme de Lafayette *La Princesse de Clèves* se déroule à la cour de Henri II : il en donne une idée intéressante.
2. Futur Philippe II.

diplomatique et militaire, ce traité est un échec complet pour la France. Est-ce au moins la paix pour l'Europe? D'une certaine manière, c'en est sans doute la promesse et de somptueux mariages princiers scellent la réconciliation des deux rois Henri II et Philippe II. Mais au cours des fêtes parisiennes dont ces cérémonies sont l'occasion, le roi de France est blessé mortellement dans un tournoi par un coup de lance.

Accident de mauvais augure : le roi défunt laisse son royaume à un enfant de quinze ans, juridiquement majeur, François II, l'époux de Marie Stuart. C'est un garçon malade (probablement tuberculeux), influençable, jouet entre les mains des oncles de sa femme, les tout-puissants Guise. Il ne régnera que dix-huit mois avant de mourir, à seize ans, en décembre 1560.

C'est au début du règne de Henri II qu'avaient éclaté les troubles de Guyenne (les révoltes contre la gabelle dans le Sud-Ouest : voir plus haut, p. 32), dont les effets se firent directement sentir dans la vie de Montaigne puisque « l'émeute eut pour conclusion la suppression de la gabelle en Guyenne, rédimée de l'impôt du sel dès septembre 1549, mais pour conséquence l'emprise croissante de l'autorité monarchique sur la ville de Bordeaux. Ce fut une victoire paradoxale, une synthèse d'intérêts opposés. Les maires de la cité, Pierre Eyquem bientôt, Michel de Montaigne plus tard, s'efforceront à la fois de sauvegarder les *coutumes,* les franchises municipales, d'alléger la pression fiscale de l'État, tout en maintenant la ville dans l'obéissance au roi et aux lois fondamentales du royaume » [1].

La répression de l'hérésie

D'autre part et surtout, pendant la durée de ce règne, les conflits religieux s'aggravèrent. Le calvinisme ne cessa de progresser et de se répandre à travers le pays et dans toutes

---

1. G. Nakam, ouvr. cit., p. 45.

les couches sociales. La réforme de l'Église, toujours annoncée, toujours attendue, était loin d'être réalisée, de sorte que les catholiques n'eurent d'autre mesure à opposer à leurs adversaires que la répression. L'Université et le Parlement trouvèrent en Henri II un interlocuteur infiniment plus compréhensif que son père et les mesures royales contre l'hérésie se firent de plus en plus lourdes (1551, édit de Châteaubriant; 1557, édit de Compiègne; 1559, arrestation et exécution de parlementaires parisiens suspects de calvinisme). La rigueur froide et dure de cette riposte aux efforts des réformés ne pouvait faire contrepoids à la qualité et au rayonnement des ministres envoyés par Genève : des hommes instruits, dévoués, dont la prédication recourait à la parole de l'Évangile, « aux forces puissantes de l'exaltation et de l'extase dans le Christ » [1].

D'autre part, Henri II n'avait pas l'ouverture d'esprit de son père. C'était un homme de faible caractère, bon sportif, peu intelligent, entièrement dominé par sa maîtresse Diane de Poitiers (de vingt ans son aînée) et par son ministre le connétable de Montmorency (parent des Coligny), rival politique des Guise. Au demeurant un bigot farouchement hostile au protestantisme. Il professait un catholicisme étroit et, dès son avènement, il créa au Parlement de Paris une Chambre ardente pour juger les crimes d'hérésie. Désormais, les livres et l'enseignement sont surveillés, la dénonciation des hérétiques est obligatoire. En 1557, le roi songe même à établir en France l'Inquisition espagnole.

Tout cela ne ralentit en rien l'expansion du calvinisme ni l'ardeur des réformés. Au contraire. En 1559, se tient à Paris, en dépit des difficultés et des risques qu'on imagine, le premier synode des Églises réformées de France. C'est aussi vers cette époque qu'adhèrent au calvinisme quelques grands seigneurs (pour qui les dangers, il est vrai, étaient beaucoup moins grands que pour les gens ordinaires) : le

---

1. H. Lemonnier, *Henri II, la lutte contre la Maison d'Autriche. 1519-1559*, Tallandier, 1983, p. 216.

principal fut le roi de Navarre, Antoine de Bourbon, et surtout son épouse Jeanne d'Albret, qui deviendra l'âme du parti réformé.

Bref, si la guerre étrangère semble terminée, les conflits à l'intérieur du pays sont exacerbés. Mieux : le roi a conclu la paix avec l'Espagne pour avoir les mains libres et se consacrer totalement à l'extirpation de l'hérésie ou, pour le dire dans les termes rapportés par le cardinal de Lorraine, « *pour de là en avant vaquer plus à son aise à l'extermination et bannissement de l'hérésie de Calvin* » [1]. Mais Henri II n'eut pas le loisir de mettre lui-même sa politique à exécution.

Les Guise s'en chargèrent (rappelons que le cardinal de Lorraine faisait partie de cette famille). Mais à eux aussi, le temps manqua. François II régna peu. Son jeune frère lui succéda, Charles IX, un enfant de dix ans. La régence fut assurée par Catherine de Médicis, la reine mère, jusque-là épouse très effacée de Henri II.

Pendant ces années, depuis 1554 à Périgueux, 1557 à Bordeaux, Montaigne était magistrat. Il voyait de près les effets de la politique royale. Il participait à des procès. La Guyenne ne fut nullement épargnée par ces événements dramatiques et l'auteur des *Essais* était particulièrement bien placé pour les connaître et en juger – au sens strict.

La vie intellectuelle et artistique

Et cependant, cette même époque profondément tourmentée, et qui allait bientôt l'être plus encore, était un moment d'extraordinaire épanouissement artistique, littéraire et intellectuel. Si, dans le domaine moral et religieux, les beaux jours de la Renaissance, dès 1560, appartiennent au passé, il n'en est pas tout à fait de même des arts et des lettres.

Il est vrai que Montaigne parle relativement peu des arts

---

1. Propos rapportés par Étienne Pasquier et cité par H. Lemonnier, ouvr. cit., p. 267.

de son temps et les *Essais,* s'ils mentionnent parfois les noms de juristes (Bartole, deux fois; Balde, une fois; Bodin – qui est aussi une relation de Montaigne –, cinq fois, etc.), ne citent pas souvent les auteurs contemporains, même s'ils le font avec éloge : Ronsard et Du Bellay sont mentionnés deux fois seulement, l'Arioste trois, Bembo une, Ficin une, Le Tasse une, Michel-Ange et le Titien jamais, non plus que Janequin, Goudimel ou Roland de Lassus. Peu de chose à côté des 197 mentions de Platon, 89 de Plutarque, 113 de Socrate, 44 de Sénèque! C'est que Montaigne semble parler plus volontiers des artistes de façon anonyme : « *un peintre* », « *ce peintre* », « *les peintres tiennent que...* », « *les peintres ombragent...* », et plutôt des plasticiens que des musiciens, qui n'ont guère la part belle dans les *Essais*. Les musiciens ne sont cités qu'indirectement, à travers des écrits anciens, et Montaigne confesse que, s'il n'est pas insensible à la musique, il y est fort peu compétent : « *De la musique, ni pour la voix que j'y ai très inepte, ni pour les instruments, on ne m'y a jamais su rien apprendre* » (II, 17 ; 642). Cela est d'autant plus remarquable que le goût pour la musique est fort développé au XVIᵉ siècle : « une des passions de ce siècle », écrivait Robert Mandrou dans son *Introduction à la France moderne* [1], et que fréquemment on jouait en famille dans de véritables petits orchestres.

Mais, à partir de cette constatation que Montaigne ne décrit pas, ou guère, la vie artistique de son époque dans ses *Essais* (et à peine plus dans son *Journal de Voyage*), il serait sans doute imprudent d'en inférer qu'il l'ignore. Son but n'est pas là et tout montre en lui un homme ouvert, trop curieux de ce qui se passe dans le monde pour être resté à l'écart et insoucieux de ce qui se faisait.

Or ce qui se faisait était digne de son attention. Son siècle commence avec Bembo, avec Érasme, avec l'Arioste, avec Machiavel. Montaigne, nous le disions en commençant, naît en même temps que les héros de Rabelais, entre

---

1. Paris, A. Michel, 1961, p. 316.

Pantagruel (1532) et *Gargantua* (1534). L'année de sa naissance, en 1533, le Titien faisait le portrait de Charles Quint. A ce moment, le Primatice fait figure de chef de l' « école de Fontainebleau » (et cela durera jusqu'en 1570). Montaigne a six ans quand Michel-Ange, à Rome, commence *Le Jugement dernier* à la Chapelle Sixtine (1536). *La nuova scienza* du mathématicien Tartaglia paraît en 1537. L'année où Calvin publie en français son *Institution chrétienne* (1541), Marot traduit les *Psaumes* – et ses textes, aujourd'hui encore, font partie de la liturgie de l'Église réformée de France. En 1537, dans un autre domaine, c'est la première carte de Mercator.

On le sait : Montaigne a dix ans quand, en 1543, dans la lointaine Pologne, à Cracovie, le chanoine Nicolas Copernic publie son ouvrage proprement « révolutionnaire » : *De revolutionibus orbium coelestium* (*De la révolution des corps célestes*). La même année, le médecin flamand Vésale donne sa *Construction du corps humain* (*De humani corporis fabrica*) qui est la première description exacte de l'anatomie humaine, alors qu'Ambroise Paré réalise la ligature des artères.

En 1544, Marot meurt, pauvre poète exilé à Turin. Rappelons l'épitaphe que lui dédia Jodelle, des années plus tard :

> *Quercy, la Cour, le Piémont, l'Univers,*
> *Me fit, me tint, m'enterra, me connut.*
> *Quercy mon los, la Cour tout mon temps eut,*
> *Piémont mes os, et l'Univers mes vers*[1].

La même année (1544) voyait la publication à Lyon de la *Délie* de Scève, superbe recueil d'amour pétrarquiste dû à l'un des très grands poètes de ce siècle que Montaigne ne cite jamais et qu'il a pu ignorer ou ne pas apprécier; cette poésie obscure et raffinée ne correspondait sans doute pas

---

1. Il s'agit d'un quatrain de vers dits « rapportés » (Quercy me fit, la Cour me tint, etc.), publié avec les écrits posthumes de Jodelle, en 1574. – *Mon los :* ma louange... *Mes os :* Marot fut enterré à Turin, au Piémont.

au goût de l'homme qui déplorait dans les *Essais,* en 1588 il est vrai : « *Nous n'apercevons les grâces que pointues, bouffies et enflées d'artifice. Celles qui coulent sous la naïveté et la simplicité échappent aisément à une vue grossière comme est la nôtre* » (III, 12; 1037).

Dans les années 1548-1549, cependant que Rabelais publiait la première version de son *Quart Livre,* Pierre Lescot et Jean Goujon travaillaient à la Fontaine des Innocents à Paris. 1548 est aussi l'année où la représentation des mystères est interdite par le Parlement de Paris (à Paris seulement, ce qui ne signifie en aucune façon qu'ils disparaissent partout en France). 1549 est l'une des dates les plus importantes de l'histoire de la littérature française puisque, avec la publication de la *Défense et illustration de la langue française* de Du Bellay, c'est l'apparition de ce qu'on appellera par la suite la Pléiade (Ronsard, Du Bellay, Jodelle, Baïf, Belleau, etc.) : c'est-à-dire un renouvellement drastique des thèmes d'inspiration, des genres, des styles, des modèles dans la poésie. Au même moment, le théâtre nouveau naît en français avec l'*Abraham sacrifiant* de Théodore de Bèze, le compagnon de Calvin (Lausanne, 1550) et, à Paris, avec la *Cléopâtre* et l'*Eugène* de Jodelle, tragédie et comédie « à l'antique » (1553).

Cette extraordinaire fécondité n'est pas seulement française et le milieu de la décennie 1550 est particulièrement riche. Ronsard publie ses *Hymnes,* ses *Continuations des Amours,* de nouvelles *Odes* (1555); Du Bellay est à Rome et compose *Les Regrets* et les *Antiquitez de Rome*; en 1556, paraissent les *Œuvres* de Louise Labé à Lyon. En 1554, en Espagne, c'était la publication du premier roman picaresque, *Lazarillo de Tormes*; en 1557, en Angleterre, ce sont les premiers poèmes pétrarquistes anglais de Wyatt et Surrey. Vers le même moment, naît en Italie la *Commedia dell'arte* dont on connaît la fortune à travers l'Europe pendant les siècles suivants : nouvelle richesse qui s'ajoute aux ressources du théâtre traditionnel toujours pratiqué (la farce durera jusqu'à Molière) et à celles du nouveau théâtre

48   Montaigne

érudit, même si celui-ci touche un public beaucoup moins vaste en France qu'en Italie.

Les sciences, les arts, les lettres : ainsi présentées, les choses peuvent apparaître comme un véritable tourbillon. Bien évidemment, les hommes ordinaires, et même les autres, n'avaient pas connaissance de tout ce qui se créait autour d'eux. Il faudra que Montaigne aille en Italie en 1580-1581 pour découvrir un certain nombre de faits, alors même qu'il était bien informé. Mais on peut douter qu'il ait su et apprécié ce qui, dans le domaine scientifique en particulier, annonçait des temps nouveaux. Les *Essais* parlent de Copernic, ce qui n'est pas si mal : une grande partie du public, jusqu'à la fin du XVIᵉ siècle, ignorera les thèses du savant polonais et quand on commencera à en parler, ce sera souvent pour ironiser à leur sujet.

Mais il est probable que, comme beaucoup d'hommes en son siècle et plus encore sans doute en avançant vers la fin, Montaigne eut conscience de vivre dans un âge de rupture, de crise. Il sait que les temps sont nouveaux par rapport aux anciennes traditions et il n'est pas certain que, dès sa jeunesse peut-être, cette nouveauté ait toujours eu son agrément. Dans le chapitre significativement intitulé « *De la coutume et de ne changer aisément une loi reçue* » (I, 23), Montaigne écrira (il s'agit d'un ajout de 1588) : « *Je suis dégoûté de la nouvelleté, quelque visage qu'elle porte, et ai raison*[1], *car j'en ai vu des effets très dommageables. Celle qui nous presse depuis tant d'ans, elle n'a pas tout exploité*[2], *mais on peut dire avec apparence*[3], *que par accident*[4] *elle a tout produit et engendré; voire et*[5] *les maux et ruines qui se font depuis sans elle et contre elle, c'est à elle à s'en prendre au nez...* » (I, 23; 119).

---

1. *Ai raison :* j'ai mes raisons, j'ai de bonnes raisons.
2. *Exploité :* créé, causé.
3. *Avec apparence :* avec apparence de raison.
4. *Par accident :* accidentellement, indirectement.
5. *Voire et :* et même.

2

Du temps de nos troubles

Les efforts de réconciliation

Dès la mort de Henri II, les conflits éclatent : entre les
grands du royaume (rivalité des Guise et de Montmorency,
des Guise et des Bourbon), mais aussi dans les autres
milieux : ainsi, le peuple de Paris, loin de plaindre les
persécutés, se joint parfois, avec fureur, aux violences.
Dans un premier temps, pendant le bref règne de François II, les Guise l'emportent : ils sont les oncles de la
nouvelle reine (Marie Stuart) qui influence son jeune et
faible mari, ils poursuivent la politique de répression du roi
défunt et en aggravent encore la rigueur, au point de
susciter un mouvement de révolte de la part des protestants
– malgré les premières hésitations de Calvin, qui repousse
le recours à la violence : « *S'il s'épandait une seule goutte de
sang, les rivières en découleraient par toute l'Europe. Il vaut
mieux que nous périssions tous cent fois que d'être cause que le
nom de Chrétienté et d'Évangile soit exposé à tel opprobre.* »
En fait, ce qui s'ourdit – et échoua – fut une véritable
conjuration puisqu'il ne s'agissait de rien de moins que
d'enlever le roi : ce fut le Tumulte d'Amboise (mars 1560),
dont la répression fut terrible, au point de causer « un peu
de malaise, même dans le parti vainqueur. L'opinion
s'établissait que les Guise n'avaient fait que venger une

offense personnelle; tous les conjurés avaient maintenu, même dans des tourments, qu'ils n'en voulaient qu'à eux et que la personne du Roi leur était chère et sacrée » [1].

Cependant, dès avant la mort de François II, s'esquissait un autre mouvement qui, s'il avait réussi, aurait été une grande chance pour le pays. D'une part la reine mère, inquiète de ces fureurs, réussissait à convaincre les Guise de nommer chancelier de France Michel de L'Hospital, un homme sage et habile, d'esprit tolérant. Mais les conflits ne s'apaisaient pas, tant et si bien que les Guise persuadèrent le roi de convoquer les états généraux, à Orléans, pour le 10 décembre 1560. Pendant les quelques mois qui précédèrent cette date, ce fut une furieuse guerre de pamphlets, vouant à l'exécration la tyrannie des Guise du côté des réformés. Elle s'accompagna de combats physiques, dans le Sud-Est surtout, entre bandes huguenotes et troupes royales; des églises furent saccagées (et ce fait, souvent répété, fut à long terme l'une des principales causes de la désaffection populaire à l'endroit des réformés).

Cinq jours avant la date prévue pour l'ouverture des états généraux à Orléans, le 5 décembre 1560, François II expirait. Catherine de Médicis devenait régente. C'était une femme de quarante et un ans, solide, sans grâce, d'une considérable énergie. Médicis par le goût des arts, de la magnificence, elle était intelligente et avisée mais discrète, effacée. L'épouse trompée et résignée du roi Henri II avait fait jusque-là figure de personnage sans grande importance. Peu de gens soupçonnaient le rôle de premier plan qu'elle allait jouer pendant plus de vingt-cinq ans en France et sur la scène européenne.

De but en blanc, moins d'une semaine après la mort de son fils aîné, la reine se trouva devant les états généraux (qui durèrent jusqu'au 31 janvier 1561). Avec l'aide de son chancelier, elle tenta d'éteindre les braises de la discorde.

---

1. J.-H. Mariéjol, *La Réforme, la Ligue, l'Édit de Nantes (1559-1598)*, Tallandier, réimpr. 1983, p. 30.

Devant les états, Michel de L'Hospital lançait un émouvant appel à la paix : « *La douceur profitera plus que la rigueur. Ôtons ces mots diaboliques, noms de partis, factions et séditions, luthériens, huguenots, papistes : ne changeons le nom de chrétiens* [1]. » On annonça des mesures d'apaisement et des réformes qui, malheureusement, ne furent pas appliquées. Mais Catherine et L'Hospital arrêtèrent les persécutions : tous deux travaillaient à l'instauration d'une politique de tolérance et ils tentèrent de la réaliser par plusieurs moyens durant cette première année de leur gouvernement. Certains de ces moyens étaient tout à fait convaincants : suspension des poursuites, libération des prisonniers.

Après les états généraux, ils réunirent le colloque de Poissy (en septembre et octobre 1561) pour permettre au clergé catholique et aux docteurs protestants de débattre de points de doctrine fondamentaux; tout était encore possible : le concile de Trente, dans ses deux premières sessions (1545-1549, 1551-1552), n'avait guère abouti et les positions des uns et des autres n'étaient pas figées en formules inflexibles comme elles le deviendraient par la suite. Le principal des orateurs protestants fut Théodore de Bèze, celui des catholiques le cardinal de Lorraine; pour la première fois dans des débats de ce genre, le nouvel ordre des Jésuites intervint et se fit remarquer. Malgré tant d'efforts, le colloque de Poissy se solda par un échec.

Mais en dépit de tous les obstacles, la reine ne renonçait pas.

Porté par la haine qu'inspiraient les Guise et leur ambition démesurée, par le mépris que suscitait l'ancienne Église, favorisé aussi par la disparition de la peur née précédemment des persécutions, devenu même, dans une certaine mesure, à la mode, le protestantisme progressait. Catherine, qui y voyait un parti d'avenir, penchait alors vers les réformés : moins sans doute par inclination reli-

---

1. Cité par B. Bennassar et J. Jacquart, ouvr. cit., p. 290.

gieuse (comme cela avait été le cas pour Marguerite de Navarre) que par politique. Toujours est-il que la régente et son chancelier promulguaient le 17 janvier 1562 l'édit de Janvier, dont les dispositions particulièrement libérales accordaient pratiquement aux protestants, au grand scandale de l'opinion catholique, la liberté de culte. Les religionnaires [1] recevaient le droit de se réunir hors des villes closes et dans les maisons privées, ils pouvaient tenir des consistoires et des synodes. Jamais aucune législation ne leur avait été aussi favorable; jamais elle ne le redeviendrait avant l'édit de Nantes. L'édit de Janvier demeura pendant les guerres de religion le texte de référence (et il inspira à La Boétie le second de ses ouvrages politiques, *Quelques mémoires de nos troubles sur l'édit de Janvier 1562*). On mesure le chemin parcouru : « En un an, les Réformés avaient passé du régime de la persécution à la quasi-jouissance du droit commun. Aussi cet édit leur resta-t-il cher comme la charte de leur affranchissement, et ils ne cessèrent pas, pendant les persécutions et les guerres civiles, d'en réclamer le rétablissement. Ils en étaient redevables au Chancelier, qui se laissait mener par ses généreuses illusions, et aussi à Catherine, dont l'esprit modéré, indifférent aux passions religieuses, n'abandonna cette politique de tempérament que sous la pression des événements et des hommes » (J.-H. Mariéjol) [2].

Le massacre de Wassy

Mais il était dit que la politique de tolérance était vouée à l'échec. Moins de deux mois après la promulgation de l'édit de Janvier, le dimanche 1er mars 1562, le duc de Guise revenant de son château de Joinville vers Paris passait dans la petite bourgade de Wassy : des protestants célébraient leur culte dans une grange dont ils avaient –

1. Nom que l'on donnait aux protestants.
2. Ouv. cit., pp. 66-67.

illégalement : Wassy était une ville close – fait leur temple. De provocation en bravade, la journée finit par un carnage : les gens du duc de Guise massacrèrent les religionnaires et firent vingt-trois morts et plus de cent blessés. Le retentissement de ce haut fait fut considérable. Les protestants s'armèrent pour demander justice. Les catholiques applaudirent Guise et lui firent dans Paris une entrée triomphale. La guerre était désormais inévitable : elle dura plus de trente-cinq ans.

En fait, on parle des guerres de religion au pluriel et l'expression est exacte. Le XVIᵉ siècle n'utilise que les termes de « *guerres civiles* », « *troubles civils* ». L'adjectif est là, soulignant le caractère particulièrement déchirant, dénaturé, suicidaire, de ces conflits qui, d'une certaine manière, représentent l'avènement de la modernité. C'en est fini, avec les guerres de religion, des conflits féodaux et des guerres de conquête.

Elles inaugurent les conflits idéologiques dont, on le voit, notre XXᵉ siècle n'a pas le privilège.

Paradoxalement, il n'est pas rare alors que – comme on fait pour tout à la Renaissance – l'on mette ces luttes fratricides en parallèle avec celles qui marquèrent la fin de la république romaine. L'analogie est quelquefois – souvent – sollicitée, mais on conçoit qu'elle ait frappé l'imagination des contemporains : c'était une triste ironie de l'histoire que ce siècle, voué à l'admiration des grands anciens, se terminât dans un bain de sang qui, par certains côtés, rappelait singulièrement les massacres et les horreurs dont une période de l'histoire romaine avait été prodigue.

De 1562 à la conclusion de l'édit de Nantes et du traité de Vervins, en 1598, la tradition compte huit guerres, diversement longues, diversement étendues à une ou plusieurs provinces ou à l'ensemble du royaume, aboutissant à des traités plus ou moins durables, mettant en scène des forces variables – tel grand seigneur combattant d'un côté puis de l'autre : on pense à l'inconsistant Antoine de Bourbon, le père de Henri IV, tantôt calviniste, tantôt catholique, mais qui fut tué dès le début des hostilités, en 1562, trop tôt pour que son indécision pèse sur le déroulement de la guerre. Variables aussi parce que ce ne furent pas des guerres en dentelles : Antoine de Bourbon, nous le disions, meurt l'un des premiers; François de Guise sera assassiné l'année suivante, en 1563, par le protestant Poltrot de Méré, et son fils, Henri de Guise, vingt-cinq ans plus tard, en 1588, subira le même sort sur l'ordre du roi Henri III. Le vieux connétable de Montmorency mourra sur le champ de bataille de Saint-Denis en 1567; le prince de Condé en 1569 sur celui de Jarnac, etc. : à un chef mort, en succédait nécessairement un autre dont la stratégie, le tempérament, etc. n'étaient pas toujours les mêmes que ceux de son prédécesseur. Ajoutez à cela le jeu des alliances, les compromis, les habiletés, les imprévus qu'impose la politique et le fait que cette politique était à la fois celle d'une lutte de partis (la guerre civile) mais aussi celle de puissances européennes mêlées de près à la confrontation idéologique (il fallait compter avec les pressions qu'exerçait tantôt Philippe II d'Espagne, tantôt Elisabeth d'Angleterre, soit pour les écarter, soit pour y céder, soit même parfois pour les provoquer).

Les huit guerres de religion

1re guerre : 1562 (massacre de Wassy)-1563. Paix d'Amboise.

2e guerre : 1566-1568 (mars). Paix de Longjumeau.

3e guerre : 1568-1570. Paix de Saint-Germain.

4e guerre : 1573. Paix de La Rochelle.

5e guerre : 1574-1576. Paix de Beaulieu (ou paix de Monsieur).

6e guerre : 1577. Édit de Poitiers.

7e guerre (« guerre des Amoureux ») : 1579-1580. Paix de Fleix.

8e guerre : 1585-1598. Traité de Vervins et édit de Nantes.

Les guerres de religion. La première et ses suites.

Il y eut donc huit guerres. Guerres civiles mais, au contraire de celles de Rome, qui n'avait plus autour d'elle de puissance comparable ni redoutable —

> ... *Rome seule pouvait à Rome ressembler,*
> *Rome seule pouvait Rome faire trembler...*

écrit Du Bellay dans les *Antiquitez de Rome* — la France avait des ennemis à sa taille, susceptibles de la « *faire trembler* » et de devenir les alliés de l'une des factions qui la déchiraient, alliés redoutables comme le chat qui propose son aide à des souris !

Dans le détail, la complication des événements qui s'imbriquent, se contredisent, se répètent, se démentent, est extrême. Aux pires cruautés, succèdent des moments plus ou moins longs d'apparente réconciliation, de nouvelles alliances associant les ennemis de la veille qui se trouvent un adversaire commun. C'est ainsi que, dès le début des troubles, au printemps 1562, les Guise se réconcilient avec le connétable de Montmorency et forment (avec un troisième complice qui est le maréchal de Saint-André) le « Triumvirat » — à la romaine ! — pour contrer la politique de tolérance de la reine mère. Cela déchaîne évidemment une riposte des protestants : Condé, leur chef [1], s'allie à Elisabeth d'Angleterre à qui il livre Le Havre et il tente en vain de s'emparer de Paris. La guerre gagne toute la France et met à feu et à sang, notamment, le Languedoc et la Guyenne où les réformés sont puissants. Tandis que le baron des Adrets, redoutable chef huguenot, ravage le Dauphiné et avance en Provence, le capitaine de Monluc « défend » la foi catholique, par des moyens à peine différents, dans la région de Bordeaux. Les triumvirs assiègent Rouen en septembre-octobre 1562 (c'est là qu'Antoine de Bourbon est tué, et c'est là aussi, à Rouen pendant

---

1. Condé est le frère d'Antoine de Bourbon (l'époux de Jeanne d'Albret). Après la mort de celui-ci, il devient tout naturellement chef des troupes protestantes.

le siège, que Montaigne, venu dans la suite qui accompagnait le jeune roi Charles IX, vit des indigènes du Brésil, ces « *Cannibales* » avec qui il put s'entretenir) [1].

Au début de l'année suivante, en février 1563, le duc François de Guise est assassiné devant Orléans par un protestant, Poltrot de Méré : dès lors, la famille des Guise voue une haine inexpiable à Coligny, qu'elle croit (sans doute à tort) responsable de ce meurtre. Mais cette mort débarrasse la reine mère d'un tuteur incommode. Dès mars 1563, la paix d'Amboise est signée : elle restreint pratiquement aux gentilshommes la liberté religieuse accordée aux protestants. Si le pape fut outré de tant de largesse, Calvin fut courroucé par cette mesure et accusa le prince de Condé, négociateur du traité, d'avoir « *trahi Dieu en sa vanité* ». Il voyait juste. Dès lors, « le protestantisme parut s'incarner dans une classe, il passa pour la religion de la Noblesse; les conversions devinrent moins nombreuses; sa force d'expansion s'épuisa » [2].

Après cette guerre, la trêve dura quatre ans, pendant lesquels Catherine entreprit de rétablir l'autorité royale. Avec l'Angleterre, par le traité de Troyes (avril 1564), elle concluait la paix et récupérait Calais et Le Havre. Elle s'efforçait d'autre part d'imposer la politique de tolérance qui avait échoué jusque-là.

C'est à ce moment que se clôtura le concile de Trente, après sa troisième session (janvier 1562-décembre 1563) : il donnait au pape une puissance souveraine et « s'attaquait à tout un ensemble de croyances, de lois, de coutumes qui protégeaient l'Église de France contre la suprématie pontificale en la soumettant à la tutelle des rois et qui constituaient, comme on disait, les libertés, privilèges et franchises de l'Église gallicane » [3]. Appuyée par le chance-

---

1. « *Trois d'entre eux* [...] *furent à Rouen du temps que le feu roi Charles neuvième y était...* » (I, 31; 213).
2. Mariéjol, ouvr. cit., p. 91.
3. *Ibid.*, p. 100.

lier de L'Hospital, malgré l'insistance du cardinal de Lorraine, Catherine refusa de publier le concile.

Splendeurs de la cour

Paradoxalement, cette triste période est l'une des plus brillantes de celles que connut la cour des derniers Valois. La reine mère pensait que, pour tenir les Français en paix, il fallait les distraire (il s'agit évidemment des Français les plus élevés socialement, de ceux qui risquaient de déclencher de nouvelles hostilités). Dès la fin de la première guerre, elle avait recommencé à tenir une cour et, l'hiver 1564, elle donna à Fontainebleau des fêtes superbes : ce furent des suites de banquets, de tournois, de représentations théâtrales, de cavalcades. On jouait des arguments tirés des romans de chevalerie, où Antiquité et Moyen Age se mêlaient. Les mises en scène étaient fastueuses. Les librettistes, voire les scénaristes, étaient les plus grands poètes : tout un recueil de Ronsard, intitulé *Élégies, mascarades et bergerie*, est constitué de textes qu'il écrivit pour ces réjouissances. Il ne fut pas le seul. Les seigneurs désarmés jouaient les galants – et quelquefois, ils ne le faisaient pas seulement en représentation.

La cour, par la volonté expresse de la reine, s'offrait comme un lieu de plaisirs à des hommes qui venaient de passer des mois en campagne. Catherine était entourée de son « *escadron volant* » : c'est le nom qu'on donnait à ses quatre-vingts filles d'honneur, parées comme des déesses, couvertes d'or et de soie, charmantes en diable – et dressées à l'être –, dont la mission, très politique, était d'adoucir ces farouches guerriers, de les amener à négliger leurs anciennes convictions et à oublier leur parti. Condé passa ainsi l'hiver 1564 à roucouler entre plusieurs belles, pour la plus grande consternation de Calvin (qui allait mourir au printemps suivant).

A ce moment, le roi a quatorze ans. Il est juridiquement majeur mais sa mère continue (et continuera longtemps) de mener la politique française. Elle estime alors, pendant cette première trêve de la décennie 1560, que la vue du jeune roi pourrait ranimer le sentiment monarchique en France et elle entraîne, avec son fils Charles IX, toute la cour dans un vaste tour de France de deux ans, de 1564 à 1566. On alla de Paris à la Bourgogne, puis en Provence (où la reine et Charles visitèrent Nostradamus, le sage de Salon). A Bayonne (en juillet 1564), ce fut la rencontre avec la reine d'Espagne (fille aînée de Catherine de Médicis et sœur de Charles IX) et le duc d'Albe, envoyé de Philippe II : nouvelle occasion de fêtes grandioses, mais sans fruit; cependant, l'opinion protestante fut persuadée, des années plus tard, que la reine mère et l'envoyé de son gendre avaient prémédité le massacre de la Saint-Barthélemy (1572).

Cette paix était bien fragile mais, cahin-caha, elle durait depuis plus de deux ans quand, en août 1566, les Pays-Bas réformés se révoltèrent contre la tyrannie espagnole. C'était un brûlot non loin des frontières de France. En 1567, éclatera la seconde guerre de religion.

Il n'est pas question, dans cette évocation du siècle de Montaigne, de traiter dans le détail ces événements si complexes. Mais la première guerre de religion est exemplaire à sa manière : s'y mêlent les pires déchaînements de cruauté, le désordre et la confusion politiques, le malheur du pays et les fêtes, l'ostentation, le raffinement d'une civilisation où les arts, la musique, le théâtre sont portés à un point d'accomplissement extrême [1]. Où les personnages les plus en vue meurent, sont assassinés ou bien, tant qu'ils survivent, se haïssent, se laissent prendre, comme les héros de l'Arioste, aux pièges de l'amour, cependant que le monde autour d'eux ne cesse de gronder ses menaces. Vision en quelque sorte shakespearienne d'un univers où « *le temps est hors de ses gonds* » et où les couleurs de la

---

1. Voir André Chastel, *La Crise de la Renaissance*, Genève, Skira, 1968.

société, plus que jamais, sont le rouge (du sang et des passions) et l'or (de tous les fastes) [1].

Les deuxième et troisième guerres. La drôle de paix (1570-1572)

Les années qui suivent, jusqu'à la catastrophe de 1572, voient la progression inexorable du conflit : en 1567, les protestants, inquiets des événements des Pays-Bas, reprennent les armes. C'est la seconde guerre de religion : les chefs réformés décident de s'emparer du roi – faute tactique considérable qui leur aliène une large partie de l'opinion française –, mais ils échouent : c'est ce qu'on appelle la « Surprise de Meaux », en septembre 1567. Ils assiègent ensuite Paris, toujours vainement. Les deux partis (réformé et royal) qui ont également besoin de refaire leurs forces concluent la paix de Longjumeau (mars 1568).

Mais l'opinion publique catholique pousse à la guerre. Le chancelier de L'Hospital est disgracié. C'est alors que se constituent les premières ligues. En face du jeune roi de Navarre et de l'amiral de Coligny, chefs des troupes réformées, le duc d'Anjou, frère du roi (et futur Henri III) prend la tête des troupes catholiques et les hostilités reprennent dès l'été 1568. Anjou, bien secondé, excellent chef de guerre malgré son jeune âge (il a dix-huit ans), remporte les victoires éclatantes de Jarnac (mars 1569), où Condé trouve la mort, et de Moncontour (octobre 1569). En juillet 1570, une nouvelle paix est signée à Saint-Germain. Les protestants obtiennent une fois encore la liberté de conscience, ils se voient en outre accorder quatre places de sûreté : La Rochelle, Montauban, La Charité et Cognac, et Coligny entre au Conseil royal où son ascendant sur le roi ne va cesser de grandir au cours des mois suivants. Le vent a tourné. Devenu veuf de la reine française (Élisabeth de

---

1. Pendant qu'on dansait à Fontainebleau, par exemple, les premières tentatives d'établissement français en Amérique, du côté de la Floride, suscitaient la riposte espagnole et les garnisons françaises se faisaient massacrer (1565).

Valois, la fille de Catherine, était morte à vingt-trois ans en octobre 1568, empoisonnée par son vieux mari jaloux selon l'interprétation romantique de Schiller reprise par Verdi, mais, en fait, très probablement victime de la malaria), Philippe II se détourne de la France. De plus, la cause catholique est battue en brèche par la puissance renaissante du parti protestant : « *L'humeur du moment est contre le roi d'Espagne* », écrit un diplomate italien au grand-duc de Toscane en mai 1570 [1].

La politique de Catherine, très pragmatique, n'avait cessé de fluctuer au gré des circonstances. Or celles-ci n'étaient pas faciles et l'image, fréquemment utilisée par les poètes de ce temps, du navire pris dans la tempête dont le bon pilote essaie de tenir le gouvernail, n'est pas si mauvaise : c'est souvent l'impression que laissent, à quatre cents ans de distance, les efforts malchanceux, peut-être maladroits plus que machiavéliques, de la reine Médicis.

En 1570, la situation n'est pas brillante mais Catherine peut encore espérer sauver l'essentiel. Le conflit idéologique semble irréductible, mais d'autres données entrent en jeu : les événements de l'extérieur permettraient peut-être de canaliser les énergies françaises hors du pays. A tout prendre, mieux vaudrait une guerre étrangère qu'une guerre civile. Telle est en tout cas la façon de penser la plus courante à l'époque. Or les motifs ne manquent pas : il y a les événements des Pays-Bas, où les protestants français iraient volontiers prêter main-forte à leurs coreligionnaires, d'autant plus que la brouille entre la cour de France et celle d'Espagne s'est précisée, cependant que l'amiral de Coligny exerce sur l'esprit du jeune Charles IX (âgé de vingt ans en 1570) un ascendant de plus en plus grand. Et puis il y a l'Angleterre, où la reine Elisabeth détient prisonnière la très catholique Marie Stuart, ancienne reine de France. Bien des catholiques rêvent d'en découdre de ce

---

1. « *L'umore è contro al re di Spagna* », cité par F. Braudel, *La Méditerranée*, Paris, A. Michel, 1966, t. II, p. 387.

côté-là, mais Catherine n'a pas gardé le meilleur souvenir de ses relations avec sa première bru ; mieux : on parle même un moment d'un projet de mariage entre la reine anglaise et le jeune frère du roi, le duc d'Anjou – malgré la différence d'âge : dix-huit ans de plus du côté de la promise, et malgré la répugnance déclarée de l'intéressé.

Tous ces événements – ou plutôt toutes ces absences d'événements, car il n'y eut pas plus d'alliance avec les Pays-Bas sous la direction de Coligny qu'il n'y eut de mariage anglais – laissent leur trace dans la littérature du temps : 1565 voit par exemple la publication de poèmes louangeux adressés à la reine d'Angleterre par les plus grands poètes français (Ronsard, etc.), en accord avec l'orientation momentanée de la politique royale.

D'autre part, Catherine était une grande marieuse : faire de tous ses enfants des souverains était le rêve le plus cher de la descendante des banquiers florentins. En même temps qu'elle négociait le mariage anglais pour le duc d'Anjou, elle discutait le mariage navarrais pour sa plus jeune fille, Marguerite. De ce côté-là, les obstacles étaient nombreux et la rigoureuse calviniste qu'était Jeanne d'Albret se faisait prier pour accorder son fils à cette papiste. D'autant plus que les relations entre les deux reines, de France et de Navarre, n'étaient pas les meilleures.

Drôle de paix, en somme, que ces années 1570-1572.

La Saint-Barthélemy

Jeanne d'Albret a cédé : son fils épousera la princesse Marguerite. Mais Jeanne meurt en avril 1572. C'est donc le mariage du roi de Navarre avec la sœur du roi de France qui est célébré à Paris le 18 août 1572. Comme il se doit, la quasi-totalité des chefs protestants se trouve réunie pour la cérémonie. A ce moment, Coligny est au faîte de sa puissance : il gouverne l'esprit de Charles IX, désireux d'échapper à la tutelle de sa mère et des Guise, et de régner personnellement. Le jeune roi s'est rallié à la politique de l'amiral qui préconise la guerre étrangère contre les Espagnols aux Pays-Bas. Mais Catherine ne veut pas en entendre parler. Ses raisons sont complexes. D'une part, elle consent difficilement à se dessaisir du pouvoir et, en la circonstance, cela a pour résultat de la rapprocher des Guise. D'autre part, de manière plus profonde, elle aperçoit peut-être une erreur fondamentale dans les projets de Coligny, qui prétend mettre en œuvre une politique protestante dans un pays essentiellement catholique : on ne peut agir contre les convictions de la majorité d'un peuple, et Henri de Navarre en fera l'expérience, le moment venu, lorsqu'il tentera d'asseoir son pouvoir comme héritier légitime du trône de France malgré sa religion calviniste; Catherine, fine mouche, a probablement senti cela dès le début des années 1570. Enfin, dans l'écheveau emmêlé des forces hostiles qui l'entourent, la reine mère préfère avoir la dangereuse coterie des Guise de son côté plutôt que de la laisser s'opposer à la monarchie régnante. Sans parler d'autres influences probables (on a évoqué celle des banquiers florentins)...

Quoi qu'il en soit, quatre jours après le mariage navarrais, le 22 août, a lieu contre Coligny une tentative d'assassinat montée par les Guise, sans doute avec le consentement de la reine mère. C'est un échec et le roi, indigné, ordonne une enquête. Paradoxalement, c'est cette parfaite innocence du roi dans le premier coup de main qui va déclencher la catastrophe.

L'enquête risque en effet de dénoncer la responsabilité de Catherine et de lier Charles, plus que jamais, au parti protestant. Il n'est pas question pour la reine mère d'accepter cela. Elle réussit donc à justifier le premier attentat contre Coligny en persuadant son fils de l'existence d'un complot ourdi par les chefs protestants rassemblés à Paris, complot évidemment dirigé par l'amiral. Le roi, accablé et effrayé, se laisse circonvenir par le groupe que constituent sa mère, les Guise et son frère le duc d'Anjou. A l'aube du 24 août, le tocsin de Saint-Germain-l'Auxerrois, la paroisse du Louvre, sonne le signal du massacre et les assassins se répandent dans la ville. On commence par Coligny qu'on tue dans son lit. On en expédie ensuite bien d'autres, d'autant plus que la populace suit et seconde les assassins. Au soir du 24 août, Paris compte de trois à quatre mille morts : dans ses *Tragiques,* d'Aubigné affirmera que l'eau de la Seine, ce jour-là, coula rouge; vraie ou fausse *stricto sensu,* l'image traduit un climat, une vérité hallucinée. Terreur et haine, sang et horreur. La mort triomphe partout. Au Louvre, le nouveau gendre de la reine mère, Henri de Navarre, et son cousin, le jeune prince de Condé (qui succède à son père, tué en 1569), ne doivent leur salut qu'à une conversion imposée et immédiate : ils demeurent prisonniers de la cour – prison dorée certes, mais dont ils ne réussiront à s'échapper que quatre ans plus tard, en 1576.

Ce n'est pas tout. De Paris, les massacres gagnent la province. Pendant six semaines, on tue partout malgré les ordres royaux. Au total, il y eut environ 30 000 à 40 000 morts en France.

Les conséquences de la Saint-Barthélemy furent considérables. A l'intérieur, elles rendaient la reprise des hostilités inévitable et les guerres inexpiables. Or, à ces conflits, il n'y avait pas d'issue militaire concevable, faute de supériorité décisive d'un côté ou de l'autre. A l'extérieur, le retentissement du massacre fut énorme. Philippe II et le pape s'en réjouirent (Rome célébra même un *Te Deum* à cette occasion et Vasari fut chargé de décorer la *Sala regia* du Vatican pour commémorer l'événement) : de leur point de vue, ils n'avaient pas tort car avec ce crime, la monarchie française se coupait définitivement du protestantisme. Quant aux protestants, ils en furent marqués durablement. Mais les choses allaient plus loin encore : la date de 1572 marque de manière définitive, en France et à travers l'Europe, la coupure entre protestantisme et catholicisme. Elle devient ainsi symbolique et servira de test à la morale politique ultérieure. Dans cette mesure, elle est une grande date non seulement dans l'histoire de France mais dans l'histoire européenne du XVIᵉ siècle.

Dernières remarques à ce sujet : 1° on mesure pleinement l'échec de la politique d'apaisement qu'avait voulu instaurer Catherine de Médicis quand on oppose les deux dates de 1562 (édit de Janvier, politique de tolérance) et de 1572 (le massacre); 2° c'est pendant ces deux années de paix agitée aboutissant à une catastrophe majeure (1570-1572) que Montaigne commença, dans la « *librairie* » de son château, la rédaction des *Essais*.

La victoire de Lépante (7 octobre 1571)

1570-1572 : années curieuses, riches pour l'histoire et non seulement en France. On ne peut les passer sans mentionner l'événement international – auquel la France ne prit aucune part – que fut la victoire navale de Lépante sur les Turcs.

C'est le pape Pie V qui eut l'initiative de créer, en Méditerranée, une Sainte Ligue pour faire pièce à l'avance turque et pour tenter de réconcilier les chrétiens entre eux : cette Ligue réunissait, outre le pape, le roi d'Espagne, Gênes, Venise et les chevaliers de Malte. C'est la prise de Chypre par les Turcs, en septembre 1570, qui déclencha la réaction des puissances catholiques.

Une flotte de guerre considérable, placée sous le commandement de Don Juan d'Autriche (demi-frère de Philippe II), rassemblait 240 galères et 120 000 hommes : elle s'opposait à une flotte turque de 300 galères. Le combat eut lieu à l'entrée du golfe de Lépante, en Grèce, où les Turcs se laissèrent enfermer : le triomphe des chrétiens fut complet. Ils perdaient dix galères alors que les Turcs n'en sauvaient que trente, mais il y eut environ 30 000 morts et blessés de chaque côté; en outre, 15 000 forçats détenus par les Turcs furent libérés.

Certes, les conséquences immédiates de la victoire de Lépante peuvent paraître médiocres eu égard à son retentissement. Les Turcs continuent d'avancer, les alliés échouent à libérer Modon, en Grèce, en 1572; en 1574, les Ottomans l'emportent à La Goulette et à Tunis. Quant aux rêves de croisade, il n'en est plus question. Mais cependant – écoutons ici Fernand Braudel – « mille réalités nouvelles surgissent, et sans bruit, sans fanfare, cheminent au-delà de Lépante. L'enchantement de la puissance turque est brisé. Dans les galères chrétiennes, une immense relève de forçats vient de s'accomplir. Les voilà, pour des années, pourvues d'un moteur neuf. Partout, une course chrétienne active réapparaît, s'affirme. Enfin, après sa victoire de 1574 [à Tunis], et surtout après les années 1580, l'énorme armada turque se disloque d'elle-même. La paix en mer, qui va durer jusqu'en 1591, a été pour elle le pire des désastres. Elle l'aura fait pourrir dans les ports » [1].

Écho intéressant de l'opinion publique devant cette victoire – incontestable – et appel à la prudence d'un esprit avisé : « *C'est une belle bataille navale qui s'est gagnée ces mois passés contre les Turcs, sous la conduite de Don Juan d'Autriche; mais il a bien plu à Dieu en faire autrefois voir d'autres telles à nos dépens* » (I, 32; 216). Ainsi parle Montaigne dans un chapitre intitulé « *Qu'il faut sobrement se mêler de juger des ordonnances divines.* »

La fin du règne de Charles IX. Le nouveau roi. De la quatrième à la sixième guerre.

Si 1572, avec la Saint-Barthélemy, marque la première grande date des guerres de religion, celle qui sépare les conflits en un *avant* et un *après*, la seconde date qui signale une coupure importante est celle de 1584, avec la mort du quatrième fils de Catherine de Médicis, le dernier des Valois apte à succéder à Henri III, et la menace de voir un calviniste, Henri de Navarre, héritier légitime du trône, devenir roi de France. C'est alors

---

1. F. Braudel, ouvr. cit., t. I, p. 383.

que l'étranger va intervenir ouvertement dans les affaires du royaume.

Les conflits se durcissent encore pendant ces douze années, de 1572 à 1584. 1573-1574 : c'est la quatrième guerre de religion, riposte immédiate à la Saint-Barthélemy, suivie de la paix de La Rochelle. Pendant cette guerre, survient un événement important : la formation du parti des « politiques », c'est-à-dire d'hommes des deux religions lassés des fanatismes et désireux d'en finir avec les troubles. Le duc François d'Alençon en prit la tête. C'était malheureusement un personnage médiocre, versatile et brouillon, souvent inspiré par son ambition personnelle plus que par la générosité.

Ce qui mit fin à la quatrième guerre fut un fait extérieur et inattendu. Dans la lointaine Pologne, le dernier héritier de la dynastie jagellonne était mort en juin 1572. Les rois de Pologne étaient élus par la Diète et Catherine ne pouvait laisser ce trône aux Habsbourg. Elle posa la candidature de son fils le duc d'Anjou malgré la répugnance de l'intéressé à partir si loin de France : les Polonais qui avaient à choisir entre trois candidats, Ivan le Terrible, un archiduc autrichien et le prince Valois, écartèrent le Russe et l'Allemand et, malgré la Saint-Barthélemy, ils prirent le Français. Henri partit donc, sans enthousiasme, pour son nouveau royaume à la fin de septembre 1573.

Charles IX était déjà très malade. Le duc d'Alençon s'agitait. La guerre des pamphlets faisait rage comme aux plus beaux jours des années 1562-1563, avivée encore par l'horreur de la Saint-Barthélemy. C'est alors que paraît, en latin, la *Franco-Gallia* de Hotman « qui est un livre de doctrine et un livre de combat, une " Politique " et un pamphlet »[1], véritable réquisitoire contre le gouvernement actuel de la France. Autre titre important, le *Réveille-matin des Français* appelait à la révolte contre Charles IX, « *ce tyran qui ne garde ni foi ni loi* »; c'est dans le *Réveille-*

---

1. Mariéjol, ouvr. cit., p. 166.

matin que parut pour la première fois le *Contr'un* de La Boétie.

Le complot et les intrigues brouillonnes manigancées par d'Alençon ne cessent pas, le Sud-Ouest s'agite, le pouvoir royal s'affaiblit constamment, les grands du royaume sont de plus en plus indisciplinés quand, le 30 mai 1574, Charles IX meurt à l'âge de vingt-quatre ans : de maladie, sans doute, mais on a dit que le remords de la Saint-Barthélemy avait hâté sa fin – ce qui, somme toute, serait à son honneur. Son héritier était le roi de Pologne qui, apprenant la nouvelle, s'échappe de Cracovie avec une petite escorte et galope à toute bride jusqu'à Vienne pour rentrer en France, mais désormais en prenant son temps, par Venise et Lyon. Des fêtes splendides le saluèrent, en particulier à Venise. Parti de Cracovie à la mi-juin, il n'entrait à Lyon qu'au début de septembre.

La France était une fois encore à feu et à sang. La cinquième guerre de religion accueillait le nouveau roi. Mais les raisons de conscience qui autrefois avaient été à l'origine de ces conflits tendaient souvent à s'obscurcir pour laisser la place aux ambitions et aux rancœurs personnelles. Les haines et les rivalités n'étaient pas moindres ni de moindre conséquence à la cour : Henri III et son frère ne s'aimaient pas, c'est le moins qu'on puisse dire, et l'agitation perpétuelle du duc d'Alençon était un grave ferment de trouble. Après la guerre, comme d'habitude, vint la paix : conclue cette fois en 1576, ce fut la paix de Beaulieu (ou paix de Monsieur) qui réhabilitait les victimes de la Saint-Barthélemy et accordait à nouveau des concessions aux réformés et aux politiques.

La sixième guerre ne tarda pas. Elle va s'appuyer, du côté catholique, sur la popularité croissante du duc de Guise (le Balafré) qui en profite pour fonder la Ligue, laquelle se propose « *d'établir la loi de Dieu en son entier, remettre et retenir le saint service d'icelui selon la forme et manière de la sainte Église catholique, apostolique et romaine* » et de « *restituer aux provinces de ce royaume et états*

d'icelui les droits, prééminences et franchises telles qu'elles
étaient du temps du roi Clovis, premier roi chrétien, et encore
meilleures et plus profitables si elles se peuvent inventer sous
la protection susdite [de la Ligue] » [1]. Le roi tente de parer
le coup en se déclarant chef de la Ligue, et il réunit à
Blois, en novembre 1576, les états généraux. Il y prononce un discours de paix, tout en préparant une nouvelle guerre qui éclate en 1577. La campagne se déroule
largement dans l'Ouest et le Sud-Ouest. Nouveau traité :
la paix est signée en septembre 1577 et promulguée par
l'édit de Poitiers; elle réduit sensiblement les avantages
consentis aux protestants l'année précédente par la paix
de Beaulieu.

Heureux de si beaux succès, le roi en profite pour
dissoudre la Ligue.

L'impopularité de Henri III. La septième guerre (« guerre des
Amoureux »)

Henri est de plus en plus impopulaire. Bon chef de
guerre, intelligent et cultivé, magnifiquement éloquent de
l'avis de tous les contemporains, ce n'est pas un homme
d'État. Il voit souvent juste mais ne sait pas imposer ses
décisions. En outre le bon peuple – et d'autres que le bon
peuple – n'aime pas que son roi soit à la fois trop dévot au
point de suivre les processions de flagellants, et de mœurs
dissolues : on ne lui pardonne pas ses « *mignons* ». La Cour
est plus que jamais le lieu de factions, de clans : les
mignons se battent contre les gens du duc de Guise. Il y a
des morts. Le roi les pleure, les enterre somptueusement. Il
couvre d'or ses favoris et ses partisans. L'une des fêtes les
plus extraordinaires qu'ait vue la cour des derniers Valois
fut celle du mariage du duc de Joyeuse, en 1581, à qui
Henri faisait épouser sa belle-sœur, la sœur de la reine : le
roi dépensa à cette occasion la somme incroyable de

---

1. Cité par Mariéjol, ouvr. cit., p. 198.

1 200 000 écus! Il est vrai qu'on admira le *Ballet comique de la reine,* qui consacre en somme la naissance de l'opéra, et que la réussite artistique de l'ensemble fut, de l'avis unanime des contemporains, une perfection. Il n'empêche que cette perfection coûtait cher.

En somme, on pouvait regretter que Henri III n'ait jamais tenu compte de l'excellent conseil que sa mère lui avait donné à l'aube de son règne, dans la lettre du 31 mai 1574 par laquelle elle lui annonçait le décès de Charles IX : « *Ne vous laissez aller aux passions de vos serviteurs, car vous n'êtes plus Monsieur...* [1] *Vous êtes le roi et tous, faut qu'ils vous fassent le plus fort car tous, faut qu'ils vous servent... Aimez vos serviteurs et leur faites du bien, mais que leurs partialités ne soient point les vôtres pour l'honneur de Dieu* [2] ».

L'agitation continuait, notamment dans le Midi. Catherine de Médicis s'en mêla et, profitant de ce que roi de Navarre (échappé du Louvre et rentré chez lui depuis 1576) réclamait sa femme, elle s'offrit à accompagner celle-ci. L'entrevue fut cordiale entre la belle-mère et le gendre, les fêtes somptueuses, la compagnie n'était occupée que « *de rire, danser et courir la bague* », mais les incidents ne manquaient pas. « Un soir, pendant le bal, un courrier vint dire au roi de Navarre, à l'oreille, que les catholiques avaient surpris La Réole. Sans rien laisser paraître, il avertit Turenne et s'esquiva du bal avec lui. Ils allèrent saisir Fleurance, petite ville catholique. Catherine fut obligée de restituer La Réole aux protestants [3]. »

La vie dans les provinces du sud, on le sait, n'était nullement une vie terne ni en retrait, et le rayonnement de la cour de Nérac fut rehaussé par l'arrivée de la reine Marguerite. Sa présence, celle de son entourage féminin,

---

1. Rappelons que « Monsieur » est le titre que porte traditionnellement le frère du roi.
2. Cité par Mariéjol, ouvr. cité, p. 183.
3. Mariéjol, ouvr. cit., p. 220.

firent rapidement fondre la morosité huguenote. A lire les
Mémoires de Marguerite, on a le sentiment que la vie là-bas
était un perpétuel enchantement : car à Nérac, « *de cette
diversité de religion, il ne s'en oyait point parler : le roi mon
mari et madame la princesse sa sœur allant d'un côté au
prêche, et moi et mon train à la messe en une chapelle qui est
dans le parc; d'où, comme je sortais, nous nous rassemblions
pour nous aller promener ensemble, ou en un très beau jardin
qui a des allées de lauriers et de cyprès fort longues, ou dans le
parc que j'avais fait faire, en des allées de trois mille pas qui
sont au long de la rivière, et le reste de la journée se passait en
toutes sortes d'honnêtes plaisirs, le bal se tenant d'ordinaire
l'après-dîner et le soir* ». Cela n'empêche pas une nouvelle
guerre – la septième – d'éclater en 1579 : on l'appelle la
« guerre des Amoureux ». Cet épisode galant fut l'occasion
du siège de Cahors (mai 1580), victoire protestante où
Henri de Navarre se révéla comme un chef de guerre hardi
et efficace. Il avait vingt-six ans. C'est la paix de Fleix
(novembre 1580) qui mit fin au conflit.

À ce moment, Montaigne a publié (pendant la septième
guerre) ses *Essais* à Bordeaux, au printemps 1580. Quand la
paix de Fleix est signée, il est en voyage en Italie d'où il
reviendra une année plus tard.

Pendant quelque temps, un équilibre semble atteint :
chacun des partis tient une portion du territoire (les
catholiques vers le nord, les protestants vers le sud). Ce sont
les entreprises et les ambitions, toujours folles et brouillonnes, de l'ancien duc d'Alençon, devenu duc d'Anjou, qui
dominent l'actualité politique des années suivantes. Il
essaie en vain de se tailler un royaume aux Pays-Bas (1578);
il projette à son tour d'épouser Élisabeth d'Angleterre
(1581); il tente de s'emparer d'Anvers (1583). Il bouillonne
d'idées, mais toutes se révèlent mauvaises. Et puis il est
malade et, alors que les Pays-Bas l'appellent à leur secours
contre l'Espagne et qu'il pourrait enfin se tailler un
royaume, il meurt en juin 1584.

La Ligue de 1585

Cette mort remet en jeu l'équilibre précaire qui durait depuis la paix de Fleix en 1580. Désormais, le roi n'ayant pas d'enfant, c'est un prince calviniste qui est l'héritier du trône, alors que la majorité du pays et, à sa tête, Paris, étaient restés profondément catholiques. Contre l'hérétique, contre un roi discrédité (l'impopularité de Henri III ne cessait de grandir), la nation se coalisa. L'ambition des Guise croissait : ils étaient trois frères, le duc Henri le Balafré, le cardinal archevêque de Reims et le duc de Mayenne, chef d'armée heureux. Ils ne demeurèrent pas sans réagir devant l'événement et mirent tous leurs efforts à écarter du trône le roi de Navarre.

Ils lui suscitèrent un rival en la personne de son oncle, le vieux cardinal de Bourbon, personnage falot qui serait aisé à manœuvrer. Puis, bien que la première Ligue ait été un échec, ils décidèrent que la tentative valait non seulement d'être reprise mais élargie : convaincus non sans raison de l'hostilité que rencontrait l'hérésie auprès d'une large partie de la population et assurés de l'appui du nouveau pape Sixte Quint ainsi que du soutien de l'Espagne (traité de Joinville, décembre 1584), ils formèrent en 1585 la Sainte Ligue, offensive, défensive et perpétuelle, « *pour la seule tuition* [1], *défense et conservation de la religion catholique, apostolique et romaine* » [2]. Il s'agissait d'extirper toutes les hérésies en France et aux Pays-Bas et de publier le concile de Trente. Philippe II payait.

Selon un des grands pamphlets du temps paru quelques années plus tard, en 1593, et intitulé *Dialogue du Maheustre* [3] *et du Manant*, la Ligue se forma spontanément à Paris. Elle fut suscitée et entretenue par l'ardeur fanatique de plusieurs curés, de moines mendiants et de quelques avocats : pour l'essentiel, la moyenne bourgeoisie. L'hosti-

---

1. *Tuition* : conservation, protection.
2. Cité par Mariéjol, ouvr. cit., p. 267.
3. *Maheustre* : soldat protestant.

lité contre Henri III redoublait. Les rumeurs couraient la ville : on racontait que le roi voulait s'allier aux huguenots, qu'une Saint-Barthélemy des fidèles catholiques se préparait, etc. La haine, l'exaltation, les processions, la ferveur et les déchaînements possédaient la ville, remuée constamment par des campagnes de libelles, les pamphlets catholiques répondant aux pamphlets protestants. C'est vers ce moment que « les pamphlétaires catholiques, empruntant aux réformés les thèses élaborées après la Saint-Barthélemy, répandent et fortifient la doctrine du tyrannicide » [1].

La Ligue des Princes s'unit à celle de Paris et lance son programme dans le Manifeste de Péronne (mars 1585), mêlant les critiques contre les excès fiscaux et la corruption du roi à la revendication de l'unité religieuse et à la demande d'une réunion des états généraux (elle y joint même un appel à la reine mère). Le roi répond à cet acte d'accusation et tente de se justifier. Il finit par accorder aux ligueurs tout ce qu'ils demandent en signant le traité de Nemours (juillet 1585) qui révoque les avantages accordés aux protestants, relance la persécution contre eux et livre pratiquement le pouvoir aux ligueurs. « C'était le plus furieux édit qu'on eût fait contre eux [les réformés] depuis le commencement des guerres civiles. Leur chef, le roi de Navarre, était déchu de tous ses droits. Ce prince racontait plus tard à l'historien Mathieu qu'à la nouvelle de la proscription de son parti, son émotion avait été si vive que la moitié de sa moustache avait blanchi [2]. »

Désormais, le roi était livré, pieds et poings liés, à des hommes qui ne lui voulaient pas que du bien. Le comble fut atteint quand, en septembre, le pape Sixte Quint lança la « Bulle privatoire » qui prononçait la déchéance de Henri de Navarre et qui déliait les sujets de princes hérétiques de tout devoir de fidélité.

---

1. G. Nakam, ouvr. cit., p. 153.
2. Mariéjol, ouvr. cit., p. 275.

La huitième guerre civile

La guerre reprend, de toutes les façons. Les pamphlets se déchaînent, surtout les pamphlets huguenots visant le pape. Même des catholiques voient avec inquiétude reparaître les doctrines de l'omnipotence pontificale. On lit dans les *Mémoires journaux* de Pierre de L'Estoile, Parisien catholique et modéré hostile à la Ligue, cette analyse lucide et sans indulgence : « *Sur la fin de ce mois, on publia à Paris la Bulle d'excommunication contre le roi de Navarre et le prince de Condé, donnée à Rome, à Saint-Marc, par le pape, le 9ᵉ du présent mois de septembre 1585, par laquelle ce nouveau pape, au lieu d'instruction, ne respire en sa Bulle que destruction, changeant sa houlette pastorale en un flambeau effroyable, pour perdre entièrement ceux qu'il doit regagner au troupeau de l'Église s'ils en sont égarés*[1]. » Quant au Parlement, il trouva dans la Bulle papale l'occasion de protester contre la faiblesse du roi et contre l'audace du pape. Il adressa au roi des remontrances énergiques et généreuses dont le ton tranchait avec le fanatisme ambiant : « *Quand tout le parti des huguenots serait réduit en une seule personne, il n'y aurait celui de nous*[2] *qui osât conclure à la mort contre elle, si préalablement son procès ne lui était solennellement fait. Et partant si elle n'était dûment atteinte et convaincue de crime capital et énorme, condamnant le malfaiteur, aurions-nous regret de perdre un bon citoyen. Que sera-ce donc qui, sans forme de justice aucune, osera dépeupler tant de villes, détruire tant de provinces et convertir tout ce royaume en un tombeau ? Qui osera, dis-je, prononcer le mot pour exposer tant de millions d'hommes, femmes et enfants à la mort ? voire sans cause ni raison apparente, vu qu'on ne leur impute aucun crime que d'hérésie, hérésie encore inconnue ou pour le moins indécise*[3]*...* »

1. L'Estoile, *Mémoires journaux*, t. II, p. 210.
2. *Celui de nous* : homme parmi nous.
3. Cité par Mariéjol, ouvr. cit., p. 279.

Henri de Navarre en appelle de son côté à l'opinion publique, c'est-à-dire aux trois ordres (janvier 1586), non sans effet puisque la Ligue prend la peine de lui répondre par la plume de Dorléans, un avocat exalté qui écrit que, si les catholiques avaient fait tout leur devoir dans la nuit de la Saint-Barthélemy, « *le royaume ne serait pas en telle peine* » et qui pose la question : « *Qui n'aimerait mieux être espagnol que huguenot* [1] ? » (On sait que leurs adversaires accusaient, non sans argument, les ligueurs de trahir leur pays au profit des Espagnols).

La guerre des brochures fait rage. L'image (estampes, gravures) s'en mêle. La polémique est prodigieuse.

Mais l'autre guerre, celle des armes, s'est déclarée aussi. Les opérations ont repris dès septembre 1585. Les catholiques ont le soutien des Espagnols et des Savoyards; les protestants cherchent appui du côté des Pays-Bas, de l'Angleterre, de l'Allemagne. Désormais, la guerre étrangère est installée sur le sol français. Alors que le roi de Navarre et Condé viennent d'être excommuniés, alors que les huguenots sont sommés d'abjurer et que beaucoup se soumettent (octobre 1585), ceux du Sud-Ouest résistent et fortifient des places en Saintonge, en Guyenne, en Gascogne. Marguerite, la reine de Navarre, passe à la Ligue. Tout est sens dessus dessous, et pas seulement en France. Guillaume le Taciturne, le chef des insurgés aux Pays-Bas, vient d'être assassiné en 1584 (alors que son vieil adversaire, le duc d'Albe, était mort en 1582). Marie Stuart est exécutée en 1587 dans sa prison sur l'ordre de la reine d'Angleterre. Le monde semble fou, disloqué par la guerre et l'agitation continuelle dans la vie des gens ordinaires, mais orné de fêtes inimaginables et splendides à la cour et dans quelques lieux privilégiés. « *Je vois une étrange et horrible tragédie que l'on veut représenter sur le théâtre de la France* », écrit Pasquier [2].

---

1. *Ibid.*, p. 281.
2. Cité par G. Nakam, ouvr. cit., p. 158.

Bordeaux et son maire (1581-1585)

Ce maire, on s'en souvient, est Montaigne. En 1585, il achève son second mandat. Si le premier (1581-1583) ne lui a pas posé les plus grands problèmes, ce ne fut pas pour autant une sinécure. il s'agissait alors d'empêcher les ligueurs de s'emparer de la ville.

La deuxième mairie, comme on dit alors, sera plus agitée. L'élection de Montaigne a été difficile, et d'autant plus qu'il était exceptionnel que l'on reconduisît le magistrat municipal dans sa charge. Toute la faction ligueuse s'opposait désormais à l'auteur des *Essais*. A Bordeaux comme ailleurs, le conflit qui déchirait la France réveillait et aggravait d'anciennes et violentes rivalités. Les plus fanatiques pardonnaient mal à Montaigne de réussir à maintenir une politique de conciliation. A partir de 1583, le maire va se dépenser sans compter : outre ses tâches normales (voirie, expédition des affaires, etc.), il parcourt toute la province; il est en contact permanent avec le maréchal de Matignon, gouverneur de Guyenne et représentant du roi, qui sera d'ailleurs son successeur à la mairie : il entend, il envoie des émissaires; il reçoit chez lui, à Montaigne (en décembre 1584, le roi de Navarre et son escorte sont accueillis fastueusement au château); et il écrit beaucoup : remontrances au roi de France ou au roi de Navarre, comptes rendus à Matignon, objurgations à Corisande, la maîtresse du roi de Navarre, pour influencer Henri dans le bon sens, etc. Montaigne est préoccupé par la montée de la misère : le peuple est « *foulé* » (écrasé) d'impôts excessifs, la mendicité s'étend.

Le temps passe et rien ne s'améliore. Dans les premiers mois de 1585, Bordeaux est agitée de complots ligueurs que Montaigne et Matignon, agissant de front, réussissent à déjouer. En juin de cette même année, alors que le mandat de Montaigne s'achève le 31 juillet, la peste s'en mêle et éclate à Bordeaux (ainsi que dans bien d'autres villes : Lyon, Dijon, Senlis, etc.). « La ville, écrit Géralde Nakam, était déjà dans un état lamentable. Même en temps de foire, le " port de la Lune " n'abritait plus que quelques barques de pêcheurs. Récoltes maigres, mévente de vins : c'était la disette. L'épidémie sévit six mois en ville, jusqu'en décembre : [...] elle fera quatorze mille victimes décomptées. Miracles et prodiges une fois encore se manifestent : on aperçoit des monstres marins, on entend des voix[1]. »

L'état des esprits

Car pendant toute cette période de trouble, à Bordeaux et ailleurs, une chose est constante : la peur des phénomènes insolites (ou imaginés comme tels), des miracles, des monstruosités diverses qui, aux yeux des hommes de ce temps – et non seulement des plus humbles – apparaissent comme des signes de la colère divine, d'une malédiction quelconque pour ne pas dire d'un destin hostile.

Cela n'est pas propre aux années qui terminent le siècle et toute la Renaissance est pareillement fascinée par l'irrationnel et en proie à ce que nous appelons aujourd'hui des superstitions : magie, astrologie, interprétations analogiques en tout genre sont alors des choses banales. Plus graves, mais non moins banales, les affaires de sorcellerie. Qu'on ne s'y trompe pas : la belle époque de la sorcellerie n'est pas le Moyen Age, et la chasse aux sorcières n'est pas la survivance d'une époque obscurantiste; le grand âge de la sorcellerie est l'époque moderne et c'est au XVIe et au XVIIe siècle surtout que les bûchers ont flambé.

On en a vu s'allumer quelques-uns déjà, celui d'Étienne Dolet à Paris en 1546, celui de Michel Servet à Genève en 1553. Il y en aura d'autres, non moins illustres : c'est en 1600, à Rome, que sera supplicié Giordano Bruno. Il s'en consume beaucoup, pour des victimes plus obscures qui souvent n'ont pas laissé de trace. Cela ne suscite guère d'indignation. Lisons L'Estoile, généralement modéré :

---

1. Ouvr. cit., pp. 165-166.

« *Le jeudi 26 février* [1587], *Dominique Miraille* [...] *et une bourgeoise d'Étampes, sa belle-mère* [...], *par arrêt de la Cour, furent pendus et étranglés, et puis brûlés au parvis de Notre-Dame* [...] *atteints et convaincus de magie et sorcellerie.* » Et l'auteur des *Mémoires journaux* commente le fait en ces termes : « *On trouva cette exécution toute nouvelle à Paris pour ce que cette vermine y était toujours demeurée libre et sans être recherchée, principalement à la Cour où ceux qui s'en mêlent sont vulgairement appelés philosophes et astrologues; et même du temps du roi Charles IX, était parvenue, par l'impunité, jusqu'au nombre de trente mille* [...]. *Et ce, contre l'expresse ordonnance et commandement de Dieu qui défend en sa loi de laisser vivre le sorcier et la sorcière* [1]. »

« Le chaos de nos troubles »

L'expression est du magistrat historien Étienne Pasquier qui, dans une lettre de 1588, écrit : « *Je crains, je crois, je vois présentement la fin de notre république* [2]. » Ce sentiment d'un effondrement prochain, d'une apocalypse imminente est largement répandu dans tous les milieux. Dans le chapitre « *De la vanité* » Montaigne lui-même écrit : « *Tout croule autour de nous; en tous les grands états, soit de chrétienté, soit d'ailleurs, que nous connaissons, regardez-y : vous y trouverez une évidente menace de changement et de ruine.* » Et il ajoute : « *Les astrologues ont beau jeu à nous avertir, comme ils font, de grandes altérations et mutations prochaines : leurs divinations sont présentes et palpables, il ne faut pas aller au ciel pour cela* » (III, 9; 961).

Tout est alors d'une complication effroyable. Les haines et les rivalités se sont multipliées. Même sur le plan des principes, il n'est pas facile de s'y retrouver : rien ne serait plus faux que d'imaginer d'un côté des tenants du loyalisme francs et honnêtes, de l'autre des ligueurs fanatisés et

---

1. L'Estoile, *Mémoires...*, t. III, p. 10.
2. Cité par G. Nakam, ouvr. cit., p. 170.

méprisables. L'histoire ne se répète pas et la Ligue n'est pas
la Révolution culturelle, même si elle présente des traits
communs avec tous les mouvements extrémistes de contestation dont l'histoire la plus récente nous a offert des
exemples. La Ligue, c'est à la fois l'ambition de princes
rêvant de supplanter leur souverain, dans le peuple c'est la
revendication d'une plus grande justice sociale et fiscale
(des principes que nous serions tentés de considérer comme
démocratiques et qui n'étaient peut-être, dans beaucoup de
cas, que démagogiques), chez tous c'est la volonté d'unité
religieuse et, chez certains, c'est par surcroît un fanatisme
déclaré, ravageur, redoutable. Les prônes des curés
ligueurs, les prédications des moines mendiants, à Paris et
dans d'autres villes, s'ajoutaient à la propagande des pamphlets pour créer un climat comparable à ce que peuvent
faire, dans certaines circonstances, nos médias modernes :
« Il ne faut plus parler de paix avec les huguenots, qui ne veut
être déclaré criminel de lèse-majesté divine et humaine. C'est
le lieu commun de nos prédicateurs en leurs chaires » [1], écrit
Pasquier en décembre 1586. Lisons encore ce passage
d'une lettre du même, de 1585 [2], où il analyse la complexité
des intérêts qui se mêlent dans la Ligue : « Maintenant les
Seigneurs de la Ligue font courir un manifeste dans lequel ils
se plaignent de trois points [c'est le Manifeste de Péronne].
Premièrement des tailles, aides, subsides extraordinaires
qu'ils requièrent être réformés. Secondement que plusieurs
gentilshommes étaient promus et avancés aux premières
dignités de la France, au désavantage des Princes. Et pour
troisième on y a glissé sur la fin une clause concernant la
religion nouvelle, qu'ils requièrent être bannie de la France.
Vous ne croiriez pas comme à un instant les cartes ont été
mêlées. Le roi a envoyé de toutes parts commissions pour lever
gens, tant de cheval que de pied. On garde les portes par les

---

1. Cité par G. Nakam, p. 173.
2. Il y analyse le Manifeste de Péronne (voir plus haut, p. 72), c'est-à-dire l'acte de
naissance de la Ligue.

villes; et spécialement pour assurer la nôtre [Paris], il a créé des capitaines [...] et sous eux des lieutenants qui sont à sa dévotion. Bref, nous sommes maintenant devenus tous guerriers dans Paris. Le jour, nous y gardons les portes; la nuit, faisons guets, patrouilles et sentinelles. Bon Dieu! que c'est un métier plaisant à ceux qui en sont apprentis. L'Espagnol fournit au défrais de cette guerre, à huis ouvert, comme celui qui ne désire que le brouillement de notre état [...]. Tout ainsi que le roi s'arme, aussi fait la Ligue, qui a déjà surpris une infinité de villes, tant en Champagne que Normandie.

Et en cette nouvelle révolte et surprise inopinée de villes, sans avoir fait aucune requête au roi avant que de prendre les armes, les hommes plus retenus ne peuvent bonnement juger si c'est à l'État qu'on en veut ou à la religion nouvelle. Et sont quelques-uns d'avis que l'on mêle l'un et l'autre ensemble. Quant à moi, je ne le crois [...]: le menu peuple [est] très content que l'on combatte pour sa liberté, les Princes pour leurs dignités et qu'ils aient tous part au gâteau sans qu'il soit seulement distribué à deux ou trois, et tous généralement ne sont point marris que l'on extermine la nouvelle religion [1]. »

La fin de Henri III

En octobre 1587, le roi de Navarre remporte la bataille de Coutras mais, quelques jours plus tard, c'est Guise qui écrase les reîtres allemands à Anneau. L'impopularité du roi ne cesse de s'aggraver. Le 12 mai 1588 (Montaigne s'y trouve probablement), Paris aux mains des ligueurs se soulève contre le roi : c'est la Journée des Barricades. On se bat; Guise est appelé au secours par le roi et acclamé par la foule fanatisée. Le Louvre est menacé. Dans cette situation difficile, alors que la reine mère essaie de négocier avec

---

1. Pasquier, *Œuvres complètes*, Amsterdam, 1723, t. II, pp. 286-287 (lettre à Sainte-Marthe).

Guise, le roi s'échappe : « *Sur quoi un quidam ne rencontra* [1] *pas mal quand il dit que les deux Henri avaient tous deux bien fait les ânes, l'un pour n'avoir eu le cœur d'exécuter ce qu'il avait entrepris en ayant eu tout loisir et moyen de le faire jusqu'à onze heures passées du matin du dit Jour des Barricades* [2] *et l'autre* [3] *pour avoir, le lendemain, laissé échapper la bête qu'il tenait en ses filets* », écrit L'Estoile [4]. La ville s'organise et tente, non sans succès, de gagner à ses vues d'autres « *bonnes villes* ».

(Cependant que les alliés des Espagnols triomphaient ainsi en France, l'Espagne subissait un très grave revers avec le désastre de l'*Invincible Armada* (juillet-août), une flotte que Philippe II avait envoyée contre l'Angleterre et qui, dispersée par la tempête et les combats, fut mise en déroute et largement détruite.)

Henri III a nommé Guise lieutenant général du royaume, il a accepté le cardinal de Bourbon comme héritier et il convoque les états généraux à Blois. Sa capitulation est complète. Les états généraux se réunissent en octobre. A Blois, le roi tente, en vain, de ressaisir son autorité. C'est alors qu'il décide de faire assassiner ses ennemis, les Guise. La menace planait, dit-on, autour du duc à qui, de plusieurs côtés, on avait conseillé de s'éloigner. Trop sûr de lui, il refusa de se méfier et fut pris dans un guet-apens : les sbires du roi le transpercèrent à coups de poignard. On assassina aussi son frère, le cardinal de Guise, que tout le monde ne pleura pas. Le cardinal était haï et voici ce qu'on peut lire dans le *Journal* de L'Estoile : « *Telle fut la fin du cardinal, qui ne soufflait que la guerre, ne ronflait que massacres et ne haletait que sang* [5]. » On arrêta la mère et le fils du duc, le vieux cardinal de Bourbon et des parlementaires. Les états furent clos au début de janvier 1589. C'est

---

1. *Ne rencontra :* ne trouva.
2. C'est le roi, qui ne réagit pas contre Guise.
3. C'est le duc, qui laissa filer le roi.
4. Ouvr. cit., t. III, p. 147.
5. T. III, p. 201.

à ce moment que mourut Catherine de Médicis (5 janvier 1589), « dans la tempête qui emportait sa politique de compromis et de concessions » [1], alors que Paris était proprement en ébullition.

Le meurtre des Guise, en effet, ne résolvait rien. Certes le roi, comme beaucoup de ceux qui l'entouraient, amis ou ennemis, crut d'abord la Ligue perdue. C'est que, remarque justement Mariéjol, « les hommes habitués à la discipline d'un État monarchique n'ont pas l'intelligence des mouvements populaires » [2]. Mais Paris se soulève; l'organisation de la Ligue se renforce : le Conseil des Seize se forme (il réunit les chefs des comités de quartier – au nombre de seize –, choisis parmi les ligueurs les plus fanatiques). Le peuple brise les armoiries du roi, détruit ses images. On ne cesse de s'exalter : « *Le peuple était tellement échauffé et enragé... après ces belles dévotions processionnaires, qu'ils se levaient bien souvent de nuit de leurs lits pour aller quérir les curés et prêtres de leurs paroisses pour les mener en processions* [3]... » L'ardeur prend les formes les plus variées et il ne fait pas bon être protestant à Paris en ce temps-là. C'est le moment où un curé parisien démontre que l'Église et le peuple ont également le droit de déposer les rois, Henri III en particulier, comme perfide, dissipateur du trésor public, tyran, ennemi de la patrie mais aussi comme parjure, assassin, meurtrier, sacrilège, fauteur d'hérésie, simoniaque, magicien, impie et anathème. (La violence et la hardiesse des thèses soutenues est telle que, deux siècles plus tard, la Révolution s'en souviendra parfois.)

Les Seize s'attaquent ensuite au Parlement. Ils s'en arrogent les pouvoirs et ils élisent Mayenne lieutenant général du royaume. La Ligue se répand en province. A Bordeaux, en avril 1589, Matignon mate une émeute née dans les quartiers populaires et il expulse en juillet les

---

1. Mariéjol, ouvr. cit., p. 324.
2. *Ibid.*, p. 323.
3. L'Estoile, ouvr. cit., p. 247.

jésuites qu'il accuse de complicité avec la Ligue. C'est le moment où Mlle de Gournay, la « *fille d'alliance* » de Montaigne, écrit que celui-ci demeure en Guyenne « *où la guerre de la Ligue l'attache par le commandement et pour le service du roi* » [1] : il n'est plus maire à cette date mais reste lié à son successeur, le maréchal de Matignon dont il apprécie et appuie les efforts.

Le roi de France est désormais à peu près complètement dépossédé de son royaume et il cherche à sauver ce qui peut l'être en s'alliant à Henri de Navarre. Mais le 1er août 1589, alors que Paris est assiégé par les deux rois, Henri III est assassiné au château de Saint-Cloud par un jacobin fanatique, Jacques Clément.

L'avènement de Henri IV

Le nouveau roi n'est pas reconnu sans hésitation ni sans tumulte. Pendant cinq ans, de 1589 à 1594, il va tenter, difficilement, de conquérir son royaume. La guerre continue donc. Henri est vainqueur à Arques (septembre 1589) et à Ivry (mars 1590) mais il est moins que jamais accepté par la Ligue. En 1590, il assiège Paris. Les coups de main, les batailles, les avances et les reculades se succèdent. Tantôt les ligueurs, tantôt les troupes royales l'emportent. Il y a l'attaque de Saint-Denis en janvier 1591, le siège de Chartres (février) puis la prise de la ville (avril 1591), celui de Rouen (fin 1591) sans résultat pour Henri, mais sa tactique consiste désormais à s'emparer ville après ville de tout ce qui compte autour de la capitale et à isoler ainsi la rebelle.

Cependant, un nombre croissant de catholiques lassés de la guerre se résignent à accepter Henri de Navarre, ne serait-ce que comme un moindre mal, tandis que les désaccords s'aggravent du côté des ligueurs : tous, certes, s'entendent pour refuser un roi hérétique mais la mort du

---

1. Cité par G. Nakam, ouvr. cit., p. 188.

Tableau généalogique
des prétendants au trône de France
avant l'abjuration de Henri IV

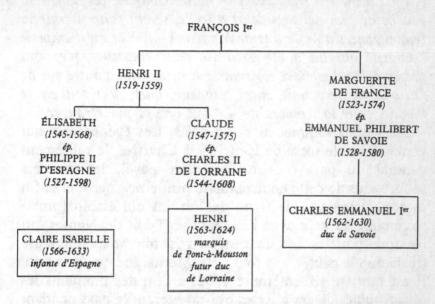

cardinal de Bourbon (8 mai 1590), qui avait été proclamé roi sous le nom de Charles X, sème la discorde. Les uns soutiennent la candidature de l'infante Claire-Eugénie, petite-fille de Henri II; le duc de Savoie, petit-fils de François Ier, a les mêmes titres; le futur duc de Lorraine n'en a guère de moindres. D'autres tiennent à un prince français et pensent à Mayenne.

Finalement, en avril 1593, se réunissent à Paris les états généraux de la Ligue où les prétentions espagnoles sont battues en brèche et finalement mises en échec par l'Assemblée qui refuse d'accorder le pouvoir à un prince étranger. Cependant, tout le monde commence à être fatigué de cette guerre interminable. La Ligue a perdu beaucoup de son prestige, les querelles y sont de plus en plus fréquentes et de plus en plus vives. C'est dans cette atmosphère que, pendant les états généraux, à Paris, surviennent deux coups de théâtre : l'annonce que le roi a décidé de se convertir, suivie de son abjuration à Saint-

Denis en juillet, et l'arrêt du Parlement de Paris qui, en juin, rappelle la loi fondamentale de succession : « *La Cour* [...] *a conclu et arrêté que par ladite Cour en corps, par la bouche de l'un des présidents d'icelle, seront faites itératives remontrances à M. le duc de Mayenne* [...] *à ce qu'il emploie l'autorité qui lui a été commise pour empêcher que, sous prétexte de religion, ce royaume qui ne dépend d'autre que de Dieu et ne reconnaît autre seigneur, quel qu'il soit en ce monde, pour sa temporalité, ne soit occupé par étranger* [1]. »

Mais nous sommes alors en 1593. Les événements qui vont suivre : le sacre de Henri IV à Chartres, le ralliement général du pays (quelquefois cher payé), les derniers soubresauts de cette épouvantable huitième guerre et enfin sa conclusion avec le traité de Vervins qui établit (provisoirement) la paix avec l'Espagne et l'édit de Nantes qui instaure pour moins de cent ans la tolérance religieuse (mais non la paix [2]) – de tout cela, Montaigne ne verra rien. Il est mort le 13 septembre 1592, à l'un des moments les plus troublés de ces guerres qui ravagèrent le pays pendant plus de trente ans. Il n'avait pas soixante ans.

Un âge tragique

Cette fin de siècle tumultueuse fut une période riche de créations artistiques, surtout si l'on ne se borne pas à regarder ce qui se passe en France. C'est l'apparition d'une mentalité nouvelle, modelée sans doute, du moins en partie, par les événements : on l'appelait naguère baroque; aujourd'hui on repousse généralement la date d'apparition du baroque au XVIIᵉ siècle pour parler plutôt, dans le dernier tiers du XVIᵉ, de maniérisme. Ne nous attachons pas trop rigoureusement à ces étiquettes qui ne se justifient que comme des commodités de classement. Peu importe, au fond, que les périodisations soient imparfaites. Ce qui

---

1. Mariéjol, ouvr. cit., p. 415.
2. Les guerres de religion, sous un autre nom, reprendront sous le règne de Louis XIII.

compte, c'est que tout concorde, vers les années 1570-1580, pour exprimer un changement profond mais difficile à préciser : le goût pour l'hyperbole, la fascination pour le mouvement, la hantise du périssable, l'idée de la mort, l'obsession du temps qui passe [1]. Mais rien de tout cela n'est nouveau et, dès le milieu du siècle, les peintures de l'École de Fontainebleau ou les poésies de la Pléiade, pour en rester à la France, suggéraient bon nombre de ces thèmes.

Pourtant, nul ne songerait à qualifier de baroques les nymphes du Primatice ou les premiers recueils d'amour de Ronsard. Maniéristes plutôt, en effet. Alors, quel que soit le nom qu'on donne à ce nouvel état d'esprit, qu'y a-t-il de changé à la fin du siècle [2]?

Pour dire les choses d'un mot, peut-être, la conscience du tragique. Facile à comprendre dans la réalité de l'histoire tout au long des guerres civiles, ce sentiment donne naissance à de nouvelles expressions littéraires et artistiques. C'est le temps où naît la tragédie moderne. En France, le plus grand poète tragique du siècle est Robert Garnier, un protestant qui publie ses œuvres dans les années 1570-1580 et dont le chef-d'œuvre, *Les Juives*, date de 1583. Hors de France, en Angleterre, c'est le drame élisabéthain : le *Henri VI* de Shakespeare (né en 1564) est de 1590; la carrière du grand dramaturge commence en somme quand se termine celle de Montaigne, traduit dès 1603 en anglais par Florio. En Espagne, c'est l'âge de Cervantès dont les premières œuvres paraissent en 1581 (*Numance*) et en 1585 (*Galathée*); mais il faudra attendre le XVIIe siècle pour lire *Don Quichotte*. Lope de Vega est né en 1562.

Certes, Montaigne ne connut jamais ni ces Anglais ni, semble-t-il, ces Espagnols. En revanche, il fréquenta,

---

1. C'est à partir de 1564 que l'année commence officiellement (en France) le 1er janvier. D'autre part, la réforme du calendrier grégorien date de 1582 : Montaigne y fait plusieurs fois allusion.

2. Voir sur cette période *L'Automne de la Renaissance*, Paris, Vrin, 1981.

admira, visita même lors de son voyage en Italie, le grand
poète Torquato Tasso, dit Le Tasse, auteur de la *Jérusalem
délivrée* publiée en 1580 et plusieurs fois citée dans les
Essais.

Richesse artistique et fécondité littéraire

1580 : l'année de la *Jérusalem délivrée* est aussi celle des
Essais. En Angleterre, c'est celle où sir Philip Sidney,
disciple de Du Bellay et de Sannazar, publie sa *Défense de
la poésie* et son *Arcadie,* en même temps que Lyly donne
son *Euphues,* quintessence de style précieux, recherché,
raffiné, significativement contemporain des premiers textes
de Gongorá. En Pologne, Kochanowski, lointain émule de
la Pléiade, compose d'émouvants *Thrènes sur la mort de sa
fille.* En Italie, l'année de sa mort, Palladio commence la
construction du théâtre de Vicence (qui sera achevé en
1585). En France, l'étonnant autodidacte Bernard Palissy
publie ses *Discours admirables de la nature des eaux et des
fontaines...* alors que le magistrat Jean Bodin, précurseur,
a-t-on dit, de Montesquieu avec sa *République* publiée en
1576, s'exerce à un tout autre registre avec la *Démonomanie
des sorciers.*

Année exceptionnellement féconde que 1580? Nullement. Chaque année apporte ses fruits. En 1578, c'étaient
les *Sonnets pour Hélène* de Ronsard, *La Semaine* de
Du Bartas : deux des grandes œuvres du siècle; c'était
l'ouverture du chantier de construction du Pont-Neuf
à Paris.

Le goût de l'héroïsme – «ostentation et passion», dit
André Chastel [1] pour caractériser la fin de la Renaissance –
accompagne la conscience du tragique. Il se traduit par la
vogue extraordinaire du néo-stoïcisme mais aussi par le
goût, non seulement du théâtre (on l'a vu pour la tragédie;
c'est à ce moment que naît l'opéra; les troupes de comé-

---

1. *La Crise de la Renaissance,* cit.

diens italiens remportent leurs premiers succès en France), mais de tout ce qui exalte la grandeur. L'épopée fleurit : en 1572, Ronsard publie sa *Franciade*; en 1574, c'est la *Judith* de Du Bartas; en 1575-1616, d'Aubigné compose *Les Tragiques*. Et la poésie s'épanouit : outre Ronsard, dont la vie et la carrière durent jusqu'en 1585, il faut mentionner Desportes dont les *Premières Œuvres* sont publiées en 1573. Desportes, Du Bartas : double postérité de Ronsard, récusée par le maître, mais qui traduit bien l'évolution de l'époque dans le sens du raffiné et de l'emphase. C'est le moment où Malherbe est encore « baroque » et compose des vers à l'italienne (*Les Larmes de saint Pierre*, d'après Tansillo).

La prose n'est pas en reste. Elle connaît un essor considérable, non seulement grâce à la vogue de la littérature morale (Amyot pour la traduction des *Œuvres morales* de Plutarque; Du Vair et ses traités néo-stoïciens; Juste Lipse, l'humaniste flamand qui correspond avec Montaigne; et Montaigne lui-même, d'une certaine manière) mais largement grâce à la littérature politique et militante (Bodin, les pamphlets – et le chef-d'œuvre de ces pamphlets suscités par les événements : *La Satyre ménippée*, parue en 1594, qui ridiculise les états généraux de la Ligue de 1593). Et puis il y a l'histoire, les chroniques (Pasquier et ses premières *Recherches de la France*, Monluc et ses *Commentaires*, L'Estoile et ses *Mémoires journaux*, etc.).

La cour des Valois éblouit les regards par ses fêtes fastueuses. La vie mondaine se développe. Le centre de la vie intellectuelle parisienne est le salon de la maréchale de Retz, qui préfigure les grands salons littéraires des XVIIe et XVIIIe siècles. Cependant, en 1570, Baïf a fondé son Académie de poésie et de musique, à laquelle succède l'Académie du Palais patronnée par le roi Henri III. De l'autre côté de la France, la cour de Nérac – celle de Henri IV, ou plutôt de Marguerite, sa femme – rivalise d'éclat avec Paris.

Un âge de rupture

Mais en France, il est un domaine où le bilan est moins brillant. Alors que l'Italie règne sur les arts en Europe, alors que Rome va redevenir la capitale culturelle qu'elle avait été jusqu'au sac de 1527, la peinture et la sculpture françaises entrent dans une période difficile. Non que les artistes soient subitement privés de talent, mais les guerres de religion détruisent – « immensément », écrit Jacques Thuillier [1] – et découragent les créateurs.

Le patrimoine religieux fut la première victime des événements : la prise d'une église par les huguenots et sa reprise par les catholiques ne se faisaient pas sans dégât. Les œuvres profanes ne furent pas à l'abri. D'où, une quantité impressionnante de destructions. De plus, les mécènes disparaissaient et, dans le désastre général, les commandes se faisaient rares. Tant et si bien que les artistes français prirent de plus en plus le chemin de l'étranger pendant la fin du XVIᵉ siècle. Une telle crise ne demeura pas sans conséquence : dans le domaine artistique, la période des guerres de religion marque en France une coupure radicale ; quand les exilés reviendront, le plus souvent d'Italie, ils rapporteront « un langage sans racines françaises » [2]. Du langage artistique de la fin de la Renaissance, il ne restera à peu près rien.

Hors de France cependant, la situation est différente. La coupure n'existe pas dans la tradition plastique des autres pays européens. Au demeurant, les nouveautés s'accumulent dans tous les domaines, même si les contemporains n'en ont pas toujours clairement conscience. Les Jésuites continuent de progresser à travers l'Europe et même à travers le monde, où ils installent la Contre-Réforme [3]. L'observation de l'univers se précise : deux hommes, un

---

1. « La Fortune de la Renaissance et le développement de la peinture française. 1580-1630 », in *L'Automne de la Renaissance*, p. 359.
2. *Ibid.*, p. 360.
3. Rappelons que le concile de Trente s'était terminé en 1563.

Danois et un Allemand, Tycho-Brahé (1546-1601) et Kepler (1571-1630), reprennent et approfondissent les travaux de Copernic. En 1543, quand celui-ci était mort, Montaigne avait dix ans ; quand Montaigne meurt, Galilée en a trente. L'inventeur de l'algèbre moderne, François Viète (1540-1603) est à peu près contemporain de Montaigne : dans les années 1580, il a été en butte aux tracasseries de la Ligue à Paris. En Italie, c'est le moment où Cisalpino procède à un premier essai de classification des plantes. L'*Atlas* de Mercator date de 1595. Etc.

C'est la naissance de l'esprit scientifique moderne. Dans d'autres domaines, ce qui se manifeste est une sensibilité inquiète, ostentatoire et fervente à la fois. Quand Montaigne quitte ce monde, les contours d'un âge nouveau se dessinent. L'auteur des *Essais* le pressentait.

III

ÉCRITS

Montaigne est avant tout l'auteur des *Essais*. C'est ainsi qu'on le définit tout naturellement et il est certain que si son nom survit parmi nous, c'est à cause de cette œuvre majeure. Montaigne auteur d'un seul livre, par conséquent? Oui et non.

Oui, et on verra dans les pages qui suivent la place que nous consacrons aux *Essais*. Non toutefois : de même que Proust n'est pas seulement l'auteur de *La Recherche* mais aussi celui de *Jean Santeuil* et des *Pastiches*, de même la bibliographie de Montaigne comporte d'autres titres que celui de l'œuvre principale, et si les lettres ne forment peut-être pas un ensemble suffisant pour constituer une *correspondance*[1], il reste la traduction de la *Théologie naturelle* de Raymond Sebond et le *Journal de Voyage*, la première publiée par les soins de l'auteur, ou plutôt du traducteur, le second resté à l'état de manuscrit.

Nous décrirons donc ces deux ouvrages parce qu'ils ont leur importance, mais sans jamais prétendre ainsi disputer aux *Essais* leur prééminence dans la création littéraire de Montaigne.

---

1. Voir la bibliographie, p. 367.

1

La Théologie naturelle

Montaigne raconte dans les *Essais* comment, à la demande de son père, il entreprit la traduction du livre de Raymond Sebond intitulé *Liber creaturarum* ou *Theologia naturalis* [1]. Livre à succès, que « *beaucoup de gens s'amusent à* [...] *lire, et notamment les dames* » (II, 12 ; 440), selon la remarque de Montaigne, la *Theologia* était un ouvrage bien connu non seulement en France mais en Hollande et en Allemagne.

La Theologia naturalis

Son auteur était un religieux espagnol du XVᵉ siècle, théologien, médecin et humaniste. Raymond Sebond [2], maître ès arts à l'université de Toulouse, mourut dans cette ville en 1436. Il avait, à la fin de sa vie, écrit ce livre qui fut publié pour la première fois à Lyon en 1484.

On a dit de Sebond que, sans Montaigne, « son nom même serait aujourd'hui oublié » [3]. On a même été beaucoup plus sévère : « Comment se fait-il que le Montaigne

---

1. Le titre *Theologia naturalis* n'est pas de Sebond : il fut donné au livre après la mort de son auteur.
2. On peut épeler le nom – en espagnol : Sibiuda – de diverses manières : Sebon, Sebonde, Sabonde, Sabaude, etc. Nous reprenons ici l'orthographe de Montaigne dans les *Essais*.
3. *Dictionnaire des Auteurs* (article SEBOND), Laffont-Bompiani, 1956.

personnel, alerte et vivant des *Essais*, ait débuté par la traduction d'un insipide fatras de verbalisme scolastico-théologique, et n'ait pas hésité à se présenter au public de son temps avec cet énorme paquet sur la tête ? » demandait en 1937 un obscur commentateur [1]. Il n'empêche que le *Liber creaturarum* fut dès sa parution un grand succès et le demeura, avant et après Montaigne, jusqu'à la fin du XVIIe siècle. Dans sa version latine, le livre fut réimprimé plusieurs fois et il influença des penseurs importants tels que Nicolas de Cuse, Charles Bovelles et Grotius [2].

La pensée de Raymond Sebond se rattache à un courant ancien, le naturalisme, qu'illustrèrent des hommes comme saint Bonaventure et Raymond Lulle. Bonaventure fut un franciscain du XIIIe siècle dont l'œuvre, considérable, assurait que l'homme peut « naturellement » connaître l'existence de Dieu et que la vue des créatures lui permet de remonter à cette existence : « *Le monde créé est comme un livre où se lit la Trinité qui l'a façonné* » (rappelons qu'à saint François d'Assise, toute la nature parlait de Dieu). Quant à Raymond Lulle (1235-1315), ce fut un savant, un voyageur intrépide qui se flattait de convertir les païens par le moyen de son *Ars magna*, ou art universel de raisonner, c'est-à-dire que « *par un mélange ordonné des principes, on désigne les secrets et les vérités de la nature* ». (Cette réflexion approfondie fait de Lulle l'un des précurseurs de la logique moderne.)

Dans son livre, Raymond Sebond entend donc démontrer que les vérités du christianisme sont accessibles à la raison humaine et que la création (autrement dit la nature) les manifeste tout entière. Sebond s'opposait ainsi à l'école dite averrhoïste [3] qui enseignait la doctrine de la « double

---

1. E. Le Bansais, *BSAM*, 2e série, n° 1, 1937, p. 25.
2. Voir H. Friedrich, *Montaigne*, p. 109, et R. Aulotte, *Montaigne. Apologie de R. Sebond*, Paris, 1979, p. 22.
3. On parle d'averrhoïsme latin, mais d'autres proposent plutôt les termes d'aristotélisme intégral (Jean Jolivet, in *Histoire de la philosophie*, Encyclopédie de la Pléiade, t. I, p. 1443).

vérité ». Selon celle-ci, l'entendement humain étant incapable de concevoir les mystères de la divinité, il convenait
de ne pas confondre ce qui relevait de la raison et ce qui
relevait de la foi. La doctrine de la double vérité avait été
condamnée par Rome au XIIIᵉ siècle sur les instances de
l'évêque de Paris, qui résumait ainsi l'attitude des averr-
rhoïstes : « *Ils disent que cela est vrai selon la philosophie,
mais non selon la foi catholique, comme s'il y avait deux
vérités contraires, et comme s'il y avait, opposée à la vérité de
l'Écriture sacrée, une vérité dans ce que disent les païens
damnés* [1] ». En somme, selon leurs ennemis, les maîtres
averrhoïstes auraient affirmé qu'ils se contentaient de la
vérité philosophique, sans préjudice de la vérité théologique. Cela revenait à reléguer les articles de la foi dans
l'irrationnel, et « la conséquence de cette bipartition était
dangereuse. La foi tournée à l'irrationnel n'était plus
suffisamment assurée contre la critique de la raison. Le
procédé de la *double vérité* menaçait de se transformer en
un artifice sous le couvert duquel la raison, prétextant une
argumentation purement rationnelle, donc incompétente,
pouvait ruiner les articles de foi comme autant d'absurdi-
tés. Entre la religion et la science béait une faille où se
nichait l'incroyance » [2].

C'était à chasser l'incroyance que s'étaient employés
maints théologiens français et espagnols de la fin du Moyen
Age à la suite de saint Bonaventure et de Raymond Lulle;
c'est ce que fit Raymond Sebond. A l'irrationalisme de la
doctrine de la double vérité, il opposait un rationalisme
établissant l'unité « de la religion et de la science, de la
théologie et de la philosophie, de manière à montrer que
les mystères étaient accessibles à l'intelligence humaine » [3],
à la pensée naturelle.

La *Theologia naturalis* de Sebond s'ouvrait sur un

---

1. J. Jolivet, *op. cit.*, p. 1444.
2. H. Friedrich, ouvr. cit., pp. 109-110.
3. *Ibid.*, p. 111.

prologue revendiquant hautement la faculté, pour l'homme, d'atteindre à la connaissance des vérités révélées par la
seule ressource de son intelligence. Tout le livre – en
330 chapitres – développait cette idée. Il s'agissait bien
d'une « théologie naturelle », au sens strict : selon Sebond,
la révélation ne devient certes pas superflue, mais l'autonomie de la connaissance humaine est telle qu'elle rend
l'homme capable d'accéder seul à la vérité. Mieux : la
création, les créatures, peuvent bien être présentées selon
l'ordre hiérarchique traditionnel qui va des choses inanimées aux êtres animés puis à Dieu, la nature ainsi
ordonnée n'en constitue pas moins un livre (l'image est
ancienne : c'est celle du grand livre du monde, du livre de
la nature, du « livre des créatures ») et ce livre, c'est Dieu
qui l'a tracé de son écriture, de même que la Bible est
l'autre livre qu'il a donné au monde : mais la Bible n'est
accessible qu'à quelques-uns alors que le livre des créatures
est accessible à tous. « C'est par l'étude de ce *livre* [...] et par
l'analyse de soi que la *Theologia naturalis* entend parvenir à
l'intelligence empirique et rationnelle du rapport liant tout
ce qui existe à Dieu [1]. »

Le succès de la *Theologia naturalis* – auprès de Montaigne en particulier – s'explique sans doute par son caractère
de théologie laïque. Livre intéressant et important dans
l'histoire de la pensée : « C'est là, encore dans les limites de
la théologie, un premier acte de naissance de l'autonomie
moderne de la pensée, que d'autres, analogues, allaient
suivre au XVe et au XVIe siècle dans le domaine des sciences
naturelles et de la philosophie profane [2] », écrit très justement Hugo Friedrich. Raymond Sebond propose une
méthode facile, accessible à tous; il attribue à l'homme une
éminente dignité et sa vision optimiste laisse pratiquement
de côté la notion de péché. Au point que la *Theologia
naturalis* fut mise à l'Index en 1558-1559 et que le concile

---

1. *Ibid.*, p. 110.
2. *Ibid.* p. 110.

de Trente, s'il atténua cette sentence, condamna le prologue pour sa conception extrême de la théologie profane. Montaigne ne traduisit pas ce prologue (à l'Index depuis 1564) mais le réduisit à une brève préface.

Montaigne traducteur

Le succès du livre est attesté, entre autres choses, par le fait qu'il avait déjà été traduit en français : par un anonyme dès 1519 (Montaigne ne semble pas avoir connu cette version), par Jean Martin en 1551 (mais il s'agissait de la traduction d'une version latine abrégée de la *Theologia naturalis*). La traduction de Martin comme l'abrégé latin dont elle est tirée furent réimprimés plusieurs fois avant que Montaigne ne publiât sa propre version en 1569 [1].

Comment l'idée de ce travail lui est-elle venue? Sur ce point, nous sommes renseignés de première main puisque Montaigne raconte, dans le chapitre très important des *Essais* qu'il consacre à Raymond Sebond (l'« *Apologie de Raymond Sebond* », II, 12), que c'est son père qui le lui avait demandé. Pierre Eyquem savait mal le latin – son fils dit même, à cette occasion, qu'« *il n'avait aucune connaissance des lettres* » (439) [2] – et il souhaitait lire la *Theologia* que lui avait offerte l'humaniste Pierre Bunel parce que celle-ci pouvait faire pièce aux « *nouvelletés* » de Luther; comme il maîtrisait bien l'italien et l'espagnol « *et que ce livre est bâti d'un espagnol baragouiné en terminaisons latines, il espérait qu'avec un bien peu d'aide, il en pourrait faire son profit* ». Mais il dut renoncer et il oublia Sebond pendant plusieurs années. « *Or, quelques jours avant sa mort, mon père, ayant de fortune rencontré ce livre sous un tas d'autres papiers abandonnés, me commanda de le lui mettre en français* » (*ibid.*)

---

1. Elle fut elle-même rééditée en 1581. Voir plus loin, p. 318.
2. Sauf précision contraire, toutes les citations des *Essais* dans ce chapitre sont tirées de l'« *Apologie* » (II, 12). Le chiffre qui suit ces citations renvoie à la page dans l'édition Villey-Saulnier.

Ironie du sort : Montaigne se mit au travail à la grande satisfaction du vieux gentilhomme, mais le livre ne put être imprimé assez vite et la dédicace adressée par le traducteur à son père est datée du jour où celui-ci mourut, le 18 juin 1568, sans qu'on sache s'il s'agit d'une coïncidence (Michel inscrivant cette date à Paris, où il se trouvait, cependant que Pierre s'éteignait en Guyenne) ou d'un hommage rendu après coup à la mémoire du défunt (ce qu'il faut comprendre si les mots « *quelques jours avant sa mort* » doivent être pris à la lettre).

Quoi qu'il en soit, c'est donc « *au commandement du meilleur père qui fut onques* [1] » (440), que Montaigne devint traducteur ou, pour le dire avec ses mots :

« ... *Suivant la charge que vous me donnâtes l'année passée chez vous à Montaigne, j'ai taillé et dressé de ma main à Raymond Sebond [...] un accoutrement à la française et l'ai dévêtu, autant qu'il a été en moi, de ce port farouche et maintien barbaresque que vous lui vîtes premièrement* [2]. »

L'« *accoutrement à la française* » était assurément plus policé que le « *port farouche et maintien barbaresque* » de l'original, et tous les commentateurs s'accordent pour souligner cette différence : Montaigne rend dans un style aisé et agréable un latin aride, prolixe et lourd – quelque chose comme la langue de bois de l'époque. Ce faisant, il ne s'interdit nullement d'adapter le texte, de le refondre, en un mot, de « met[tre] de l'air et de la lumière dans le poussiéreux bouquin du magister catalan » [3]. Ou pour le dire autrement : « *Il fait bon traduire les auteurs comme celui-ci, où il n'y a guère que la matière à représenter* » (439).

La *Theologia naturalis* était un texte d'idées : elle pouvait sans perte passer d'une langue à l'autre. Mais l'exercice de

---

1. *Onques*: jamais.
2. Dédicace de la *Théologie naturelle* (adressée au père de Montaigne). Édition Armaingaud, p. III : c'est dans cette édition que nous citerons la *Théologie naturelle*.
3. H. Friedrich, ouvr. cit., p. 113.

traduction n'en existait pas moins : « *C'était une occupation bien étrange et nouvelle pour moi; mais étant de fortune* [1] *pour lors de loisir et ne pouvant rien refuser au commandement du meilleur père qui fut onques, j'en vins à bout comme je pus* » (440) – c'est-à-dire magistralement. Toutefois, quand on s'attarde au style (aisé et agréable) de cette traduction, on est tenté, un peu injustement, de le comparer à son désavantage à l'exceptionnelle réussite des *Essais*. Il n'est pas absurde de penser que Montaigne, à cette occasion, fit ses gammes. En fait, observe Donald Frame, « s'il n'avait pas fini par écrire les *Essais*, peut-être accorderait-on plus d'attention à son admirable traduction » [2].

La Théologie naturelle *traduite par Montaigne*

Après la dédicace du livre « *A Monseigneur, MONSEIGNEUR DE MONTAIGNE* » (telle était alors la manière dont un fils respectueux s'adressait à son père, du moins en public), vient la préface, resserrement, comme on l'a vu, du prologue original. Ce texte annonce que « *la doctrine du Livre des créatures* » est une « *doctrine de l'homme, et à lui propre en tant qu'il est homme, doctrine convenable, naturelle et utile à tout homme, par laquelle il est illuminé à se connaître soi-même, son Créateur et presque tout ce à quoi il est tenu comme homme* » [3]. Suivent les 330 chapitres, depuis le premier, significativement intitulé « *De l'échelle de nature par laquelle l'homme monte à la connaissance de soi et de son Créateur* », jusqu'au dernier, « *De la dernière séparation des bons et des mauvais* » : de l'ordre de la création jusqu'au Jugement dernier.

Le livre se présente comme une méthode facile et efficace : «*Par ainsi, cette doctrine est commune aux laïcs,*

---

1. *De fortune* : par hasard.
2. D. Frame, *Montaigne. A Biography*, p. 112 (texte anglais traduit).
3. Préface de la *Théologie naturelle*, éd. cit., p. V.

aux clercs et à toute manière de gens; et si [1] *se peut
comprendre en un mois et sans peine. Il ne la faut apprendre
par cœur, ni en avoir des livres : car depuis* [2] *qu'elle est
connue, elle ne se peut oublier. Elle rend l'homme content,
humble, gracieux, obéissant, ennemi du vice et du péché,
amoureux de vertu, sans l'enfler pourtant ou l'enorgueillir
pour sa suffisance* » [3], lit-on dans la préface, et dès le
premier chapitre, nous voyons l'application de ces principes. S'agit-il d'acquérir la connaissance de soi ? A l'homme
« *hors de soi, éloigné de soi d'une extrême distance, absent de
sa maison propre qu'il ne vit onques, ignorant sa valeur,
méconnaissant soi-même, s'échangeant pour une chose de
néant* » qui souhaite se reconnaître et « *rentre[r] chez soi* »,
« *il lui faut une échelle pour l'aider à se remonter à soi et à se
ravoir. Les pas qu'il fera, les échelons qu'il enjambera, ce
seront autant de notices qu'il acquerra de sa nature. Toute
connaissance se prend par argument des choses que nous
savons premièrement et le mieux à celles* [4] *qui nous sont
inconnues : et par ce qui nous est évidemment notoire, nous
montons à l'intelligence de ce que nous ignorons* [5]. »
Mais pour l'homme, difficulté fondamentale :

« *Aussi, nous entendons premièrement les choses plus petites et
plus basses et après, les plus grandes et les plus élevées : d'où il
advient que l'homme, comme étant la plus excellente et la plus
digne chose de ce monde, connaît toutes autres choses avant qu'il
se connaisse soi-même. Or afin qu'ainsi hors de lui, comme il est,
on lui présente cette belle université des choses et des créatures
comme une droite voie et ferme échelle, ayant des marches très
assurées par où il puisse arriver à son naturel domicile et se
remonter à la vraie connaissance de sa nature* [6]. »

---

1. *Si* : aussi.
2. *Depuis que* : à partir du moment où.
3. *Pour sa suffisance* : de sa capacité. Préface, p. VIII.
4. *Des choses... à celles* : en partant des choses... et en allant vers celles.
5. *Théol. nat.*, chap. I, pp. 2-3.
6. *Ibid.*, p. 3.

Sebond va donc passer en revue, en quelque sorte, les états de la création, de la plus basse « *marche* » (tel est le mot dans la traduction de Montaigne), c'est-à-dire des choses inanimées, à la plus haute, qui est l'homme, en passant par les « *marches* » intermédiaires, le règne végétal et le règne animal. Puis il amène son lecteur à considérer que l'homme a nécessairement été créé par Dieu. La démonstration continue, ponctuée de palier en palier par des chapitres de conclusion. Ainsi, le chapitre 55, « *Conclusion des choses précédentes* » (et deuxième du genre, après le chapitre 45), résume les dix chapitres précédents : « *Ainsi nous avons en général quatre choses, Dieu, et trois siennes productions.* [...] *Par quoi il y a trois choses produites, le monde, le Fils et le Saint-Esprit; et y a le Père, qui est sans production* [1]; *le Fils part du Père, le Saint-Esprit du Père et du Fils; et par le Père, par le Fils et par le Saint-Esprit, comme par un seul, a été créé le Monde* [2]... » L'homme est alors comparé au reste de la création, laquelle est faite pour lui : il est le seul qui, par reconnaissance, soit tenu à une dette d'amour à l'égard du Créateur. A lui de choisir cette voie qui est celle du bonheur.

Viennent ensuite les arguments démontrant la divinité du Christ et la vérité de la religion chrétienne, puis c'est l'explication de la Rédemption, l'examen (auquel Sebond ne consacre pas moins de 41 chapitres) des sept sacrements institués pour l'homme par Jésus lui-même, et la conclusion, neuf chapitres (322-330) portant sur la nécessité du Jugement dernier. Ou, pour le dire dans les mots de Sebond – ou de Montaigne – résumant son livre au début de cette conclusion (chapitre 322) :

« *Attendu, comme je disais au commencement, que ce livre ou cette science est de l'homme, je suis obligé de ne rien omettre qui concerne son état et son progrès en quelque façon. Or jusqu'à présent je lui ai appris à se connaître, je lui ai*

---

1. *Qui est sans production* : qui n'est pas produit, créé.
2. *Théol. nat.*, p. 89.

appris comme Dieu l'avait fait, comme Dieu avait fait toutes choses pour lui, comme il en était extrêmement obligé et de quelle monnaie il devait satisfaire à sa dette; j'ai montré qu'il est, en tant qu'il est homme, punissable ou récompensable de ses œuvres; j'ai traité de son devoir, de sa chute et de sa réparation [1], *des sacrements qui le ramènent et réduisent à son premier état et qui le rendent apte à faire bonnes œuvres et dignes de lui. Puis, des opérations que notre Créateur doit effectuer en nous, celle de la condition et celle de la réparation sont déjà passées, il ne nous reste que celle de la glorification ou finale rétribution* [2]. »

— c'est-à-dire le Jugement.

L'importance de la Théologie naturelle

Elle fut capitale. Si le *Liber creaturarum* n'offrait « *guère que la matière à représenter* », cette matière n'était pas négligeable. De deux points de vue : pour l'ensemble du public, pour Montaigne.

Pour l'ensemble du public : le succès de la *Théologie naturelle* traduite par Montaigne fut grand. Le livre, on l'a dit, intéressait; « *accoutré à la française* », il accomplit en somme mieux que l'original le dessein de l'auteur : Raymond Sebond avait voulu vulgariser la théologie auprès d'un public ordinaire. Dans l'histoire de l'écrit comme dans l'histoire de la pensée, la traduction de Montaigne fut importante. Hugo Friedrich observe que, grâce à elle, Montaigne « n'a pas seulement ouvert l'accès des questions théologiques aux esprits cultivés de son temps, celui des guerres de religion et des controverses dogmatiques, il a aussi été le promoteur de cette littérature théologique à l'usage des gens du monde qui, sous des formes diverses, depuis les productions de l'humanisme dévot jusqu'au *Socrate chrétien* de Guez de Balzac et aux *Provinciales* de

1. *Réparation* : amélioration.
2. *Théol. nat.*, pp. 424-425.

Pascal, allait mettre fin à la séparation entre théologie ésotérique et religiosité mondaine » [1].

Pour Montaigne, d'une tout autre manière, l'importance que revêtit sa fréquentation de Sebond fut extrême. En témoigne dans les *Essais* le long chapitre de l'« *Apologie de Raymond Sebond* », véritable livre dans le livre dont nous reparlerons le moment venu. Un bon connaisseur de Montaigne, Fortunat Strowski, écrivait en 1931 : « Montaigne a été l'homme de Sénèque, et l'homme de Plutarque. Il a été avant tout l'homme de Raymond Sebond » [2]. Et de fait, jamais Montaigne n'a renié sa traduction. Certes, dans l'« *Apologie* », il s'oppose sur bien des points à son théologien espagnol : mais, même quand il s'en éloigne, il en suit la leçon, il s'en inspire. C'est à Raymond Sebond qu'il emprunta d'abord, peut-être, l'audace d'arracher les problèmes théologiques à leur abstraction. De plus, les points communs entre les deux penseurs ne sont pas rares et ils portent parfois sur des éléments essentiels. Tous deux s'occupent d'abord de l'homme, même si c'est dans une perspective différente :

« .. *l'homme et sa nature doivent servir de moyen, d'argument et de témoignage pour prouver toute chose de l'homme, prouver tout ce qui concerne son salut, son heur, son malheur, son mal et son bien : autrement il n'en sera jamais assez certain. Qu'il commence donc à se connaître soi-même et sa nature...* »

SEBOND [3]

« ... *chaque homme porte la forme entière de l'humaine condition.* [...] *Si le monde se plaint de quoi je parle trop de moi, je me plains de quoi il ne pense seulement pas à soi.* »

MONTAIGNE (III, 2; 805)

---

1. Ouvr. cit., p. 112.
2. *Montaigne*, Paris, 1931, p. 71. Cité par René Bernoulli, « De Sebond à Montaigne », in *Études montaignistes en hommage à Pierre Michel*, Paris, Champion, 1984, p. 31.
3. *Théol. nat.*, p. 2.

Tous deux acceptent le primat de l'expérience, même si son pouvoir et sa portée sont plus limités chez Montaigne que chez Sebond :

« [*Cette doctrine*] *n'argumente que par choses apparentes et connues à chacun par expérience, comme par les créatures et par la nature de l'homme : par lequel, et par ce qu'il sait de soi, elle prouve ce qu'elle veut et principalement par cela qu'un chacun a essayé en lui-même; aussi n'a-t-elle métier* [1] *d'autre témoin que de l'homme.* »

Sebond [2]

« *Il n'est désir plus naturel que le désir de connaissance. Nous essayons tous les moyens qui nous y peuvent mener. Quand la raison nous faut, nous y employons l'expérience* [...] *qui est un moyen plus faible et moins digne...* »

Montaigne (III, 13; 1065)

Certes les différences sont plus grandes encore : nous les verrons quand nous nous occuperons de l'« *Apologie de Raymond Sebond* » dans les *Essais*.

---

1. *Métier* : besoin.
2. Sebond résumé par Montaigne : Préface, pp. VIII-IX.

2

Le Journal de voyage
en Allemagne et en Italie

Le voyage

1580 est une belle année dans la vie de Montaigne. Au printemps, paraissent les *Essais*; le 22 juin, leur auteur part pour son grand voyage : jusqu'à Paris, puis, par la Champagne et la Lorraine, vers Plombières, Mulhouse, Bâle, Baden, Constance, Augsbourg – « *la plus belle ville d'Allemagne* » –, Munich, Innsbruck. Il descend vers l'Italie par le Brenner et la vallée de l'Adige : après Trente et le lac de Garde, c'est Vérone, Padoue, Venise, Ferrare, Bologne, Florence – qui le déçoit –, Sienne et Rome. A Rome, il séjourne plus de quatre mois jusqu'en avril 1581. Il traverse alors la péninsule pour se rendre à Lorette, l'un des grands pèlerinages chrétiens de l'époque. Il remonte à Ancône, regagne Florence par Urbin puis va jusqu'à Lucques et s'arrête un mois et demi aux Bains della Villa, non loin de Lucques, pour prendre les eaux. En juin, il est de nouveau à Florence où il reste une dizaine de jours; il passe la plus grande partie de juillet à Pise, se rend une nouvelle fois (en août) aux Bains della Villa et y demeure jusqu'au 12 septembre. C'est là qu'il apprend son élection à la mairie de Bordeaux, mais il ne se hâte pas pour autant de rentrer. Il s'attarde plus d'une semaine à Lucques en septembre 1581, s'arrête trois jours à Sienne; il se promène entre la

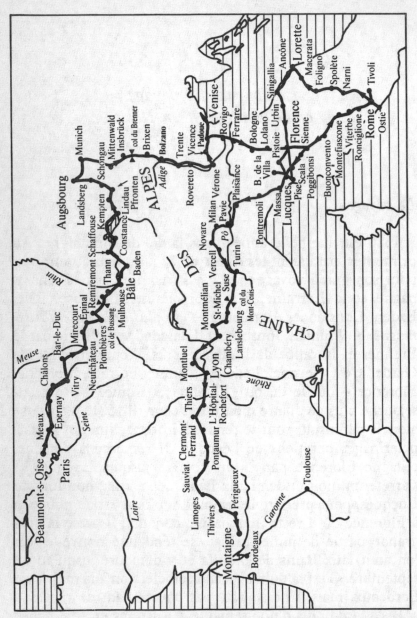

(Montaigne, *Journal de voyage*, éd. F. Garavini, Paris, Gallimard, coll. Folio, pp. 502-503)

Toscane et le Latium. Le 1er octobre, le voilà de nouveau à Rome où lui parviennent les lettres officielles de son élection à Bordeaux. Il va devoir rentrer. Ce sera sans se presser : il ne quitte la ville que le 15 octobre pour remonter vers Sienne, Lucques, Plaisance, Pavie et Milan, où il fait encore une pause de quelques jours. C'est ensuite Turin, le retour vers la France par le mont Cenis qu'il franchit le 1er novembre, et de là, la route directe vers Montaigne par Lyon (où il séjourne une semaine), Thiers, Clermont-Ferrand, Limoges (il y reste deux jours), puis Périgueux, Mauriac et Montaigne. Il arrive chez lui le 30 novembre 1581, ayant parcouru tout ce chemin à cheval, son moyen de transport préféré. Ne lit-on pas dans les *Essais* cette confidence : « *Je me tiens à cheval sans démonter, tout coliqueux que je suis, et sans m'y ennuyer, huit et dix heures...* » (III, 9 ; 974) ?

Pourquoi cette longue absence ? Atteint de la gravelle (coliques néphrétiques) et sceptique à l'endroit de la médecine, Montaigne croyait à la vertu des eaux. Son itinéraire est donc jalonné de sources thermales et le *Journal de voyage* fait le décompte des bains pris, des verres bus, des « *pierres* » rendues et même de leur grosseur. Mais ce n'est pas la seule raison ni même, peut-être, la principale d'un si long voyage. Dans la réédition de ses *Essais*, Montaigne s'expliquera sur son goût pour les voyages, goût déraisonnable chez un homme de son âge (il a quarante-sept ans) selon la mentalité du temps. Il n'aime pas la vie domestique. Il exècre le siècle plein de bruit et de fureur dans lequel l'Histoire lui a joué le mauvais tour de le faire vivre : or, à la fin du XVIe siècle, l'Italie est plus calme que la France ravagée par les guerres civiles.

De plus, outre qu'il est insatiablement curieux du monde et des hommes, Montaigne n'aime rien tant que sa liberté. Quand il est en voyage, il se sent délié de toute obligation et de toute sujétion. En somme, plus que partout ailleurs, malgré les fatigues et la dépense, il y est son maître. Rien ne le tient. Il va où il veut – du moins, tant que sa « *troupe* » le suit. Car, pas plus qu'aucun homme de son époque, il ne voyage seul. Quatre gentilshommes l'entourent, dont son jeune frère Bertrand de Mattecoulon (âgé de vingt ans) et son beau-frère Bernard de Casalis; les deux autres sont M. d'Estissac, un grand seigneur d'ancienne noblesse, et M. du Hautoy, un gentilhomme lorrain. A quoi il faut ajouter la domesticité, et en particulier, pendant la première partie du voyage, le « secrétaire » dont nous allons reparler. C'est le secrétaire qui, à propos de l'arrivée en Italie, écrit ceci : « *Je crois à la vérité que, s'il eût été seul avec les siens* [1], *il fût allé plutôt à Cracovie ou vers la Grèce par terre* [2] *que de prendre le tour vers l'Italie; mais le plaisir qu'il prenait à visiter les pays inconnus, lequel il trouvait si doux que d'en oublier la faiblesse de son âge et de sa santé, il ne le pouvait imprimer à nul de la troupe, chacun ne demandant que la retraite. Là où il avait accoutumé de dire qu'après avoir passé une nuit inquiète, quand au matin il venait à se souvenir qu'il avait à voir ou une ville ou une nouvelle contrée, il se levait avec désir et allégresse. Je ne le vis jamais moins las ni moins se plaignant de ses douleurs, ayant l'esprit, et par chemin et en logis, si tendu à ce qu'il rencontrait et recherchant toutes occasions d'entretenir les étrangers, que je crois que cela amusait son mal* [3]. »

En somme, pendant près de dix-huit mois, Montaigne connut un bonheur presque parfait.

Le Journal : *histoire du manuscrit*

Dans les *Essais*, Montaigne parle de son goût pour les voyages, il y évoque à plusieurs reprises ce qu'il a vu en Allemagne et en Italie. Mais le détail de ce long déplacement nous est surtout connu par le journal qu'il tint

---

1. *Avec les siens :* ses domestiques, ceux à qui on ne demandait pas leur avis sur la route à suivre.
2. *Par terre :* par la terre (et non par bateau).
3. *Journal de voyage*, éd. Garavini, p. 153. (C'est dans cette édition que nous citerons le texte du *Journal*.)

pendant ces mois de 1580 et 1581, sans jamais cependant le publier ni même envisager de le faire. Il s'agissait de notes personnelles dont il s'est servi dans les *Essais*, mais dont on ignora l'existence pendant près de deux siècles.

La destinée de ces papiers fut singulière. Le manuscrit du *Journal*, inconnu, resta enfoui dans un coffre du château de Montaigne jusqu'à sa découverte en 1770 par un érudit local nommé Prunis. Mais laissons plutôt parler Meunier de Querlon, qui fut en 1774 le premier éditeur de ce texte : « *M. Prunis, chanoine régulier de Chancelade en Périgord, parcourait cette province pour faire des recherches relatives à une Histoire du Périgord qu'il a entreprise. Il arrive à l'ancien château de Montaigne, possédé par M. le comte de Ségur de la Roquette, pour en visiter les archives s'il s'en trouvait. On lui montre un vieux coffre qui renfermait des papiers condamnés depuis longtemps à l'oubli : on lui permet d'y fouiller. Il découvre le manuscrit original des "Voyages de Montaigne", l'unique probablement qui existe. Il obtient de M. de Ségur la permission de l'emporter pour en faire un mûr examen. Après s'être bien convaincu de la légitimité de ce précieux posthume, il fait un voyage à Paris pour s'en assurer encore mieux par le témoignage des gens de lettres. Le manuscrit est examiné par différents littérateurs, et surtout par M. Capperonnier, garde de la Bibliothèque du roi : il est unanimement reconnu pour l'autographe des "Voyages de Montaigne"* [1]. » L'édition de ces *Voyages* fut préparée à Paris, accompagnée d'une campagne publicitaire bien orchestrée : elle ne rendit pas ce qu'on en attendait. Mais entre-temps, le comte de Ségur, occupant sinon possesseur du château de Montaigne [2], contesta la validité du prêt qu'il avait fait, fit intervenir la police (1772) et finit par signer avec le libraire-éditeur Le Jay une transaction qui aboutis-

---

1. *Journal*, pp. 37-38.
2. Le comte était l'époux d'Anne Borie, veuve d'un autre Ségur, lui-même descendant de Montaigne en ligne directe. Voir F. Moureau, « Le manuscrit du *Journal...* », in *Montaigne et les Essais*, 1983, p. 290.

sait à déposséder le chanoine Prunis de sa découverte (au point de faire saisir la copie qu'il avait prise du manuscrit) pour confier le soin de présenter et d'annoter le texte à un polygraphe, c'est-à-dire quelque chose comme un touche-à-tout littéraire, à la fois copieux et divers dans ses compétences, au demeurant cultivé et lancé dans les cercles parisiens : il s'appelait Meunier de Querlon.

Nous n'entrerons pas dans les détails bibliographiques : il suffit de rappeler que le *Journal* fut publié en 1774 dans trois formats différents : une grande édition de luxe qui constitue la vulgate du texte du *Journal* et deux autres de plus petit format en deux et en trois volumes, présentant quelques variantes par rapport à la première. Ces éditions étaient précédées d'une longue préface de Meunier de Querlon où celui-ci exposait les problèmes posés par le manuscrit, dont l'écriture était difficile et qui, de plus, était partiellement rédigé en italien : « *Au surplus*, écrivait Querlon dans son *Discours préliminaire, s'il s'élevait quelques doutes sur l'authenticité du manuscrit, il est déposé à la Bibliothèque du roi, pour y recourir en cas de besoin* [1]. » Ce texte fut publié en 1774. Depuis cette date, nul n'a jamais revu le manuscrit.

Pire : des nombreuses copies qui en avaient été faites, aucune, jusqu'à une date récente, n'avait été retrouvée alors qu'elles furent sans doute déposées dans des bibliothèques – vraisemblablement, du moins pour certaines d'entre elles, à la Bibliothèque du roi, future Bibliothèque nationale. De sorte que c'est le seul texte de Querlon qui a servi de base à toutes les éditions du *Journal* qui ont été données depuis le XVIIIᵉ siècle.

Parmi les copieurs du manuscrit (cinq autant qu'on sache, sans compter le sixième qui s'occupa de la partie italienne), se trouvait un certain chanoine Leydet, ami de Prunis, le premier découvreur. Leydet eut le manuscrit en

---

1. *Journal*, p. 38.

main en 1771 [1]. Avec d'autres papiers de son auteur, cette copie se retrouva à la Bibliothèque nationale où tout le monde ignorait son existence jusqu'à la récente découverte qu'en fit François Moureau « dans un fonds que l'on pouvait croire examiné depuis longtemps par les éditeurs fort nombreux du *Journal* [2] ». Découverte aussi précieuse qu'inattendue, d'autant plus que Leydet « était paléographe et formé à la rude école de la documentation manuscrite [3] ». Certes, il procède d'une manière qui, scientifiquement, nous paraît aujourd'hui bien désinvolte puisqu'il résume et comprime le texte là où celui-ci lui paraît moins intéressant : « En définitive, la copie Leydet fournit à peu près le tiers du texte connu du *Journal de voyage* [4]. » Mais cette version mutilée n'en permet pas moins de corriger sur certains points et d'améliorer la copie de Querlon. Depuis cette découverte, une seule édition a été publiée qui bénéficie des apports nouveaux de la copie Leydet : c'est celle de Fausta Garavini qui est notre texte de référence.

Un dernier mot sur l'histoire mouvementée de ce manuscrit insaisissable et aussitôt disparu que retrouvé. Il demeure hors d'atteinte mais nul ne peut dire s'il est définitivement perdu, soit par la négligence de ceux qui l'eurent en dépôt soit à cause des bouleversements dus à la tourmente révolutionnaire, ou s'il est seulement égaré, à la Bibliothèque nationale ou ailleurs, dans une liasse de feuillets où personne n'a encore eu l'idée d'aller le reconnaître [5].

---

1. Voir François Moureau, « La copie Leydet... », in *Autour du Journal de voyage...*, pp. 107-185.
2. *Ibid.*, p. 109.
3. *Ibid.*, p. 111.
4. *Ibid.*.
5. Voir F. Moureau, « Le manuscrit du *Journal...* », pp. 297 et 299.

La publication du Journal

Le *Journal*, répétons-le, n'était pas destiné à la publication : nulle part, Montaigne n'en fait mention dans les *Essais*, et il n'a pas corrigé ce texte. Ce que nous lisons est donc un écrit personnel et nul ne peut dire ce que Montaigne aurait laissé passer s'il avait pu être consulté à ce sujet. L'homme qui avait écrit dans ses *Essais* : « *Je dis vrai, non pas tout mon saoul mais autant que je l'ose dire; et l'ose un peu plus en vieillissant, car il me semble que la coutume concède à cet âge plus de liberté de bavasser et d'indiscrétion à parler de soi* » (III, 9; 806), cet homme-là aurait-il « *osé* » braver son public et publier ce qui déçut ou choqua celui-ci à deux cents ans de distance ?

Problème de chronologie – d'anachronisme – en grande partie : les lecteurs de 1774 attendaient de l'auteur des *Essais* un texte « philosophique », insolent, quelques notes dans l'esprit du temps (le leur), c'est-à-dire anticlérical, antipapal, haut en couleur, de taille à rivaliser avec les ouvrages de même venue parus la même année comme le *Supplément au voyage de Bougainville* de Diderot, la traduction française des *Voyages* de Cook et d'autres moins célèbres (les *Voyages* de Hawkesworth dans les mers du sud, voire les *Observations sur l'Italie et les Italiens* de Grosley ou les *Mœurs et coutumes d'Italie* de Baretti)[1]. Or, que trouvaient-ils ? Le récit intime des misères physiologiques du grand homme, désormais inacceptables par le bon goût mondain : « *FLORENCE... Il*[2] *fit ce jour-là deux pierres et force sable, sans en avoir eu autre ressentiment que d'une légère douleur au bas du ventre.* [...] *ROME... Le 17* [mars], *j'eus ma colique cinq ou six heures, supportable, et rendis quelque temps après une grosse pierre comme un gros pignon et de cette forme*[3]. » Etc. Et puis ils découvraient un Mon-

---

1. Voir F. Moureau, *ibid.*, p. 296.
2. « *Il* » parce que dans la première partie du *Journal*, c'est le secrétaire qui tient la plume : voir plus bas, p. 118.
3. *Journal*, pp. 177 et 219.

taigne bien dévot pour le goût à la mode : voilà un homme qui accomplissait sans rire les rites du pèlerinage de Lorette, qui ne daubait pas sur la censure et les mœurs de la Rome papale, ou du moins qui ne le faisait pas comme on attendait qu'il le fît. Où était le philosophe ? De plus, « l'exotisme de l'Italie, la nouveauté du regard qu'un étranger pouvait porter sur elle étaient singulièrement éventés en cette fin de siècle. On cherchait le piment des terres plus lointaines à une époque où Cook et Bougainville avaient élargi notre vision du monde jusqu'aux antipodes; les peuples de Patagonie et de Tahiti excitaient la réflexion et l'imagination des philosophes [1] ».

Ajoutons à cela, peut-être, que dans ce récit tout personnel où s'accumulaient les anecdotes et les traits d'humeur, on ne trouvait jamais en revanche les grands développements sur l'histoire et la grandeur du passé si fréquents au XVIᵉ siècle, mais pas davantage les descriptions des cabinets de curiosités qui abondent chez un président de Brosses au XVIIIᵉ siècle ou chez un Misson [2] au XVIIᵉ (et chez d'autres [3] déjà au XVIᵉ). De sorte que même le goût des lecteurs de 1774 pour les choses du passé, leur curiosité archéologique si l'on peut dire, se trouvaient frustrés. L'un des traits frappants du *Journal* de Montaigne, en effet, c'est sa différence radicale avec le compte rendu de voyage humaniste ou lettré : différence frappante si l'on en compare le texte avec quelques-uns des mieux venus parmi les récits de voyage contemporains.

Pour dire les choses sommairement, à la fin du XVIᵉ siècle, la relation de voyage commençait à constituer un genre nouveau qui se dessinera plus précisément au cours du XVIIᵉ et surtout du XVIIIᵉ siècle et qui se caractérisera par un ton familier de bon aloi, une curiosité sans pédantisme –

---

1. F. Moureau, « Le manuscrit du *Journal*... », p. 296.
2. De Brosses et Misson sont les auteurs de célèbres relations de voyage.
3. Notamment Villamont, qui visita l'Italie quelques années après Montaigne. Ses *Voyages* furent un *best-seller* de la fin du XVIᵉ et du début du XVIIᵉ siècle.

même si la masse de renseignements humanistes accumulés par un Villamont, par exemple, semble encore un peu lourde à digérer au lecteur d'aujourd'hui –, des allusions d'honnête homme aux fréquentations mondaines offertes par le voyage, des notes quasi ethnologiques sur les mœurs et les comportements du bon peuple que l'on croisait en route, un enjouement partagé entre l'agacement et l'admiration devant l'exotisme et tout ce qui dépayse, et éventuellement des commentaires émus et sensibles, mais judicieusement dispersés pour ne pas lasser l'attention, devant des réalités dignes de susciter la compassion ou l'enthousiasme. Certes, lisant Villamont à côté des voyageurs du XVIIIᵉ siècle, on sera peut-être plus sensible aux différences qu'aux ressemblances. Il n'empêche : comparé à l'un comme aux autres, on a clairement le sentiment que Montaigne ne joue pas le jeu. Ou plutôt : qu'il ne jouerait pas le jeu s'il s'y était prêté; car on le sait, il n'avait pas entrepris de publier son texte.

Mais celui-ci n'avait décidément pas grand-chose de commun avec ce que le lecteur de 1774 pouvait en attendre. Il s'agissait en effet d'un récit personnel, intime, autant que d'impressions de voyage. Faut-il rappeler que ce type de publications (journaux intimes, notes éparses, etc.), courantes au XXᵉ siècle, ne se pratiquait guère non seulement au XVIᵉ mais même encore au XVIIIᵉ siècle ?

Cela nous aide à comprendre les hésitations et les précautions des copistes qui avaient voulu expurger le texte (Leydet) : en somme, ils travaillaient de bonne foi à mettre Montaigne au goût du jour et à faire de son *Journal de voyage* un livre à succès.

On l'a vu, ils échouèrent. Ou plutôt, le scrupule de Meunier de Querlon qui copia (souvent bien, quelquefois mal) *tout* le manuscrit fut cause que la publication du *Journal* fut un demi-échec. Il fallut attendre la Révolution pour le voir réédité, « preuve de son peu de succès »[1]; on a

---

1. F. Moureau, « Le manuscrit du *Journal...* », p. 297.

peu d'échos sur sa diffusion à l'étranger et il ne fut traduit qu'en une langue, l'allemand : les Allemands se montraient en effet satisfaits du bien que Montaigne pensait de leur pays [1].

Aujourd'hui, les choses ont changé et le texte du *Journal* bénéficie de l'intérêt suscité par les récits de ce type. On en jugera par le tableau suivant [2], énumérant les éditions modernes postérieures à celle d'A. d'Ancona, qui marque une date dans l'histoire de cette publication : « On n'en aura jamais assez souligné l'importance », écrit F. Garavini du travail d'Ancona, et « le commentaire [en] est un monument d'érudition qui a depuis servi de base à tous les autres [3] » :

(Les noms qui suivent les dates sont ceux des éditeurs scientifiques.)

1889. Alessandro d'Ancona (réimpression 1895), Città di Castello, Lapi.

1906. Louis Lautrey (réimpression 1909), Paris, Hachette.

1928-1929. Dr A. Armaingaud, in *Œuvres complètes...*, Paris, Conard.

1931. Pierre d'Espezel, Paris, Cité des Livres.

1932. Edmond Pilon, Paris, Crès.

1942. Maurice Rat (plusieurs réimpressions), Paris, Garnier.

1946. Charles Dédeyan, Paris, Belles-Lettres.

1948. Paul Faure, Paris, Bordas.

1954. Ettore Camesasca, Milan, Rizzoli.

1958. Alberto Cento (réimpression 1972), Florence, Parenti et Bari, Laterza.

1962. Maurice Rat, in *Œuvres complètes*, Paris, Gallimard, « Bibliothèque de la Pléiade ».

1967. Robert Barral et Pierre Michel, Paris, Seuil, « L'Intégrale ».

1974. Pierre Michel, Paris, Livre de Poche.

1983. Fausta Garavini, Paris, Gallimard, « Folio ».

---

1. *Ibid.*
2. Établi, à l'exception de la dernière ligne, par F. Garavini dans son édition, pp. 389-390.
3. Ed. cit., p. 384.

Le texte du Journal

« *Il fit ce jour-là...* », « *S'il eût été seul avec les siens, il fût allé plutôt à Cracovie ou vers la Grèce...* » : on n'a pas oublié ces phrases du *Journal* rédigées à la troisième personne pour évoquer Montaigne. Non que celui-ci se prît pour César et dédaignât l'emploi du « *je* » – toute son œuvre le prouve. Mais c'est que le *Journal* fut d'abord rédigé par un secrétaire qui accompagnait la troupe et qui, au jour le jour, tint registre des faits et gestes de l'expédition.

Le manuscrit retrouvé en 1770 était mutilé des premières pages, de sorte qu'on ignore tout, non seulement du parcours suivi entre le Périgord et Paris, et jusqu'à Beaumont-sur-Oise où l'on retrouve les voyageurs, mais aussi des conditions dans lesquelles a été commencé ce *Journal* : sur l'ordre de Montaigne ? de l'initiative propre du secrétaire ? On ignore aussi qui était cet homme puisque, lorsque Montaigne reprend la plume pendant le séjour à Rome en février 1581, il se contente de noter, en guise de transition : « *Ayant donné congé à celui de mes gens qui conduisait cette belle besogne, et la voyant si avancée, quelque incommodité que ce me soit, il faut que je la continue moi-même* [1]. » Il est permis de comprendre qu'il découvre alors seulement l'importance du travail effectué par son domestique, mais il est impossible de rien assurer.

Un peu moins de la moitié du *Journal* [2] est rédigée par cet homme chargé des tâches d'intendance, qui surveille les chevaux, s'enquiert des logements, veille aux bagages. Puis, sans qu'on sache donc ni pourquoi ni comment, il disparaît et passe la plume à son maître. Celui-ci rédige alors à la première personne et, pour commencer, en français. Puis il adopte l'italien alors qu'il est aux Bains della Villa : « *Essayons de parler un peu cette autre langue, me trouvant surtout dans cette contrée où il me paraît qu'on*

---

1. *Journal*, p. 208.
2. Et non le tiers, comme le dit Meunier de Querlon : dans l'édition Garavini, 136 pages sur 297.

parle le langage le plus pur de la Toscane, particulièrement parmi ceux du pays qui ne l'ont point corrompu par le mélange des patois voisins [1]. » Il s'y tient tant qu'il est dans des pays où l'italien est parlé, c'est-à-dire jusqu'à Novalaise. Il est alors sur la route du retour. Il retrouve le français en passant sur le versant occidental des Alpes : « *Ici on parle français; ainsi je quitte ce langage étranger* [2]... » (Notons toutefois qu'il n'est pas en France : à cette époque la frontière est proche de Lyon et le pays qui s'étend des deux côtés des Alpes, incluant Chambéry et Turin, est la Savoie, non française pour plusieurs siècles encore. Il n'empêche que c'est le français qu'on y parle.)

Voilà donc quel est le texte du *Journal* : un texte bilingue et bigarré, au centre duquel est un homme, Montaigne. Il s'agit bien de son voyage et Meunier de Querlon observe justement : « *On n'y voit que Montaigne, il n'est parlé que de lui; tous les honneurs ne sont que pour lui; ses compagnons de voyage, à l'exception de M. d'Estissac, ne sont ici presque pour rien; il semble enfin voyager seul, et pour lui seul* [3]. » Journal d'un homme qui est constamment au centre de la scène, le livre n'en est pas moins divers dans ses perspectives comme dans les langages qu'il utilise.

Un journal à deux voix

Les perspectives : journal à deux voix (le secrétaire parle de Montaigne à la troisième personne, Montaigne parle de lui-même à la première), ce texte a souvent été décrit comme dicté d'abord par Montaigne avant d'être directement rédigé par lui. Dès la première édition, Meunier de Querlon écrivait : « *Une partie du manuscrit* [...] *est de la main d'un domestique qui servait de secrétaire à Montaigne et qui parle toujours de son maître à la troisième personne; mais*

---

1. *Journal*, p. 208. Le texte original est publié par F. Garavini p. 460. La traduction donnée est celle de l'édition Meunier de Querlon.
2. *Ibid.*, p. 279.
3. *Ibid.*, p. 45.

on voit qu'il écrivait sous sa dictée, puisqu'on retrouve ici toutes les expressions de Montaigne, et que même en dictant il lui échappe des égoïsmes qui le décèlent [!] [1] ». Avec quelques nuances, telle a été l'opinion généralement professée jusqu'à ces dernières années : Montaigne dicte et le secrétaire modèle si bien son style sur celui du maître que l'ensemble du *Journal* en est homogène. C'est Fausta Garavini qui, récemment, a proposé de ce texte une lecture radicalement renouvelée en analysant le rôle du domestique dans la conception d'ensemble du *Journal* [2].

A bien examiner le texte, on s'aperçoit en effet que ce personnage n'écrit certainement pas sous la dictée. Il narre certes le voyage de Montaigne mais, démontre Mme Garavini, c'est pour son compte, de son point de vue à lui qu'il écrit : jamais il ne confond ce qu'il rapporte à propos de Montaigne et ce qui le concerne, ce qu'il pense personnellement. Ainsi, à Vérone : « NOUS *fûmes voir le dôme où* IL *trouvait la contenance des hommes étrange...* NOUS *vîmes aussi d'autres églises...* ILS *furent, entre autres, en l'église Saint-Georges...* IL *remarquait cela...* NOUS *y vîmes le château, où* ILS *furent conduits partout par le lieutenant du castellan* [3]. *La seigneurie y entretient soixante soldats; plus, à ce qu'on* LUI *dit là même, contre ceux de la ville que contre les étrangers.* NOUS *vîmes aussi une religion* [4] *de moines, qui se nomment jésuates de Saint-Jérôme...* ILS *virent là certaines vieilles masures très anciennes... Au retour de là,* NOUS *trouvâmes* [5]*...* » Ayant cité ces lignes, Mme Garavini les commente en ces termes : « Plutôt que d'imaginer des inadvertances dans la communication du dicteur et du scripteur, ne vaut-il pas mieux prendre le texte comme il est ? Le " secrétaire " suit les gentilshommes, non pas à pas,

---

1. *Ibid.*, p. 38.
2. Voir aussi C. B. Brush, « La composition de la première partie du *Journal de voyage* de Montaigne », in *RHLF*, 1971, pp. 369-384.
3. *Castellan* : gouverneur du château.
4. *Une religion* : un couvent.
5. *Journal*, p. 13. Voir aussi pp. 157-158.

en s'en éloignant parfois (il ne se rend pas à Saint-Georges, et sans doute qu'au château il n'est pas présent pendant toute la visite) : au cours de la rédaction, il combine ce qu'il a vu et ce que les autres lui ont rapporté, mais en évitant toujours de s'arroger les opinions, les paroles d'autrui [1]. »

Ces remarques ne sont pas de simple érudition. Le résultat de l'excellente analyse menée par Mme Garavini, passionnante pour qui s'intéresse à Montaigne, c'est de montrer que, grâce à l'écrivain qu'était véritablement le domestique – écrivain et non simple scribe prenant sous la dictée –, Montaigne se révèle dans ces pages conforme à l'image qu'il donne de lui dans les *Essais,* c'est-à-dire comme un homme ouvert, curieux, ayant ses goûts et ses préférences mais aussi ses faiblesses, et il vit sous les yeux du lecteur comme un personnage observé par le regard d'un autre.

Car le secrétaire ne se borne pas à enregistrer les faits du voyage : il y ajoute ses commentaires. Ainsi de cette observation : « *Il [Montaigne] mêlait à la vérité à son jugement un peu de passion du mépris de son pays qu'il avait à haine et à contrecœur pour autres considérations* [2]. »

L'analyse de Mme Garavini ne s'arrête pas là. Elle compare les deux moments du *Journal,* celui qui est composé par le secrétaire et celui qui est entièrement de la main de Montaigne, et constate combien les analogies sont frappantes : « On trouve dans la deuxième [partie] le même genre de remarques sur les paysages, les villes, les coutumes, les usages, les travaux de l'homme [3]. » Mais il n'y a pas que les points communs. La commentatrice découvre que sous la plume de Montaigne, les notations médicales se font plus nombreuses et que le *Journal* devient peu à peu « plutôt un dossier médical et un guide des stations thermales, surtout à partir du premier séjour aux Bains de

---

1. *Ibid.,* pp. 13-14.
2. *Ibid.,* p. 17. Voir aussi p. 114. Ces *autres considérations* sont les ravages moraux et matériels causés par les guerres de religion.
3. *Ibid.,* p. 18.

Lucques » [1]. En somme, plus le récit s'avance, plus le champ visuel se rétrécit; les remarques se font plus hâtives : de toute évidence, la rédaction de ces pages pèse à Montaigne. Conclusion paradoxale : « Peut-être, s'il [Montaigne] avait tenu personnellement ce journal dès le début, en saurions-nous beaucoup moins sur son voyage [2]... » Rendons grâce au secrétaire d'avoir été là.

Autre remarque importante et nouvelle : Montaigne apparaît plus ouvert à tout ce qui sollicite son esprit, plus curieux du monde et des hommes dans la partie allemande du *Journal* – c'est-à-dire dans le début de la partie écrite par le secrétaire; parvenu en Italie, on le voit peu à peu qui s'italianise (c'est Mme Garavini qui fait cette remarque) et le domestique, dans les dernières pages qu'il rédige, montre très bien son maître qui devient gentilhomme plus que penseur, amateur de fêtes et de loisirs autant que les gens de bonne compagnie à qui il a affaire dans la péninsule. A considérer ainsi l'ensemble du *Journal,* on s'aperçoit que ce texte confirme la disponibilité de Montaigne « à adhérer aux différents milieux et à prendre ce que chaque pays peut lui offrir pour la meilleure compréhension de l'homme et pour l'enrichissement de son moi : c'est le but unique du voyage dans le monde et du voyage en soi-même » [3].

On mesure mieux désormais la valeur du secrétaire comme témoin privilégié de Montaigne : grâce à lui, la première partie du *Journal* nous offre, selon les termes de Fausta Garavini, « une biographie qui garantit l'autobiographie [de la seconde partie] et qui établit la liaison avec le réel » [4].

---

1. *Ibid.,* p. 19.
2. *Ibid.*
3. *Ibid.,* pp. 21-22.
4. *Ibid.,* p. 22.

Le réel dans le Journal

Le réel est partout. Grâce à ce texte, nous voyons revivre des aspects du monde et des jours de la fin du XVIᵉ siècle dans leur banalité et tels que les récits, les contes, les nouvelles du temps les décrivent peu. Le *Journal* présente cette caractéristique en commun avec d'autres relations de voyage : il est évident que le voyageur, sorti de chez lui, dépaysé, sera surpris par des usages et des comportements que l'autochtone habitué à les voir et à les vivre ne remarque plus. Dans une certaine mesure – et cela n'a rien d'extraordinaire –, Montaigne en Allemagne et en Italie, c'est un peu Uzbek ou Rica à Paris cent quarante ans plus tard, la (fausse) naïveté en moins : comment peut-on être Gascon ? C'est ainsi qu'à Rome, par exemple, Montaigne consignera avec exactitude et sans commentaire, dans une « écriture blanche » qui crée l'ironie par le contraste entre le ton neutre et l'énormité des faits rapportés, la dévotion saugrenue des courtisanes romaines : « *Un quidam étant avec une courtisane, et couché sur un lit et parmi la liberté de cette pratique-là, voilà sur les vingt-quatre heures*[1] *l'Ave Maria sonner : elle se jeta tout soudain du lit à terre, et se mit à genoux pour y faire sa prière. Étant avec une autre, voilà la bonne mère (car notamment les jeunes ont des vieilles gouvernantes, de quoi elles font des mères ou des tantes) qui vient heurter à la porte, et avec colère et furie arrache du col de cette jeune un lacet qu'elle avait, où il pendait une petite Notre-Dame, pour ne la contaminer de l'ordure de son péché : la jeune sentit une extrême contrition d'avoir oublié à se l'ôter du col, comme elle avait accoutumé*[2]. »

En Allemagne (comprenons en pays de langue allemande, ce qui inclut, outre l'Allemagne, la Suisse et l'Autriche), Montaigne découvre avec ravissement un pays dont le

1. *Les vingt-quatre heures* : au XVIᵉ siècle en Italie, on mesurait l'heure à partir du coucher du soleil ; *les 24 heures :* juste avant le coucher du soleil.
2. *Journal,* pp. 210-211.

genre de vie, les usages quotidiens, la nourriture, la forme des villes, l'allure des maisons, lui conviennent. D'Épinal à Bâle, il admire par exemple les vitres des fenêtres. Fait plus rare de la part d'un Français, il apprécie les poêles, c'est-à-dire les pièces chauffées par de grands calorifères en faïence, qu'on ignorait en France. Il goûte le confort et l'élégance des maisons, « *sans comparaison plus belles qu'en France* » [1]. Et puis, il se plaît à regarder les femmes – à moins que ce ne soit le secrétaire. A Baden, « *les vêtements ordinaires des femmes me semblent aussi propres [2] que les nôtres, même l'accoutrement de tête, qui est un bonnet à la cocarde ayant un rebras [3] par-derrière, et par-devant sur le front un petit avancement : cela est enrichi tout autour de flocs [4] de soie, ou de bords de fourrures ; le poil naturel leur pend par-derrière tout cordonné [5]. Si vous leur ôtez ce bonnet par jeu, car il ne tient non plus que les nôtres, elles ne s'en offensent pas, et voyez leur tête toute à nu. Les plus jeunes, au lieu de bonnet, portent des guirlandes seulement sur la tête. Elles n'ont pas grande différence de vêtements pour distinguer leurs conditions [6]* ». A Lindau, « *les femmes couvrent leur tête de chapeaux ou bonnets de fourrure, comme nos calottes ; le dessus, de quelque fourrure plus honnête comme de gris [7], et ne coûte un tel bonnet que trois testons, et le dedans d'agneau. [...] Elles sont aussi volontiers chaussées de bottines ou rouges ou blanches, qui ne leur siéent pas mal [8]* ». A Venise, elles le déçoivent et « *il n'y trouva pas cette fameuse beauté qu'on attribue aux dames de Venise [9]...* » Mais peu à peu, Montaigne, d'abord désappointé par l'Italie, s'habituera au pays, il reconnaîtra la beauté des femmes, leur élégance et il finira

1. *Ibid.,* p. 109.
2. *Propres :* seyants, élégants.
3. *Rebras :* retroussis.
4. *Flocs :* houppes.
5. *Cordonné :* natté.
6. *Journal,* p. 100.
7. *Gris :* petit-gris.
8. *Journal,* pp. 111-112.
9. *Ibid.,* p. 163.

même séduit par la grâce de paysannes de Toscane : « *Ici les paysans et leurs femmes sont habillés comme les gentilshommes. On ne voit point de paysanne qui ne porte des souliers blancs, de beaux bas de fil et un tablier d'armoisin de couleur. Elles dansent et font fort bien des cabrioles et le moulinet. [...] C'est véritablement un spectacle agréable et rare pour nous autres Français de voir des paysannes si gentilles, mises comme des dames, danser aussi bien, et le disputer aux meilleures danseuses, si ce n'est qu'elles dansent autrement* [1]. »

Tant dans la partie rédigée par le secrétaire que dans la suite, tout le *Journal* illustre ainsi une remarque du domestique dans le début du voyage d'Allemagne : « *M. de Montaigne, pour essayer tout à fait la diversité des mœurs et façons, se laissait partout servir à la mode de chaque pays, quelque difficulté qu'il y trouvât* [2]. »

Montaigne et Rome

Montaigne dit ce qu'il voit, il raconte ses conversations avec ceux qu'il rencontre, il rapporte ce qu'on lui a dit. C'est ainsi qu'on trouve dans le *Journal* (sous la plume du domestique) le portrait du pape Grégoire XIII : « *Le langage du pape est italien, sentant son ramage bolonais, qui est le pire idiome d'Italie, et puis de sa nature il a la parole malaisée. Au demeurant, c'est un très beau vieillard, d'une moyenne taille et droite, le visage plein de majesté, une longue barbe blanche, âgé de plus de quatre-vingts ans, le plus sain pour cet âge et vigoureux qu'il est possible de désirer, sans goutte, sans colique, sans mal d'estomac, et sans aucune sujétion; d'une nature douce, peu se passionnant des affaires du monde, grand bâtisseur; et en cela il lairra* [3] *à Rome et ailleurs un singulier honneur à sa mémoire; grand aumônier, je dis hors de toute mesure* [4] »... Ailleurs (et cette fois, c'est

---

1. *Ibid.*, pp. 283 et 288.
2. *Ibid.*, p. 101.
3. *Lairra* : laissera.
4. *Journal*, p. 194.

Montaigne qui tient la plume), il décrit un singulier personnage, l'ambassadeur d'Ivan le Terrible : « *L'ambassadeur du Moscovite vint aussi ce jour-là* [...], *vêtu d'un manteau d'écarlate et une soutane de drap d'or, le chapeau en forme de bonnet de nuit de drap d'or fourré, et au-dessous une calotte de toile d'argent.* [...] *On tenait là que sa charge portait d'émouvoir* [1] *le pape à s'interposer à la guerre que le roi de Pologne faisait à son maître, alléguant que c'était à lui à soutenir le premier effort du Turc* [2]; *et si son voisin l'affaiblissait, qu'il demeurerait incapable à l'autre guerre, qui serait une grande fenêtre ouverte au Turc pour venir à nous* [...]. *Il fit grande instance de ne baiser pas les pieds du pape, mais seulement la main droite, et ne se voulut rendre qu'il ne lui fût témoigné que l'empereur même était sujet à cette cérémonie : car l'exemple des rois ne lui suffisait pas. Il ne savait parler nulle langue que la sienne et était venu sans truchement* [3]. *Il n'avait que trois ou quatre hommes de train, et disait être passé avec grand danger, travesti, au travers de la Pologne. Sa nation est si ignorante des affaires de deçà qu'il apporta à Venise des lettres de son maître adressantes au grand gouverneur de la seigneurie de Venise. Interrogé du sens de cette inscription, qu'ils pensaient* [4] *que Venise fût de la dition* [5] *du pape, et qu'il* [6] *y envoyât des gouverneurs, comme à Bologne et ailleurs. Dieu sache de quel goût ces magnifiques* [7] *reçurent cette ignorance. Il fit des présents et là et au pape, de zibelines et renards noirs, qui est une fourrure encore plus rare et riche* [8]. »

Il évoque les fêtes et les cérémonies, notamment à Rome où les spectacles sont constants. Il voit passer la procession

---

1. *D'émouvoir* : d'inciter.
2. A supporter les premiers assauts des Turcs. La menace turque en Europe n'était pas un vain mot.
3. *Truchement* : interprète.
4. Sous-entendu : il répondit qu'ils pensaient.
5. *Dition* : juridiction.
6. *Qu'il y envoyât* : que le pape y envoyait.
7. *Ces magnifiques* : les Vénitiens. Les Moscovites croyaient Venise sous la tutelle du pape.
8. *Journal*, pp. 211-212.

du pape : « *Marchaient devant lui environ deux cents che-*
vaux de personnes de sa cour de l'une et de l'autre robe. [...] Le
pape avait un chapeau rouge, son accoutrement blanc et
capuchon de velours rouge, comme de coutume, monté sur une
haquenée blanche, harnachée de velours, franges et passement
d'or. [...] De quinze en quinze pas, il donnait sa bénédiction.
Après lui, marchaient trois cardinaux et puis environ cent
hommes d'armes, la lance sur la cuisse, armés de toutes pièces,
sauf la tête. Il y avait aussi une autre haquenée de même
parure, un mulet, un beau coursier blanc et une litière qui le
suivaient, et deux porte-manteaux qui avaient à l'arçon de la
selle des valises [1]. »

Il voit l'exécution du voleur Catena. Il s'étonne d'entendre moins de cloches « *à Rome qu'au moindre village de*
France » [2]. Il perd sa bourse en faisant l'aumône. Il assiste à
un exorcisme, à la circoncision d'un enfant juif. Il décrit le
carnaval, les fêtes de Pâques, les reliques de Saint-Jean-
de-Latran. Quant aux rencontres qu'il fait, aux conversations qu'il a, elles sont toujours intéressantes à lire. Partout
où il passe, il est accueilli comme un personnage important
par tous ceux qui comptent, étrangers ou Français vivant
en Italie.

Son long séjour l'amène à apprécier Rome qui l'avait
d'abord déçu, en particulier parce qu'on n'y retrouvait plus
guère la ville antique : « *Il disait qu'on ne voyait rien de*
Rome que le ciel sous lequel elle avait été assise et le plan de
son gîte; que cette science [3] *qu'il en avait était une science*
abstraite et contemplative, de laquelle il n'y avait rien qui
tombât sous les sens; que ceux qui disaient qu'on y voyait au
moins les ruines de Rome en disaient trop; car les ruines d'une
si épouvantable machine [4] *rapporteraient plus d'honneur et de*
révérence à sa mémoire; ce n'était rien que son sépulcre. Le
monde, ennemi de sa longue domination, avait premièrement

---

1. *Ibid.*, pp. 196-197.
2. *Ibid.*, p. 198.
3. *Science:* connaissance.
4. *Une si épouvantable machine* : un appareil, une réalisation aussi impressionnante.

*brisé et fracassé toutes les pièces de ce corps admirable; et,
parce qu'encore tout mort, renversé et défiguré, il lui faisait
horreur*[1], *il en avait enseveli la ruine même*[2]. » Il finit par
s'avouer conquis. Il avait profité des plaisirs de Rome,
écrivit-il, et pourtant il n'en avait guère connu que les
aspects les plus superficiels : « *... et puis argumenter par là,
si j'eusse goûté Rome plus privément, combien elle m'eût
agréé; car, en vérité, quoi que j'y aie employé d'art et de soin,
je ne l'ai connue que par son visage public, et qu'elle offre au
plus chétif étranger*[3] ». Lisant Montaigne, on pense alors à
ce qu'écrivait Stendhal dans ses *Chroniques italiennes*,
parlant de Rome en 1559 qui, quoique sans armée redoutable, « était la capitale du monde ». Cela restait vrai en
1581 : « *Je disais des commodités de Rome, entre autres, que
c'est la plus commune ville du monde, et où l'étrangeté et
différence de nation se considère le moins; car de sa nature
c'est une ville rapiécée d'étrangers; chacun y est comme chez
soi. Son prince embrasse toute la chrétienté de son autorité; sa
principale juridiction oblige les étrangers en leurs maisons,
comme ici : à son élection propre, et de tous les princes et
grands de sa cour, la considération de l'origine n'a nul poids.
[...] Le menu peuple ne s'effarouche non plus de notre façon de
vêtements, ou espagnole, ou tudesque, que de la leur propre, et
ne voit-on guère de bélître qui ne nous demande l'aumône en
notre langue*[4]. »

Conquis, disions-nous : Montaigne l'est si bien qu'il
« *emploie tous ses cinq sens de nature pour obtenir le titre de
citoyen romain* »[5] : il y parvient, non sans peine, et il en est
si content qu'il recopiera son parchemin dans les *Essais* —
au chapitre intitulé « *De la vanité* », il est vrai!

---

1. *Il lui faisait horreur* : il l'impressionnait vivement.
2. *Journal*, pp. 200-201.
3. *Ibid.*, p. 230.
4. *Ibid.*, pp. 231-232.
5. *Ibid.*, p. 232.

La dévotion de Montaigne dans le Journal

Nous l'avons vu : l'une des raisons de l'insuccès du *Journal* lors de sa parution fut que son auteur parut trop dévot, trop soumis au pape, trop conformiste dans son comportement religieux. Certes, Montaigne était un homme de son siècle et non un contemporain de Voltaire ou de Vatican II ! On a évidemment remarqué « l'intérêt très vif que Montaigne porte aux questions religieuses, aux discussions théologiques, aux pratiques diverses » [1] dans le *Journal*. De plus, on sait que Montaigne se soumit, ou plutôt soumit son livre, à la censure ecclésiastique : il est vrai qu'il n'avait pas le choix. On lui avait pris ses livres, parmi lesquels ses *Essais*, lors de son arrivée à Rome le 30 novembre 1580, et on les lui rendit le 20 mars suivant avec les observations des censeurs pontificaux, lesquelles furent atténuées lors d'un entretien ultérieur, en avril.

Mais le grief le plus sérieux, c'était le pèlerinage à Lorette accompli par notre philosophe. Aucune circonstance atténuante à cette intempestive visite : de Bologne, qu'il quitta le 20 novembre 1580, Montaigne pensait se rendre directement à Ancône pour gagner Lorette et son sanctuaire avant d'aller à Rome. Écoutons le secrétaire : « *Le dimanche, il avait délibéré de prendre son chemin à gauche vers Imola, la Marche d'Ancône et Lorette, pour joindre à Rome; mais un Allemand lui dit qu'il avait été volé des bannis* [2] *sur le duché de Spolète. Ainsi, il prit à droite vers Florence* [3]. » Il alla donc d'abord vers Rome, mais sans changer d'idée. Cinq mois plus tard, le 19 avril 1581, il quittait Rome et se rendait à Lorette, où il demeura trois jours. Il décrivit minutieusement tout ce qu'il avait vu : le sanctuaire, les *ex-voto*; tout ce qu'il avait fait : ses Pâques,

---

1. Marcel Françon, *BSAM*, 4ᵉ série, 1968, nº 14, p. 9 (« L'édition de 1582 des *Essais* »).
2. *Bannis* : bandits.
3. *Journal*, p. 173.

ses dépenses (pour cinquante écus d'objets religieux!), son offrande à la *Santa Casa*; tout ce qu'il pensait : « *Il y a là plus d'apparence de religion qu'en nul autre lieu que j'aie vu* »[1]; tout ce qu'il avait entendu : « *Je me fis fort particulièrement et curieusement réciter, et à lui [un jeune seigneur parisien] et à aucuns[2] de sa suite, l'événement de la guérison d'une jambe qu'il disait avoir eue de ce lieu; il n'est possible de mieux ni plus exactement former l'effet d'un miracle[3].* »

Ajoutez à cela que Montaigne, en Lorraine, était déjà passé par Domrémy voir la maison de la Pucelle et qu'il n'ironise pas sur les miracles : l'affaire est donc entendue, et peu s'en faut qu'on ne le traite de bigot!

Mais considérons cette question sérieusement. Si Montaigne, en effet, ne se raille jamais des choses de la religion ni même des crédulités excessives de certains, voire de leurs superstitions, cela s'accorde avec son attitude générale à l'égard du monde. Nous reparlerons de son scepticisme à propos des *Essais,* mais il faut rappeler dès maintenant que le scepticisme de Montaigne n'implique jamais l'exclusion de ce qui n'est pas évident, rationnel ou compréhensible, mais le contraire, car « *c'est une sotte présomption d'aller dédaignant et condamnant pour faux ce qui ne nous semble pas vraisemblable* » : cette phrase se trouve dans un chapitre des *Essais* significativement intitulé « *C'est folie de rapporter le vrai et le faux à notre suffisance* » (I, 27; 178).

Ne serait-ce pas folie, justement, que de juger du comportement religieux de Montaigne en fonction des habitudes d'un autre siècle? Montaigne est curieux; il aime voir ce qui l'entoure : pourquoi lui, bon catholique, se priverait-il d'assister à des manifestations religieuses parfaitement licites pour l'homme de sa confession?

Certes, la question qui se pose alors, c'est de savoir dans quel esprit Montaigne accomplit ces gestes, assiste à ces

---

1. *Ibid.,* p. 249.
2. *Aucuns :* certains.
3. *Ibid.,* p. 250.

spectacles, participe à ces rites. On a observé que ce qui touche à la religion dans le *Journal* est toujours rapporté de façon impersonnelle et extérieure [1]. A Augsbourg, Montaigne va à l'église Sainte-Croix : « *ILS FONT là grand-fête du miracle qui advint il y a près de cent ans... A quoi ILS ALLÈGUENT force témoignages... ILS MONTRENT* [2] ». A Lorette, le miracle qui guérit le jeune Parisien est signalé en ces termes : « *La guérison d'une jambe qu'IL DISAIT avoir eue* [3]... » Quant à la *Santa Casa* de Lorette, Montaigne en parle comme de « *cette maisonnette, qu'ILS TIENNENT être celle-là propre où en Nazareth naquit Jésus-Christ* [4]... » En somme, Montaigne raconte tout, miracles, faits inexplicables, reliques, mais jamais il ne commente, jamais il ne se prononce. Toujours, il présente les faits, les événements au moyen de tournures indirectes : ON NOMME, ILS ALLÈGUENT, ILS MONTRENT, ILS TIENNENT. Formules qui n'accompagnent pas seulement la présentation des miracles : dès que Montaigne rapporte une chose qu'il ne connaît pas directement et qu'il ne peut pas vérifier, dans quelque domaine que ce soit, on retrouve les ILS DISENT, ON TIENT QUE, etc. Dans son article important sur « Le problème de la religion dans le *Journal de voyage* de Montaigne » [5], Lino Pertile ne pense pas qu'il faille voir là un simple effet de prudence. Il est vrai qu'au XVIe siècle, la question religieuse est brûlante – sans jeu de mots – et dans les *Essais*, Montaigne a bien averti : « *Je suivrai le bon parti jusqu'au feu, mais exclusivement si je puis* » (III, 1 ; 792). Personne ne peut le blâmer d'éviter des risques inutiles.

Mais ce n'est pas une explication suffisante et Pertile a sans doute raison : « Ces formules révèlent, devant les phénomènes quels qu'ils soient, une attitude de réserve qui n'est ni celle d'un rationaliste incrédule ni celle d'un fidéiste aveugle. Montaigne rapporte tout parce qu'il

---

1. Voir l'article de Lino Pertile signalé plus bas.
2. *Journal*, p. 132.
3. *Ibid.*, p. 250.
4. *Ibid.*, pp. 250-251.
5. In *BHR*, XXXIII, 1971, pp. 79-100 (en italien).

accepte tout comme possible, ce qui ne revient pas à dire qu'il accepte tout comme si tout était vrai : il refuse le vrai aussi bien que le faux comme catégories de jugement, et il leur substitue le possible comme catégorie de la connaissance. D'où l'emploi de la formule restrictive qui seule reflète sa façon d'approcher la réalité des choses, des faits, des pensées : " *On me fait haïr les choses vraisemblables quand on me les plante pour infaillibles. J'aime ces mots qui amollissent et modèrent la témérité de nos propositions : A l'aventure, Aucunement, Quelque, On dit, Je pense, et semblables* [1]. " Il aime ces formules et il en use constamment et naturellement, y compris dans le *Journal,* bien que là, à la tension de celui qui écrit pour un public en appréhendant d'être jugé, se substitue le style insouciant et direct de celui qui prend des notes pour lui-même [2]. »

D'où cette conclusion de Pertile, que nous faisons nôtre : l'attention que Montaigne porte à la religion et à ses manifestations dans le *Journal* semble de nature plus intellectuelle et anthropologique que proprement religieuse [3]. Mais, bien entendu, c'est à propos des *Essais* qu'il faudra reprendre ce problème important de la religion de Montaigne.

L'intérêt du Journal

On voit quel est, outre son intérêt propre, l'enrichissement qu'apporte le *Journal* à la lecture des *Essais.* Dans le *Journal,* Montaigne parle de lui-même pour lui-même, alors que dans les *Essais,* il le fait pour un public : bien souvent, on peut ainsi vérifier une anecdote, une opinion, et voir comment elles sont transcrites ici et là. Autrement dit : saisir Montaigne, grâce au *Journal,* en flagrant délit de sincérité dans les *Essais,* par exemple, comme c'est souvent le cas. Quelquefois, il arrive aussi que ce soit l'inverse.

---

1. III, 11 ; 1030.
2. L. Pertile, art. cit., p. 84 (texte italien traduit).
3. *Ibid.,* p. 100.

Admettons alors que le temps a fait son œuvre et que Montaigne a changé d'avis : c'est ainsi qu'il n'est plus question dans les *Essais* de la première déception éprouvée en arrivant à Venise et consignée dans le *Journal*!

Et puis, grâce au secrétaire, le *Journal* fournit un document « objectif » sur Montaigne. Le XVIᵉ siècle est avare de confidences de cet ordre et de cette qualité sur ses grands auteurs : celle-ci est sans prix.

Car nous sommes bien d'accord : quel que soit l'intérêt des autres écrits de Montaigne, tout est subordonné au maître livre, aux *Essais*. Nous y arrivons.

IV

LES ESSAIS

1

Première approche

Tels que nous les lisons aujourd'hui, les *Essais* comprennent trois livres, 107 chapitres de taille très variée : quelques lignes pour celui qui s'intitule « *De la parcimonie des Anciens* » (I, 52), plus de 150 pages (150 à 200 selon les éditions) pour l' « *Apologie de Raymond Sebond* » (II, 12). D'une manière générale, les chapitres des *Essais* s'allongent au fur à mesure que l'œuvre avance; de cela, l'auteur est très conscient : « *Parce que la coupure si fréquente des chapitres, de quoi j'usais au commencement, m'a semblé rompre l'attention avant qu'elle soit née et la dissoudre, dédaignant s'y coucher* [1] *pour si peu et se recueillir, je me suis mis à les faire plus longs, qui requièrent de la proposition et du loisir assigné* [2] » (III, 9; 995), écrit le « dernier » Montaigne sur l'exemplaire de Bordeaux.

Car les *Essais* ne sont pas seulement le livre sans modèle d'un auteur exceptionnel : ils forment une œuvre sans vrai début ni fin, une œuvre « ouverte » sans cesse reprise et remise sur le métier pendant plus de vingt ans, et interrompue seulement par la mort. Et cela aussi, Montaigne le savait mieux que personne : « *Qui ne voit que j'ai pris une*

---

1. *Dédaignant s'y coucher :* l'attention ne prenant pas la peine de s'y appliquer.
2. *De la proposition et du loisir assigné :* l'intention (de s'y arrêter) et le temps nécessaire pour les lire.

route par laquelle, sans cesse et sans travail [1], *j'irai autant qu'il y aura d'encre et de papier au monde?* » (III, 9; 945).

Ce n'est pas le seul caractère étonnant de ce livre. Ouvrons-le. Il commence par une profession toute personnelle : « *C'est ici un livre de bonne foi... Je veux qu'on m'y voie en ma façon simple, naturelle et ordinaire, sans contention* [2] *ni artifice* [3] *: car c'est moi que je peins* [4]. » Voyons après cela les titres des premiers chapitres : « *Par divers moyens on arrive à pareille fin* » (I, 1); il y est question d'Édouard prince de Galles, de Scanderberg, de l'empereur Conrad III et de Denys l'Ancien, etc. Nulle part de Montaigne. Chapitre suivant : « *De la tristesse* ». Un premier paragraphe commence bien par « je » : « *Je suis des plus exempts de cette passion* » (I, 2; 11), mais il est postérieur à la première édition de 1580; dans celle-ci, la première phrase était : « *Le conte dit que Psammenitus, roi d'Égypte, ayant été défait...* ». Le troisième chapitre commence (toujours dans l'édition de 1580) par une allusion à Du Guesclin. Certes, le lecteur aura aussi rencontré des pages qui répondent peut-être mieux à son attente; ainsi, à la fin du chapitre 1er, celle-ci : « *Certes, c'est un sujet merveilleusement vain, divers et ondoyant que l'homme* » (I, 1; 10). Mais pour qui s'attend à découvrir le portrait d'un homme (« *C'est moi que je peins* »), il faut convenir qu'une telle accumulation d'exemples empruntés à toute l'histoire a de quoi surprendre.

Autre motif de perplexité : aujourd'hui, c'est surtout comme un homme qui enseigne à aimer la vie, la nature, comme un admirable professeur de bonheur que Montaigne est connu et aimé; on cite volontiers certaines phrases de la fin des *Essais* : « *Pour moi donc, j'aime la vie... Nature est un doux guide...* » (III, 13; 1113). Nul n'a si bien exprimé

---

1. *Sans cesse et sans travail :* sans pause et sans peine.
2. *Sans contention :* sans effort soutenu.
3. *Artifice :* application (le mot s'oppose ici à *nature*).
4. Ces phrases sont contenues dans l'avis Au Lecteur, qui est en quelque sorte la préface des *Essais* (éd. Villey-Saulnier, p. 3).

cette image, peut-être, que Nietzsche dans ses *Considéra-tions intempestives* : « Qu'un tel homme ait écrit, vraiment, la joie de vivre sur terre en a été augmentée. [...] C'est à lui que je m'attacherais si l'on me donnait pour tâche de faire de cette terre un chez soi [1]. » Or, à côté de nombreux passages dans les *Essais* qui confirment cette lecture, fût-ce paradoxalement, comme celui-ci : « *C'est une humeur mélancolique, et une humeur par conséquent très ennemie de ma complexion naturelle* [2], *produite par le chagrin* [3] *de la solitude en laquelle il y a quelques années je m'étais jeté, qui m'a mis premièrement en tête cette rêverie* [4] *de me mêler d'écrire* » (II, 8 ; 385), d'autres apportent des confidences passablement dissonantes. Sur la mélancolie, justement : « humeur ennemie de [sa] complexion naturelle » ? Ce n'est pas toujours évident, et Montaigne écrit ailleurs : « *Il se fait mille agitations indiscrètes et casuelles* [5] *chez moi. Ou l'hu-meur mélancolique me tient ou la colérique; et de son autorité privée, à cette heure* [6] *le chagrin prédomine en moi, à cette heure l'allégresse* » (II, 12 ; 566). Ce que confirme telle notation du *Journal* (non destiné à la publication par l'auteur, rappelons-le) où Montaigne, à Rome, se félicite d'être distrait de lui-même : « *Tous ces amusements m'embe-sognaient assez; de mélancolie, qui est ma mort, et de chagrin, je n'avais nulle occasion, ni dedans ni hors la maison* [7]. »

Ce n'est pas la seule question que pose la simple approche des *Essais*. On a remarqué que nous parlions du « dernier » Montaigne, des *Essais* de 1580. De qui donc est-il question quand on cite Montaigne ? Peut-on même évoquer UN homme qui serait l'auteur des *Essais*? Voilà en effet quelqu'un qui, dans l'un de ses ultimes chapitres, dans

---

1. Cité par Hugo Friedrich, *Montaigne*, p. 12.
2. *Ma complexion naturelle* : mon tempérament.
3. *Chagrin* : malaise, sentiment de « cafard ».
4. *Rêverie* : extravagance, idée folle.
5. *Indiscrètes et casuelles* : sans raison et fortuites, gratuites.
6. *A cette heure... à cette heure...* : tantôt... tantôt...
7. Ed. Garavini, p. 230.

l'une des pages les plus célèbres qu'il ait écrites, prend soin de préciser : « *Je ne peins pas l'être. Je peins le passage... Il faut accommoder mon histoire à l'heure. Je pourrai tantôt changer...* » (III, 2; 805). Or, on le sait, les *Essais* ont été écrits pendant vingt années : comment imaginer que c'était le même homme qui tenait la plume en 1572 et en 1592? Et pourtant ce livre s'offre comme un tout : une fois encore, c'est Montaigne lui-même qui prend soin d'en avertir ses lecteurs : « *Mon livre est toujours un. Sauf qu'à mesure qu'on se met à le renouveler* [1], *afin que l'acheteur ne s'en aille les mains du tout* [2] *vides, je me donne loi d'y attacher (comme ce n'est qu'une marqueterie mal jointe) quelque emblème supernuméraire* [3]. *Ce ne sont que surpoids qui ne condamnent point la première forme mais donnent quelque prix particulier à chacune des suivantes par une petite subtilité ambitieuse* » (III, 9; 964). Voyons donc quelle fut cette « *première forme* » et quelles devinrent les « *suivantes* ».

Mais il faut pour cela reprendre les choses au commencement.

---

1. *Le renouveler :* Montaigne parle des éditions successives de son livre, toujours augmentées. (Voir plus loin, pp. 160-161.)

2. *Du tout :* totalement, complètement.

3. *Quelque emblème supernuméraire :* quelque illustration supplémentaire. Montaigne explique qu'il ajoute quelque chose à chaque édition pour que l'acheteur ne risque pas de se sentir lésé.

2

« *Mon livre et moi* »

Un livre surprenant

Mettons de côté les obstacles dus à la langue, vite surmontés avec un peu d'habitude (quoique ces obstacles se trouvent pieusement entretenus par l'inertie des éditeurs et leur obstination à reproduire dans toute son absurdité l'orthographe ancienne, même pour éditer Montaigne dans des publications à grande diffusion). Devant les *Essais*, l'étonnement d'un lecteur non prévenu naît d'abord de l'absence manifeste d'ordre ou de composition du livre. Pas de récit, pas de suite, pas d'enchaînement, même à l'intérieur des chapitres. Ni commencement, ni milieu, ni fin sinon par le numéro des pages. On retombe au coin d'un paragraphe sur le thème ou l'image qu'on avait abandonnés tout à l'heure, on passe d'une idée à l'autre et les interventions de l'auteur ne se font pas faute de souligner ces brisures. Des mots comme « *revenons...* », « *retombons...* » ne sont pas rares dans les *Essais* : « *Revenons à l'empire de la coutume...* (I, 23 ; 116), *... à Hyéron...* (I, 42 ; 265), *... à nos bouteilles...* (II, 2 ; 344), *... à notre coutume...* (III, 11 ; 1026), *retombons à nos coches...* (III, 6 ; 915), etc. »* Ils indiquent clairement que l'auteur s'était laissé entraîner plus ou moins loin de son sujet. Mais cela, Montaigne le sait mieux que personne et s'en amuse parfois : « *Cette* *farcissure est un peu hors de mon thème. Je m'égare, mais plutôt par licence que par mégarde* [1]. *Mes fantaisies* [2] *se suivent, mais parfois c'est de loin, et se regardent, mais d'une vue oblique* » (III, 9; 994). Et puis, qui ne sait qu'on peut ouvrir les *Essais* n'importe où, les lire dans n'importe quel sens ou même se contenter de les feuilleter, et y trouver son bien ? Mieux : en agissant ainsi, on se conforme très fidèlement à la leçon du maître qui écrivait, pour se dépeindre dans sa « *librairie* » : « *Là je feuillette à cette heure un livre, à cette heure un autre, sans ordre et sans dessein, à pièces décousues; tantôt je rêve, tantôt j'enregistre et dicte* [3], *en me promenant, mes songes que voici* » (III, 3; 828). Technique de lecture que confirme cette autre confidence : « *Je feuillette les livres, je ne les étudie pas* » (II, 17; 651).

Parlera-t-on de désordre ? de liberté ? A chacun de trancher selon son goût mais, quel que soit le verdict, on conviendra que cette allure nonchalante, « *à sauts et à gambades* » (III, 9; 994) écrit Montaigne, est l'un des charmes du livre. Elle contribue à donner au lecteur le sentiment de suivre une pensée en train de se dérouler, en train de se faire. Lisant Montaigne, on se trouve convié à une véritable fête de l'esprit : contempler sur le vif une intelligence exceptionnelle en plein exercice. Ce plaisir rare est offert d'un bout à l'autre des *Essais*. Lisons-en les deux premières phrases : « *La plus commune façon d'amollir les cœurs de ceux qu'on a offensés, lorsqu'ayant la vengeance en main, ils nous tiennent à leur merci, c'est de les émouvoir par soumission à commisération et à pitié. Toutefois la*

---

1. *Par licence que par mégarde :* par une liberté que je m'accorde plutôt que par négligence.

2. *Fantaisies :* imaginations.

3. *Dicte :* terme ambigu. Le mot peut avoir soit le sens moderne, et dans ce cas, Montaigne aurait un secrétaire, soit le sens médiéval (*cf. Art de dictier :* Art poétique) et dans ce cas Montaigne écrirait lui-même. Rappelons que nous ne possédons pas le brouillon des *Essais* qui permettrait de trancher.

braverie et la constance, moyens tout contraires, ont quelque-
fois servi à ce même effet » (I, 1 ; 7).

La première des deux phrases se présente comme une
sentence : il faut se soumettre pour susciter la pitié. Dès la
seconde, l'assertion est mise en doute : « *Toutefois...* ».
Faut-il voir là de l'indécision, une hésitation ? Au contraire,
l'important, c'est justement de constater – et de le faire
d'emblée – qu'un principe général ne se vérifie pas. Et non
seulement cela, mais de formuler cette mise en cause sur le
mode relatif : « *Toutefois la braverie et la constance* [...] *ont*
QUELQUEFOIS servi... » « Le petit mot *quelquefois* fait passer
la réflexion de l'universalité d'une maxime à la singularité
des exemples historiques [1]. » Cette préférence pour la
diversité des cas particuliers est l'une des constantes de la
pensée de Montaigne : elle s'exprime, comme on vient de
le voir, dès le début du premier chapitre, elle se retrouve à
la fin du dernier dans l'édition de 1580 : « *Et ne fut jamais*
au monde deux opinions pareilles, non plus que deux poils ou
deux grains. Leur universelle qualité, c'est la diversité » (II,
37 ; 786), et encore au début du dernier chapitre du
IIIᵉ livre, dans les premières lignes de l'essai intitulé « *De*
l'expérience » : « *La conséquence que nous voulons tirer de la*
ressemblance des événements est mal sûre, d'autant qu'ils sont
toujours dissemblables : il n'est aucune qualité si universelle
en cette image des choses que la diversité et variété » (III, 13 ;
1065). Et, de même qu'il prenait en 1580 l'exemple des
poils ou des grains pour dire la diversité sous l'apparente
ressemblance, en 1588 il prend celui des œufs. Mais la
relativité dans l'expression qui apparaissait au début du
chapitre 1ᵉʳ a disparu et désormais, dans un ajout posthume,
c'est sans atténuation aucune que Montaigne affirme :
« *Nature s'est obligée à ne rien faire autre, qui ne fût*
dissemblable [2]. » Seul, le relatif est sûr.

Continuité d'une pensée ; rappelons-nous la phrase déjà

---

1. Hugo Friedrich, *Montaigne*, p. 159.
2. Autrement dit : tout ce qui est séparé (« *autre* ») est dissemblable.

citée : « *Mon livre est toujours un* » (III, 9; 964). Cela ne signifie pas que les *Essais* soient restés les mêmes du début à la fin. Parlant de leur style, dans le III\ :sup: livre, Montaigne observe rétrospectivement : « *De mes premiers essais, aucuns* [1] *puent un peu à l'étranger* » (III, 5; 875). Dans le même passage, il évoque ce qu'il a voulu faire : un ouvrage qui le représente fidèlement, jusque dans ses défauts, et dans ce dessein il a choisi d'écrire chez lui, en Périgord, « *en pays sauvage, où personne ne* [*l*]*'aide ni* [*le*] *relève* » [2] (*ibid.*). Il revendique donc son originalité langagière comme une part essentielle de lui-même puis, partant de ces considérations stylistiques, il en vient à constater : « *J'ai fait ce que j'ai voulu : tout le monde me reconnaît en mon livre et mon livre en moi* » (*ibid.*). La même réflexion associe de la sorte deux aspect majeurs des *Essais* : leur écriture et leur raison d'être qui est de faire le portrait de l'auteur.

Nous les verrons tour à tour.

« *Le parler que j'aime* »

Très conscient de ces problèmes, Montaigne revient à plusieurs reprises, du début jusqu'à la fin, sur les questions de langage, de style et de composition. Dès 1580, par exemple, on trouve cette précision dans le chapitre « *De l'institution des enfants* » : « *Le parler que j'aime, c'est un parler simple et naïf* [3]*, tel sur le papier qu'à la bouche; un parler succulent* [4] *et nerveux, court et serré* [5]*, plutôt difficile qu'ennuyeux, éloigné d'affectation, déréglé, décousu et hardi* » (I, 26; 171). Ce parler-là ne ressemble-t-il pas comme un frère à celui dont use Montaigne et qu'il maîtrise de mieux

---

1. *Aucuns :* certains.
2. *Relève :* corrige.
3. *Naïf :* naturel. Le mot au XVI\ :sup: siècle n'a jamais le sens moderne.
4. *Succulent :* plein de suc, plein de sens.
5. A cet endroit, l'exemplaire de Bordeaux ajoute un complément : « *non tant délicat et peigné comme véhément et, brusque* » et une citation latine : « *Haec demum sapiet dictio, quae feriet* » (l'expression sera bonne si elle frappe).

en mieux au fur et à mesure que les *Essais* progressent ?
Parler « *naïf* », naturel. A condition de s'entendre sur le
mot : on verra plus loin (p. 325) que le premier style de
Montaigne, dans sa traduction de la *Théologie naturelle*,
n'était pas celui des *Essais* mais au contraire un style très
composé. L'autre, le « *parler simple et naïf* », Montaigne l'a
peu à peu élaboré, mis au point, maîtrisé en s'inspirant de
quelques modèles qu'il s'est choisis et au premier rang
desquels il place Jacques Amyot, le traducteur de Plutarque : « *Je donne* [...] *la palme à Jacques Amyot sur tous nos
écrivains français* [...] *pour la naïveté et pureté du langage, en
quoi il surpasse tous les autres* » (II, 4 ; 363). Jusqu'à un
certain point, ce choix est paradoxal. A lire Amyot, certes,
on est frappé par les affinités du style de Montaigne avec le
sien et on mesure le goût qu'il dut inspirer à l'auteur des
Essais. Style détendu, « *naïf* », qu'on dirait improvisé sous la
plume au fur et à mesure que la pensée surgit : or – et c'est
là qu'est le paradoxe – ce style si aisé, si naturel est un pur
produit de l'art puisque les textes d'Amyot tant admirés de
Montaigne sont des traductions ! Belle indication sur un
contresens à ne pas commettre : le style naturel des *Essais*,
sachons-le, si « *décousu* » et « *déréglé* » qu'il soit, n'est jamais
le résultat du laisser-aller ou du relâchement, il n'est pas
davantage l'effet d'une faveur céleste qui aurait guidé la
plume heureusement passive d'un mortel élu entre tous.
Ce style extraordinaire, cette magnifique maîtrise de la
langue sont le résultat d'un choix, d'une volonté et sans
doute d'un travail. « Faire » naturel, donner l'impression
d'une spontanéité, cela ne correspond certes pas à un
mensonge mais au désir de donner au lecteur l'illusion
qu'il assiste à l'élaboration d'une recherche intellectuelle,
d'une réflexion comme surprise sur le vif. Un exemple de
cela, sur un point sans doute mineur mais significatif, se
trouve dans le chapitre du deuxième livre intitulé « *De
l'exercitation* ». Montaigne y conte une mésaventure qui
faillit mal tourner et qui ne fut pas sans conséquence sur
l'évolution de sa pensée : une chute de cheval qui le laissa

mal en point pendant plusieurs heures si bien qu'on le crut mort. Voici la première ligne de ce passage : « *Pendant nos troisièmes troubles ou deuxièmes (il ne me souvient pas bien de cela), m'étant allé un jour promener...* » (II, 6; 373). Cette phrase apparaît dès la première édition des *Essais* en 1580. Elle demeure inchangée d'une réédition à l'autre, sans aucune retouche, ni ajout ni correction, jusqu'à la fin. Or on observera que sa formulation est curieuse; spontanément, ne dirait-on pas : « Pendant nos deuxièmes ou troisièmes troubles... » plutôt que, comme Montaigne, « *Pendant nos troisièmes troubles ou deuxièmes...* »? De plus, il faut remarquer la parenthèse qui souligne l'incertitude du souvenir : « *(il ne me souvient pas bien de cela)* ». A la limite, ne peut-on imaginer que sur son brouillon (que nous ne possédons pas), Montaigne aurait d'abord écrit : « Pendant nos troisièmes troubles, m'étant un jour... » avant de s'aviser en se relisant qu'il n'était pas sûr de la date et de se corriger, comme on ferait dans une lettre familière, en ajoutant : « *...ou deuxièmes (il ne me souvient pas bien de cela)...* » Jusque-là, rien de bien étonnant. Mais cette reconstitution hypothétique, si elle permet de concevoir comment Montaigne en est arrivé à la formulation que nous connaissons, ne donne aucun renseignement sur la raison qui l'a incité à maintenir telle quelle cette expression un peu maladroite, et cela non seulement dans la première édition mais dans toutes les suivantes. Quelle explication donner à cela? N'est-ce pas justement parce que cette façon de dire insolite suggérait l'hésitation en train de se manifester, la pensée vivante s'exprimant? Parler « *tel sur papier qu'à la bouche* » : c'est bien ainsi qu'on parle, en effet, en même temps qu'on réfléchit; il est plus rare que ce soit ainsi qu'on écrive.

On pourrait passer des heures à scruter et à savourer le style de Montaigne. Ce serait une manière parfaitement légitime d'aborder ce livre et l'exemple de l'auteur y encourage puisqu'il rédige les *Essais* en ne cessant de s'interroger sur la forme aussi bien que sur le contenu de son ouvrage. On y trouve la matière d'un véritable traité sur l'écriture, mais il s'agit d'une réflexion toujours en situation : Montaigne parle de *son* écriture autant et plus que de l'écriture en général ; il s'interroge : pourquoi, pour qui, comment écrire ? et cette analyse de son activité littéraire constitue l'un des principaux contenus de son livre. Il est peu d'écrits qui ait uni si intimement fond et forme : la forme des *Essais* est un des composants du fond, et le fond retentit constamment sur la forme. « Méditer sur sa propre nature, méditer sur sa pensée, méditer sur l'expression littéraire de l'une et de l'autre, ce sont les phases diverses d'une seule et même opération. La conscience de l'écrivain fait ici partie, dans des proportions jusqu'alors inconnues, de la vision qu'il se donne de son individu [1]. »

« *C'est moi que je peins* »

N'oublions pas en effet que ce livre étonnant s'annonce d'abord comme un autoportrait : « *je suis moi-même la matière de mon livre* » écrivait Montaigne dans son avis au lecteur, le 1er mars 1580. Le projet ainsi déclaré de parler de soi, de se représenter, ne fut pas un feu de paille. Pendant vingt ans, de page en page, Montaigne le répète tout en le modifiant et en l'enrichissant. L'autoportrait est varié. Montaigne évoque parfois son enfance, avec son précepteur latin, son collège ; il représente l'enfant rêveur et un peu lourd qu'il fut ; il dit son goût pour la poésie et pour l'histoire, pour les voyages ; il se dépeint au physique : petit, solide, bon cavalier mais peu adroit, gourmand et impatient, il porte la moustache ; au moral : sociable, amateur de conversation, sans mémoire, pourvu d'un visage avenant qui inspire la confiance ; il est curieux, il a l'esprit ouvert mais ne s'en laisse pas conter ; il exècre la cruauté, le mensonge et la dissimulation ; il eut – ô combien ! – le sens de l'amitié, celui de la fidélité ; sensible à la beauté des

---

1. H. Friedrich, ouvr. cit., p. 340.

femmes, il a connu l'amour mais ne pèche pas par excès d'indulgence pour le beau sexe; et toujours, il demeure d'une extraordinaire lucidité. A coup sûr, quiconque lit les *Essais* a le sentiment de connaître leur auteur, et Montaigne le sait bien qui constate que « tout le monde le reconnaît en son livre et son livre en lui ».

C'est dire que les *Essais* sont une œuvre où le mot *Je* et ses dérivés (*me, moi,* les adjectifs possessifs *mon, ma, mes*) abondent par milliers [1]. Rien de plus normal puisque l'auteur ne cesse de parler de lui. Tantôt, ce sont des touches brèves et isolées, tantôt des descriptions longues de plusieurs pages. Ce qui est constant, c'est que ces confidences ne s'arrêtent jamais en elles-mêmes : certes, Montaigne est son propre objet puisque dans les *Essais,* c'est lui qu'il peint; mais l'homme qu'il est et qu'il observe lui sert de terrain d'expérience pour comprendre aussi les autres et pour les connaître, de même qu'inversement la connaissance de ces autres l'aide à mieux se connaître lui-même. « *Chaque homme porte la forme entière de l'humaine condition* » (III, 2; 805).

Un portrait peu exemplaire

Mais la singularité de l'entreprise de Montaigne ne s'arrête pas là. Il n'était pas le seul à avoir fait son portrait par écrit et les auteurs de *Mémoires,* de *Vie,* de *Commentaires,* depuis César et saint Augustin jusqu'aux contemporains tels que Benvenuto Cellini, Cardan ou Monluc, avaient caressé la même ambition. Relisons donc l'avis au lecteur où Montaigne définit remarquablement son originalité : « *Je n'y ai eu nulle considération de ton service ni de ma gloire* », écrit-il. En deux mots, tout est dit.

A quoi bon écrire, estime-t-on généralement au XVIᵉ siècle, sinon pour rester dans la mémoire des hommes comme

---

1. JE : 5007 fois; MOI : 644; MOI-MÊME : 65; ME : 2632; MON : 842; MA : 609; MES : 432. D'après Leake, *Concordance des Essais de Montaigne.*

un exemple, comme un sujet d'admiration? Certes, lorsque César écrivit ses *Commentaires,* c'était autant pour se justifier devant les autorités et le public de Rome que pour célébrer sa louange, mais les deux ambitions ne s'excluaient pas. Et quand, plus tard, à la fin de sa vie, Monluc (mort en 1577) rédige ses propres *Commentaires* (titre sans mystère : à la fois hommage au grand Jules et façon de s'inscrire dans sa trace), c'est, semblablement, pour se justifier contre des accusations malveillantes et – coup double – pour s'assurer de rester présent dans la mémoire de la postérité. Tel est à la vérité le sens du mot « gloire ». De cela, Montaigne n'a cure. C'est même tout le contraire : la recherche de la gloire est une incitation à prendre la pose (voyez les statues des personnages officiels!) et c'est précisément ce qu'il rejette. Dans le chapitre « *De la vanité* » publié en 1588, il écrira cette phrase très explicite : « *Je ne laisse rien à désirer et deviner de moi. Si on doit s'en entretenir, je veux que ce soit véritablement et justement. Je reviendrais volontiers de l'autre monde pour démentir celui qui me formerait autre que je n'étais, fût-ce pour m'honorer* » (III, 9; 983). En somme, ce qu'il veut, c'est – en 1588 comme en 1580 – qu'on le connaisse exactement. Cela, certes, exclut la gloire, comme le « service » du lecteur.

On concevait en effet au XVIᵉ siècle (et avant) qu'une autobiographie fût rédigée dans un dessein autre que de conquérir la renommée si c'était pour l'édification des lecteurs. Ainsi de saint Augustin dans ses *Confessions,* par exemple, où l'histoire du saint était celle d'une conversion, la raison d'être de l'autobiographie n'étant nullement dans ce cas la conquête d'une gloire toute profane mais la volonté d'instruire et de convaincre : autrement dit, le service du lecteur.

Rien de plus étranger aux intentions de Montaigne. Il le répétera plusieurs fois dans son livre en des termes différents : « *Les autres forment l'homme; je le récite* » (III, 2; 804), écrit-il. *Former* : éduquer, dresser; *réciter* : décrire, raconter. Voyez encore le chapitre « *Du démentir* » : « *... on* *me dira que ce dessein de se servir de soi pour sujet à écrire serait excusable à des hommes rares et fameux qui, par leur réputation, auraient donné quelque désir de leur connaissance. [...] Cette remontrance est très vraie, mais elle ne me touche que bien peu [...] Les autres ont pris cœur de parler d'eux pour y avoir trouvé le sujet digne et riche; moi, au rebours, pour l'avoir trouvé si stérile et si maigre qu'il n'y peut échoir* [1] *soupçon d'ostentation* » (II, 18; 663). Jamais, à la vérité, littérature ne fut moins apologétique que celle-ci. Pour Montaigne, il n'est pas d'exemple dont on ne puisse trouver et prouver le contraire : rappelons ce que nous voyions plus haut à propos du premier chapitre du premier livre (pp. 142-143). On pourrait multiplier les exemples.

N'en prenons qu'un. Dans le premier livre, le titre du quatorzième chapitre est tout un programme : « *Que le goût des biens et des maux dépend en bonne partie de l'opinion que nous en avons* ». Le thème de réflexion ainsi suggéré est montaignien par excellence et la démonstration – nous en sommes encore au premier livre – ne manque pas de piquant puisqu'elle est constituée pour commencer de quelques mots humoristiques prononcés par des condamnés à mort!

« *Un autre disait au bourreau qu'il ne le touchât pas à la gorge de peur de le faire tressaillir de rire, tant il était chatouilleux. L'autre répondit à son confesseur qui lui promettait qu'il souperait ce soir avec Notre-Seigneur : "Allez-vous y en, vous, car de ma part je jeûne".* » (I, 14; 52). On dira que nous voilà bien loin du portrait de Montaigne par lui-même : ce n'est pas si sûr. Dans ce même essai, après avoir cité et commenté des exemples paradoxaux concernant la douleur, la maladie, la mort, Montaigne s'étonne et cet étonnement l'amène à parler de lui, dans la dernière partie du chapitre, pour montrer que son cas personnel illustre le caractère relatif de la sensibilité aux biens et aux maux qui constitue son thème de réflexion. C'est le passage

---

1. *Échoir* : tomber.

bien connu sur Montaigne et sa « *boîte* » : « *J'ai vécu en trois sortes de condition depuis être sorti de l'enfance* » (62), écrit-il. Pendant vingt ans, il dépendit financièrement de son père et en fut très heureux (premier temps); sa « *seconde forme, ç'a été d'avoir de l'argent* » (64) : d'où une foule de tracas, le souci incessant de sa cassette (il dit : « *ma boîte* »), les ruses et l'inquiétude, etc.; enfin, troisième temps, il décida de ne plus se préoccuper de sa « *boîte* », d'en oublier l'existence et de vivre « *du jour à la journée* » (65) : ce fut le bonheur retrouvé! Par cette illustration du thème que reprendra La Fontaine dans sa fable « Le Savetier et le Financier », c'est bien un aspect de lui-même que Montaigne évoque dans cet essai dont le début était pourtant impersonnel.

« *Je n'y ai eu nulle considération de ton service ni de ma gloire* » : on le voit, c'est vrai et c'est une grande originalité. Ce n'est pas la seule.

La passion d'être connu

L'avis au lecteur est décidément riche d'enseignements divers. Montaigne y explique qu'il dédie son livre à ses familiers (« *parents et amis* ») afin qu'après sa mort, ils le connaissent bien. On retrouve là ce qu'on lisait plus haut, dans le passage où Montaigne assure qu'une fois mort, il détesterait qu'on le dépeignît inexactement, fût-ce pour le flatter. Il redira cela plusieurs fois sous différentes formes, parfois humoristiques : « *Louez un bossu de sa belle taille, il le doit recevoir à injure* » (III, 5; 847).

Certes, il n'y a rien d'étonnant à souhaiter d'être connu et apprécié pour ce qu'on est mais il est sans doute rare que cette exigence se manifeste avec tant de ferveur et d'insistance :

« *Je suis affamé de me faire connaître, et ne me chaut à combien pourvu que ce soit véritablement* » (III, 5; 847).

« *Je dois au public universellement mon portrait* » (*ibid.*; 887).

« *Je prends plaisir d'être jugé et connu* » (III, 8; 924).

« *Il faut passer par-dessus ces règles populaires de la civilité en faveur de la vérité et de la liberté. J'ose non seulement parler de moi, mais parler seulement de moi; je fourvoie quand j'écris d'autre chose et me dérobe à mon sujet* » (*ibid.*; 942).

« *Je me présente debout et couché, le devant et le derrière, à droite et à gauche, et en tous mes naturels plis* » (*ibid.*; 943).

Etc.

Entreprise narcissique? Pour être à la mode, la question n'a guère de sens. Narcisse s'est noyé dans la fontaine, et l'on ne voit pas que Montaigne se soit jamais pareillement englouti. En fait, la publication des *Essais,* portrait de soi (« *c'est moi que je peins* »), implique une démarche radicalement différente de celle de Narcisse qui ne perçoit le monde que sous la forme illusoire renvoyée par le miroir de l'eau, alors que pour Montaigne, le monde est à la fois l'objet de sa curiosité, comme les livres, les hommes, les femmes, en un mot : les autres – tout ce qu'ignore Narcisse –, et aussi le destinataire de son message : sans public, sans lecteur, sans ami, comment se faire connaître? Tandis que Narcisse se perd dans la contemplation de soi-même, Montaigne se trouve dans l'analyse et dans la peinture de soi, puis dans la communication avec autrui :

« *Outre ce profit que je tire d'écrire de moi, j'en espère cet autre que, s'il advient que mes humeurs plaisent et accordent à quelque honnête homme avant que je meure, il recherchera de nous joindre [...]. Si [...] je savais quelqu'un qui me fût propre* [1], *certes je l'irais trouver bien loin; car la douceur d'une sortable* [2] *et agréable compagnie ne se peut assez acheter à mon gré. O un ami!* » (III, 9; 981.)

Dans une analyse critique remarquée [3], Michel Butor

---

1. *Me fût propre :* me convînt.
2. *Sortable :* bien assortie.
3. *Essais sur les Essais,* Paris, 1968.

avait suggéré, entre plusieurs interprétations stimulantes, que l'entreprise initiale de Montaigne, à l'origine des *Essais*, était due au vide laissé par la mort de La Boétie. Montaigne esseulé aurait fini par remplacer la conversation avec l'ami absent, l'échange désormais impossible, par ce long bavardage sur le papier avec un interlocuteur au visage indéterminé qui était son public. Et de fait, la forme personnelle du livre rédigé pour une bonne partie à la première personne implique la présence d'un interlocuteur, ou pour le moins d'un destinataire, répondant à celui qui parle ou susceptible de l'écouter.

Loin d'être isolé en lui-même, Montaigne se présente continuellement dans les *Essais* sous le regard du public. Il écrit seul, certes (il le dit expressément : il n'écrit ses *Essais* que chez lui, dans sa librairie); mais en écrivant, il se situe toujours devant son lecteur ou en face d'un interlocuteur possible et imaginé (plutôt qu'imaginaire). Cela n'est pas sans conséquence pour lui-même. Car paradoxalement, ce portrait scrupuleusement fidèle ne peut pas être exact.

« *Livre consubstantiel à son auteur* »

Il est possible que Montaigne ne s'en soit pas aperçu tout de suite. En effet, peindre un homme, c'est tenter de fixer le mouvement : tout ce qui vit est changeant. « *C'est moi que je peins* », assurait le premier Montaigne; dans le IIIe livre, les choses seront plus nuancées : « *Je ne peins pas l'être. Je peins le passage* » (III, 2; 805). Tout est donc toujours à reprendre puisque tout est toujours différent. De plus, se peignant, on ne peut pas saisir tout de soi-même; on se cherche sans cesse et on ne se trouve jamais que partiellement. Cependant, l'exercice est profitable :

« *Et quand personne ne me lira, ai-je perdu mon temps de m'être entretenu tant d'heures oisives à pensements* [1] *si utiles et agréables? Moulant sur moi cette figure, il m'a fallu si*

---

1. *Pensements* : pensées, réflexions.

souvent dresser et composer[1] *pour m'extraire que le patron*[2] *s'en est fermi*[3] *et aucunement*[4] *formé soi-même. Me peignant pour autrui, je me suis peint en moi de couleurs plus nettes que n'étaient les miennes premières.* » (II, 18; 665.)

C'est à cet endroit que se place la phrase clé :

« *Je n'ai pas plus fait mon livre que mon livre m'a fait, livre consubstantiel à son auteur...* »

Montaigne revient plusieurs fois sur cette idée : écrivant, il se cherche; se cherchant, il se choisit plus ou moins, si conforme à la vérité qu'il veuille rendre son tableau; s'étant choisi, il se trouve ensuite obligé de se « faire » comme il s'est décrit sous peine de se manquer à lui-même et de manquer à son public. Tout cela, une fois encore, très lucidement : « *Je sens ce profit inespéré de la publication de mes mœurs qu'elle me sert aucunement de règle. Il me vient parfois quelque considération de ne trahir l'histoire de ma vie. Cette publique déclaration m'oblige de me tenir en ma route et à ne démentir l'image de mes conditions*[5]*...* » (III, 9; 980).

On aperçoit l'engrenage : j'écris pour me décrire; comme j'écris, je me décrirai : importance de l'écriture; comme je me décris, j'écrirai : importance de l'objet à décrire; après cela, parlera-t-on encore de connaissance? Grande question : comment les mots permettent-ils d'accéder à la connaissance ou de la transmettre? Or, le portrait que dessine Montaigne est un portrait tout verbal. Dans ce rapport des mots aux choses, l'image qu'il a donnée de lui-même devient une incitation à agir aussi bien qu'à comprendre. On entrevoit ce qui fait la durable différence entre les livres ressortissant à la littérature intime, avant et après Montaigne, et le livre unique que sont les *Essais*.

---

1. *Dresser et composer :* établir, marquer les contours.
2. *Patron :* modèle.
3. *Fermi :* affermi.
4. *Aucunement :* sensiblement, dans une certaine mesure.
5. *De mes conditions :* de mes traits, de ma façon d'être.

Histoire d'un texte

Ce livre s'est fait pendant vingt ans, depuis le moment où un gentilhomme gascon se retira pour « se reposer sur le sein des doctes Vierges » et y cultiver son esprit, loin des tracas et des bruits du monde. On s'en souvient : tel est le premier dessein annoncé par l'inscription de 1571 dans la bibliothèque (voir plus haut, p. 21). Mais ce héros de la sagesse à l'antique ne tarda pas à comprendre son erreur et c'est à cette prise de conscience que nous devons les *Essais*. Laissons plutôt Montaigne nous raconter sa déconvenue et les conséquences de cette mésaventure (dans le chapitre significativement intitulé « *De l'oisiveté* ») :

« *Dernièrement que je me retirai chez moi, délibéré autant que je pourrais ne me mêler d'autre chose que de passer en repos et à part ce peu qui me reste de vie, il me semblait ne pouvoir faire plus grande faveur à mon esprit que de le laisser en pleine oisiveté* [1] *s'entretenir soi-même et s'arrêter et rasseoir en soi* [...] *Mais je trouve* [...] *qu'au rebours, faisant le cheval échappé, il se donne cent fois plus d'affaire à soi-même qu'il n'en prenait pour autrui, et m'enfante tant de chimères et monstres fantasques les uns sur les autres, sans ordre et sans propos, que pour en contempler à mon aise l'ineptie et l'étrangeté, j'ai commencé de les mettre en rôle* [2]*, espérant avec le temps lui en faire honte à lui-même* » (I, 8 ; 33).

Ce texte dit les choses fort explicitement. Très tôt, Montaigne s'est rendu compte qu'il ne serait ni Sénèque ni Plutarque. Tenant registre de ses réflexions, de ses perplexités, de ses propres idées, il a fait mieux puisqu'il est devenu lui-même en entreprenant quelque chose d'absolument nouveau : son livre. Mais cela ne s'est pas fait en un jour. Il lui aura fallu une dizaine d'années jusqu'en 1580, date de la première publication des *Essais*. Dix ans de retour sur soi et d'approfondissement qui s'expriment tout

---

1. L'oisiveté ici est l'*otium* latin, c'est-à-dire l'absence de tracas, la liberté d'esprit, et non la paresse.

2. *Les mettre en rôle :* en tenir registre.

au long des 94 chapitres des deux premiers volumes.

Certes, Montaigne n'était pas tout à fait sans modèle et il n'est rien moins que certain qu'il ait d'abord pensé à se peindre lui-même. C'était un grand liseur de poésie, d'histoire et de philosophie, surtout anciennes. Il s'intéressait aux textes des stoïciens (Sénèque, Caton), à Platon, à Plutarque. Le XVIᵉ siècle goûtait vivement les traités et les commentaires moraux : Érasme, le grand Érasme, avait publié ses *Colloques* et ses *Adages* au début du siècle : les *Œuvres morales* de Plutarque dans la traduction d'Amyot parurent en 1572. Bien d'autres influences se firent sentir mais toutes allaient plus ou moins dans le même sens. Il existait certes de longues œuvres suivies, mais on aimait ces considérations variées, ces « leçons » sur divers sujets, commentaires, gloses ou paraphrases qui entouraient des compilations. C'est à peu près ce que fait le premier Montaigne : il lit, il recueille quelques exemples de ses lectures, il les commente et les discute. Et comme il est Montaigne, d'emblée il va très loin, beaucoup plus loin que la plupart de ses contemporains, mais beaucoup moins loin qu'il n'ira plus tard.

On admet généralement aujourd'hui (à la suite des recherches de Pierre Villey au début de ce siècle) que la composition des premiers *Essais* s'est organisée en plusieurs périodes : la première autour de 1572-1574, la seconde autour de 1576, la dernière vers 1578-1579.

En substance, le premier livre et peut-être le début du second dateraient des premières années de la retraite. La deuxième période (celle que Villey définissait comme celle de la « crise » sceptique) est marquée par la frappe de la médaille pyrrhonienne en 1576 et par la rédaction de la très longue « *Apologie de Raymond Sebond* » (II, 12) ; elle est tout imprégnée de l'influence de Sextus Empiricus, un philosophe et médecin grec des IIᵉ-IIIᵉ siècles de notre ère qui, dans un ouvrage intitulé *Les Hypotyposes pyrrhoniennes*, avait résumé la doctrine de Pyrrhon, le grand philosophe sceptique de l'Antiquité dont il ne nous reste pratiquement rien; ce n'est que vers 1576, semble-t-il, que Montaigne avait lu ces *Hypotyposes,* pourtant traduites en latin par Henri Estienne dès 1562. Pendant la troisième période, vers 1578-1579, Montaigne continue de lire des poètes, Plutarque, il ouvre ou reprend d'autres livres comme les *Commentaires* de César, *La République* de Jean Bodin, les *Opuscules* de Tacite, etc.

Dans ces dernières années de la décennie 1570, Montaigne a changé par rapport à ce qu'il était en commençant de rédiger son livre. Il a découvert son sujet, sa morale; il sait désormais ce qu'il admire dans le stoïcisme, ce qu'il en attend mais aussi ce qu'il en rejette; il a approfondi sa connaissance du scepticisme. Et il a découvert sa manière, son attitude à l'égard du monde, telles qu'il les exprimera plus tard (sur l'exemplaire de Bordeaux) dans ce passage de l'avant-dernier chapitre du premier livre : « *Je propose les fantaisies humaines* [1] *et miennes simplement comme humaines fantaisies* [...]*; matière d'opinion* [2]*, non de foi; ce que je discours* [3] *selon moi, non ce que je crois selon Dieu...* » (I, 56; 323).

Et puis il a trouvé son titre : les *Essais.*

Le livre était achevé en 1579 (le privilège de l'imprimeur date du 9 mai 1579), même si Montaigne, avant la publication, ajoute encore quelques pages ici et là. Mais ce n'est qu'au printemps 1580 que les *Essais,* en deux livres, sortirent des presses de l'imprimeur Simon Millanges à Bordeaux.

Le succès en fut grand, comme le prouve, entre autres témoignages, la réimpression qui en fut donnée dès 1582 (après le retour du voyage d'Italie : à cette date, Montaigne est maire de Bordeaux) chez le même Simon Millanges. Nous ne connaissons ensuite qu'une autre réimpression, en

---

1. *Fantaisies :* imaginations, inventions.
2. *Opinion :* idées non fondées en raison (par opposition à « jugement », « raison » ou, dans un autre domaine, « foi »).
3. *Discours :* dis par raisonnement, me laisse aller à penser.

1587 mais à Paris (signe de la renommée grandissante des *Essais*) chez Jean Richer; cette édition de 1587 reproduit à très peu de chose près celle de 1582 qui, elle-même, n'apportait que de menues variantes à la première.

L'édition de 1588

Elle est annoncée comme « cinquième édition » des *Essais* dans la page de titre, ce qui suppose soit une erreur de l'imprimeur soit la disparition d'une édition intermédiaire dont il ne resterait plus de trace. Elle fut publiée chez le grand libraire-imprimeur parisien Abel L'Angelier. Le livre était profondément remanié : il comprenait, d'après l'auteur lui-même, 600 additions dans les deux premiers livres et un troisième livre entièrement nouveau. Dans ce III⁰ livre, les chapitres (au nombre de treize seulement) étaient plus longs en moyenne que dans les deux livres précédents et l'ensemble des *Essais* se trouvait ainsi étoffé d'une manière considérable. 1588 : rappelons que cette année-là, de même que celles qui venaient de s'écouler et pendant lesquelles Montaigne avait si amplement travaillé à son livre, étaient des années noires; la guerre civile faisait rage, l'avenir semblait bouché et c'est sur ce fond de cruautés et de misères que Montaigne rédige l'admirable art de vivre et de penser que constitue la fin des *Essais* : « *C'est une absolue perfection, et comme divine, de savoir jouir loyalement de son être...* » (III, 13; 1115).

Entendons-nous toutefois sur ce mot « fin » : certes, le III⁰ livre a été composé après les deux premiers mais bien des passages de ces deux-là tels que nous les lisons aujourd'hui sont en fait contemporains du dernier. En outre, avec l'édition de 1588, nous n'avons pas le dernier mot des *Essais*.

L'édition de 1595 et l'exemplaire de Bordeaux

Montaigne continua en effet de travailler à son texte jusqu'à sa mort. Une édition posthume fut publiée en 1595 par les soins de son ami Pierre de Brach et de sa « *fille d'alliance* » Mlle de Gournay, dont il avait fait la connaissance lors de son voyage à Paris en 1588.

Mais il se trouve que son exemplaire personnel des *Essais* dans la version de 1588, exemplaire sur lequel il travaillait et qu'il a annoté, complété, commenté, existe encore; ce précieux volume est la propriété de la Bibliothèque municipale de Bordeaux et pour cette raison, on l'appelle « l'exemplaire de Bordeaux ». Depuis le début du XXᵉ siècle, c'est ce texte annoté qui constitue le texte de base sur lequel sont établies les éditions publiées de Montaigne : l'exemplaire de Bordeaux et non l'édition posthume de 1595 qui s'en différencie, légèrement à la vérité, sur certains points. On a longtemps considéré que ces différences provenaient d'initiatives intempestives de la part des éditeurs, Pierre de Brach et Mlle de Gournay (et surtout, s'accordait-on à penser, Mlle de Gournay que la critique à travers les siècles a volontiers malmenée). On tend aujourd'hui à revenir sur cette façon de voir et on se demande même s'il n'y aurait pas eu un exemplaire autre que celui de Bordeaux où Montaigne aurait pris soin de porter strictement les modifications qu'il voulait introduire dans son texte; de sorte que l'exemplaire de Bordeaux, selon cette hypothèse, serait un brouillon peut-être moins fiable que l'édition de 1595 [1]. Mais ce sont là des querelles d'érudits qui, tout compte fait, ne changent pas grand-chose à la physionomie d'ensemble des *Essais*.

Les trois couches du texte des Essais

Le IIIᵉ livre et les ajouts nombreux, de l'édition de 1588 et de l'exemplaire de Bordeaux, prolongent l'œuvre telle qu'elle avait été d'abord publiée en 1580, mais celle-ci ne s'en trouve pas transformée au point d'être méconnaissable. On retrouve la même démarche apparemment capricieuse,

---

1. Voir plus loin, pp. 293 et 367.

la même liberté, la nonchalance en même temps que la profondeur et l'originalité de la pensée, et toujours – de mieux en mieux – ce style admirable qui n'a rien perdu de sa saveur ni de sa justesse en quatre siècles. Toutefois, bien des passages de 1580 sont radicalement modifiés par ce que Montaigne appelle ses « *allongeails* » soit qu'ils deviennent plus longs, plus complets, plus subtils (aux gloses, s'ajoutent par exemple beaucoup de citations latines qui n'apparaissaient pas d'abord), soit que leur sens s'en trouve changé. Mais jamais l'impression produite sur le lecteur d'une pensée qui s'exprime en même temps qu'elle se forme ne disparaît. C'est là un effet de grand art. Montrons-le par un exemple. Dans un passage fort célèbre du chapitre « *De l'amitié* », Montaigne évoque le souvenir de celui qui avait été pour lui un autre soi-même, La Boétie, et dans l'édition de 1580, on trouve ces mots, en conclusion d'un paragraphe où perce l'émotion : « *Si on me presse de dire pourquoi je l'aimais, je sens que cela ne se peut exprimer* » (I, 28 ; 188). C'est tout. Et ce n'est que dans un ajout posthume que se trouve la suite, dont l'examen des encres sur l'exemplaire de Bordeaux révèle qu'il n'a pas été écrit en une fois, mais en deux : d'abord « *qu'en répondant : parce que c'était lui* », ensuite seulement : « *parce que c'était moi* ». Lisez le tout : vous aurez le sentiment d'une phrase coulante, pensée d'un trait.

C'est dire combien l'homme qui parle dans les *Essais* n'est pas un être enfermé dans une portion de temps réduite au moment où il semble qu'il parle : c'est quelqu'un qui vit, qui pense, qui agit, qui se contredit, se reprend sous les yeux du lecteur, et non seulement sur le moment (rappelons-nous : « *Pendant nos troisièmes troubles ou deuxièmes...* ») mais dans la durée (« *... cela ne se peut exprimer qu'en répondant : parce que c'était lui...* »). C'est pourquoi il est si intéressant de pouvoir distinguer les différentes couches du texte.

Les bonnes éditions permettent au lecteur curieux de saisir les différentes étapes de la pensée de Montaigne par un artifice de présentation qui consiste à indiquer les états successifs du texte : on inscrit (A) devant les passages de 1580 dans les livres I et II, (B) devant ceux de 1588 (livres I, II et III) et (C) devant ce qui figure en manuscrit sur l'exemplaire de Bordeaux. Cela donne, par exemple, pour la phrase que nous citions tout à l'heure : « (A) ... *Si on me presse de dire pourquoi je l'aimais, je sens que cela ne se peut exprimer* (C) *qu'en répondant : parce que c'était lui, parce que c'était moi.* » Quelques éditions (rares) donnent par surcroît en notes les variantes de 1582 et de 1587 et celles de l'édition posthume de 1595. Cela n'est pas indispensable pour une lecture courante des *Essais*.

Cela dit, ne commettons pas l'erreur d'imaginer qu'un de ces trois états est supérieur à l'autre. Ils sont différents, mais dès 1580 les *Essais*, plus brefs, souvent plus directs dans l'expression, moins sinueux dans la pensée (moins complexes), forment un livre complet et qui se suffit. En 1588, puis avec le texte posthume, nous avons deux autres livres mais rien ne serait plus faux que de se représenter une succession d'ébauches aboutissant à force de tâtonnements à une rédaction enfin satisfaisante. Les *Essais* de 1580 et de 1588 ne sont pas les brouillons des derniers *Essais* et l'on peut même dire que ceux-ci ne sont une fin que par le hasard des événements : en l'occurrence la mort de leur auteur. Il est certes intéressant de constater que, dans ses dernières années, Montaigne n'a pas envisagé d'ajouter un quatrième livre à son œuvre, mais par bien d'autres moyens, il n'a cessé d'en élargir l'ampleur. C'est une tâche sans fin, il le disait lui-même : « ... *j'ai pris une route par laquelle [...] j'irai autant qu'il y aura d'encre et de papier au monde* [1] » (III, 9; 945).

Cet inachèvement inéluctable de l'œuvre, ou mieux : fondamental, essentiel, n'est-il pas d'ailleurs signalé par le titre « *Essais* »? La notion d'*essai* interdisait de considérer quoi que ce soit comme définitif dans ce livre : cheminement, progression, citation, digression ou fin.

---

1. Ce texte est de 1588.

Il est temps maintenant de poser une dernière question importante avant la lecture : qu'est-ce qu'un *essai* ? Quel est le sens de ce titre ?

Le sens du mot Essais

Le mot est aujourd'hui couramment utilisé pour désigner un ouvrage moins académique qu'un *traité* et l'on sait qu'il a été adopté dans plusieurs pays et par plusieurs langues (anglais : *essay*, italien : *saggio*...) au point d'être employé un peu partout pour désigner un genre. Un *essai* est un livre qui exprime une pensée plus ou moins personnelle et qui invite à la réflexion. Lorsque Michel Butor intitule *Essais sur les Essais* un ouvrage sur Montaigne qu'il publie dans une collection généralement appelée « Essais », il joue certes sur les mots mais sans créer la moindre difficulté pour le public. Un essai, on sait ce que c'est.

Or c'est Montaigne qui, le premier, emploie ce mot comme titre. Il faut observer que ce n'est pas la première fois qu'un grand livre crée un genre par son titre : tel fut le cas des *Bucoliques*, de Théocrite ou de Virgile, à l'origine du genre « bucolique »; du *Canzoniere* de Pétrarque qui donna naissance à une floraison de « *canzonieri* » [« chansonniers », recueils de chansons, c'est-à-dire de poèmes] au XVIᵉ siècle, etc.

Le mot *essai* a pour origine le terme *exagium* qui, en bas latin, signifiait « pesée » : il s'agit donc d'évaluation, d'épreuve (en franglais moderne, on est tenté de traduire par « test »). Au XVIᵉ siècle, *essai*, *essayer* renvoient d'ailleurs à cette idée : faire l'épreuve, l'expérience. *Essai* est dans cette mesure plus ou moins synonyme d'*exercitation* (voir le titre du chapitre 6 au livre II), d'*expérience* (voir le titre du chapitre 13 au livre III). L'*essai*, c'est l'épreuve, la tentative; c'est même l'échantillon de nourriture (on *essayait* la nourriture pour s'assurer qu'elle n'était pas empoisonnée); c'est évidemment le *coup d'essai*, donc le début.

Tout cela est contenu dans le titre choisi par Montaigne, comme le remarquait La Croix du Maine, auteur d'une *Bibliothèque française* parue dès 1584 : « *En premier lieu, ce titre ou inscription est fort modeste, car si on veut prendre ce mot d*'Essais *pour coup d'essai ou apprentissage, cela est fort humble et rabaissé [...]; et si on le prend pour essais ou expériences, c'est-à-dire discours* [1] *pour se façonner sur autrui, il sera encore bien pris en cette façon : car ce livre ne contient autre chose qu'une ample déclaration de la vie dudit sieur de Montaigne et chacun chapitre contient une partie d'icelle* [2]*.* » On retrouve ainsi, notons-le, l'idée première des *Essais* : ce livre est le portrait de son auteur.

Cela va plus loin. On a remarqué que ce titre peut se comparer à ceux qui étaient à la mode du temps de Montaigne, tant pour les ouvrages en prose que pour les vers, dès qu'ils contenaient des pièces d'inspiration variée : *Disputations, Sentences, Mots dorés, Entretiens, Mélanges, Bocage, Variétés, Diversités, Bigarrures,* etc. Toutefois, quand Montaigne parle de son livre, il utilise rarement le mot *Essais* avant l'édition de 1588 et il écrit plutôt « *mon livre, mes écrits, mes pièces, ces mémoires* » ou même, dédaigneusement ou humoristiquement, « *ce fagotage, cette fricassée, cette rhapsodie, mes brisées* », etc. « En revanche, il réserve volontiers *essai* (et *essayer*) pour désigner sa méthode intellectuelle, son style de vie, son expérience de soi [3]. » Montaigne, en effet, se défie des certitudes, des théories, des affirmations trop péremptoires : « *On me fait haïr les choses vraisemblables quand on me les plante pour infaillibles. J'aime ces mots qui amollissent et modèrent la témérité de nos propositions : A l'aventure* [4]*, Aucunement* [5]*, Quelque, On dit, Je pense, et semblables* » (III, 11; 1030).

---

1. *Discours :* réflexions, raisonnements.
2. *Bibliothèque française,* dans l'éd. de 1772, t. II, p. 130.
3. H. Friedrich, ouvr. cit., p. 354.
4. *A l'aventure :* peut-être.
5. *Aucunement :* dans une certaine mesure, quelque peu.

Occupé à expérimenter sur lui-même, il ne cherche pas à instruire. Il n'est pas étonnant, dès lors, qu'il refuse de considérer comme résolues définitivement les propositions auxquelles il attache sa pensée : « *Si mon âme pouvait prendre pied*[1], *je ne m'essaierais pas, je me résoudrais : elle est toujours en apprentissage et en épreuve* » (III, 2; 805).

On aborde là un aspect essentiel des *Essais* qui mérite un examen plus approfondi. Nous y reviendrons au prochain chapitre. Pour en terminer avec les implications du titre, laissons la parole à Hugo Friedrich : « C'est sans doute un titre modeste, mais il traduit une tendance originale (et non pas une concession ornementale à la mode), la volonté d'exister dans le provisoire de sa personne[2]. »

---

1. *Prendre pied* : se fixer.
2. Ouvr. cit., p. 356.

3

Être entendu

Un livre toujours actuel

Sur un point (qui n'est pas de détail), Montaigne s'est
trompé. Dans le chapitre « *De la vanité* », on lit en effet
cette phrase : « *J'écris mon livre à peu d'hommes et à peu
d'années. Si c'eût été une matière de durée, il l'eût fallu
commettre*[1] *à un langage plus ferme* » (III, 9 ; 982). Autrement dit : ce livre est pour les contemporains, il deviendra
incompréhensible d'ici peu. Erreur double : le livre est
resté compréhensible[2], et si par malheur Montaigne l'avait
« commis à un langage plus ferme », c'est-à-dire au latin, il
lui serait advenu la même mésaventure qu'à l'œuvre
d'Érasme, par exemple, autorité internationale en son
temps parce qu'il écrivait en latin, aujourd'hui quasiment
ignoré si ce n'est des spécialistes pour cette même raison. Il
est vrai que la remarque de Montaigne s'explique aisément.
Le français évoluait vite au XVIᵉ siècle et la phrase qui suit
celle que nous venons de lire donne la mesure de ces
changements : « *Selon la variation continuelle qui a suivi le
nôtre*[3] *jusqu'à cette heure, qui peut espérer que sa forme
présente soit en usage d'ici à cinquante ans ? Il écoule tous les*

---

1. *Commettre :* confier.
2. Voir néanmoins ce qu'on dit de cela au XVIIᵉ siècle (plus bas, pp. 269 et
272-273).
3. Notre langage.

jours de nos mains et depuis que je vis s'est altéré de moitié. »

D'autres raisons, plus perceptibles rétrospectivement que sur le moment, auraient pu rendre le texte de Montaigne démodé, sinon illisible. Montaigne est évidemment un homme de son siècle. Rien d'exceptionnel à cela : il n'est pas de grand créateur qui ne soit fortement enraciné dans son époque. Comme l'Arioste, comme Rabelais, comme Cervantès ou comme Shakespeare, Montaigne est résolument un homme de la Renaissance et son livre en offre toutes les caractéristiques, non seulement par la langue mais par le mode d'écriture, de composition et par un certain nombre de traits (qui, un siècle plus tard, lui valurent de se faire traiter de pédant par Malebranche!).

Et pourtant, Montaigne ne cesse de fasciner. Quelques exemples de cette durable fascination sont étonnants. « La *Correspondance littéraire* raconte, au mois d'août 1778, l'histoire d'un vigneron de Montereau, un autodidacte qui lisait beaucoup de livres empruntés au seigneur du lieu. Ses auteurs préférés étaient Plutarque, Montaigne et Pope [1]. » Mieux encore, peut-être, cette anecdote, rapportée comme la précédente par le chanoine Dréano, sur un détenu qui, en pleine tourmente révolutionnaire, en 1794, lisait du Montaigne à la prison de Picpus. « Quelle est cette lecture? » lui demanda l'administrateur. « C'est Montagne » (prononciation normale à l'époque du nom Montaigne, qui est une des graphies anciennes du mot « montagne »). « Oh, puisque c'est de la Montagne, continue de lire, voilà ce qu'il faut... Malepeste, un livre fait par la Montagne! Bravo! Bravo [2]! » Calembour salvateur... Et au XIXᵉ siècle encore, en 1833, le philosophe américain Emerson lisait au cimetière du Père-Lachaise, à Paris, sur la pierre tombale d'un inconnu mort en 1830, une inscription disant que cet

---

1. Chanoine Dréano, « Montaigne dans les bibliothèques privées en France au XVIIIᵉ siècle, in *CAIEF*, nᵒ 14, 1962, p. 258.
2. *Ibid.*

homme « avait vécu pour faire le bien et s'était formé à la vertu dans les *Essais* de Montaigne »[1].

C'est que, bavardant de tout et de rien, de lui et des autres, du plus banal et du plus profond, Montaigne ne laisse de côté à peu près rien de ce qui intéresse chacun de nous. Son livre est rayonnant : il parle de sa vie, donc de la vie, donc de la mort. La mort, le temps, la vieillesse, mais aussi l'histoire, entre bien d'autres thèmes, forment quelques-uns des grands sujets des *Essais*. Il dit son expérience – ses « essais » – mais cette expérience individuelle ne s'enferme jamais en soi : ou plutôt à force de s'examiner, de s'interroger, c'est à une vaste enquête sur la condition humaine que Montaigne entraîne son lecteur. La vie, la mort. L'homme, l'univers. Aujourd'hui, hier. Ici, là-bas. Moi, les autres.

Mais aussi, creusant plus profondément, qu'est-ce que moi ? qu'est-ce que l'homme ? qu'est-ce que l'être ? Autant de questions qui sont au cœur de la réflexion des *Essais*, avec leurs conséquences : peut-on répondre à de telles questions ? Dans quelle mesure même peut-on les poser ? Que pouvons-nous savoir ? Comment parler de tout cela ? Par quel biais, au nom de quelle « *suffisance* » (jouons sur l'ambiguïté du mot qui voulut dire « capacité » et qui ne signifie plus que « vanité ») prétendre aborder de si vastes problèmes ?

Autant de sujets difficiles, graves, fondamentaux mais – c'est la grâce des *Essais* – toujours traités avec une allégresse et une alacrité qui ne leur enlèvent rien de leur grandeur. Au contraire.

Écrire au XVIᵉ siècle

Les usages changent d'un siècle à l'autre, non seulement dans le langage (c'est le plus évident) mais dans les modes (tout le monde faisait ou avait essayé de faire des vers au XVIᵉ siècle comme aujourd'hui chacun y va ou prétend y

---

1. Pierre Moreau, *Montaigne*, Avant-propos, p. 5.

aller de son roman), dans les préoccupations (on n'a jamais tant parlé de liberté et de sincérité qu'au siècle des camps de concentration et du matraquage par les médias; au XVIᵉ siècle, on se souciait d'abord de la religion, au point de se massacrer en son nom, et on rêvait de découvrir le monde et de mieux le comprendre, au grand dam des indigènes bien souvent). Les progrès techniques frappent tout un chacun. Mais d'autres changements plus subtils risquent d'échapper si l'on ignore les modes de pensée à la Renaissance. En particulier dans le domaine esthétique et littéraire.

Un mot résume la principale de ces différences : celui d'« *imitation* ». On ne concevait pas alors de création (littéraire ou artistique) sans référence à des modèles, des autorités, et cela dans tous les domaines. Ronsard imitait Pétrarque, Virgile, Horace. Rabelais imite (et parodie) les romans de chevalerie et les grandes épopées. De même Cervantès. Etc. Il va sans dire que les plus grands, quand ils imitent, transforment et créent puissamment; les noms que nous venons de citer suffisent à le montrer. Mais il n'en est pas moins vrai que la conception de la création s'en trouve radicalement modifiée par rapport à ce qui nous semble aller de soi. Pensons que le mot « originalité », par exemple, qui à nos yeux résume une exigence première en matière de création authentique, ne date que de 1699 et que l'emploi moderne de l'adjectif correspondant, « original », n'est pas antérieur au XVIIᵉ siècle [1].

Au XVIᵉ siècle, on conçoit la création comme une répétition et, s'il se peut, un dépassement. Nullement comme une innovation, comme la production d'une œuvre par essence différente. Lorsque Ronsard est mort, on a répété de toutes les façons qu'il avait été un poète admirable, le plus grand de tous. En quels termes ? Du Perron, lui-même poète, homme de lettres averti de toutes ces questions et bon connaisseur en matière de poésie, au demeurant futur

---

1. Voir *Dictionnaire étymologique* de Bloch et Wartburg. Le mot « original » existait au XVIᵉ siècle, mais comme antonyme de « copie ».

cardinal, prononça l'oraison funèbre du Prince des poètes. Que dit-il? « *Somme, partout il a été supérieur aux autres et partout, il a été égal à lui-même* [1]. » La phrase est superbe mais, notons-le, c'est parce qu'il est SUPÉRIEUR, et non pas DIFFÉRENT, que Ronsard est loué. Voyons Pasquier (dont il a été question plus haut) : « *... en quelque espèce de poésie où il ait appliqué son esprit, en imitant les Anciens il les a ou surmontés ou pour le moins égalés* [2]. » La chanson reste la même : la grandeur de Ronsard, ce n'est pas d'avoir fait oublier ce qu'on avait écrit avant lui, au contraire; c'est de le rappeler et en même temps de faire mieux. Le xvi⁰ siècle est une époque où l'on appréciait les plaisirs subtils de la comparaison. Critère d'excellence, non d'originalité.

Cela implique à l'égard des grands ancêtres une attitude de déférence, voire de vénération, peu propice à la critique. D'une certaine manière, le comportement d'un poète, d'un prosateur, d'un artiste devant son modèle rappelle alors celui du théologien (ou du simple fidèle) devant les Pères de l'Église : discute-t-on saint Paul, saint Augustin, saint Thomas? On objectera peut-être que, justement au xvi⁰ siècle, plusieurs de ces autorités religieuses ont été contestées. En fait, il n'en est rien : ce qui a été contesté, c'est l'autorité temporelle de Rome et l'interprétation des Écritures (et des Pères) données par l'Église. Nullement l'autorité des Pères. Les protestants se prévalent de Paul et d'Augustin au moins autant que les catholiques.

Revenons à la littérature, aux arts. Au xvi⁰ siècle, Virgile, Horace, Cicéron, César, et pour les modernes Pétrarque, Boccace, quelques autres, Raphaël chez les peintres, sont unanimement admirés. Certes, tout le monde n'imite pas tout le monde. Chacun choisit ses modèles en fonction d'affinités personnelles. Mais l'attitude de quasi-dévotion de plusieurs humanistes, et non des moindres, à l'égard des

---

1. *Oraison funèbre sur la mort de M. de Ronsard*, éd. M. Simonin, Genève, Droz, 1985, p. 90.
2. *Recherches de la France*, VII, 6.

textes, des livres, qui leur apparaissent comme des trésors légués par l'histoire, est révélatrice du respect extasié pour les Anciens qui caractérise ce siècle : comme Pétrarque qui, deux cents ans plus tôt, confessait qu'il baisait son manuscrit de Virgile, Érasme avouait faire la même chose avec certaines éditions de Cicéron, et Machiavel, avant d'ouvrir les livres des Anciens, revêtait des habits de fête.

Et Montaigne?

Montaigne écrivain du XVIe siècle

On l'a vu : le titre, le genre, le ton, le sujet font des *Essais* un livre absolument nouveau. Il est donc tentant de se demander dans quelle mesure et par quels traits précisément Montaigne échappe à son époque. Mais il ne faut pas se méprendre : la liste de ses maîtres, de ceux à qui il se réfère constamment (Socrate, Platon, Plutarque, Sénèque, Tacite, Lucrèce, Ovide, etc.) montre à quel point l'auteur des *Essais* est un homme de la Renaissance. C'est d'autant plus évident que sa langue maternelle (même s'il ne la parle plus, même s'il se contente de la lire) est le latin, qu'il n'ignore pas le grec et qu'il connaît bien l'italien : cela apparaît nettement dans les *Essais* où, s'il mentionne la littérature (italienne et française) de son temps, il y fait des allusions beaucoup moins nombreuses qu'aux textes de l'Antiquité. Il s'agit donc bel et bien d'une culture humaniste. Montaigne est un lettré, et un grand lettré.

D'où provient la différence? Elle ne tient pas au répertoire des modèles, à la liste de ses connaissances : ce qu'a lu Montaigne n'est pas substantiellement différent de ce qu'ont lu les autres hommes instruits de son siècle. Elle tient à la manière dont il fréquente ces modèles, dont il se sert de ces connaissances. Montaigne ne se présente pas en imitateur. Il cite, il emprunte, il allègue constamment, mais « il entend que les citations, les exemples, les modèles à penser antiques soient pris pour des à-côtés, des rencontres heureuses mais nullement indispensables entre lui-même et quelques autorités [1] ». C'est là une perspective capitale, un dessein – comme toujours – très conscient et très délibéré chez lui, qu'il exprime à plusieurs reprises et notamment au début des *Essais*, dans le chapitre *De l'institution des enfants*, avec l'image célèbre de l'abeille qui fait son miel : « *Les abeilles pillotent deçà delà les fleurs, mais elles en font après le miel, qui est tout leur; ce n'est plus thym ni marjolaine; ainsi les pièces empruntées d'autrui, il* [l'enfant, mais aussi bien l'écrivain] *les transformera et confondra pour en faire un ouvrage tout sien, à savoir son jugement* » (I, 26; 152). Au lieu de « *jugement* », lisez « livre » : Montaigne ne procède pas autrement lorsqu'il rédige les *Essais*.

Disons les choses d'une façon différente. Montaigne manifeste une grande connaissance des textes et une grande familiarité à l'égard des Anciens; il recourt constamment à leur pensée, à leur exemple, mais non moins constamment, il exprime avec une totale liberté sa critique et son jugement à leur endroit. Ainsi, à la fin du chapitre « *De l'expérience* », il n'hésite pas à émettre cette réserve sur le personnage qu'il admire sans doute le plus alors, Socrate : « *Rien ne m'est à digérer fâcheux en la vie de Socrate que ses extases et ses démoneries...* » (III, 13; 1115). C'est par cette indépendance de jugement qu'il se sépare le plus franchement de la plupart de ses contemporains. Certes, comme eux, il aime les livres mais il les lit d'abord pour son plaisir, en véritable « amateur » et sans docilité. « De même que la tradition a cessé, dans les *Essais*, d'être une autorité contraignante, le livre a cessé d'y être une sainte relique ou même un monument vénéré en bloc. Il devient l'égal du lecteur Montaigne, témoin de la richesse de l'humanité, certes, mais de plain-pied avec l'homme qui le lit. Et surtout, le livre ne remplace pas l'expérience personnelle [2]. »

1. H. Friedrich, ouvr. cit., p. 47.
2. *Ibid.*, p. 55.

Les emprunts

« *Mes emprunts* », « *mes larcins* » : c'est par ces mots que Montaigne parle de ce qu'il prend chez autrui. Jamais il n'utilise le terme « citation » (lequel, à l'époque, n'a guère que le sens juridique). Il emprunte, il « *allègue* », comme il dit encore, abondamment et visiblement, et le lecteur du XXᵉ siècle est quelquefois étonné de ce saupoudrage de phrases latines, en prose ou en vers, déposées dans le texte des *Essais*. Bien sûr, on peut toujours lire Montaigne en sautant les citations, mais on y perd [1]. Les citations ne sont pas dans les *Essais* de simples ornements : elles font partie du texte, elles correspondent à la volonté de l'auteur (et nombre d'entre elles ont été ajoutées à la relecture, après la première publication). Il ne s'agit en aucune manière d'un vestige de pédantisme mal digéré et exhibé par un débutant maladroit.

D'autre part, les citations ne sont pas les seuls emprunts de Montaigne. Il n'est pas rare qu'il se contente, au style indirect, de résumer, de rappeler un argument, un récit, une anecdote, soit pour illustrer sa pensée, soit pour commenter l'allusion, soit pour en faire le point de départ d'une nouvelle réflexion. A cela, il faut ajouter les simples réminiscences : nous désignons par ce mot la multitude de notations évoquant de façon plus ou moins précise le monde antique et aussi le monde moderne, lorsqu'il est difficile de dire si Montaigne, à leur propos, pense à un souvenir de lecture certain ou non. Ces réminiscences parsèment les *Essais* comme autant de pollens dont l'auteur a fait son miel.

Déclarés ou non, conscients ou non, situés ou non, les emprunts sont donc innombrables. Prenons l'exemple de

---

1. Et l'on peut d'ailleurs regretter les inerties éditoriales dans ce domaine aussi bien qu'à propos de l'orthographe : pourquoi les éditions des *Essais* destinées au grand public n'intègrent-elles pas dans le texte la traduction, voire la référence de toutes les citations, comme cela se fit quelquefois jadis ? – Les citations sont au nombre de 1 300 dans le dernier état des *Essais*.

quelques lignes, à la fin de l'œuvre, où Montaigne démontre la sagesse des hommes simples par opposition à l'irrésolution de ceux qui font profession de philosophie :

« (B) *Je ne vis jamais paysan de mes voisins entrer en cogitation de quelle contenance et assurance il passerait cette heure dernière. Nature lui apprend à ne songer à la mort que quand il se meurt. Et lors, il y a meilleure grâce qu'Aristote, lequel la mort presse doublement, et par elle et par une si longue prévoyance* [1]. *Pourtant* [2] *fut-ce l'opinion de César que la moins pourpensée* [3] *mort était la plus heureuse et la plus déchargée* [4]. » (C) « Plus dolet quam necesse est, qui ante dolet quam necesse est » [*C'est souffrir plus qu'il n'est nécessaire que de souffrir avant qu'il ne soit nécessaire.* Sénèque [5]]. *L'aigreur de cette imagination naît de notre curiosité...* » (III, 12 ; 1052.)

On y relève deux allusions explicites à Aristote et à César. La première peut venir de mille sources, la seconde (d'après Villey [6]) remonte à Suétone ou à Plutarque. La citation latine ajoutée après 1588 est de Sénèque mais, pas plus qu'à l'habitude, ce n'est Montaigne qui donne cette référence : il cite, sans autre précision. Soit dit en passant, la citation du maître stoïcien dans un contexte particulièrement contraire à la leçon stoïcienne ne manque pas de piquant : ce n'est pas le seul exemple de citation employée – sciemment – à contresens ou à contretemps chez Montaigne. Effet d'ironie supplémentaire, délibérément réservé au lecteur cultivé. Quelques pages plus loin, Montaigne écrit d'ailleurs :

« *Parmi tant d'emprunts, je suis bien aise d'en pouvoir dérober quelqu'un, les déguisant et déformant à* [7] *nouveau*

---

1. *Et par elle et par une si longue prévoyance :* et par le fait de mourir et par celui d'y avoir pensé si longtemps à l'avance.
2. *Pourtant :* pour cette raison.
3. *Pourpensée :* envisagée, prévue, faite objet de méditation.
4. *Déchargée :* légère.
5. Les citations de Sénèque dans nos extraits sont toutes tirées des *Lettres à Lucilius*.
6. Dans l'édition Villey-Saulnier des *Essais*.
7. *À :* pour un.

service. Au hasard que je laisse dire[1] *que c'est par faute d'avoir entendu leur naturel usage, je lui donne quelque particulière adresse*[2] *de ma main à ce qu'ils*[3] *en soient d'autant moins purement étrangers.* » (*Ibid.*; 1056.)

Suit le commentaire.

Le « mien » et l'« étranger »

Il y a d'autres emprunts plus indiscrets : des phrases, des pages entières non signalées[4]. Aujourd'hui on parlerait de plagiat. Au XVIᵉ siècle, on y pense d'autant moins que – une fois encore – le mot n'existe pas : il n'apparaîtra qu'au XVIIIᵉ siècle. Au demeurant, cela ne trouble nullement Montaigne qui parle globalement de ces emprunts dissimulés pour s'en justifier, non sans malice : « *J'ai à escient omis parfois d'en marquer l'auteur, pour tenir en bride la témérité de ces sentences*[5] *hâtives qui se jettent sur toutes sortes d'écrits* [...]. *Je veux qu'ils donnent une nasarde à Plutarque sur mon nez, et qu'ils s'échaudent à injurier Sénèque en moi. Il faut musser*[6] *ma faiblesse sous ces grands crédits*[7]. [...] *Mon terroir n'est aucunement capable d'aucunes*[8] *fleurs trop riches que j'y trouve semées et* [...] *tous les fruits de mon cru ne les sauraient payer* » (II, 10; 408). Autrement dit : j'emprunte ce que je ne saurais dire seul, au lecteur attentif de débusquer ce qui n'est pas de moi. En fait, par ce moyen, Montaigne mine l'autorité des modèles puisqu'il les met en position d'être mis à mal, sans préjudice de leur grandeur, au risque de « *recevoir une nasarde sur son nez* » ou d'être « *injuriés* » en lui.

Accordons-lui ce qu'il demande à tout lecteur : la liberté

---

1. *Au hasard que je laisse dire :* au risque de laisser dire.
2. *Particulière adresse :* orientation personnelle.
3. *A ce qu'ils :* afin qu'ils.
4. A la fin de l'« *Apologie de Raymond Sebond* » en particulier.
5. *La témérité de ces sentences :* la hardiesse de ces jugements.
6. *Musser :* cacher.
7. *Crédits :* autorités.
8. *Aucunes :* certaines.

d'esprit et l'absence de préjugé devant un texte. Débarrassons-nous du respect qu'inspire son nom : ce sera peut-être pour dire notre perplexité devant tant de désinvolture. Mais n'allons pas nous y tromper : ce que nous prenons pour de la désinvolture, n'est-ce pas plutôt le résultat d'une exacte appréciation de soi ? On lit cette phrase dans le chapitre « *De l'institution des enfants* » : « *A me reconnaître, au prix de ces gens-là, si faible et si chétif, si pesant et si endormi, je me fais pitié ou dédain à moi-même. Si me gratifié-je de ceci, que mes opinions ont cet honneur de rencontrer* [1] *souvent aux leurs* » (I, 26 ; 146). On retrouve la même idée que dans la citation précédente : ceux que Montaigne cite disent mieux que lui ce qui est déjà en lui et c'est sa propre idée, son propre jugement qu'il parvient à exprimer grâce à eux.

Mettons de côté ce qui est d'époque : le droit au plagiat, le goût pour le savoir des Anciens, pour l'ornemental (Montaigne sait qu'on lui reprochera d'avoir « *seulement fait* [...] *un amas de fleurs étrangères, n'y ayant fourni* [s]*ien que le filet à les lier* » (III, 12 ; 1055).) Le problème n'en reste pas moins posé, au centre de l'œuvre : comment concilier la volonté de se peindre et cette politique d'emprunts ? De cela, Montaigne s'explique lucidement : « *Certes j'ai donné à l'opinion publique que ces parements empruntés m'accompagnent. Mais je n'entends pas qu'ils me couvrent, et qu'ils me cachent : c'est le rebours de mon dessein, qui* [2] *ne veux faire montre que du mien et de ce qui est mien par nature; et si je m'en fusse cru, à tout hasard, j'eusse parlé tout fin seul* » (*ibid.*). Nous sommes là à la fin des *Essais* et l'argument n'est plus le même que dans les textes du début. C'est encore plus net si on lit la précision apportée à cet endroit par l'exemplaire de Bordeaux, qu'on peut comprendre comme un aveu : « *Je m'en charge de plus fort tous*

---

1. *Rencontrer :* s'accorder.
2. *Qui :* à moi qui.

les jours outre ma proposition[1] *et ma forme première, sur la fantaisie*[2] *du siècle et enhortements*[3] *d'autrui.* »

En somme, il s'agit d'une mode. Il faut plaire au public. On ne vit pas, on n'écrit pas contre son temps. Sans disposer du mot, Montaigne mesure les limites de l'originalité et, du même coup, celles de la liberté. Il sait que « *le mien* » n'est jamais pur et coexiste toujours avec « *l'étranger* ». N'est-ce pas ce que viennent de découvrir nos modernes critiques avec l'« intertexte » et le « dialogisme » ? En bon français, Montaigne dit la même chose et le dit mieux. Il va plus loin : il pratique et analyse les découvertes qu'il énonce. Nul moins que lui ne demande au lecteur d'être dupe, bien au contraire : « *J'aimerais quelqu'un qui me sache déplumer* » (II, 10 ; 408). « On trouve encore, sous sa plume, toute une série d'arguments qui justifient la coexistence, dans les *Essais*, du " mien " et de " l'estranger ". A travers ces arguments, Montaigne reprend possession de lui-même non plus *a posteriori*, à partir de l'observation rétrospective, mais en revendiquant l'originalité *première* de son projet, ou en justifiant l'emprunt, la " marqueterie ", comme des procédés parfaitement compatibles avec l'*invention* personnelle. Ces justifications sont de divers types, et leur diversité montre bien l'importance que Montaigne attache à la thèse qu'il veut défendre : la compatibilité de l'emprunt avec une réelle autonomie du discours, la possibilité d'une coexistence de la parole propre avec une parole étrangère qui ne lui porterait aucun préjudice[4]. »

La langue de l'enfance

Le jeu entre « le mien » et « l'étranger » est décrit par Jean Starobinski dans son *Montaigne en mouvement* comme

---

1. *Outre ma proposition :* au-delà de mon dessein.
2. *Sur la fantaisie :* selon le goût.
3. *Enhortements :* exhortations.
4. J. Starobinski, *Montaigne en mouvement*, p. 136. Souligné par l'auteur.

un trait caractéristique des *Essais*, non seulement parce que Montaigne n'y avoue ses dettes que pour mieux s'en proclamer libéré, mais parce qu'au total, il réussit à s'approprier totalement ses emprunts.

D'autre part, sauf erreur, J. Starobinski est le premier critique qui ait eu l'idée de rapprocher cette pratique de l'emprunt et les conditions très particulières de l'apprentissage linguistique de Montaigne.

On se rappelle que celui-ci eut le latin pour langue maternelle. Ce n'est qu'à partir de six ans qu'il apprit le français, en allant au collège. Et dès lors, il perdit l'usage du latin mais cette langue n'en resta pas moins celle de ses premiers apprentissages :

« (B) *Le langage latin m'est comme naturel, je l'entends mieux que le français, mais il y a quarante ans que je ne m'en suis du tout point*[1] *servi à parler ni à écrire : si est-ce*[2] *qu'à des extrêmes et soudaines émotions*[3] *où je suis tombé deux ou trois fois en ma vie, et l'une, voyant mon père tout sain se renverser sur moi, pâmé, j'ai toujours élancé*[4] *du fond des entrailles les premières paroles latines :* (C) *Nature se sourdant*[5] *et s'exprimant à force*[6]*, à l'encontre d'un long usage.* » (III, 2 ; 810)

Ceux de ses souvenirs d'enfance qui se rapportent au latin lui demeurent chers; au collège, qu'il n'aime guère, c'est en latin, par la lecture, qu'il se distrait : « *Le premier goût que j'eus aux livres, il me vint du plaisir des fables*[7] *de la* Métamorphose *d'Ovide. Car, environ l'âge de sept ou huit ans, je me dérobais de tout autre plaisir pour les lire* » (I, 26 ; 175). D'autre part, Montaigne dit combien il avait peu de goût, même enfant, pour les livres qui charmaient alors bon nombre de lecteurs, jeunes et moins jeunes : « *Car des*

---

1. *Du tout point* : pas du tout.
2. *Si est-ce que* : et pourtant.
3. *Émotions* : agitations.
4. *Élancé* : lancé.
5. *Se sourdant* : se glissant, s'échappant.
6. *A force* : avec force.
7. *Fables* : récits mythologiques.

Lancelots du Lac, des Amadis, des Huons de Bordeaux, et tel
fatras de livres à quoi l'enfance s'amuse, je n'en connaissais
pas seulement le nom, ni ne fais encore le corps... (Ibid.)

A ce propos, Jean Starobinski attire l'attention sur la
parenté qui existe entre les thèmes de légendes chevaleres-
ques alors à la mode (voir *Don Quichotte*) et le merveilleux
mythologique que développe la fable ovidienne et dont
s'enchantait l'enfance de Montaigne. Outre les plaisirs de
l'imagination, Ovide lui apportait non seulement la culture
humaniste que ses régents entendaient lui inculquer mais
la joie de retrouver la langue de sa petite enfance : le latin.
Et plus tard, toujours au collège, l'un des plaisirs de son
adolescence fut de jouer ces pièces latines au moyen
desquelles on éduquait alors les jeunes gens : « ... *avant*
l'âge,

Alter ab undecimo tum me vix ceperat annus
[*A peine avais-je alors atteint ma douzième année.*

Virgile *Bucoliques*]

j'ai soutenu les premiers personnages ès tragédies latines de
Buchanan, de Guérente et de Muret[1], *qui se représentèrent en*
notre collège de Guyenne avec dignité » (*ibid.* ; 176). Plaisir
du jeu, de la simulation et du masque, mais aussi, observe
Starobinski, « tout en se faisant autre, le bonheur de se
retrouver *dans son élément* : se quitter et se rejoindre tout
ensemble. Jouer un personnage et y retrouver son
latin »[2].

D'où cette autre remarque fort pénétrante que plus tard,
lorsqu'il rédigeait les *Essais* – premier livre, a-t-on dit, « à
exprimer *exclusivement* en langue vulgaire une pensée
importante et originale »[3] –, Montaigne puisa chez les
Anciens, mais dans leur langue qui était aussi la sienne, en
recourant ainsi « à un matériau étranger, mais sans quitter

1. Humanistes célèbres qui avaient été les professeurs de Montaigne au collège de
Guyenne.
2. Ouvr. cit., p. 147.
3. H. Friedrich, ouvr. cit., p. 33.

pour autant un domaine, une zone d'expérience intimes qu'il pouvait considérer comme *siens* : " *Je ne dis les autres, sinon pour d'autant mieux me dire* " (I, 26; 148) » [1].

Être entendu

Les autres, moi. Dans un texte de 1588, on lit cette phrase : « *La parole est moitié à celui qui parle, moitié à celui qui l'écoute* » (III, 13; 1088) : moi, l'autre. Jamais, dans les *Essais*, Montaigne ne perd de vue celui à qui il s'adresse, à qui il pourrait s'adresser, à qui il aimerait s'adresser. Dans un article célèbre, le linguiste Émile Benvéniste avait montré que les trois personnes de la conjugaison ne se situent pas sur le même plan; la première et la deuxième se répondent, et la seconde postule la première (comment concevoir qu'on puisse dire *tu* sans un *je* pour le penser?) [2], alors que la troisième désigne l'autre, l'absent, celui qui se trouve hors du dialogue. Montaigne, toujours parlant, suppose non moins constamment la présence de l'auditeur, du lecteur; chez lui, la première personne postule la deuxième : à qui *je* écrirait-il s'il n'y avait pas un *tu* pour l'écouter? Jamais livre n'a été moins enfermé en lui-même. Certes, tout livre publié suppose un lecteur mais il n'est pas rare que celui-ci soit hors du jeu, comme le spectateur devant la scène du théâtre classique : à la troisième personne. Dans les *Essais,* le lecteur monte sur l'estrade, à côté de l'auteur-acteur.

Comment ce lecteur lit-il Montaigne? comment l'entend-il?

L'évolution de Montaigne : Pierre Villey

Le singulier est sans doute abusif : il n'y a pas *un* lecteur de Montaigne, mais d'innombrables, et chacun propose sa

---

1. J. Starobinski, ouvr. cit., p. 148.
2. « Structure des relations de personnes dans le verbe », in *Problèmes de linguistique générale*, Paris, Gallimard, 1966, pp. 225-236.

lecture des *Essais*. De ces lectures, nous ne mentionnerons ici que quelques-unes des plus importantes au XXᵉ siècle : ce qui nous intéresse au premier chef, pour l'instant, c'est Montaigne parmi nous.

A tout seigneur tout honneur. Nous commencerons par Pierre Villey dont les recherches, au tournant du XXᵉ siècle, ont fondé la critique montaigniste moderne. Il explique lui-même, dans la préface de sa thèse, *Les Sources et l'évolution des Essais de Montaigne*, parue en 1908, qu'« il y avait lieu [...] d'appliquer à l'étude des *Essais* cette méthode historique qui faisait chaque jour des progrès, de suivre pas à pas le travail de Montaigne et de se demander si l'on ne pourrait pas retrouver une évolution dans la pensée du philosophe et dans la manière de l'artiste » [1]. L'audience des travaux de Villey a été considérable – on est tenté de penser : excessive. Simplifiée, disons même « normalisée » par la tradition scolaire, cette thèse a nourri, plus ou moins bien, plus ou moins mal, une image de Montaigne qui est devenue peu à peu un stéréotype académique et qu'on a administrée à des générations d'écoliers.

Rappelons de quoi il s'agit. Premier point : Montaigne, au début des *Essais*, ne s'est pas encore trouvé et les premiers chapitres de son livre sont peu intéressants; il met progressivement au point sa méthode et découvre son sujet; c'est alors le Montaigne des derniers *Essais* de 1580 et celui de 1588, non seulement le meilleur mais le vrai Montaigne : « maître de sa méthode, c'est l'homme en général qu'il peint en lui-même » [2]. Puis vient la dernière couche du texte, les ajouts posthumes que Villey n'apprécie pas sans réserve : Montaigne en fait trop et « c'est un peu, sans qu'il l'ait voulu, un retour à la manière livresque du début » [3]. Voilà pour la qualité littéraire et morale – celle-ci toujours sentie comme essentielle – du livre.

---

1. Pp. VII-VIII.
2. *Les Essais de Michel de Montaigne*, p. 106. (Dans ce petit volume, Villey présentait une synthèse de ses recherches sur les *Essais*.).
3. *Ibid.*, p. 111.

Quant à sa signification, elle évolue au moins autant. Le « premier » Montaigne se laisse d'abord entraîner par plusieurs modes : celle de composer des chapitres courts, celle de l'imitation, celle des commentaires – des « gloses » comme on dit encore – et aussi par l'influence du stoïcisme – prestige de Sénèque, de Caton d'Utique. Dans un second temps, vers les années 1576-1577 où Montaigne fait frapper sa médaille pyrrhonienne et où il écrit l'« *Apologie de Raymond Sebond* », c'est ce que Villey appelle « la crise sceptique » : en gros, celle-ci couvre le second livre des *Essais*. Puis, se libérant peu à peu de ces influences étrangères, Montaigne se découvre lui-même : il pratique alors une philosophie et une morale de la nature, et il enseigne à rester lucide, à se soumettre à l'expérience, à accepter la vie telle qu'elle est.

Cette trilogie stoïcisme-scepticisme-naturalisme (on dit parfois, improprement, pour cette dernière phase : épicurisme) frôle la caricature et Villey était trop bon connaisseur de Montaigne pour simplifier ainsi les choses. Mieux que personne, il savait que jamais Montaigne n'avait été, au fond de lui-même, un stoïcien bon teint – non plus d'ailleurs que Sénèque, fort éclectique à ses heures. Néanmoins, même présentée de façon si schématique, l'analyse de Villey rencontrait l'approbation de bien de lecteurs de Montaigne. D'une certaine manière, cette façon de voir ne datait d'ailleurs pas du XXe siècle : dès la fin du XVIe, un néo-stoïcien déclaré comme Guillaume du Vair, en exprimant le point de vue de la plupart de ses contemporains, réduit toute la morale à deux écoles : la stoïcienne et la naturaliste [1]. En somme, remarquait Villey, Montaigne est passé de l'une à l'autre. Et Lanson allait dans le même sens lorsqu'il écrivait que, tandis que la philosophie de Montaigne en 1572 était une philosophie de la mort, en 1588 l'auteur des *Essais* professe une philosophie de la vie [2].

---

1. *Ibid.*, p. 112.
2. *Ibid.*, pp. 124-125. (Voir G. Lanson, *Les Essais de Montaigne*, Paris, Mellottée, s.d. [1930], p. 189.)

Montaigne et la mort

Rien de tout cela n'était faux ni gratuit et l'on imagine que ni Lanson ni Villey ne manquaient d'arguments. Rappelons par exemple la façon dont Montaigne parle de la mort dans le premier et dans le IIIᵉ livre des *Essais*. Le chapitre 20 du premier livre s'intitule – un peu pompeusement – « *Que philosopher, c'est apprendre à mourir* » : la phrase est de Cicéron et l'essai développe effectivement des considérations tout inspirées par le stoïcisme. En substance : la mort nous effraie et pourtant elle est inévitable; le sage doit maîtriser ses passions, donc sa peur de la mort; pour y réussir, un seul moyen : « *apprivoiser* » la mort en s'y habituant afin de maîtriser la frayeur qu'elle inspire :

« *Le but de notre carrière, c'est la mort, c'est l'objet nécessaire de notre visée : si elle nous effraye, comme* [1] *est-il possible d'aller un pas en avant sans fièvre? Le remède du vulgaire* [2], *c'est de n'y penser pas. Mais de quelle brutale* [3] *stupidité lui peut venir un si grossier aveuglement?* » (I, 20; 84).

Certes, le stoïcisme de Montaigne n'a pas toujours la superbe résonance de l'airain : « *Si c'était ennemi qui se pût éviter, je conseillerais d'emprunter les armes de la couardise* » (*ibid.*; 86). On a l'impression de ne pas trahir Montaigne en écrivant que, puisqu'il n'y a pas moyen de faire autrement, il faut se résigner au stoïcisme :

« *Il est incertain où la mort nous attende, attendons-la partout. La préméditation de la mort est préméditation de la liberté. Qui a appris à mourir, il a désappris à servir. Le savoir-mourir nous affranchit de toute sujétion et contrainte.* » (*Ibid.*; 87.)

La différence est frappante entre ces premières réflexions (qui datent toutes de 1580) et ce qu'il écrira à la

---

1. *Comme* : comment.
2. *Du vulgaire* : de la foule.
3. *Brutale* : bestiale.

fin de son livre, lorsqu'il se sera avisé qu'on n'apprivoise pas par l'effet de la volonté une réalité corporelle dont on ne sait rien, que dans ce domaine l'expérience par l'imagination est un leurre et que la sagesse, c'est tout au contraire l'« *incuriosité* » dont les gens simples, et non les philosophes, donnent l'exemple : « *Nous troublons la vie par le soin de la mort, et la mort par le soin de la vie.* [...] *Ce n'est pas contre la mort que nous nous préparons; c'est chose trop momentanée.* [...] *A dire vrai, nous nous préparons contre les préparations de la mort.* [...] *Mais il m'est avis que c'est bien le bout, non pourtant* [1] *le but de la vie; c'est sa fin, son extrémité, non pourtant son objet. Elle doit être elle-même à soi sa visée, son dessein* » (III, 12; 1051-1052).

Incontestablement le changement est radical. Villey n'a pas tort.

Une progression en trois temps

Et de fait, il est curieux de constater qu'après Villey, nombre de critiques – et des plus grands – distinguent dans les *Essais* une évolution ou pour le moins une répartition en plusieurs paliers, généralement trois, même si leurs analyses sont différentes. Dans une page parue récemment sur le renouvellement de la critique montaignienne ces dernières années, on observait que même ceux qui récusent aujourd'hui le plus radicalement Villey et la critique d'idées semblent toujours aboutir à ce mouvement ternaire, ressuscitant peut-être ainsi « sous une autre forme, la division contestée des *Essais* selon trois temps : chapitres exemplaires, chapitres moraux, chapitres personnels, ou bien, si l'on applique ce processus à l'homme, la triple succession du stoïcisme, du scepticisme et de l'épicurisme » [2].

1. *Pourtant* : pour autant, pour cette raison.
2. Frank Lestringant, compte rendu de l'article d'Antoine Compagnon, « Montaigne chez les postmodernes » (in *Critique*, n° 433-434), paru dans *Bulletin de la Société des Amis de Montaigne*, 6ᵉ série, n° 13-14, 1983, p. 117.

Partant d'un thème, d'une attitude, d'un style, ils constatent une première remise en cause des démarches du
début puis une réflexion à partir de cette remise en cause
pour arriver enfin à la maîtrise des problèmes irrésolus
jusqu'alors.

Voyons Hugo Friedrich, auteur du plus grand livre,
peut-être, paru sur l'auteur des *Essais* : il passe d'un
chapitre intitulé « L'homme humilié » au suivant dont le
titre est « L'acceptation de l'homme » puis – dernier temps
– c'est un nouveau chapitre : « Le moi ».

Plus récemment, dans un article qui a fait date, « L'Histoire comme Exemple, l'Exemple comme Histoire »[1],
Karlheinz Stierle montrait Montaigne partant de la valeur
exemplaire de l'Histoire au XVIe siècle et constatant l'impossibilité d'en tirer aucun enseignement avant de découvrir que « ce qui rend l'histoire impossible rend l'essai
possible »[2] : l'Histoire, en effet, se conçoit dans un temps
continu (c'est du moment présent que l'historien considère
le passé, de même que l'autobiographe écrit sa vie en
fonction du moment où il écrit et qu'il considère comme le
temps du bilan) alors que Montaigne comprend peu à peu
qu'il n'est de temps que discontinu : « *Je ne peins pas l'être.
Je peins le passage* » (III, 2 ; 805). Pas d'Histoire, pas
d'autobiographie possibles dans ces conditions. S'il n'y a
plus de moment privilégié, comment, par rapport à quel
point fixe, à quel critère, concevoir une Histoire cohérente,
un portrait immobile ou une autobiographie suivie ?

Le point de vue est radicalement différent de celui de
Villey aussi bien que de celui de Friedrich. La notion d'un
changement progressif – ne parlons plus d'évolution – n'en
est pas moins là, au cœur même de l'analyse.

Quant à Jean Starobinski, dans son livre *Montaigne en
mouvement*, il part du refus des apparences chez Montaigne : « Que va découvrir celui qui a dénoncé autour de lui

1. In *Poétique*, n° 10, 1972 ; sur Montaigne : pp. 190-198. (Trad. fr.).
2. *Ibid.*, p. 297.

l'artifice et le déguisement? Lui est-il permis d'accéder à l'être, à la vérité, à l'identité, au nom desquels il jugeait insatisfaisant le monde masqué dont il a pris congé [1]? » Le critique explique alors que « le *mouvement* que cette étude s'efforce de retracer est celui qui, prenant naissance dans cette question, rencontre le paradoxe et ne peut dès lors trouver facilement le repos. [...] Faute de pouvoir rejoindre l'être, Montaigne reconnaît la légitimité de l'apparence » [2]. C'est dans ce refus, aboutissant à l'acceptation sceptique des apparences, que se trouve, selon Starobinski, l'une des articulations essentielles de la pensée de Montaigne.

Rythme ternaire, une fois encore, qu'on retrouve en plusieurs endroits de cette analyse. Nous avons cité le passage où sont étudiés les emprunts de Montaigne (p. 176); Starobinski y résume fort clairement son point de vue : « Trois moments, dans la " relation à autrui ", nous sont apparus successivement; nommons-les, de façon schématique, en reprenant les termes auxquels nous avons déjà souvent recouru : 1) la dépendance irraisonnée; 2) le refus autarcique; 3) la relation maîtrisée. N'allons pas croire que ces moments marquent nécessairement, dans la vie de Montaigne, des phases distinctes. Ils désignent une succession logique et non pas un ordre chronologique. A plus proche examen, nous verrions cette " dialectique " gouverner maints aspects de l'expérience de Montaigne [3]. » Et le critique appuie sa remarque sur le récit que Montaigne lui-même fait de sa relation avec sa « *boîte* » (voir plus haut, p. 151) : trois temps, où l'auteur du *Montaigne en mouvement* retrouve le rythme qu'il a observé dans le comportement de Montaigne envers ses « *larcins* ».

1. Ouvr. cit., p. 7.
2. *Ibid.*, p. 8.
3. *Ibid.*, pp. 148-149.

L'ordre des Essais

En commençant ce chapitre, nous remarquions le désordre et la liberté surprenante des *Essais*. Réflexion banale : il n'est pas un lecteur du livre qui n'ait fait cette constatation même si tous n'approuvent pas la désinvolture de Montaigne. En fait, on se trouve devant deux attitudes critiques : il y a ceux qui introduisent un principe d'ordre dans leur lecture des *Essais* afin de mieux cerner les idées, les thèmes, la philosophie, la morale de Montaigne, et il y a ceux qui s'y refusent. Sans remonter une fois de plus à Villey, on peut prendre comme représentant de la première attitude Michel Butor et ses *Essais sur les Essais*, comme représentant de la seconde Jean-Yves Pouilloux et son *Lire les Essais de Montaigne*. Ces deux livres ont fait date dans l'histoire récente de la critique montaignienne. Le premier parut en 1968, le second en 1970.

Butor part de l'idée qu'à l'origine des *Essais*, il y eut le souvenir de l'ami perdu, La Boétie. Il observe que le premier livre, composé de 57 chapitres, inscrit en son milieu le vingt-neuvième, initialement prévu comme lieu de la publication du *Discours de la Servitude volontaire*, le seul des écrits de La Boétie que Montaigne n'avait pas publié en 1571. Mais ce texte fut entre-temps « piraté » par les protestants et Montaigne le remplaça par vingt-neuf sonnets de son ami qui, jusqu'en 1588, constituent le contenu de ce vingt-neuvième chapitre. Vingt-neuf chapitres, vingt-neuf sonnets : on peut rêver sur les chiffres, en effet ! Or, par une singulière ironie de l'histoire, tous les sonnets se voient supprimés sur l'exemplaire de Bordeaux (et dans l'édition de 1595) avec, pour toute explication, cette seule note : « *Ces vers se voient ailleurs.* » Autrement dit, ce que laisse définitivement Montaigne au cœur de son premier livre, c'est une place vide.

Nouvelle construction symétrique pour le IIᵉ livre composé de trente-sept chapitres : il s'organise autour du dix-neuvième, le chapitre central consacré à Julien l'Apostat. Etc. Nous n'entrerons pas dans le détail de ces démonstrations à la fois stimulantes et discutables (au cœur du IIe livre, ne trouve-t-on pas plutôt l'« *Apologie* » que l'Apostat?), qui finalement décrivent toute l'entreprise des *Essais* comme une quête quasiment ininterrompue du mort : « Le personnage central du premier livre était La Boétie, l'ami perdu, celui du second Montaigne lui-même. Qui viendra donc dans le troisième? Un autre ami, non plus l'ami passé mais un ami futur qui remplira la place prête pour lui. C'est un appel quasi désespéré que lancent les *Essais* dans leur avant-dernière version : [...] *Si* [...] *je savais quelqu'un qui me fût propre, certes je l'irais trouver bien loin* [1]... »

D'autre part, pour Butor, la méthode des *Essais* est celle de « l'encadrement maniériste » [2], décrite d'après les mots de Montaigne lui-même dans le chapitre « *De l'amitié* » (qui précède le vingt-neuvième dans le premier livre) :

« *Considérant la conduite de la besogne d'un peintre que j'ai, il m'a pris envie de l'ensuivre. Il choisit le plus bel endroit et milieu de chaque paroi pour y loger un tableau élaboré de toute sa suffisance* [3]; *et, le vide tout autour, il le remplit de grotesques, qui sont peinture fantasque, n'ayant grâce qu'en la variété et étrangeté. Que sont-ce ici aussi, à la vérité, que grotesques et corps monstrueux, rapiécés de divers membres, sans certaine figure* [4], *n'ayant ordre, suite ni proportion que fortuite* [5]? » (I, 28; 183).

Le centre de cet encadrement, interprète Butor, c'est l'œuvre de La Boétie, le *Discours* qui devait trouver sa place au vingt-neuvième chapitre.

L'argument est intéressant, mais non irréfutable. Non seulement le *Discours* ne fut jamais publié dans les *Essais*, mais finalement le vingt-neuvième chapitre est vide! Une

---

1. Ouvr. cit., p. 214.
2. *Ibid.*, p. 66.
3. *Suffisance* : habileté.
4. *Sans certaine figure* : sans forme déterminée.
5. *Fortuite* : due au hasard.

fois encore – rassurons le lecteur! – chacun demeure donc libre de son interprétation des *Essais*.

Le désordre des Essais.

Quant au livre de Jean-Yves Pouilloux, *Lire les Essais de Montaigne*, il s'inscrit en faux contre l'interprétation moralisante encore traditionnelle : « Livre de vie, livre de sagesse, a-t-on coutume de dire. [...] Il a historiquement servi à formuler des règles d'éducation pour plusieurs générations, pièce devenue essentielle à la morale laïque, l'un des piliers de l'enseignement secondaire [1]. »

On reconnaît dans le type de lecture ici dénoncé la mise en ordre opérée par Villey, voire Friedrich, et d'autres, pour qui il s'agit toujours, par remembrements et synthèses, de reconstituer la pensée de Montaigne et de la situer dans l'histoire des idées. Cette tradition ne remonte pas seulement au XXe siècle. Dès le début du XVIIe, en 1601, l'un des proches disciples de Montaigne, Pierre Charron, avait donné des *Essais* une sorte de *re-make* intitulé *De la Sagesse* : celui-ci se voulait avant tout un héritage et il a longtemps (jusqu'au début du XIXe siècle) été considéré par de nombreux lecteurs comme la mise en ordre des *Essais*, dans l'idée « que le désordre des *Essais* est imputable à la maladresse, à la négligence, à l'excès de liberté. Mettre en ordre, c'est donner le même sous un autre jour » [2].

C'est tout cela que le livre de Pouilloux remet en question, examinant sans excès d'indulgence plusieurs interprétations critiques de Montaigne intéressantes, voire prestigieuses (Sayce, Étiemble, etc.), mais déplorant que les analystes s'entêtent à lire les *Essais* plus pour ce qu'ils veulent dire que pour ce qu'ils disent et comme ils le

---

1. Ouvr. cit., « Prière d'insérer » (p. 4 de la jaquette). Rappelons que ce texte date de 1970.
2. *Ibid.*, p. 47.

disent. En fait, assure Pouilloux, le désordre fait partie intégrante de l'œuvre et Montaigne avait d'ailleurs pris la peine de le dire explicitement, à plusieurs reprises :

« *Cette farcissure est un peu hors de mon thème. Je m'égare, mais plutôt par licence que par mégarde. Mes fantaisies se suivent, mais parfois c'est de loin, et se regardent, mais d'une vue oblique. [...] Je vais au change, indiscrètement* [1] *et tumultuairement. Mon style et mon esprit vont vagabondant de même* » (III, 9; 994).

Le mérite incontestable du livre de Jean-Yves Pouilloux est d'avoir posé avec une parfaite clarté cette exigence désormais acquise, qu'il faut considérer le désordre de Montaigne comme une donnée fondamentale de son livre : « Ces lectures [celles des tenants de l'ordre des *Essais*] se refusent à tenir compte du désordre en tant que tel; elles escamotent, sans doute malgré elles, une innovation fondamentale de Montaigne lui-même, cette innovation intellectuelle, philosophique, qui lui rend tous sujets possibles, toute opinion soutenable, toute beauté saisissable, parce qu'il s'est assigné un objet radicalement différent, parce que les *Essais* sont parvenus à *déplacer toute question*, y compris celle de leur fin. A ce déplacement tient la différence radicale des *Essais* avec tant d'autres traités de leur temps [2]. » La question philosophique que posent les *Essais* « ne doit pas avoir pour conséquence de renverser le désordre en ordre caché, de le retourner, mais au contraire de le constituer comme élément d'une production littéraire et philosophique » [3].

C'est dire que cette analyse débouche sur un problème majeur dans les *Essais* : celui de la connaissance.

---

1. *Indiscrètement* : sans effort de discernement.
2. *Ibid.*, p. 59.
3. *Ibid.*, pp. 59-60.

4

« Que sais-je ? »

Le plus long des chapitres

Le problème de la connaissance est au cœur de la réflexion de Montaigne. La devise et l'emblème qu'il s'était choisis sur la médaille pyrrhonienne de 1576, « Que sais-je ? » et la balance, en témoignent assez, même s'ils ne signalent, à en croire certains [1], qu'un moment de crise. C'est vers cette époque que l'auteur des *Essais* rédigeait la plus grande partie de son « *Apologie de Raymond Sebond* ». Dans sa biographie de Montaigne, Donald Frame note que l'« *Apologie* » occupait presque le quart de l'édition tout entière dans sa première version, celle de 1580, et, dans celle de l'exemplaire de Bordeaux, la plus développée, le chapitre est trois fois plus long que le plus long des autres [2].

Mais l'importance de l'« *Apologie* » ne tient pas essentiellement à son ampleur; elle tient à la richesse de son contenu, qui exprime de la façon la plus approfondie le scepticisme de Montaigne.

---

1. Pierre Villey en particulier.
2. P. 162.

Les circonstances

Ce scepticisme ne saurait se comprendre hors des circonstances qui l'entourent. Le dernier quart du XVIᵉ siècle voit l'aboutissement de deux des grands courants qui ont marqué la Renaissance : l'humanisme et la Réforme.

Le premier reste superbe chez les meilleurs de ses représentants qui, désormais, sont souvent de grands bourgeois, magistrats, vivant « noblement » à la manière de Montaigne, hommes cultivés, intègres, mêlés à la politique et chargés dans le pays de dire le droit [1] : beaucoup s'illustrent dans les lettres et l'on peut citer pêle-mêle des noms comme L'Hôpital, Pibrac, Pasquier, Du Vair, De Thou, etc [2]. Mais d'autres, restés obscurs dans la mémoire de la postérité, sont décrits sans indulgence dans les *Essais* (et ailleurs) comme des imposteurs en matière d'humanisme, voire comme des « *âmettes* [3] *naines et chétives* » qui « *s'en vont embabouinant* » (III, 10 ; 1022). Cependant tous, en tant que magistrats, possèdent aussi un pouvoir redoutable, celui de déclarer la vérité d'une cause, voire de disposer de la vie de leurs semblables. Montaigne a souvent dit sa défiance à l'égard du dogmatisme balourd des tribunaux et des parlements qu'il a fréquentés professionnellement pendant treize ans lorsqu'il était lui-même magistrat : « C'est là que son esprit aux aguets, devant les réseaux du savoir, des documents et des faits, a pu découvrir les rudiments d'une logique de l'incertitude propre à l'affranchir des routines de la glose traditionnelle » (A. Tournon [4]).

Autre source contemporaine du scepticisme de Montaigne : le dégoût que lui inspirait le « dogmatisme dangereux qui avait provoqué les guerres de religion [5] ».

Les conséquences en sont multiples. D'une part, Mon-

---

1. Voir plus haut, p. 16.
2. Voir M. Fumaroli, *L'Age de l'éloquence* et G. Huppert, *Bourgeois et gentilshommes.*
3. *Amettes :* diminutif de dépréciation, faut-il le dire ?
4. *Montaigne. La glose et l'essai*, p. 163.
5. A. Thibaudet, *Montaigne*, p. 273.

taigne exècre de plus en plus profondément l'infatuation qui crée le fanatisme de certains et qui encourage chez d'autres le mensonge : « *Je suis dégoûté de la nouvelleté, quelque visage qu'elle porte, et ai raison* [1], *car j'en ai vu des effets très dommageables* » (I, 23 ; 119), écrit-il dans un ajout de 1588 à un chapitre du premier livre ; et, dans un passage de l'« *Apologie* » datant de 1580, cette remarque amèrement lucide : « *Confessons la vérité : qui trierait de l'armée, même légitime et moyenne, ceux qui y marchent par le seul zèle d'une affection religieuse, et encore ceux qui regardent seulement la protection des lois de leur pays au service du Prince, il n'en saurait bâtir une compagnie de gendarmes complète* » (II, 12 ; 443) [2].

De plus, l'intolérance religieuse impose une prudence dans les termes à laquelle Montaigne fait allusion. « A une époque où la liberté manque, l'expression de la pensée devient spontanément allusive et ambiguë ; on compte sur un lecteur qui sait comprendre à demi-mot, parce qu'il s'exprime de la même façon sous la pression des mêmes circonstances. " ... *A l'aventure ai-je quelque obligation particulière à ne dire qu'à demi, à dire confusément, à dire discordamment* ", lit-on dans le chapitre *De la vanité* » (M. Baraz [3]). Cela ne facilite pas l'interprétation des *Essais*. Toutefois, cette prudence n'est jamais telle qu'elle déforme la pensée de Montaigne. Jamais il n'écrit contre ses convictions et il se sert même de l'expression restreinte, sinon contrainte, que lui imposent les événements pour suggérer une hardiesse d'autant plus remarquable. « La nature spécifique de l'œuvre de Montaigne ne consiste pas à suggérer des transgressions prudemment endiguées, mais à proposer la transgression et en même temps la destruction des digues elles-mêmes », écrit Fausta Garavini dans un article significativement intitulé « Les structures de la

---

1. *Ai raison* : j'ai mes raisons, j'ai de bonnes raisons.
2. Toutes les citations de ce chapitre, sauf précision contraire, sont extraites de l'« *Apologie* » (II, 12).
3. *L'Être et la connaissance selon Montaigne*, p. 91. Citation de Montaigne : III, 9 ; 996.

prudence destructrice » [1]. C'est cette prudence destructrice
– subversive – qui parcourt l' « *Apologie* » et qui colore le
scepticisme de Montaigne.

Une apologie paradoxale

Le titre de l' « *Apologie de Raymond Sebond* » étonne
depuis quatre siècles. Mieux que personne, Montaigne
connaissait les idées et l'œuvre du théologien espagnol et à
coup sûr il les avait appréciées. Il n'empêche que, selon la
quasi-totalité des commentateurs [2], cette apologie est considérée comme paradoxale. Qui dit « apologie » dit éloge,
défense. Or, que fait Montaigne ? Il commence, certes, par
jouer le jeu qu'il annonce en justifiant Sebond contre deux
catégories d'objections (après avoir rappelé comment il en
est venu à traduire la *Théologie naturelle* [3]).

La première est qu'on ne peut défendre la foi par des
arguments humains. Réponse de Montaigne : à cela, seul
un théologien saurait que dire. Il est vrai que rien n'est
possible à l'homme sans l'aide de la grâce divine (on
reconnaît ici l'influence de saint Augustin, essentielle dans
une grande partie de l' « *Apologie* »), mais un chrétien
devrait chercher dans le monde les marques de la divinité
qu'y a déposées Dieu, et les arguments de Sebond pourraient l'y aider. Montaigne précise même : « *Je sais un
homme d'autorité, nourri aux lettres, qui m'a confessé avoir
été ramené des erreurs de la mécréance par l'entremise des
arguments de Sebond* » (II, 12; 447).

La seconde est que les arguments de Sebond sont
« *faibles et ineptes* ». Réponse de Montaigne : ceux qui
disent cela sont bien orgueilleux. Aucun homme ne
pourrait mieux faire puisqu'il est impossible à l'esprit
humain d'accéder aux mystères divins par ses seules

---

1. In *Itinerari a Montaigne*, p. 92 (traduit de l'italien).
2. A l'exception de Robert Aulotte, qui juge l' « *Apologie* » loyale à Sebond (*Montaigne.
Apologie de Raymond Sebond*, p. 155).
3. Voir plus haut, pp. 99-100.

ressources : « *Le moyen que je prends pour rabattre cette frénésie et qui me semble le plus propre, c'est de froisser et fouler aux pieds l'orgueil et humaine fierté; leur faire sentir l'inanité, la vanité et dénéantise* [1] *de l'homme; leur arracher des poings les chétives armes de leur raison; leur faire baisser la tête et mordre la terre sous l'autorité et révérence de la majesté divine* » (II, 12; 448).

Ce texte date de l'édition de 1580. Nous en sommes là, encore, à l'apologie proprement dite et aux premières pages du chapitre. Mais elles sont aussi peu convaincantes comme défense de Sebond et comme réfutation des objections qu'on lui oppose (et qu'elles reprennent autant et plus qu'elles ne les détruisent) qu'elles sont intéressantes comme développement de la pensée personnelle de Montaigne. Dès ce moment, l' « *Apologie* » cesse de mériter son titre : plus que paradoxale, elle se dénie et devient tout autre chose qu'une approbation ou même une présentation des thèses de Sebond. Montaigne ne cesse d'y prendre le contrepied des deux idées fondamentales de la *Théologie naturelle* : « celle de la structure hiérarchique de l'univers et celle de la possibilité (pour l'homme) de connaître Dieu et le monde », écrit Michaël Baraz [2] qui observe qu'on pourrait opposer presque à chaque phrase du *Livre des créatures* une affirmation contraire de l' « *Apologie* ». En voici un bref exemple, entre beaucoup d'autres :

SEBOND	MONTAIGNE
Homme, jette hardiment ta vue bien loin de toi et contemple si de tant de membres, si de tant de diverses pièces de cette grande machine, il y en a aucune qui ne te serve... (Chap. 97)	*Que [l'homme] me fasse entendre par l'effort de son discours sur quels fondements il a bâti ces grands avantages qu'il pense avoir sur les autres créatures...* (II, 12; 450)

1. *Dénéantise* : néant.
2. Ouvr. cit., p. 103, n. 19.

Plan de l' « Apologie »

Ainsi engagé, le chapitre se poursuit, de façon de plus en plus détachée du point de départ. Non que Montaigne joue, à la façon des scolastiques, à l'alternance *pro* et *contra* : cette singulière apologie ne s'en prend jamais de front à Sebond, et de plus le discours de Montaigne ne s'organise pas selon un développement strict.

Il n'est pas un commentateur de l' « *Apologie* » qui n'y aille de son plan, toujours différent des autres. Toutefois, *grosso modo*, tous se retrouvent sur l'essentiel et montrent combien le texte de Montaigne, avec ses digressions, ses développements qu'on dirait improvisés, progresse de manière cohérente et même rigoureuse.

Avant d'aller plus loin, nous formulerons deux observations : 1) Sebond, dès le milieu du chapitre, semble à peu près oublié; 2) vers le deuxième tiers du chapitre, Montaigne s'adresse à une dame de haute condition (Marguerite de Valois, l'épouse du roi de Navarre?) en ces termes : « *Vous, pour qui j'ai pris la peine d'étendre un si long corps contre ma coutume* » (II, 12; 557) et à cette occasion ressurgit l'éloge, oublié depuis longtemps, de Sebond et de son livre, utile comme « *préservatif* » contre les extravagances d'un discours présomptueux et hérétique : « *Je vous conseille, en vos opinions et en vos discours, autant qu'en vos mœurs et en toute autre chose, la modération et l'attrempance* [1]*, et la fuite de la nouvelleté et de l'étrangeté* [2]. *Toutes voies extravagantes* [3] *me fâchent...* » (558), « *Mais si quelqu'un de ces nouveaux docteurs* [4] *entreprend de faire l'ingénieux en votre présence, aux dépens de son salut et du vôtre, pour vous défaire de cette dangereuse peste qui se répand tous les jours en vos cours, ce préservatif, à l'extrême nécessité, empêchera que la contagion de ce venin n'offensera ni vous ni votre*

---

1. *Attrempance :* synonyme de modération.
2. *Étrangeté :* ce qui est étranger, non habituel; non orthodoxe.
3. *Extravagantes :* sortant des chemins ordinaires.
4. Les protestants.

assistance » (559). Sur quoi Montaigne reprend le fil de sa pensée pour évoquer la diversité d'opinions dans les écoles philosophiques de l'Antiquité.

Revenons à présent à notre plan.

Après un préambule où il raconte comment il a connu et traduit le livre de Sebond et où il répond – nous avons vu comment – aux deux principales objections qu'on adresse à la *Théologie naturelle*, Montaigne entreprend avec force de dénoncer la présomption des hommes et l'infirmité de leur raison; il accuse la vanité de l'homme sans Dieu, qui n'est plus rien : nous nous trompons en imaginant que nous sommes le centre du monde; nous ne valons pas mieux que les animaux. Notre savoir ne nous apporte ni bonheur ni vertu, il ne nous apporte aucune connaissance de la vérité, ni de Dieu, ni du monde, ni de nous-mêmes.

C'est ici que se place l'avertissement à la princesse.

Montaigne continue en s'attachant à démontrer que l'homme ne peut rien savoir par lui-même : ses opinions sont variables, ses lois procèdent de l'arbitraire et du temps; ses sens le trompent. Créature en perpétuelle mutation, l'homme ne peut accéder à la vérité qui est immuable et que Dieu seul connaît. Conclusion : l'homme n'est rien sans l'aide de la grâce divine. « *Il s'élèvera si Dieu lui prête extraordinairement la main; il s'élèvera, abandonnant et renonçant à ses propres moyens, et se laissant hausser et soulever par les moyens purement célestes...* » (II, 12; 604). Telles sont les dernières lignes de l' « *Apologie* ».

La religion de Montaigne

La doctrine de la grâce qu'expose ainsi Montaigne vient directement de saint Augustin : l'homme n'est rien sans la grâce. Ainsi considérée, la conclusion de l' « *Apologie* », en particulier, exprime une conception de Dieu qui, pour l'essentiel, est celle des mystiques : « Ce Dieu inconnu, si l'on regarde à la manière qu'a Montaigne de le situer, sans le définir, au-delà des attributs trop humains que dénombre

Plan de l'apologie

1. Découpage simplifié montrant les différentes dates (approximatives) de la composition.

   Ce schéma se rapporte au texte de 1580 (état (A) du texte).

   I. Introduction (vers 1579).   438
   II. Présomption de l'homme sans Dieu : l'homme ne vaut pas mieux que les animaux (vers 1573).   449-500
   III. Ignorance de l'homme sans Dieu (vers 1573).   (en partie)   500-521
   IV. Scepticisme (vers 1576).   (en partie)   502-514
   III. A. Ignorance de l'homme (suite) (vers 1576)   521-557
              quant à Dieu.   521-529
              quant à l'homme lui-même : l'âme et le   536 [2]
              corps.   557
   V. Avertissement à la princesse (vers 1579).   557-559
   VI. L'homme est incapable d'accéder à la science sans l'aide de Dieu (vers 1579).   559-604

2. Plan détaillé.

   CLEF : la science est utile mais on la surestime.   438

   INTRODUCTION : Sebond et son livre.   439

   PREMIÈRE OBJECTION ET RÉPONSE.   440
     Conclusion.   447

   DEUXIÈME OBJECTION : les objecteurs.   448
     Défense.   448

   CONTRE-ATTAQUE : la vanité de l'homme et de la science humaine sans Dieu.   449-604
   1. Généralité.   449
   2. L'homme ne vaut pas mieux que les animaux.   452
   3. La connaissance ne peut rendre l'homme heureux,   486
   4.   ... ni bon.   497
   5. L'homme ne peut accéder à la connaissance :   500
      a. le scepticisme est la seule sagesse,   502
      b. l'homme ignore Dieu (ou les dieux),   514
      c. l'homme ignore l'homme en général,   542
      d.   ... son âme et sa raison,   542
      e.   ... son corps.   556
   6. Avertissement à la princesse.   557
   7. L'homme ne peut posséder aucune science :   559
      a. la leçon du mouvement,   559
      b. les sens sont insuffisants,   587
      c. le mouvement ne peut connaître le mouvement,   601
      d. le mouvement ne peut connaître l'être.   601

   8. CONCLUSION : L'homme n'est rien sans Dieu.   603

---

1. D'après D. Frame, *Montaigne. A Biography*, pp. 172-173. Les pages données en référence sont celles de l'édition Villey-Saulnier.

2. Les pp. 529-536 de l'éd. Villey-Saulnier sont composées d'ajouts de 1588 et posthumes (états (B) et (C) du texte).

la théologie, fait songer au Dieu des mystiques, à celui de Nicolas de Cues, qui est proprement ineffable... » (Marcel Raymond) [1]. Il se trouve simplement, mais c'est capital, que Montaigne n'est en rien un mystique : « Dans les *Essais*, nul élan pour se fondre en Dieu », constatait Marcel Raymond [2]. Cela, bien que sa religion fût incontestablement orthodoxe.

Cette appréciation ne rallie pas tous les suffrages et l'on a jugé de bien des façons la foi de Montaigne. Mais il y a des éléments d'évaluation objectifs : les *Essais*, soumis à la commission de l'Index pontifical lors du voyage à Rome, n'ont pas été censurés [3]. D'autre part, les arguments en quelque sorte plus subjectifs ne manquent pas non plus : Montaigne entend voir maintenues les institutions et les coutumes en l'état. Le titre d'un des chapitres du premier livre n'est-il pas : « *De la coutume et de ne changer aisément une loi reçue* » (I, 23)? Cela est vrai pour la religion comme pour le reste. Dans ces conditions, même sans ferveur excessive, il est difficile d'imaginer Montaigne autrement que comme un catholique discipliné.

Il est vrai qu'il se montre en général peu préoccupé des problèmes théologiques. Ce qu'il a apprécié dans la *Théologie naturelle* de Sebond, c'est justement qu'ils y soient traités sans abstraction : or, remarque Hugo Friedrich, « le propos de Montaigne [dans l'« *Apologie* »] n'est pas de défendre Sebond non plus que de le rejeter en bloc » [4]. Montaigne ne considère pas ces questions à la lumière de l'absolu : bien au contraire, c'est l'homme réel qui est son critère et son champ d'observation. De sorte que, peu à peu, « c'est le trop humain dans sa vérité concrète qui entre dans son champ de vision » [5]. D'où la célèbre remarque

---

1. « L'attitude religieuse de Montaigne », in *Génies de France*, Neuchâtel, 1942, p. 58.
2. *Ibid.*
3. Ils ne le seront qu'en 1676.
4. H. Friedrich, ouvr. cit., p. 113.
5. *Ibid.*, p. 114.

ajoutée en 1588 : « *Nous sommes chrétiens à même titre que nous sommes ou Périgourdins ou Allemands* » (II, 12; 445).

Cette phrase a été commentée de mille manières : on y a vu (« sans rire », écrit Friedrich) une profession de foi catholique, une déclaration de libre-pensée, la préfiguration des idées du XVIII⁰ siècle sur la religion civile, une preuve de cynisme, de l'athéisme, du libertinage, etc. Il est probable que rien de cela n'est tout à fait exact. La phrase est en harmonie profonde avec la pensée de Montaigne : notre religion peut bien être sainte, nous ne sommes que des hommes à qui elle a été donnée. « L'absolu possible de la foi s'efface sous les preuves quotidiennes de la relativité humaine » [1]. La religion nous est apportée par notre milieu, par le hasard de notre naissance, par la coutume de notre pays puisque nous sommes incapables de choisir sciemment et de comprendre. Une seule conduite s'impose dans ces conditions : se soumettre à la loi religieuse, obéir et maintenir.

D'où la condamnation du protestantisme.

Montaigne, qui exècre le fanatisme, admet le bien-fondé de quantité de critiques adressées par les réformés à la corruption et à la faiblesse de l'Église romaine. L'erreur majeure des protestants, selon lui, c'est de croire qu'ils peuvent trancher dans un domaine où la raison humaine est sans lumière et sans effet. Présomption! C'est pour le même motif qu'il leur reproche de publier les Écritures en langage vernaculaire : les idées qui y sont exprimées sont accessibles seulement à quelques-uns. Sur ce point (comme sur beaucoup d'autres) il approuve donc l'Église : « *Ce n'est pas sans raison, ce me semble, que l'Église défend l'usage promiscu* [2], *téméraire et indiscret* [3] *des saintes et divines chansons que le Saint Esprit a dictées en David* [4]. *Il ne faut mêler Dieu en nos actions qu'avec révérence et attention*

1. *Ibid.,* p. 115.
2. *Promiscu :* sans choix, sans tri.
3. *Indiscret :* sans discernement.
4. Les Psaumes.

pleine d'honneur et de respect. [...] *Ce n'est pas raison qu'on permette qu'un garçon de boutique, parmi ces vains et frivoles pensements, s'en entretienne et s'en joue* » (I, 56; 320).

Tant dans la condamnation du protestantisme que dans celle du naturalisme de Sebond, on retrouve en somme les mêmes arguments. D'un côté comme de l'autre, c'est la même présomption ou, pour utiliser le vieux mot médiéval encore en usage au XVIᵉ siècle le « *cuider* » (qui nous a laissé l'outrecuidance) : « *Abattons ce cuider,* » lit-on dans un ajout de l'exemplaire de Bordeaux, « *premier fondement de la tyrannie du malin esprit* » (II, 12; 449). Protestants ou partisans du naturalisme accordent décidément trop à la raison humaine – du moins selon Montaigne.

L'abaissement de la raison

A sa manière, toujours concrète, jamais dogmatique, Montaigne ne cesse de le répéter : la raison est infirme et par elle-même et parce que de toute façon, les outils dont elle dispose sont eux-mêmes défaillants.

Voyez les sens. Ils ne livrent à l'homme qu'une image du monde fragmentaire et, la plupart du temps, fausse. On connaît les passages fameux, dont se souviendra Pascal, où Montaigne développe ces arguments. Nous ne possédons pas tous les sens : « *Nous avons formé une vérité par la consultation et concurrence de nos cinq sens; mais à l'aventure* [1] *fallait-il l'accord de huit ou de dix sens et leur contribution pour l'apercevoir certainement* [2] *et en son essence* » (II, 12; 590). Les erreurs de nos perceptions sensorielles sont légion, d'autant plus que l'émotion ou les passions s'en mêlent et achèvent de perturber le tout : « *Qu'on loge un philosophe dans une cage de menus filets de fer clairsemés qui soit suspendue au haut des tours Notre-Dame de Paris : il verra par raison évidente qu'il est impossible qu'il en tombe,*

---

1. *A l'aventure* : peut-être.
2. *Certainement* : avec certitude. (Il s'agit de la vérité.)

et si [1] ne se saurait garder [2] (s'il n'a accoutumé le métier des couvreurs) que la vue de cette hauteur extrême ne l'épouvante et ne le transisse. [...] Qu'on jette une poutre entre ces deux tours, d'une grosseur telle qu'il nous la faut à nous promener dessus : il n'y a sagesse philosophique de si grande fermeté qui puisse nous donner courage d'y marcher comme nous ferions si elle était à terre » (II, 12; 594).

De plus, non seulement les sens nous trompent, mais ils se trompent aussi : « *Nos sens sont non seulement altérés, mais souvent hébétés du tout [3] par les passions de l'âme* » (596). Qui doutera après cela que « *et le dedans et le dehors de l'homme* [soit] *plein de faiblesse et de mensonge* » (*ibid.*) ?

Les animaux et nous

Mais avant cela, vers le milieu de l' « *Apologie* », Montaigne est allé plus loin encore. Une longue partie du chapitre compare l'homme aux animaux. Certes, ces parallèles sont vieux comme le monde : c'est par eux que, de toute Antiquité, s'est mesurée la place occupée par l'homme dans l'univers. Dans la Genèse, dans la tradition chrétienne, l'homme est créé par Dieu à son image afin qu'il domine les animaux créés avant lui (Gen., I,26). Le thème est inlassablement repris et paraphrasé, commenté, par les théologiens et les poètes, et notamment par Raymond Sebond. Montaigne prend le contrepied de ces certitudes et il remet en cause la hiérarchie des êtres. Là non plus les modèles ne manquent pas, et les références à Pline, le naturaliste latin, et à Plutarque, l'auteur des *Œuvres morales* que Montaigne admire tellement, sont extrêmement abondantes dans ce passage. Montaigne va jusqu'à recopier ou résumer des morceaux entiers de Plutarque. Mais comme d'habitude, il les utilise

---

1. *Si :* pourtant.
2. *Ne se saurait garder que :* il ne saurait empêcher que.
3. *Du tout :* totalement.

à sa manière, en jouant sur plusieurs tableaux successivement, si bien qu'il dépouille l'homme de tous ses avantages.

Premier temps : l'homme est doué de raison, les bêtes ne le sont pas. Mais qu'en savons-nous ? « *Quand je me joue à ma chatte, qui sait si elle passe son temps de moi plus que je ne fais d'elle ?* » (II, 12 ; 452). Et même si cela était, la belle affaire ! Qui prouvera jamais que les plus malheureux sont les plus frustes ou les imbéciles ? Mais encore une fois, rien n'est moins sûr et dans bien des cas, l'instinct des bêtes semble les avantager au moins autant que notre très imparfaite raison. Cette suite de réflexions donne lieu à maintes anecdotes et, peu à peu, Montaigne en arrive à montrer que même en matière de sentiments, voire de vertu (gratitude, générosité, clémence, etc.), les bêtes n'ont rien à nous envier.

Certes, on peut se demander si Montaigne plaisante ou s'il est sérieux. Certains ont refusé de prendre autrement que comme un jeu cette énumération de paradoxes au demeurant bien dans le goût du temps. Mais même à considérer les choses ainsi, on ne fait que repousser la question : le paradoxe, le jeu, dans ce cas, sont-ils gratuits ? Ne peuvent-ils pas apparaître comme l'expression d'une remise en cause ? Le XVIᵉ siècle ne commence-t-il pas, ne finit-il pas avec de grands ouvrages paradoxaux, depuis l'*Éloge de la Folie* d'Érasme jusqu'au *Don Quichotte* de Cervantès ?

On peut aussi parier pour le sérieux de ces développements sur les animaux. C'est ce que fait Michaël Baraz qui juge « crassement anthropomorphe » l'image que Sebond donne de l'univers dans son *Livre des créatures* et qui ne s'étonne pas que Montaigne ait voulu s'y opposer ; mais Baraz va beaucoup plus loin en ce qu'il estime la position de Montaigne éminemment originale « si l'on songe que le préjugé de la supériorité de l'homme est le plus tenace que connaisse notre histoire : les hommes de science contemporains y tiennent non moins fortement que les théolo-

giens du Moyen Age ou que les humanistes de la Renaissance » [1].

En fait, en s'opposant à la croyance en l'éminente dignité
de l'homme pour fustiger sa misère, Montaigne prenait sa
partie dans un débat ancien (*dignitas hominis* contre
miseria hominis) et redevenu à la mode au XVIᵉ siècle. La
différence entre ces antithèses en vogue et la position de
Montaigne dans l' « *Apologie* », c'est qu'il s'agissait alors, la
plupart du temps, d'un jeu intellectuel « où il n'importait
pas absolument que le raisonnement aboutît à une conclusion » [2]; on laissait le problème en suspens alors que
Montaigne, lui, tranche. Ce faisant, il se rapproche des
penseurs sceptiques mais surtout, par la comparaison avec
les animaux s'achevant sur la dévalorisation de l'homme, il
s'oppose à « la théologie orthodoxe aussi bien qu'à la notion
idéaliste et néo-platonicienne de la *dignitas* représentée par
un Pic de la Mirandole [auteur d'un traité intitulé *De
dignitate hominis*, « De la dignité de l'homme »], qui place
l'homme devant l'alternative de dégénérer au niveau de
l'animal ou de se régénérer pour atteindre au divin » (H.
Friedrich) [3].

Il faut donc reprendre le problème de la religion de
Montaigne et reconsidérer ce que nous affirmions plus
haut (p. 198) : cette religion est-elle incontestablement
orthodoxe ?

Le fidéisme

La question a reçu des réponses extrêmement variées.
Pour certains, Montaigne est un militant de l'athéisme, ou
pour le moins un agnostique (Armaingaud, Etiemble). On
en a fait un théologien catholique (Marc Citoleux), un
mystique (sans la réserve – de taille – qu'apportait à ce sujet
Marcel Raymond; c'est le cas du P. Sclafert), ou bien un

---

1. Ouvr. cit., pp. 94-95, n. 9.
2. H. Friedrich, ouvr. cit., p. 133.
3. *Ibid.*, p. 135.

homme profondément païen même s'il est en règle avec la religion de son pays (Sainte-Beuve, Léon Brunschvicg, Charles Dédeyan), un esprit subversif souvent favorable aux réformés (Géralde Nakam). Plusieurs voient en lui un fidéiste (H. Friedrich, A. Tournon) : tel est aussi notre avis.

L'attitude du Montaigne fidéiste à l'égard de la religion a été résumée de façon imagée et assez heureuse dans cette phrase d'André Maurois : « Montaigne ne nie pas Dieu, loin de là, mais il l'installe sur son trône, " magnifiquement isolé ", et vit comme si Dieu n'existait pas [1]. » Le fidéisme, dit encore doctrine de la « double vérité » (voir plus haut, pp. 96-97), rejette l'interprétation rationnelle des vérités révélées : l'homme n'est rien sans la grâce; la raison seule ne lui donne pas la connaissance des mystères divins; il n'y a donc pas d'interprétation rationnelle des vérités révélées. Bien évidemment, si Montaigne pense tout cela – et l' « *Apologie* » interdit de croire qu'il en aille autrement –, il se déclare fidéiste. Mais jamais il n'en fait une théorie, encore moins un système. Ce qui est frappant, au contraire, chez lui, c'est qu'il donne à la transcendance toute sa place pour ne plus s'y intéresser. En d'autres termes, Hugo Friedrich le dit à peu près comme André Maurois : « On a l'impression que, par son fidéisme, Montaigne se décharge des articles de foi précis du christianisme pour avoir la paix » [2].

Retenons de cela que le fidéisme ainsi conçu – et tel qu'il est décrit dans l' « *Apologie de Raymond Sebond* » – n'a plus aucun point commun avec le naturalisme et le rationalisme professés par Sebond. Toutefois les deux attitudes (rationalisme et fidéisme), si dissemblables qu'elles soient par ailleurs, ont en commun de n'être pas plus orthodoxes l'une que l'autre. « Alors que saint Thomas d'Aquin

---

1. *Histoire de la France*, Paris, D. Wapler, 1947, p. 200. Cité par F. Jeanson, *Montaigne par lui-même*, p. 186.
2. Ouvr. cit., p. 118.

assignait à la connaissance rationnelle la tâche de soutenir la foi, mais sans la rationaliser, la théologie naturelle atténue jusqu'à les effacer l'irrationalité et, partant, la transcendance des articles de foi en les adaptant à l'intelligence rationnelle. Le fidéisme, au contraire, évite de les faire passer, pour les confirmer, par la pensée naturelle et impose silence, dès l'entrée dans le domaine de la foi, au besoin logique de connaissance et de contrôle » (H. Friedrich [1]).

Faut-il donc, contrairement à ce que nous écrivions plus haut, considérer Montaigne comme un penseur peu orthodoxe ? Une fois encore, prenons garde aux circonstances et aux dates. Dans les années 1570-1580, le fidéisme n'est pas condamné. Les conséquences du concile de Trente, terminé depuis vingt ans (1563), n'ont pas encore pris tout leur effet. Ce n'est qu'en 1713, dans la mouvance de l'affaire janséniste, que le fidéisme sera expressément dénoncé par la bulle *Unigenitus*. Jusque-là, en tout cas au XVIe siècle, il est abondamment représenté dans la littérature populaire et humaniste sans que l'Église réagisse.

Les manifestations du fidéisme sont curieusement diverses. On y trouve le courant (venu d'Italie, de Padoue en particulier, et illustré par Pomponazzi) professant la doctrine de la « double vérité », qui tend à ruiner l'édifice des dogmes chrétiens; on y trouve le fidéisme mystique, celui des réformateurs au XVIe siècle, des jansénistes au XVIIe; on y trouve enfin le choix de ceux, nombreux, qui cherchent une forme nouvelle de dévotion plus indépendante de l'Église.

Où situer Montaigne ? A notre avis, hors de ces trois courants : ni libre-penseur, ni mystique, ni vraiment préoccupé par les problèmes de la foi, Montaigne entend cependant demeurer un fils soumis de son Église. Pour des raisons philosophiques et politiques plutôt que profondément religieuses sans doute. Le fidéisme lui offre le moyen

---

1. *Ibid.*, pp. 118-119.

de concilier sa liberté et la fidélité religieuse. C'est le choix cohérent d'un sceptique.

Le scepticisme

Dans un passage de l' « *Apologie* », Montaigne a pris soin de définir ce qu'était le scepticisme et comment cette doctrine philosophique se situait par rapport aux autres : « *Quiconque cherche quelque chose, il en vient à ce point : ou qu'il dit qu'il l'a trouvée, ou qu'elle ne se peut trouver, ou qu'il en est encore en quête. Toute la philosophie est départie en ces trois genres. Son dessein est de rechercher la vérité, la science et la certitude* » (II, 12 ; 502). Ceux qui pensent avoir trouvé sont les aristotéliciens, les stoïciens et les épicuriens. Les autres « *ont désespéré de leur quête et jugé que la vérité ne se pouvait concevoir par nos moyens* » (*ibid.*) : tels sont notamment les platoniciens (Montaigne dit : les « *académiques* »). Mais « *Pyrrhon et autres sceptiques* [...] *disent qu'ils sont encore en cherche de la vérité* » (*ibid.*). Ils se séparent des deux « *genres* » précédents parce que d'une part, selon eux, on ne peut raisonnablement assurer avoir trouvé la vérité, mais d'autre part assurer le contraire est encore une manière d'affirmer. On ne peut justement rien savoir. C'est pourquoi les pyrrhoniens (c'est-à-dire les disciples de Pyrrhon, les sceptiques – mot que Montaigne n'emploie pas souvent) professent le doute :

« (A) *Leurs façons de parler sont : Je n'établis rien ; il n'est non plus ainsi qu'ainsi, ou que ni l'un ni l'autre ; je ne le comprends point ; les apparences sont égales partout ; la loi de parler et pour et contre est pareille.* (C) *Rien ne semble vrai qui ne puisse sembler faux.* (A) *Leur mot sacramental, c'est* ἐπέχω, *c'est-à-dire je soutiens* [1], *je ne bouge. Voilà leurs refrains, et autres de pareille substance. Leur effet* [2], *c'est une pure, entière et très parfaite surséance* [3] *et suspension de*

---

1. *Je soutiens :* je suspens mon jugement. (Sens du mot grec cité. Montaigne appelle encore les pyrrhoniens les « épéchistes ».)
2. *Leur effet :* leur pratique.
3. *Surséance* (cf. surseoir) : suspension.

jugement. Ils se servent de leur raison pour enquérir et pour débattre, mais non pas pour arrêter et choisir. Quiconque imaginera une perpétuelle confession d'ignorance, un jugement sans pente et sans inclination à[1] *quelque occasion que ce puisse être, il conçoit le pyrrhonisme.* » (II, 12; 505.)

D'où l'admiration, grandissante au fur et à mesure que passe le temps, pour Socrate, le sage entre les sages : « *Le plus sage homme qui fut onques*[2], *quand on lui demanda ce qu'il savait, répondit qu'il savait cela, qu'il ne savait rien* » (II, 12; 501). Phrase qu'on rapprochera de cette autre, déposée un peu plus loin dans l' « *Apologie de Raymond Sebond* » : « *L'ignorance qui se sait, qui se juge et qui se condamne, ce n'est pas une entière ignorance : pour l'être, il faut qu'elle s'ignore soi-même* » (502). Doute, savoir, ignorance : le scepticisme n'est pas seulement, comme on voit, un comportement, mais une véritable philosophie de la connaissance.

Perpétuellement curieux, le sceptique est ouvert à tout mais il ne consent jamais à se laisser prendre aux choses, aux idées ni aux gens. Au temps des guerres de religion, qui furent le premier grand conflit idéologique moderne, cette attitude préservait assurément du fanatisme. Elle s'accordait profondément, d'autre part, avec la volonté d' « *essayer* » plutôt que de « *résoudre* » ou d' « *arrêter* » qui anime Montaigne. « Il y a dans le doute un élément positif. C'est une sorte de rêverie intellectuelle. Si Montaigne cessait de douter et de rêver, il ne s'essaierait plus, il se résoudrait. Le dogmatisme, tant celui des savants que celui du vulgaire, c'est un massacre et une mutilation des possibles. " *Il n'est si frivole et si extravagante fantaisie qui ne me semble bien sortable*[3] *à la production de l'esprit humain. Nous autres, qui privons notre jugement du droit de*

---

1. *À :* pour, dans.
2. *Onques :* jamais.
3. *Sortable :* assortie, accordée.

faire des arrêts, regardons mollement [1] *les opinions diverses* ",
etc. [III, 8; 923]. Et Montaigne les laisse foisonner librement en lui. Aussi, du même fond dont il s'abandonne au
mol oreiller du doute, il se laisse aller à la pente de la
coutume » (A. Thibaudet [2]).

Seul un sceptique peut écrire les *Essais* – des *Essais*. Encore
faut-il que le langage le lui permette. Montaigne est très
conscient du problème et des conséquences générales de
l'inadéquation entre paroles et faits ou intentions : « *La
plupart des occasions des troubles du monde sont grammai-
riennes. Nos procès ne naissent que du débat de l'interprétation
des lois; et la plupart des guerres de cette impuissance de n'avoir
su clairement exprimer les conventions et traités d'accord entre
les princes* » (II, 12; 527). La difficulté est particulièrement
épineuse quand il s'agit d'exprimer une subtilité, une
incertitude, autre chose qu'une assertion. Or Montaigne a
horreur du langage qui enferme la souplesse de la pensée
dans le carcan d'une formule contraignante et mutilante. Il
dira, dans une page du IIIe livre, qu'il aime « *ces mots qui
amollissent et modèrent la témérité de nos propositions* » (III,
11; 1030). Comment dire le doute au moyen de concepts
essentiellement assertifs ?

« (A) *Je vois les philosophes pyrrhoniens qui ne peuvent
exprimer leur générale conception en aucune manière de
parler : car il leur faudrait un nouveau langage. Le nôtre est
tout formé de propositions affirmatives, qui leur sont du tout* [3]
*ennemies; de façon que, quand ils disent : Je doute, on les
tient incontinent à la gorge pour leur faire avouer qu'au
moins* (C) *assurent et* (A) *savent-ils cela, qu'ils doutent. Ainsi
on les a contraints de se sauver* [4] *dans cette comparaison de la
médecine, sans laquelle leur humeur serait inexplicable;
quand ils prononcent : J'ignore, ou : Je doute, ils disent que
cette proposition s'emporte elle-même, quand et quand* [5] *le*

---

1. *Mollement :* sans raideur, avec souplesse.
2. Ouvr. cit., p. 279.
3. *Du tout :* totalement.
4. *De se sauver dans :* de se réfugier dans, de s'en tirer par.
5. *Quand et quand :* en même temps que.

reste, ni plus ni moins que la rhubarbe qui pousse hors [1] les mauvaises humeurs et s'emporte hors quand et quand elle-même. » (II, 12; 527.) D'où, en conclusion à ce passage, et venue plus tard, cette phrase :

« (B) *Cette fantaisie est plus sûrement* [2] *conçue par interrogation : Que sais-je? comme je la porte à la devise d'une balance.* » (*ibid.*)

Un scepticisme clairvoyant

Pierre Villey voyait dans le scepticisme de Montaigne une crise passagère qu'exprimait justement l'« *Apologie* ». Sur ce point comme sur beaucoup d'autres, les interprétations ne sont pas unanimes, mais il semble que la dernière critique de Montaigne, de façon assez générale, s'accorde à considérer la pensée de l'auteur des *Essais* comme essentiellement sceptique. A condition, cela va sans dire, de ne pas se méprendre sur le sens du mot.

Thibaudet définissait le doute de Montaigne comme positif. Friedrich met en garde contre le malentendu qui consisterait à ne voir dans ce scepticisme qu'un nihilisme. André Tournon décrit le pyrrhonisme de Montaigne comme une philosophie de la recherche : « Il n'y a aucune contradiction entre les déclarations sceptiques de Montaigne et le mouvement inlassable d'inventaire et de critique qui prolonge démesurément le chapitre et, comme en se propageant autour de lui, anime l'ensemble des *Essais* [3]. » Rien n'est plus étranger à la pratique du doute chez Montaigne que l'exclusion et la négation : doutons, certes, mais doutons même de nos doutes. « Ce scepticisme [...] n'a rien du bon sens plat qui hausse les épaules à ce qu'il n'entend pas, tourne en dérision quiconque n'est pas de son avis. [Il] ne paralyse pas, n'élève pas de barrières, il révèle »,

---

1. *Pousse hors :* expulse.
2. *Plus sûrement :* de façon plus sûre, plus appropriée.
3. Ouvr. cit., p. 253.

écrit Hugo Friedrich [1]. Il ne se laisse pas surprendre par les
pièges du langage. « Il est en fait un regard aux aguets, qui
fait le tour de ce qui est avant que le langage, le concept et
le jugement n'appauvrissent le perçu en le fixant. » C'est ce
regard sans préjugé, cette volonté de tout embrasser accompagnée du refus de juger que Friedrich appelle, dans une
des plus belles pages de son livre, le scepticisme clairvoyant
qu'il oppose au « scepticisme ultérieur du siècle des lumières, celui d'un Fontenelle, d'un Bayle, d'un Voltaire. Ce
dernier est en effet un dogmatisme du sens commun, qui
s'attribue une évidence obligatoire pour tous et qui rejette
ce qu'il ne comprend pas clairement. [...] Montaigne, lui,
estime justement possible ce qui échappe au bon sens. Son
scepticisme est tout frémissant de crainte métaphysique. Il
se défie de toute platitude " *qui nous en ôte l'étrangeté* [des
choses] " (I, 27 ; 179) [2] ».

C'est ce scepticisme clairvoyant qui porte Montaigne,
quasiment seul en son siècle, à s'opposer à la question
judiciaire, à la chasse aux sorcières. C'est la pratique du
doute éclairé, du doute de la tolérance qui lui inspirera,
dans le chapitre « *Des boiteux* », cette phrase admirable qui
accuse tous les fanatismes : « *Après tout, c'est mettre ses
conjectures à bien haut prix que d'en faire cuire un homme
tout vif* » (III, 11 ; 1032). Car, on s'en souvient, pendant que
Montaigne écrit les *Essais*, les bûchers flambent.

Le conservatisme de Montaigne : une notion anachronique ?

N'est-ce pas aussi ce scepticisme qui interdit à Montaigne de croire en l'avenir ? On sait en quelle piètre estime il
tient son époque : « *En un temps où le méchamment faire est
si commun...* » (III, 9 ; 946), écrit-il dans le chapitre « *De la
vanité* », et il ne tarit guère sur la corruption, les vices de ce
siècle. Mais jamais il n'envisage que les temps à venir
puissent apporter quelque amélioration. Au contraire.

---

1. Ouvr. cit., p. 144.
2. *Ibid.*, p. 148.

Quand il veut opposer une période faste, louable, digne de louange à celle où il vit, c'est au passé qu'il se réfère. Même dans les choses les plus frivoles – à plus forte raison dans les grandes –, l'Antiquité demeure un modèle : « *En ces vanités même, nous découvrons combien ces siècles étaient fertiles d'autres esprits que ne sont les nôtres* » (III, 6; 907). Et l'on sait comment, lorsqu'il flétrit les horreurs de la conquête de l'Amérique dans le IIIe livre, il s'écrie, pour mieux exprimer le mépris que lui inspire son temps : « *Que n'est tombée sous Alexandre ou sous ces anciens Grecs et Romains une si noble conquête...* » (*ibid.*; 910).

En cela, ne nous méprenons pas : Montaigne est fils de son époque. Il ne conçoit nullement l'histoire de l'humanité comme un progrès. Cette notion de progrès est un héritage des Lumières (et du même coup on peut se demander si la notion de conservatisme a un sens au XVIe siècle : il est significatif sans doute que le mot lui-même ne soit pas antérieur au XIXe siècle). Cela implique que les problèmes se posent alors en d'autres termes puisque les modèles ne résultent pas de réflexions théoriques mais correspondent à des souvenirs du passé. Lorsque les réformateurs entreprirent de corriger l'Église, sans savoir d'abord qu'ils allaient la transformer, ils n'eurent pas l'idée d'élaborer un programme en fonction d'une analyse abstraite, mais ils prétendirent retourner à la pureté des origines, vers le passé. Ce sont leurs ennemis qui les accusent d'innover. A la Renaissance, l'idée de nouveauté n'a pas bonne presse.

Donc, pas de progrès. Voyez dans quel contexte, et dans quel sens, apparaît le mot, en rapport avec la Nature, dans l'*Apologie* : « *Si Nature enserre dans les termes de son progrès ordinaire, comme toutes autres choses, aussi les créances* [1]*, les jugements et opinions des hommes; si elles* [2] *ont leur révolution, leur saison, leur naissance, leur mort, comme les choux;*

---

1. *Aussi les créances* : aussi bien les croyances.
2. *Elles* : toutes ces choses.

si le ciel les agite et les roule à sa poste[1]*, quelle magistrale autorité et permanente leur allons-nous attribuant ?* » (II, 12; 575). « *Son progrès* » : sa marche. « *Comme les choux* » : quelle dérision!

Au XVIe siècle, c'est comme un mouvement plus ou moins cyclique qu'on conçoit la marche du monde, mouvement où tour à tour le bien et le mal l'emportent : « *Nous n'allons point, nous rôdons plutôt et tournoyons çà et là. Nous nous promenons sur nos pas* » (III, 6; 907). Les hommes, les choses se succèdent. Ils ne s'améliorent guère. Et la nouveauté est toujours redoutable : la résonance du mot, même, toujours inquiétante.

Vision pessimiste des choses? La période n'est pas propice à un optimisme sans mélange. Mais avec Montaigne, rien n'est jamais si tranché, rien n'est jamais tout d'une pièce.

Le dégoût de la nouveauté

Qu'il s'agisse de religion, de loi, de coutume, il est difficile pour le lecteur du XXe siècle de ne pas s'étonner devant la différence entre la constante affirmation de son conservatisme par Montaigne : « *Je suis dégoûté de la nouvelleté...* » (I, 23; 119), et la non moins constante affirmation d'une liberté d'esprit intransigeante, récusant tout absolu et toute vérité définitive :

« *Le ciel et les étoiles ont branlé trois mille ans; tout le monde l'avait ainsi cru jusqu'à ce qu'il y a dix-huit cents ans, que*[2] *quelqu'un s'avisa de maintenir que c'était la terre qui se mouvait; et, de notre temps, Copernicus a si bien fondé cette doctrine qu'il s'en sert très réglément*[3] *à*[4] *toutes les conséquences astronomiques. Que prendrons-nous de là, sinon qu'ils ne nous doit chaloir*[5] *lequel ce soit des deux? Et qui sait qu'une*

---

1. *A sa poste :* à sa fantaisie.
2. *Que :* redoublement de la conjonction fréquent dans la syntaxe du XVIe siècle.
3. *Très réglément :* très régulièrement.
4. *À :* pour.
5. *Chaloir :* importer.

tierce opinion, d'ici à mille ans, ne renverse les deux précédentes [1] *?* » (II, 12 ; 570).

« ... *C'eût été pyrrhoniser, il y a mille ans, que de mettre en doute la science de la cosmographie et les opinions qui étaient reçues d'un chacun...* » (*Ibid.* ; 572.)

En matière de religion, pourtant, l'attitude de Montaigne est cohérente. Si l'homme ne peut rien comprendre de la vérité réservée à Dieu, comment pourrait-il prétendre sans folie ni présomption s'ériger en réformateur ? Nous n'existons que dans le relatif. Certes l'Église est très imparfaite, les critiques qu'elle suscite sont légitimes : mais au nom de quelle certitude instaurer quoi que ce soit dans les faits ?

« *Car, quelque apparence qu'il y ait en la nouvelleté, je ne change pas aisément, de peur que j'ai de perdre au change. Et, puisque je ne suis pas capable de choisir, je prends le choix d'autrui et me tiens en l'assiette où Dieu m'a mis. Autrement, je ne me saurais garder de rouler sans cesse.* » (II, 12 ; 569).

Et puis, on voit quelles sont les catastrophes engendrées par cette folie du changement. Cela est d'autant plus saisissant pour l'homme du XVIᵉ siècle que, selon l'image qu'il se fait de l'ordre du monde et des choses, l'agitation, le mouvement, le changement, comme le périssable, la mort, sont signes d'imperfection caractéristiques de la vie terrestre par opposition au repos, à l'immobilité et à l'immutabilité qui sont le propre du monde divin, éternel, non soumis au temps. La perfection n'est pas liée au mouvement : au contraire.

Quelle que soit la liberté d'esprit de Montaigne, rien n'indique que sur ce point il se sépare de ses contemporains. Faute de certitude, d'immutabilité, les choses anciennes ont du moins pour elles l'avantage de la durée, reflet imparfait de l'immuable. L'équilibre d'un État, d'une religion, d'une société, requiert donc la soumission de chacun à l'ordre établi.

---

1. Nous reproduisons ici le texte de 1580, sans les variantes ultérieures.

C'est qu'il convient de dissocier ce qui relève de la personne privée, à peu près libre de penser en toute indépendance, voire en toute irrévérence, et la personne sociale, politique. N'est-ce pas ce que fait Montaigne lorsqu'il évoque l'épisode de sa mairie de Bordeaux : « *Le Maire et Montaigne ont toujours été deux, d'une séparation bien claire...* » (III, 10; 1012)? Autrement dit, et pour simplifier un peu les choses : pensez ce que vous voulez, mais tenez-vous tranquille.

Quand il s'en prend à Luther ou à Calvin (qu'il ne différencie guère), Montaigne ne s'attaque pas aux dogmes réformés mais à la politique des réformateurs. « Celle-ci, en déduisant d'une doctrine personnelle la prétention d'intervenir dans l'ordre traditionnel des choses, lui semble violer la frontière entre théorie et pratique » (H. Friedrich [1]). A cette folle et impudente conduite, il oppose celle d'un homme qui lui fut particulièrement cher, La Boétie, auteur d'un pamphlet brûlant et incontestablement subversif dans le domaine politique, au demeurant utilisé par les protestants dans leur propagande antimonarchique, le *Discours de la servitude volontaire* : « *Je ne fais nul doute qu'il crût ce qu'il écrivait, car il était assez consciencieux pour ne mentir pas même en se jouant. Et sais davantage que, s'il eût eu à choisir, il eût mieux aimé être né à Venise qu'à Sarlat [2]; et avec raison [3]. Mais il avait une autre maxime souverainement empreinte en son âme, d'obéir et de se soumettre très religieusement aux lois sous lesquelles il était né. Il ne fut jamais un meilleur citoyen, ni plus affectionné au repos de son pays, ni plus ennemi des remuements et nouvelletés de son temps. Il eût bien plutôt employé sa suffisance [4] à les éteindre qu'à leur fournir de quoi les émouvoir [5] davantage. Il avait*

---

1. Ouvr. cit., p. 129.
2. *A Venise* dont le Sénat représentait aux yeux d'un gentilhomme français quelque chose comme la démocratie, alors que Sarlat, ville natale de La Boétie, appartenait au roi de France et était régie par le système monarchique.
3. *Avec raison :* avec de bonnes raisons, non sans motif.
4. *Suffisance :* compétence.
5. *Émouvoir :* agiter.

son esprit moulé au patron[1] *d'autres siècles que ceux-ci.* » (I, 28; 194.)

Montaigne et la loi

Conservateur en matière religieuse, Montaigne l'est tout autant en politique. De formation, c'est un juriste, et il n'a pas le tempérament d'un théoricien. Sa carrière de magistrat l'a rompu à la pratique, à la jurisprudence, aux cas particuliers. Mieux que personne, il connaît l'insuffisance des lois, leur absurdité parfois, leur nécessaire imperfection. D'autre part, même sur le plan théorique, au XVIᵉ siècle, le conflit et la difficile conciliation entre la morale et la politique, l'efficacité et les principes, entre l'utile et l'honnête, comme on dit alors, était un vieux débat. Cicéron l'évoquait déjà dans les *Offices,* on le retrouve chez Machiavel, Guichardin, Bodin, etc., et dans le IIIᵉ livre des *Essais,* le titre du premier chapitre est précisément « *De l'utile et de l'honnête* ».

Montaigne n'est pas machiavélien, il ne prêche ni la force ni l'immoralité. Mais il est sans illusion et sait bien qu'on ne fait pas de politique sans se salir les mains. Comme dans le domaine de la religion, il est parfaitement conscient des critiques que méritent les institutions, les lois, les coutumes, mais il ne conçoit pas d'autre comportement que la soumission à la loi reçue : « *Ès*[2] *affaires politiques, il n'est aucun si mauvais train, pourvu qu'il ait de l'âge et de la constance, qui ne vaille mieux que le changement et le remuement* » (II, 17; 655). C'est que le fondement des lois n'est pas qu'elles soient bonnes, justes, appréciables par quelque valeur intrinsèque : il est d'exister et, si possible, d'exister depuis longtemps. Toutes les lois, nées des hommes, sont nécessairement « fautières » : « *Il n'est rien si lourdement et largement fautier que les lois, ni si ordinaire-*

1. *Au patron :* sur le modèle.
2. *Ès :* aux.

ment » (III, 13; 1072). Mais ce sont les lois. En tant que telles, elles représentent un principe d'ordre et de permanence : « *Or les lois se maintiennent en crédit non parce qu'elles sont justes, mais parce qu'elles sont lois. C'est le fondement mystique de leur autorité; elles n'en ont point d'autre. [...] Quiconque leur obéit parce qu'elles sont justes ne leur obéit pas justement par où il doit* » (*ibid.*). Point de vue peu moderne et difficile à accepter au XXᵉ siècle, peut-être. Tel il est, tel il prévaut chez les contemporains de Montaigne. Lesquels, il est vrai, ne parlent pas en théorie mais constatent les effets du désordre.

Tout ébranlement aboutit à une catastrophe : « *Rien ne presse un état que l'innovation; le changement donne seul forme à l'injustice et à la tyrannie [...]. Le plus vieux et mieux connu mal est toujours plus supportable que le mal récent et inexpérimenté* » (III, 9; 958). Toute prétention à légiférer est une imposture. Les lois ne sont pas bonnes mais elles sont les lois et tout ce qui nous reste à faire, « *c'est généralement à chacun d'obéir aux lois de son pays* » (II, 12; 578).

Obéir, mais sans être dupes. La plupart des lois sont absurdes. Elles sont toujours relatives. « *Quelle vérité que ces montagnes bornent, qui est mensonge au monde qui se tient au-delà?* » (II, 12; 579.) La pratique politique ne saurait se confondre avec la liberté de la pensée. Montaigne se donne même la peine d'illustrer les méfaits de pareille confusion en citant l'exemple de l'empereur Julien l'Apostat, fin politique, qui pour affaiblir les factions rebelles à son pouvoir, eut l'idée de leur accorder la liberté religieuse. Rapportée aux événements alors les plus actuels (la paix de Monsieur, signée en mai 1576, qui favorisait les protestants), cette histoire n'est pas à l'avantage de la politique des rois de France :

« *... cela est digne de considération, que l'empereur Julien se sert, pour attiser le trouble de la dissension civile, de cette même recette de liberté de conscience que nos rois viennent d'employer pour l'éteindre. On peut dire, d'un côté, que de* *lâcher la bride aux parts* [1] *d'entretenir leur opinion, c'est épandre et semer la division; c'est prêter quasi la main à l'augmenter, n'y ayant aucune barrière ni coercition des lois qui bride et empêche sa course. Mais, d'autre côté, on dirait aussi que de lâcher la bride aux parts d'entretenir leur opinion, c'est les amollir et relâcher par la facilité et par l'aisance, et que c'est émousser l'aiguillon qui s'affine par la rareté, la nouvelleté et la difficulté. Et si* [2], *crois mieux, pour l'honneur de la dévotion* [3] *de nos rois : c'est que, n'ayant pu ce qu'ils voulaient, ils ont fait semblant de vouloir ce qu'ils pouvaient.* » (II, 19; 671-671.)

Telle est la fin du chapitre intitulé « *De la liberté de conscience* ».

Le désir de connaissance

Revenons à la question qui ouvrait ce chapitre : qu'est-ce que la connaissance selon Montaigne?

Au « que sais-je ? », la sagesse dicte de répondre : « rien ». Socrate était le plus grand des sages parce qu'il savait qu'il ne savait rien. Sagesse paradoxale? Oui, dans la mesure où elle s'oppose à l'opinion commune qui différencie science et ignorance. L'acceptation de ce paradoxe résulte d'ailleurs chez Montaigne d'une évolution : dans les premiers chapitres des *Essais,* composés autour de 1572 [4], Montaigne croyait qu'il était possible à la raison de découvrir la vérité. Ainsi dans le chapitre « *De la coutume...* », il écrivait ces mots :

« (A) *Qui voudra se défaire de ce violent préjudice* [5] *de la coutume, il trouvera plusieurs choses reçues d'une résolution indubitable, qui n'ont appui qu'en la barbe chenue* [6] *et rides*

---

1. *Parts :* partis.
2. *Et si :* et pourtant.
3. *Dévotion :* religion. Montaigne ne veut pas suggérer que la libéralité royale en ce domaine traduirait une fâcheuse tiédeur religieuse.
4. Voir P. Villey, *Les Sources...,* t. I, pp. 268 et suiv.
5. *Préjudice :* préjugé.
6. *Chenue :* blanche.

de l'usage qui les accompagne; mais, ce masque arraché, rapportant les choses à la vérité et à la raison, il sentira son jugement comme tout bouleversé et remis pourtant[1] *en bien plus sûr état.* » (I, 23 ; 117.)

Mais dès avant la fin de la décennie 1570, avant même le second livre des *Essais*, la vérité devient insaisissable. Alors qu'au neuvième chapitre (« *Des menteurs* »), on lisait que la vérité est une : « (A) *Si, comme la vérité, le mensonge n'avait qu'un visage...* » (I, 9 ; 37) (phrase qu'on opposera à celle-ci, de 1588 : « *La vérité et le mensonge ont leurs visages conformes* [...] *: nous les regardons de même œil* », III, 11 ; 1027), tout le chapitre 27 du même livre, significativement intitulé « *C'est folie de rapporter le vrai et le faux à notre suffisance* », prend la mesure de nos faibles moyens. Et plus loin, dans l'avant-dernier chapitre de ce même livre I, la première phrase exprime – avant l' « *Apologie* » donc – un total scepticisme sur nos possibilités d'accéder à la vérité : « (A) *Je propose des fantaisies informes et irrésolues, comme font ceux qui publient des questions douteuses, à débattre aux écoles : non pour établir la vérité mais pour la chercher* » (I, 56 ; 317).

L'évolution de Montaigne se confirme ainsi, de plus en plus explicite. On lit, au début de l' « *Apologie* » : « (A) *C'est, à la vérité, une très utile et grande partie que la science, ceux qui la méprisent témoignent assez de leur bêtise* » (II, 12 ; 438). Mais les réserves suivent : il n'est pas vrai qu'elle représente le souverain bien ni qu'elle soit « *mère de toute vertu et que tout vice* [*soit*] *produit par l'ignorance* » (*ibid.*). Montaigne poursuit en évoquant le respect que son père portait aux « *hommes doctes* », qu'il recevait chez lui « *comme personnes saintes* ». « *Moi*, note Montaigne, *je les aime bien, mais je ne les adore pas* » (*ibid.* ; 439). Voilà pour les savants.

Quant à la « *science* », il doute qu'on puisse l'acquérir et il ne se fait pas faute de le répéter jusqu'à la fin du IIIe livre :

---

1. *Pourtant :* pour autant, pour cette raison.

« (B) *Il n'est désir plus naturel que le désir de connaissance.*
Nous essayons tous les moyens qui nous y peuvent mener.
Quand la raison nous faut[1]*, nous y employons l'expérience*
[...] qui est un moyen plus faible et moins digne; mais la vérité
est chose si grande, que nous ne devons dédaigner aucune
entremise qui nous y conduise » (III, 13; 1065). Désir louable,
mais désespéré si l'on en croit d'autres passages. Il n'est pas
de créature, déclare l'auteur des *Essais* à l'homme, son
semblable et son frère, « *si vide et nécessiteuse que toi, qui*
embrasses l'univers : tu es le scrutateur sans connaissance, le
magistrat sans juridiction et après tout le badin de la farce »
(III, 9; 1001).

Cette image désolante est celle de l'homme qui se
méprend sur l'objet de sa quête. Qu'il ne s'égare pas sur la
voie que Dieu et la nature lui ont tracée! La connaissance
n'est pas son fait et la prétention de connaître signale
souvent la présomption, la crédulité ou la sottise. Montaigne ne cesse de recommander d'ôter le fard, d'arracher les
masques (ou du moins de ne pas se méprendre sur leur
nature), de ne pas s'illusionner sur soi et sur ses capacités,
de ne pas tenter d'en imposer à autrui, non plus qu'à
soi-même, de ne pas mentir : « *Du masque et de l'apparence,*
il n'en faut pas faire une essence réelle » (III, 10; 1011). Pas
plus que la vérité, en effet, l'être ne nous est accessible :
« *Nous n'avons aucune communication à l'être* », lit-on à la
fin de l' « *Apologie* » (II, 12; 601) – « *l'être* », c'est-à-dire
l'essence des choses, l'essence du monde.

Quoi que nous fassions, quoi que nous sachions, en effet,
ce n'est rien en comparaison de ce qu'il y aurait à faire ou à
connaître : « *Quand tout ce qui est venu* par rapport *du passé*
jusqu'à nous serait vrai et serait su par quelqu'un, ce serait
moins que rien au prix de ce qui est ignoré » (III, 6; 908).
Ne tentons donc pas l'impossible : l'ignorance est notre
lot.

---

1. *Faut :* manque.

La conquête de l'ignorance

Mais ce n'est pas une facilité ni un renoncement.

Quelques-unes des phrases de Montaigne à ce sujet demeurent des plus étonnantes :

« *A les juger par l'utilité et par la vérité naïve* [1], *les leçons de la simplicité ne cèdent guère à celles que nous prêche la doctrine au contraire* [2]. » (III, 12; 1052.)

« *... Tenons dorénavant école de bêtise. C'est l'extrême fruit que les sciences nous promettent, auquel cette-ci* [3] *conduit si doucement ses disciples.* » (*Ibid.*)

« *O que c'est un doux et mol chevet, et sain, que l'ignorance et l'incuriosité, à reposer une tête bien faite!* » (III, 13; 1073.)

Etc.

Au fur et à mesure que le temps passe, Montaigne se défie de plus en plus de la « *science* » (rappelons qu'au XVIᵉ siècle, ce mot était à peu près synonyme de « *sagesse* », « *savoir* », « *connaissance* » ou même « *philosophie* »). En revanche, toujours et partout, et de plus en plus, c'est aux leçons de la nature qu'il se fie : « *Le plus simplement se commettre* [4] *à Nature, c'est s'y commettre le plus sagement* » (III, 13; 1073). De sorte que, sur bien des points, les simples, voire les animaux, pourraient en remontrer aux philosophes. Les savants se perdent et perdent de vue le monde à force de verbiage : « *Les sciences traitent les choses trop finement* [5], *d'une mode trop artificielle et différente à la commune et naturelle.* [...] *Si j'étais du métier, je naturaliserais l'art autant comme ils artialisent* [6] *la nature* » (III, 5; 874).

Mais, comme le doute chez Montaigne était positif,

---

1. *Naïve :* naturelle, de la nature.
2. *Au contraire :* dans une direction opposée.
3. L'école de la nature.
4. *Se commettre :* se confier.
5. *Trop finement :* avec trop de raffinement.
6. Mot forgé par Montaigne.

l'ignorance dont il parle n'est pas simplement la négation de la « *science* ». Écoutons son dernier projet, tel qu'il apparaît au douzième chapitre du livre III : « *Je dis pompeusement et opulemment l'ignorance, et dis la science maigrement et piteusement;* (C) *accessoirement cette-ci et accidentellement, celle-là expressément et principalement. Et ne traite à point nommé de rien que du rien, ni d'aucune science que de celle de l'inscience.* » (III, 12; 1057.) « La science de l'inscience » : au terme de sa vie (« *J'ai choisi le temps où ma vie, que j'ai à peindre, je l'ai toute devant moi; ce qui en reste tient plus de la mort* », écrit-il dans la phrase suivante), Montaigne comprend que le savoir n'est rien s'il n'est sagesse. Dans une suite d'ajouts au chapitre « *Des vaines subtilités* », du premier livre (I, 54), il explique qu'il y a chez les hommes trois degrés de capacité : les plus simples, les ignorants au sens courant du terme, sont soumis et obéissants et ne présument pas d'eux-mêmes; les suivants – la « *moyenne capacité* » – sont en quelque sorte des demi-savants et ils jugent les premiers de haut; « *les grands esprits* », eux, comprennent des choses qui échappent aux autres et se montrent aussi modestes que les premiers. Ce développement suit un ajout à juste titre fameux, où Montaigne résume ce que représente à ses yeux l'ignorance : « *Il se peut dire, avec apparence, qu'il y a ignorance abécédaire qui va devant la science, une autre doctorale qui vient après la science : ignorance que la science fait et engendre, tout ainsi comme elle défait et détruit la première* » (I, 54; 312).

C'est dire combien l'ignorance ainsi conçue, loin d'être platement le contraire de la connaissance, en est la forme la plus haute, la plus authentique à laquelle puisse prétendre l'homme. Autre façon de présenter la même idée : « *L'admiration est fondement de toute philosophie, l'inquisition le progrès, l'ignorance le bout* » (III, 11; 1030). Comprenons bien : l'« *admiration* », c'est à peu près ce que nous appelons aujourd'hui l'étonnement; la « *philosophie* », le savoir et la sagesse; l' « *inquisition* », la recherche, la curiosité.

Dans la phrase qui suit, Montaigne s'explique d'ailleurs, une fois encore, très précisément sur le sens qu'il donne au mot « *ignorance* » : « ... *il y a quelque ignorance forte et généreuse qui ne doit rien en honneur et en courage à la science, ignorance pour laquelle concevoir il n'y a pas moins de science que pour concevoir la science* » (*ibid.*).

Cette notion (rendue aussi par les mots « *simplicité* » ou « *simplesse* », « *stupidité* », « *bêtise* », « *inscience* », etc.) est donc centrale dans la pensée de Montaigne. Elle s'associe au jugement, à l'activité de l'intelligence; elle résulte d'un effort, d'un progrès; jamais elle n'est l'effet de la paresse, de l'indifférence ou de la docilité. Elle met en valeur un aspect fondamental dans la réflexion des *Essais* : que savoir vraiment ne consiste pas à entasser des connaissances. C'est se faire, « *en être devenu meilleur et plus sage* » (I, 26; 152). L' « *inscience* » dont il est question dans les *Essais* est « une humilité née de l'émerveillement devant la richesse de la nature » (M. Baraz [1]).

Tel est donc l'itinéraire de Montaigne : partant de lui-même (« *c'est moi que je peins* »), il découvre que l'homme (« *chaque homme porte la forme entière de l'humaine condition* », III, 2; 805) et le vaste monde font partie de sa quête. Quête toujours inachevée.

---

1. Ouvr. cit., p. 96.

5

« *La forme entière de l'humaine condition* »

L'auteur des Essais

La grandeur des *Essais* n'est donc pas seulement, pas essentiellement même, d'être un autoportrait, si admirable qu'il soit. C'est d'être une des plus profondes réflexions qui aient jamais été menées sur la condition de l'homme et l'une des plus belles proses qui aient jamais été écrites en français. Quelle qu'ait été la figure réelle de Montaigne vivant, quel qu'ait été l'attachement qu'il a su inspirer à ceux qui l'ont connu, aujourd'hui le seul Montaigne qui compte, c'est celui qui a écrit les *Essais*, c'est aussi celui qui est dépeint dans le livre, beaucoup plus que l'homme historique.

Toutefois, on ne peut négliger le fait que Montaigne assure plusieurs fois qu'il ne dit que la vérité, en particulier sur lui-même. Il exclut la fiction de son entreprise, sans que cette exclusion, comme il arrive au XVIe siècle et en d'autres périodes, constitue jamais une convention d'auteur [1]. Que dit-il de lui ? Qu'il est un homme très ordinaire, plutôt au-dessous qu'au-dessus de la plupart de ses semblables et, s'il consent à ce qu'il y ait quelque chose à retenir

---

1. Notamment dans les recueils de nouvelles : voir le Prologue de l'*Heptaméron* de Marguerite de Navarre, par exemple. Ou dans maints romans par lettres des XVIIe et XVIIIe siècles.

de lui, il assure que c'est « *à contre-poil* » : « *Enfin, toute cette fricassée que je barbouille ici n'est qu'un registre des essais de ma vie qui est, pour l'interne santé, exemplaire assez à prendre l'instruction à contre-poil* [1] » (III, 13; 1079). Ce n'est pas un avis unanime, à preuve ces remarques d'Étienne Pasquier, radicalement opposées aux précédentes : « *Il était personnage hardi, qui se croyait et comme tel, se laissait aisément emporter à la beauté de son esprit. Tellement que par ses écrits, il prenait plaisir de déplaire plaisamment* [2]. »

« *Déplaire plaisamment* » : le paradoxe est bien trouvé et caractérise en effet quelque chose de fondamental dans la tournure d'esprit de Montaigne telle que la révèlent les *Essais* à travers tant de protestations d'indignité. Grâce à Pasquier, nous apprenons que le paradoxe dépeignait l'homme aussi bien que son livre...

Paradoxes

En effet, lisant les *Essais*, c'est à chaque page qu'on rencontre le paradoxe. Montaigne renverse la prééminence habituelle de l'homme sur les animaux. Il prise l'ignorance, voire la « bêtise », plus que la science mais il n'estime rien tant que l'ignorance savante! Il se présente comme quelqu'un qui n'est pas écrivain, mais il passe sa vie à écrire. Il dit la vanité de bien des choses, mais ce sont celles auxquelles il tient le plus : les voyages, les paroles. On a remarqué [3] que, de la Bible, il ne cite guère que l'*Ecclésiaste* : « Vanité des vanités, et tout est vanité » mais on dit aussi que, lorsque Montaigne parle de la vanité, « la vanité qui consiste à écrire vainement de la vanité acquiert une présence, un volume » [4].

Ce goût du paradoxe correspond à un choix déclaré. On lit au début du chapitre « *Des Cannibales* » qu' « *il se faut*

---

1. On peut prendre ma vie comme exemple à condition que ce soit à l'envers.
2. Lettre à M. de Pelgé, in *Choix de lettres sur la littérature*, éd. cit., p. 43.
3. Michaël Baraz, ouvr. cit., p. 114.
4. Alfred Glauser, *Montaigne paradoxal*, p. 48.

garder de s'attacher aux opinions vulgaires [1] *et les faut juger par la voie de la raison, non par la voix commune* » (I, 31). Opposer « la VOIE de la raison » à « la VOIX commune » n'est pas une mauvaise définition du paradoxe.

Paradoxal envers les opinions de son temps, Montaigne se trouve par ce tour d'esprit en accord profond avec son époque, qui ne se lasse pas des paradoxes, des plus facétieux aux plus profonds. L'*Éloge de la Folie* d'Érasme; le personnage de Panurge qui prononce au début du *Tiers Livre* de Rabelais l'éloge (paradoxal) des dettes; la poésie dite « bernesque » [2] qui prélude au burlesque du siècle suivant et qu'illustra magistralement Du Bellay, auteur en particulier d'un *Hymne de la Surdité* superbement railleur et douloureusement amer; les fous de Shakespeare et le prodigieux Don Quichotte, à l'aube du XVIIe siècle : autant d'illustrations du paradoxe, auxquelles il faut ajouter les *Paradossi* italiens de Landi publiés en 1543 à Lyon et traduits en français dix ans plus tard par Charles Estienne sous le titre savoureux de *Paradoxes, autrement : Propos contraires à l'opinion de la plupart des hommes. Livre non moins profitable que facétieux.* Or, selon Villey, Montaigne possédait sans doute dans sa bibliothèque les *Paradossi*.

Mais Montaigne va parfois plus loin et s'amuse alors à pratiquer le paradoxe contre lui-même : « La manière habituelle de Montaigne est de prendre la contrepartie d'un sujet. Avant de parler de l'éducation, il fait le portrait d'un Montaigne peu digne d'en parler. Dans « *De la présomption* », il invente pour la circonstance un personnage non présomptueux : lui-même. « *Du repentir* » présente un homme qui ne se repent pas. Dans cette algèbre, surgit l'être affirmatif de celui qui écrit. Montaigne ne parle pas avec amour de l'amour, ni de l'amitié avec amitié. Dans son optique particulière, on ne voit les sentiments qu'au

---

1. *Vulgaires :* de la foule, communes, répandues.
2. Adjectif formé sur le nom du poète italien Berni (première moitié du XVIe siècle), initiateur de ce type de poésie.

moment où ils cessent d'être pleinement. L'amour devient amitié et l'amitié amour. Les histoires qu'il raconte sont parfois pour Montaigne une occasion de s'opposer à elles » (A. Glauser [1]).

C'est à peu près ce que Pasquier appelait « *déplaire plaisamment* ». Que son livre et lui-même se rejoignent dans cette pratique du paradoxe, non seulement Montaigne le sait, mais il le revendique sans ambiguïté dans une page fameuse du IIIe livre : « *Quand on m'a dit ou que moi-même me suis dit : [...] Voilà un discours paradoxe. [...] En voilà un trop fol. Tu te joues souvent; on estimera que tu dis à droit ce que tu dis à feinte. – Oui, fais-je [...]. Est-ce pas ainsi que je parle partout ? Me représenté-je pas vivement ? Suffit !* » Et l'on connaît la suite : « *J'ai fait ce que j'ai voulu : tout le monde me reconnaît en mon livre, et mon livre en moi* » (III, 5; 875).

Lire « à pièces décousues » ?

Dès lors se pose l'inévitable question : comment lire Montaigne ? On a vu que les théories et les analyses sur la bonne manière de lire les *Essais* s'opposent [2] : les uns ne conçoivent pas qu'on puisse rompre le désordre des *Essais*, d'autres cherchent l'ordre sous le désordre, les premiers comme les seconds s'abritant avec autant d'arguments solides sous la volonté et l'autorité de Montaigne. « *Pot à deux anses* », là encore : Montaigne ne recommande rien, il laisse son lecteur libre mais ne se fait pas faute de dire comment lui, lecteur, conçoit la lecture. Il s'octroie une totale liberté : « ... *je feuillette à cette heure un livre, à cette heure un autre, sans ordre et sans dessein, à pièces décousues* » (III, 3; 828). Exemple à suivre ou à prendre « *à contre-poil* » ? Et, à feuilleter un livre lui-même sans ordre, ne court-on pas le risque d'y rétablir un ordre impertinent ? Question oiseuse : comme souvent à propos des *Essais*, il

---

1. Ouvr. cit., p. 85.
2. Voir plus haut, pp. 186 et suivantes.

n'y a pas de réponse unique parce que ce livre n'exige ni n'impose UNE méthode de lecture à l'exclusion d'une autre. Les *Essais* ne sont pas seulement un livre qu'on lit : c'est plus encore un livre qu'on relit, quelquefois dans son enchaînement, plus souvent partiellement, par chapitre ou par passage, « *sans ordre et sans dessein* ». Le désordre des *Essais* se juxtapose alors aux lignes continues qu'établit, par-dessus (ou par-dessous) la lecture, la mémoire du lecteur.

Tout cela pour annoncer – sinon pour justifier – la manière dont, dans les pages qui suivent, nous allons aborder quelques-uns des grands thèmes des *Essais*, quelques-unes des principales préoccupations de Montaigne. Ce faisant, nous savons bien que nous négligerons quelque chose d'important, qui est précisément la démarche capricieuse du livre. Mais nous espérons ne pas sacrifier le principal, qui est le plaisir qu'il procure : « *Si quelqu'un me dit que c'est avilir les Muses de s'en servir seulement de jouet et de passe-temps, il ne sait pas, comme moi, combien vaut le plaisir, le jeu et le passe-temps. A peine que* [1] *je ne dise toute autre fin être ridicule* » (III, 3 ; 829).

Le monde et les voyages

Dans le chapitre « *De l'institution des enfants* », Montaigne recommande de former le jugement des enfants par la réflexion, par les livres et par les voyages : « *Il se tire une merveilleuse clarté, pour le jugement humain, de la fréquentation du monde* » (I, 26 ; 157). Dès 1580, Socrate est donné en exemple parce qu'il se disait citoyen du monde et non de la seule ville d'Athènes : « *On demandait à Socrate d'où il était. Il ne répondit pas : D'Athènes, mais : Du monde* » (*ibid.*). Montaigne condamne la vision myope qui ne perçoit que le proche et défigure ainsi la réalité, ce qu'il illustre plaisamment par l'exemple de son curé : « *Quand les vignes gèlent en mon village, mon prêtre en argumente*

---

1. *A peine que :* peu s'en faut que.

l'ire de Dieu sur la race humaine et juge que la pépie en tienne déjà les Cannibales » (*ibid.*).

D'un bout à l'autre des *Essais*, s'exprime la même volonté de ne pas introduire de distorsion entre les hommes, les coutumes, les pays. Certes nous sommes mal doués pour connaître : au moins, ajustons notre tir correctement. La curiosité de Montaigne ne s'enferme jamais dans son pré carré. Son terroir c'est le monde, celui des Cannibales aussi bien que la Gascogne : « *Ce grand monde, que les uns multiplient encore comme espèces sous un genre, c'est le miroir où il nous faut regarder pour nous connaître de bon biais. Somme, je veux que ce soit le livre de mon écolier »* (*ibid.*).

Peu importe que Montaigne n'ait pas parcouru les mers et les continents comme certains aventuriers de son temps : il est sorti de chez lui, il est allé à Paris, en Allemagne, en Italie, et cela lui a permis de saisir les différences mais aussi les ressemblances entre les hommes et les modes de vie.

D'autant plus qu'il n'y a pas que les voyages qu'on fait : il y a ceux qu'on lit, ceux qu'on entend raconter, les voyages des autres. Montaigne a rencontré des Cannibales venus en France, il a pu leur parler (I, 31). Il avait dans son personnel un homme qui était allé au Brésil (*ibid.*). Et il avait lu de nombreuses relations de voyage qui lui fournissaient quantité de renseignements, de matière à la réflexion ethnographique dont les *Essais* se font l'écho. Il en tire en particulier l'un des thèmes – des mythes – fréquemment évoqué dans ces récits de voyage, celui du Bon Sauvage, le naturel de ces contrées primitives qui vivait d'une vie innocente, en harmonie avec la nature, comme à l'Age d'Or ou dans l'Éden : « Ce fut un curieux moment du XVIe siècle, celui où l'on crut pouvoir dire, s'appuyant sur l'expérience des grands voyageurs, qu'un vieux rêve de l'humanité, le paradis de l'innocence, n'était pas du tout un rêve, mais bien une réalité » (H. Friedrich [1]).

---

1. Ouvr. cit., p. 218.

C'est dans le chapitre « *De la vanité* » que Montaigne dit non seulement son goût pour les voyages mais le profit qu'il en tire. Son tempérament l'y pousse; il est curieux : « *Cette humeur avide des choses nouvelles et inconnues aide bien à nourrir en moi le désir de voyager* » (III, 9; 948); il n'a pas l'esprit casanier et n'aime guère à s'occuper de sa maison, il s'y ennuie même un peu : «... *ni ce plaisir de bâtir qu'on dit être si attrayant, ni la chasse, ni les jardins, ni ces autres plaisirs de la vie retirée, ne me peuvent beaucoup amuser* » (*ibid.*; 951). Le voyage le libère de ses tracas quotidiens, seule le retient la dépense (considérable : les voyages sont coûteux). En voyage, il ne se fatigue pas. Il aime sortir de chez lui au point qu'il ne comprend pas Socrate d'avoir préféré la mort à l'exil, et il n'est pas loin de voir là une inconséquence : « *Cette humeur fut bien tendre à un homme qui jugeait le monde sa ville* » (*ibid.*; 973).

Une grande partie du chapitre est consacrée à répondre aux objections suscitées par ce goût : « *Aucuns* [1] *se plaignent de quoi je me suis agréé* [2] *à continuer cet exercice, marié et vieil* » (*ibid.*; 974). Mais il ne veut rien entendre : s'éloigner un peu des siens n'est pas une mauvaise chose; « *quant à la vieillesse qu'on m'allègue, au rebours* [3] *c'est à la jeunesse à s'asservir aux opinions communes et se contraindre pour autrui* » (*ibid.*; 977). Paradoxes : dans la tradition du XVIe siècle, il y a contradiction, pour ne pas dire inconséquence, entre la vieillesse et le goût du voyage. Voyager est affaire de jeunesse (on dit encore aujourd'hui que voyager forme la jeunesse). Le vieillard, devenu sage, doit rester chez lui. Dans un sonnet des *Regrets* [4], Du Bellay parlait avec mépris du « *vieillard voyager* », c'est-à-dire voyageur, qui « *s'acquiert en voyageant un savoir malheureux* » (sonnet 29). Montaigne récuse vigoureusement cette façon de voir. Peu lui importe de mourir en chemin. Et comme il

1. *Aucuns :* certains.
2. *Agréé :* plu.
3. *Au rebours :* au contraire.
4. 1558.

voyage pour son plaisir, il est peu vraisemblable qu'il se trouve jamais dans une situation critique : «... *c'est à faire à ceux que les affaires entraînent en plein hiver par les Grisons* [1] *d'être surpris en chemin en cette extrémité. Moi, qui le plus souvent voyage pour mon plaisir, ne me guide pas si mal. S'il fait laid à droite, je prends à gauche; si je me trouve mal propre* [2] *à monter à cheval, je m'arrête. Et faisant ainsi, je ne vois à la vérité rien qui ne soit aussi plaisant et commode que ma maison* » (*ibid.*; 985).

Il n'empêche que, significativement sans doute, c'est sous le signe de la vanité (titre du chapitre) que se trouve placée toute cette argumentation en faveur du voyage.

Le temps et l'histoire

Ce qui est vrai de l'espace l'est du temps. S'informer sur le passé est l'un des moyens de mieux comprendre le présent. On sait le prix que Montaigne attachait aux livres d'histoire : « *En cette pratique des hommes, j'entends y comprendre, et principalement, ceux qui ne vivent qu'en la mémoire des livres* » (I, 26; 156). En cela, il s'accorde parfaitement avec l'un des traits les plus caractéristiques de son siècle : il y a quelque chose de paradoxal dans la double orientation de l'humanisme, essentiellement tourné vers le passé (« *restitution des bonnes lettres* », disait Rabelais, lecture et connaissance des grands Anciens cités à chaque page et plusieurs fois par page dans les *Essais*), en même temps que convaincu de sa modernité, voire de son ouverture vers l'avenir, et effectivement promoteur du monde moderne (au point que le XVIe siècle est le moment où l'on réforme le calendrier : le roi de France décrète à partir de 1564 que l'année commencera désormais le 1er janvier et non plus à Pâques; le pape Grégoire XIII supprime dix jours en 1582 pour remettre le calendrier à jour).

---

1. Le passage par les Grisons, dans les Alpes, était particulièrement redouté par les voyageurs, et les descriptions en sont littéralement terrifiantes!
2. *Mal propre* : peu disposé.

Cette double orientation se marque constamment, y compris sur les événements les plus actuels à propos desquels Montaigne appuie ses commentaires de références à l'Antiquité. Parle-t-il de l'Amérique et du cannibalisme? Pratique barbare, certes. Mais c'est pour constater que notre barbarie n'est pas moindre et « *qu'il y a plus de barbarie à manger un homme vivant* », c'est-à-dire à le tourmenter, le torturer comme cela se fait trop souvent en France pendant cette époque troublée, « *qu'à le manger mort* » (I, 31; 209); puis, allant plus loin que ces simples comparaisons entre usages de là-bas et pratiques d'ici – jouant sur la distance dans l'espace, donc – il se tourne vers l'Antiquité – distance dans le temps – pour appuyer une réflexion d'une autre nature : « *Chrysippe et Zénon, chefs de la secte stoïque, ont bien pensé qu'il n'y avait aucun mal de se servir de notre charogne à* [1] *quoi que ce fût pour notre besoin et d'en tirer de la nourriture* » (*ibid.*). Témoignage évidemment indirect et peut-être inattendu des deux Grecs à propos des grandes découvertes! C'est aussi qu'il s'agit d'une pensée extraordinairement hardie et de la remise en cause d'un tabou, encore actuel aujourd'hui.

Le temps et la mort

La connaissance du temps n'est pas seulement celle qu'apporte l'histoire. Il y a l'expérience personnelle du temps. Celle-ci est évidemment l'affaire de chacun, et les *Essais* sont remplis de ses échos. Montaigne se dit, se sent vieux. Façon d'éprouver dans son corps les effets du temps. La vieillesse est la fin de la vie, elle est aussi l'antichambre de la mort. Et la mort n'est pas tout à fait alors ce qu'elle est aujourd'hui, d'une part parce qu'elle est souvent plus précoce, d'autre part parce que, comme le reste de l'existence au XVIᵉ siècle, elle est plus sociale.

---

1. *À* : pour.

Plus sociale : la mort est alors une véritable cérémonie. « On attend la mort au lit, " *gisant au lit malade* ". [...] La mort est une cérémonie publique et organisée. Organisée par le mourant lui-même qui la préside et en connaît le protocole. S'il venait à oublier ou à tricher, il appartenait aux assistants, au médecin, au prêtre de le rappeler à l'ordre à la fois chrétien et coutumier. Cérémonie publique aussi. La chambre du mourant se changeait alors en lieu public. [...] Il importait que les parents, amis, voisins fussent présents » (P. Ariès [1]). Avec son originalité d'esprit habituelle, Montaigne proteste contre ces usages, dans le chapitre « *De la vanité* », en assurant qu'il ne craint point de mourir loin de chez lui : « *Si toutefois, j'avais à choisir, ce serait, ce crois-je, plutôt à cheval que dans un lit, hors de ma maison et éloigné des miens. Il y a plus de crève-cœur que de consolation à prendre congé de ses amis. J'oublie volontiers ce devoir de notre entregent* [2] *car des offices de l'amitié, celui-là est le seul déplaisant, et oublierais ainsi volontiers à dire ce grand et éternel adieu. S'il se tire quelque commodité de cette assistance, il s'en tire cent incommodités. J'ai vu plusieurs mourants bien piteusement* [3] *assiégés de tout ce train : cette presse* [4] *les étouffe* » (III, 9 ; 978).

La mort était plus précoce. Dès la première page des *Essais*, datée du 1ᵉʳ mars 1580, Montaigne qui a alors quarante-sept ans tout juste prévient qu'il va bientôt disparaître : « *... m'ayant perdu (ce qu'ils* [ma famille et mes amis] *ont à faire bientôt)...* » Coquetterie ? Sûrement pas. Lisons cet autre passage tiré du chapitre « *Que philosopher, c'est apprendre à mourir* » : « *Regarde plutôt l'effet* [5] *et l'expérience. Par le commun train des choses, tu vis piéça* [6] *par faveur extraordinaire. Tu as passé les termes accoutumés*

---

1. *Essais sur l'histoire de la mort en Occident du Moyen Age à nos jours*, Paris, Seuil, 1975, p. 23.
2. *Entregent* : courtoisie.
3. *Piteusement* : pitoyablement.
4. *Presse* : foule.
5. *L'effet* : la réalité.
6. *Piéça* : depuis longtemps.

de vivre. Et qu'il soit ainsi, compte de tes connaissants [1]
*combien il en est mort avant ton âge, plus qu'il n'en y a qui
l'aient atteint; et de ceux même qui ont ennobli leur vie par
renommée, fais-en registre* [2] *et j'entrerai en gageure* [3] *d'en
trouver plus qui sont morts avant qu'après trente-cinq ans »*
(I, 20). Suivent les exemples du Christ et d'Alexandre,
morts tous deux à trente-trois ans – comme La Boétie, à qui
il est difficile de ne pas penser bien qu'il ne soit pas
nommé.

Ce thème de la mort d'un être jeune est courant dans la
littérature du XVIe siècle qui l'a magnifiquement illustré. Il
n'est pas seulement littéraire. Les guerres civiles sont
meurtrières et la vie humaine ne vaut pas cher. Quant aux
femmes, nombre d'entre elles meurent en couches : reines
ou souillons, la médecine n'en sauve aucune. (On sait
d'ailleurs la piètre estime que Montaigne portait à la
médecine et aux médecins.) La maladie, quand elle survient, est souvent sans remède, et elle est fréquente. Il y a
les épidémies, de peste et d'autres fléaux; il y a les misères
ordinaires, lot de l'âge, de l'hérédité : Montaigne souffrait
de la gravelle, comme son père avant lui. A cela, on ne
connaissait ni remède ni adoucissement. De sorte que le lot
de chacun, c'est non seulement la vieillesse, les infirmités
et la maladie, mais la douleur.

A l'égard de la vieillesse, Montaigne est sans illusion et
sans complaisance. Il en reçoit le cortège habituel de maux.
Certaines de ses facultés diminuent avec l'âge. Lucide
comme toujours, il rejette les consolations traditionnelles et
mensongères. Non, la vieillesse n'est pas une sagesse. Elle
n'est rien d'autre qu'une infirmité : *« Nos appétits sont rares
en la vieillesse; une profonde satiété nous saisit après; en cela
je ne vois rien de conscience; le chagrin* [4] *et la faiblesse nous
impriment une vertu lâche et catarrheuse »* (III, 2; 815).

---

1. *Connaissants :* connaissances.
2. *Fais-en registre :* fais-en le compte.
3. *J'entrerai en gageure :* je gagerai, je parierai.
4. *Chagrin :* humeur morose.

Le temps et la sagesse

Faut-il donc maudire le temps? Ce serait n'y rien comprendre. Le temps est notre lot. Il faut le prendre, au contraire, et le « *ménager* » comme on dit alors. « *Ménageons le temps* » (III, 13; 1115) est l'un des derniers mots des *Essais*. « Ménager » a alors un sens radicalement différent de celui que le mot a pris aujourd'hui; ce n'est pas « épargner », mais « utiliser, administrer » – ce que signifie encore le « *to manage* » anglais. « L'homme qui sait écouter le bruit de la vie n'a pas peur du temps. La durée de la vie quotidienne est moins une fuite [...] qu'une présence rassurante » (F. Joukovsky [1]). Dès le IIe livre des *Essais*, Montaigne a en effet renoncé à la philosophie, ancienne ou moderne, pour l'aider à maîtriser le vertige que peut provoquer le mouvement du temps. Au IIIe livre, le temps a pénétré sa vision du monde [2] : le temps est notre substance. « *Je ne peins pas l'être. Je peins le passage* » (III, 2; 805). La seule continuité n'est pas dans ce qui nous est donné mais dans nos choix et nos comportements, dans le pari que nous faisons d'être fidèles à une certaine image de nous-mêmes : d'où l'importance de la loyauté, de la fidélité, aussi bien que le refus du mensonge ou même du repentir. « *Excusons* [3] *ici ce que je dis souvent, que je me repens rarement* » (III, 2; 806). Quant au temps, faute de le dominer, saisissons-le.

Dans une des dernières pages des *Essais*, Montaigne invite à saisir l'instant et à s'en contenter pleinement. La sagesse, en effet, n'est pas de courir après les chimères mais de viser des buts accessibles : « *J'ai un dictionnaire tout à part moi : je passe le temps, quand il est mauvais et incommode; quand il est bon, je ne le veux pas passer, je le retâte* [4] *je m'y tiens. Il faut courir le mauvais et se rasseoir* [5]

---

1. *Montaigne et le problème du temps*, p. 133.
2. *Ibid.*, p. 169.
3. *Excusons* : justifions.
4. *Retâte* : goûte pleinement.
5. *Se rasseoir* : s'arrêter.

au bon. Cette phrase ordinaire de " passe-temps " et de " passer le temps " représente l'usage de ces prudentes [1] *gens qui ne pensent point avoir meilleur compte de leur vie que de la couler et échapper, de la passer, gauchir et, autant qu'il est en eux, ignorer et fuir comme chose de qualité ennuyeuse et dédaignable. Mais je la connais autre, et la trouve et prisable* [2] *et commode, voire* [3] *en son dernier décours* [4] *où je la tiens...* » (III, 13 ; 1111).

Un homme sociable

Amoureux de la vie, curieux de tout, Montaigne est d'un naturel sociable. L'un des chapitres du III⁰ livre s'intitule significativement « *De trois commerces* » (III, 3) – au sens classique du mot « commerce », c'est-à-dire fréquentation. Les trois fréquentations de Montaigne sont celle des hommes, celle des femmes, celle des livres. Or, des uns et des autres, il a déjà parlé dans ses *Essais* et il ne se fera pas faute d'y revenir dans la suite du III⁰ livre.

Des livres, par exemple, dans le chapitre simplement intitulé « *Des livres* » (II, 10), et ailleurs dans bien d'autres pages. On sait qu'il aime lire, on sait qu'il aime particulièrement l'histoire et la poésie, et qu'il lit à la fois pour son plaisir (« *sans ordre et sans dessein* ») et pour se former, pour exercer son jugement.

Il parle des hommes, partout dans les *Essais*. Il aime leur compagnie. Il aime en particulier ce qu'il appelle « *la conférence* », c'est-à-dire la conversation, à laquelle il consacre un chapitre important « *De l'art de conférer* » (III, 8) et qu'il considère comme « *le plus fructueux et naturel exercice de notre esprit* » (922). Quant à la fréquentation des hommes, il dit à plusieurs reprises le prix qu'il attache à

---

1. *Prudentes :* sages (pris ironiquement).
2. *Prisable :* appréciable.
3. *Voire :* même.
4. *Décours :* déclin.

l'amitié : « *Il y a des naturels* [1] *particuliers, retirés* [2] *et internes. Ma forme essentielle est propre à la communication et à la production : je suis tout au-dehors et en évidence, né à* [3] *la société et à l'amitié* » (III, 3 ; 823). Encore faut-il s'entendre, et l'on sait que Montaigne différencie le simple attachement qu'on peut porter aux autres et l'amitié profonde qu'il partagea avec La Boétie. Mais, remarque intéressante, quelle que soit l'intensité de l'amitié éprouvée, il précise que celle-ci exige toujours l'égalité : « *Des enfants aux pères, c'est plutôt respect. L'amitié se nourrit de communication qui ne peut se trouver entre eux, pour* [4] *la trop grande disparité, et offenserait à l'aventure* [5] *les devoirs de nature* » (I, 28 ; 184). Elle exige aussi la sérénité : pour cette raison, les relations avec les femmes, trop entachées de passion, ne permettent guère à la vraie amitié d'exister entre les deux sexes.

Montaigne et les passions

« (B) *C'est aussi pour moi un doux commerce que celui des* (C) *belles et* (B) *honnêtes femmes :* (C). « Nam nos quoque oculos eruditos habemus » [« *Car nous aussi, nous avons des yeux qui s'y connaissent.* Cicéron. *Paradoxes*]. (B) *Si l'âme n'y a pas tant à jouir qu'au premier* [6], *les sens corporels, qui participent aussi plus à celui-ci, le ramènent à une proportion voisine de l'autre, quoique, selon moi, non pas égale. Mais c'est un commerce où il se faut tenir un peu sur ses gardes, et notamment ceux* [7] *en qui le corps peut beaucoup, comme en moi. Je m'y échaudai en mon enfance et y souffris toutes les rages que les poètes disent advenir à ceux qui s'y laissent aller sans ordre et sans jugement* (III, 3 ; 824-825).

1. *Naturels :* tempéraments.
2. *Retirés :* réservés.
3. *À :* pour.
4. *Pour :* à cause de.
5. *Offenserait à l'aventure :* risquerait de ne pas respecter.
6. *Au premier :* au premier commerce, dont il vient d'être question, le commerce des hommes.
7. *Notamment ceux :* en particulier pour ceux.

Le commerce avec les femmes est difficile parce que la passion s'en mêle. Or Montaigne, en cela bien différent de nos contemporains mais d'accord avec les hommes de son temps, ne valorise jamais la passion. Le mot reste alors marqué de son sens originel [1] et il désigne quelque chose dont on est le jouet, qui aliène. La passion est doublement mauvaise puisqu'elle dépossède de lui-même l'individu qui la subit, qu'elle le prive ainsi de sa liberté, et parce qu'elle le fait souffrir : passion du pouvoir, passion amoureuse, toutes les monomanies qui s'emparent de l'homme, fût-ce sous les apparences les plus flatteuses, orgueil, etc., sont à rejeter. La passion n'est jamais bonne.

Mais Montaigne n'est pas non plus un stoïque et il juge de plus en plus sévèrement la prétention de ceux qui veulent enseigner à s'affranchir totalement des passions. Nous sommes des hommes, nous ne sommes pas des dieux; prétendre subjuguer nos passions, n'est-ce pas viser trop haut, nier notre nature? Il faut lutter avec nos armes : « *Socrate ne dit point : Ne vous rendez pas aux attraits de la beauté, soutenez-la, efforcez-vous au contraire. Fuyez-la, fait-il, courez hors de sa vue et de son rencontre, comme d'une poison* [2] *puissante qui s'élance et frappe de loin.* [...] *Et le Saint-Esprit de même :* Ne nos inducas in tentationem [*Ne nous induis pas en tentation*] » (III, 10; 1015).

De sorte qu'à la limite, si la complaisance envers la passion est mauvaise, l'absence totale de passion est suspecte : Montaigne la dénonce même comme « *une ladrerie spirituelle* » (III, 10; 1014) qu'il refuse de confondre avec la sagesse; ou bien il y voit l'impuissance de la sénilité : « *La volupté n'est en soi ni pâle ni décolorée pour* [3] *être aperçue par des yeux chassieux et troubles* » (III, 2; 816); ou encore le mensonge, l'imposture ou l'aveuglement : « *... se moqua*

---

1. Latin *pati*, subir, souffrir (cf. passif, patient, passivité, etc.).
2. *Rencontre, poison :* deux mots dont le genre a changé depuis le XVIe siècle. Ce ne sont pas les seuls.
3. *Pour être aperçue :* parce qu'elle est aperçue.

quelqu'un anciennement de Diogène, qui allait embrassant en plein hiver, tout nu, une image de neige pour l'essai [1] *de sa patience. "As-tu grand froid à cette heure ? lui dit-il. — Du tout point, répond Diogène. — Or, suivit l'autre, que penses-tu donc faire de difficile et d'exemplaire à te tenir là ?" Pour mesurer la constance, il faut nécessairement savoir la souffrance »* (III, 10 ; 1014).

Donc, une seule attitude devant la passion : l'éviter. En somme, la fuir, sans s'imaginer qu'on est de taille à la juguler. C'est ainsi que Montaigne pratique en toute occasion, et notamment avec les dames : *« Comme, étant jeune, je m'opposais au progrès de l'amour que je sentais trop avancer sur moi, et étudiais qu'il ne me fût si agréable qu'il vînt* [2] *à me forcer enfin et captiver du tout* [3] *à sa merci, j'en use de même à toutes autres occasions où ma volonté se prend avec trop d'appétit : je me penche à l'opposite de son inclination... »* (*ibid.*). Ne pas tenter le diable.

Le commerce des femmes

Montaigne n'est certainement pas un féministe avant la lettre mais il voit la situation qui est faite aux femmes avec lucidité : *« Les femmes n'ont pas tort du tout quand elles refusent les règles de vie qui sont introduites au monde, d'autant que ce sont les hommes qui les ont faites sans elles »* (III, 5 ; 854). Il ne les méprise pas, même s'il ne les surestime pas. Cette attitude mérite d'être remarquée, si l'on pense que le XVIᵉ siècle fut une époque d'intense idéalisation (littéraire) de la femme : c'est tout le courant pétrarquiste de la poésie où il était de bon ton de « faire de l'amoureux transi ». Mais c'était aussi une époque de non moins intense rabaissement de la femme, dans une bonne partie des œuvres en prose et dans la poésie satirique ou grivoise. Une fois de plus, Montaigne se tient dans la voie

---

1. *Pour l'essai de :* pour mettre à l'épreuve.
2. Je veillais à ce que son agrément ne vînt pas, n'en arrivât pas.
3. *Du tout :* totalement.

du milieu. Certes, il est un homme, et les problèmes des femmes ne sont pas les siens. Il se réjouit sans doute que le sort l'ait fait naître homme plutôt que femme. Non que les femmes ne l'intéressent pas : outre ce goût pour elles qu'il avoue en plusieurs endroits des *Essais*, il en a connu et fréquenté – quelques grandes dames en particulier – pour qui il manifeste une estime qui n'a rien de courtisanesque et qui ressemble même un peu à de l'amitié. C'est dire que, pas plus que féministe, Montaigne n'est misogyne, même s'il lui arrive de ne pas résister à quelque bon mot conforme à la tradition (et qui égratigne les hommes, à vrai dire, aussi bien que les femmes) : « *Celui-là s'y entendait, ce me semble, qui dit qu'un bon mariage se dressait d'une femme aveugle avec un mari sourd* » (III, 5; 871).

Il parle là du mariage, cas particulier.

Homme de son temps, Montaigne sépare en effet rigoureusement l'amour et le mariage. Le premier est une inclination, voire une passion, tout individuelle et personnelle; le second est un état, une institution, un arrangement social : « *On ne se marie pas pour soi, quoi qu'on dise : on se marie autant ou plus pour sa postérité, pour sa famille. L'usage et intérêt du mariage touche notre race bien loin par-delà nous* » (*ibid.*; 850). Pour lui, amour et mariage sont même incompatibles : « *Aussi est-ce une espèce d'inceste d'aller employer à ce parentage vénérable et sacré les efforts et les extravagances de la licence* [1] *amoureuse* » (*ibid.*). Il convient que ce sont « *choses qui ont quelque cousinage* » (*ibid.*), mais elles n'en sont pas moins opposées. L'amour est un état nécessairement excessif qui, de ce fait, exclut la durée alors que le mariage est tout le contraire. D'où cet autre rapprochement, jugé plus raisonnable, plus praticable, entre le mariage et l'amitié : « *Un bon mariage, s'il en est, refuse la compagnie et conditions de l'amour. Il tâche à représenter celles de l'amitié. C'est une douce société de*

---

1. *Licence :* liberté.

vie, pleine de constance, de fiance [1] *et d'un nombre infini d'utiles et solides offices* [2] *et obligations mutuelles* » (*ibid.*; 851).

Quand on réfléchit à ce que Montaigne pense de l'amitié, on se rend compte que ce n'est pas rien.

Une lucidité exigeante

Dans le mariage, dans l'amitié, dans la conversation, dans les voyages, toujours et partout nous voyons Montaigne chercher l'échange, heureux de communiquer avec ses semblables, de satisfaire ainsi à sa curiosité et d'y trouver du plaisir. Montaigne hédoniste : la remarque n'est pas nouvelle. Elle en entraîne une autre, qui est une question : à propos de cet homme soucieux de son bien-être, de « *tâter le temps* », de vivre mollement, faut-il parler d'égoïsme ?

Le mot est ambigu. Si, par égoïsme, on entend l'intérêt envers soi-même, le désir de s'épanouir, le refus de sacrifier sa vérité ou de l'aliéner : alors oui, assurément, Montaigne est un égoïste. Mais si par ce mot, on désigne l'indifférence à autrui, le culte exclusif de soi-même, l'avidité et le refus de partager, Montaigne n'est rien moins qu'égoïste, toute sa vie le prouve.

Non égoïste, mais non dupe. Ce qui caractérise le comportement constant de Montaigne dans tous les domaines, dans sa vie privée comme dans sa vie publique, c'est la recherche de la lucidité. Montaigne a toujours cherché à voir juste, à arracher les masques, à ne pas se payer de mots ou d'apparences. Ne pas s'imaginer qu'on sait ce qu'on ne sait pas, qu'on est ce qu'on n'est pas, qu'on peut ce qu'on ne peut pas ; ne pas se méprendre sur ses possibilités et ses limites ; ne pas entreprendre au-delà de ses forces, et ne pas se laisser détourner de soi : « ... *aux affections qui me distraient de moi et attachent ailleurs, à celles-là certes*

---

1. *Fiance :* confiance.
2. *Offices :* services.

m'opposé-je de toute ma force. Mon opinion est qu'il se faut prêter à autrui et ne se donner qu'à soi-même. Si ma volonté se trouvait aisée à s'hypothéquer et à s'appliquer, je n'y durerais pas : je suis trop tendre, et par nature et par usage... » (III, 10 ; 1003). Aveu surprenant : Montaigne trop tendre! La remarque est reprise un peu plus loin, dans le même chapitre, par celle-ci, que complète et précise en outre un ajout posthume : « (B) *J'ai pu me mêler des charges publiques sans me départir de moi de la largeur d'une ongle,* (C) *et me donner à autrui sans m'ôter à moi* » (*ibid.*; 1007).

Là encore, ne nous méprenons pas. Montaigne n'est pas de ceux qui rêvent d'un monde purifié et parfait. L'utopie n'est pas son fort et il pense qu'il faut accepter ce qu'on ne saurait empêcher : le premier chapitre du IIIᵉ livre, largement consacré aux problèmes politiques qui ont agité les esprits au XVIᵉ siècle, s'intitule « *De l'utile et de l'honnête* ». S'il n'est pas un adepte de l'angélisme, il n'est pas non plus machiavélien et il ne prêche pas le cynisme en ce domaine, même s'il n'en ignore pas, parfois, la nécessité. Le mal, l'ostentation, le mensonge même peuvent faire partie du jeu. Certes, réaliste et pragmatique, Montaigne estime qu'il faut s'en accommoder : « *Je ne veux pas priver la tromperie de son rang, ce serait mal entendre* [1] *le monde; je sais qu'elle a servi souvent profitablement, et qu'elle maintient et nourrit la plupart des vacations* [2] *des hommes. Il y a des vices légitimes, comme* [3] *plusieurs actions, ou bonnes ou excusables* [4], *illégitimes* » (III, 1). Non point cynique, donc, mais lucide. Tout est relatif : encore faut-il en être conscient. Un prince peut se trouver dans la nécessité d'agir mal au nom d'un plus grand bien; qu'au moins il sache que c'est un malheur – c'est le mot de Montaigne : « *De manière qu'à quelqu'un qui me demandait : Quel remède? – Nul remède, fis-je : s'il fut*

---

1. *Entendre :* comprendre.
2. *Vacations :* occupations.
3. *Comme :* comme il y a.
4. *Excusables :* justifiables.

véritablement gêné [1] *entre ces deux extrêmes* [...], *il le fallait faire; mais s'il le fit sans regret, s'il ne lui greva* [2] *de le faire, c'est signe que sa conscience est en mauvais termes* » (*ibid.*; 796).

Toutefois, il y a certains vices que Montaigne n'excuse pas : le mensonge sous toutes ses formes, présomption ou imposture, à l'égard de soi ou des autres, prétention ou dissimulation, déloyauté : « *En vérité, le mentir est un maudit vice* » (1, 9; 36); et la cruauté.

Tolérance

L'horreur de Montaigne pour la cruauté est si grande qu'elle l'incite à revenir sur une de ses idées les mieux ancrées : lui qui se défie systématiquement de toute nouveauté, particulièrement en matière politique et institutionnelle, lui qui exclut que l'on rompe les usages pour de problématiques améliorations, il préconise l'abolition de la torture – la question – comme procédure judiciaire, alors que celle-ci est inscrite dans la coutume : « *... en la justice même, tout ce qui est au-delà de la mort simple me semble pure cruauté...* » (II, 11; 431). Il dénonce cette cruauté non seulement pour son inhumanité, mais pour son absurdité puisque la géhenne n'apporte même pas de garantie quant à la vérité : « *Pour dire vrai, c'est un moyen plein d'incertitude et de danger* » (II, 5; 369).

Il en va de même pour la sorcellerie que Montaigne, presque seul en son temps, dénonce comme une imposture, une illusion collective et une folie : folie de ceux qui se croient sorciers, imposture de ceux qui osent les juger et – pis – les condamner : « *Les sorcières de mon voisinage courent hasard de* [3] *leur vie sur l'avis de chaque nouvel auteur qui vient donner corps* [4] *à leurs songes* » (III, 11; 1031).

---

1. *Gêné :* tourmenté, torturé (de se trouver dans cette position).
2. *Lui greva :* le peina.
3. *Courent hasard de :* risquent.
4. *Donner corps :* donner consistance, accréditer.

Bornons-nous à juger de l'humain et abstenons-nous de tuer pour des raisons qui ne sont pas à notre portée. *« Et suis l'avis de saint Augustin, qu'il vaut mieux pencher vers le doute que vers l'assurance ès* [1] *choses de difficile preuve et dangereuse créance* [2] *»* (*ibid.* ; 1032).

Par cette simple phrase, Montaigne pose un principe de tolérance dont les conséquences sont considérables. Il refuse la cruauté comme il rejette le mensonge : il les condamne l'un et l'autre non seulement pour eux-mêmes mais comme moyens destinés à servir d'autres fins. (Personne n'est plus résolument opposé aux conduites fanatiques, religieuses ou politiques, révolutionnaires ou autres, telles qu'elles sont pratiquées par la Ligue, par exemple, et telles qu'elles s'inscriront deux siècles plus tard dans des slogans meurtriers comme « La liberté ou la mort ».)

Montaigne exècre les zélateurs – quelque chose comme ce que notre siècle appelle les « militants ». Il récuse tous ceux qui prétendent en imposer dans tous les domaines, y compris dans l'irrationnel. En particulier les devins, charlatans, astrologues et autres, dont la vogue était grande alors [3]. Pareille aversion découle logiquement du scepticisme que l'auteur des *Essais* ne cesse d'afficher devant l'anthropocentrisme. Or, « croire à la divination, c'est supposer que Dieu a disposé, dans le monde, des signes spéciaux en vue de nous et donc qu'il ne regarde que nous, qu'il n'est occupé que de nous »; c'est pourquoi « tous les quêteurs de signes ne sont, aux yeux de Montaigne, que des conteurs de fables », et Jean Céard, auteur de ces remarques [4], cite alors un chapitre des *Essais* intitulé *« Qu'il faut sobrement se mêler de juger des ordonnances divines »* :

---

1. *Ès :* dans les.
2. *De difficile preuve et dangereuse créance :* difficiles à prouver et dangereuses à croire.
3. Voir Jean Céard, *La Nature et les prodiges*, p. 419.
4. *Ibid.*, p. 420.

« *Il advient de là qu'il n'est rien cru si fermement que ce qu'on sait le moins, ni gens si assurés que ceux qui nous content des fables, comme alchimistes, pronostiqueurs* [1]*, judiciaires* [2]*, chiromanciens, médecins,* " id genus omne " [*tous les gens de cette espèce.* Horace. *Satires*]. *Auxquels je joindrais volontiers, si j'osais, un tas de gens, interprètes et contrôleurs ordinaires des desseins de Dieu, faisant état de trouver les causes de chaque accident et de voir dans les secrets de la volonté divine les motifs incompréhensibles de ses œuvres.* » (I, 32; 215.)

C'est avec une ironie souvent cinglante que Montaigne dénonce de tels exemples, où la présomption se joint à l'imposture.

Mais aussi, par une conséquence en quelque sorte inversée, il accueille avec tolérance, ou plutôt il refuse de rejeter ce qu'il ne comprend pas, ces manifestations de l'irrationnel, monstres et prodiges dont son siècle n'est pas avare. Même s'il n'y croit guère, il ne tranche pas. Il n'écarte pas l'incompréhensible de son champ d'investigation, d'autant moins que, pour notre faible entendement, tout est miracle, ou tout devrait l'être : « *Les miracles sont selon l'ignorance en quoi nous sommes de la Nature, non selon l'être de la Nature* » (I, 23; 112). Ici comme ailleurs, le scepticisme refuse d'être négateur.

En somme, ce qui constitue l'attitude constante de Montaigne, c'est l'aveu de son ignorance devant les phénomènes qui lui échappent ou qui le dépassent, mais aussi le refus de masquer cette ignorance sous les apparences d'une fausse intelligence par des interprétations toujours abusives et qu'il ne manque pas de flétrir, fût-ce chez ceux qu'il admire le plus, « démoneries » de Socrate, divinisation d'Alexandre ou de Platon : « *Ils veulent se mettre hors d'eux et échapper à l'homme. C'est folie : au lieu de se transformer en anges, ils se transforment en bêtes; au lieu de*

---

1. *Pronostiqueurs* : devins.
2. *Judiciaires* : astrologues.

se hausser, ils s'abattent. Ces humeurs transcendantes m'effrayent, comme les lieux hautains et inaccessibles; et rien ne m'est à digérer fâcheux en la vie de Socrate que ses extases et ses démoneries[1]*, rien si humain en Platon que ce pour quoi ils disent qu'on l'appelle divin* » (III, 13; 1115). Mais le scepticisme joue dans les deux sens et Montaigne, nous l'avons vu, ne condamne pas les billevesées les plus invraisemblables, parce qu'affirmer qu'une chose est fausse n'est pas possible sans argument solide. Au nom de quelle science établir la fausseté des superstitions ordinaires?

Le goût de la singularité

C'est dire que Montaigne n'est nullement un précurseur de l'esprit scientifique moderne. Ce qui le passionne, ce sont moins les lois universelles qui gouvernent le monde (si tant est qu'il y en ait, et l'auteur des *Essais* en douterait plutôt) que l'infinie diversité des êtres et des choses : coutumes, genres de vie, hommes, goûts, visages, etc.

« *La diversité des façons d'une nation à autre ne me touche que par le plaisir de la variété. Chaque usage a sa raison. Soient des assiettes d'étain, de bois, de terre, bouilli ou rôti, beurre ou huile de noix ou d'olive, chaud ou froid, tout m'est un, et si un*[2] *que, vieillissant, j'accuse cette généreuse faculté et aurais besoin que la délicatesse et le choix arrêtât l'indiscrétion de mon appétit et parfois soulageât mon estomac.* » (III, 9; 985).

Ce goût-là va de pair avec celui d'« *essayer* ». A plusieurs reprises dans son livre, Montaigne oppose les mots « *essai, essayer* » et « *résolution, résoudre* »; l'*essai*, c'est ce qui n'est pas définitif, ce qui est vivant, mouvant, ce qui cherche, alors que la *résolution* est arrêtée, décisive, irréversible.

---

1. Allusion au « démon » de Socrate, en quelque sorte son génie personnel.
2. *Tout m'est un, et si un :* tout me convient également, et à ce point.

Montaigne, faut-il le dire? est l'homme de l'*essai*. Or, comment définit-il, par exemple, son goût pour le voyage : « *Je sais bien qu'à le prendre à la lettre, ce plaisir de voyager porte témoignage d'inquiétude et d'IRRÉSOLUTION* » (III, 9; 988). Est-ce un aveu? Que non pas. Une revendication, plutôt. Lisons la suite : « *Aussi sont-ce nos maîtresses qualités, et prédominantes. Oui, je le confesse, je ne vois rien, seulement en songe et par souhait, où je me puisse tenir*[1]; *la seule variété me paie*[2], *et la possession de la diversité, au moins si aucune chose*[3] *me paie* » (*ibid.*).

En cela, Montaigne s'accorde d'ailleurs avec son siècle, toujours avide de recenser et de dénombrer les singularités du monde et des hommes. « C'est peut-être en ce point que l'on saisit pourquoi la Renaissance n'a pas constitué une science au sens où nous l'entendons : elle ne consent pas à renoncer à la variété infinie des apparences » (J. Céard[4]). Mais, si profondément ancré qu'il soit dans son époque – et c'est peut-être ce qui fait le plus haut prix de son livre –, Montaigne n'en est pas moins le contemporain de chacun de ceux qui l'ont lu ensuite. Sans doute parce que la vaste entreprise que fut l'écriture des *Essais* fut non seulement une entreprise littéraire mais une institution de soi-même (nous disons « institution » comme on dit « formation » dans l'expression « roman de formation ») : « *Je sens ce profit inespéré de la publication de mes mœurs qu'elle me sert aucunement*[5] *de règle* » (III, 9; 980). Ou, pour le dire plus rigoureusement encore : « *Me peignant pour autrui, je me suis peint en moi de couleurs plus nettes que n'étaient les miennes premières. Je n'ai pas plus fait mon livre que mon livre m'a fait, livre consubstantiel à son auteur...* » (II, 18; 665).

---

1. *Tenir :* à la fois arrêter et contenir.
2. *Me paie :* me satisfait.
3. *Si aucune chose :* s'il y a quelque chose qui.
4. *Actes du colloque Renaissance-Classicisme du Maine*, Paris, Nizet, 1975, p. 138.
5. *Aucunement :* sensiblement.

« *Livre consubstantiel à son auteur* », assurément. Mais du même coup, comme maints lecteurs des *Essais* en ont fait l'exaltante expérience, « livre consubstantiel à son lecteur », à chaque lecteur dans sa singularité. On nous permettra, pour terminer, de le dire très sérieusement par un mot que Montaigne n'employait guère sans ironie : c'est le miracle des *Essais*.

6

Quitter les Essais?

Le « commerce » des Essais

On ne quitte pas ce livre aussi facilement qu'on le ferme. Les *Essais* méritent pleinement leur titre parce qu'ils rendent perceptible l'expérience d'un homme, d'une vie, d'un monde. Mais si le lecteur ne se déprend pas aisément de leur fréquentation, c'est qu'il n'y découvre pas seulement l'expérience de Montaigne, les « essais » de Montaigne, mais aussi sa propre expérience et ses propres « essais ». Nous l'avons dit : ce livre est consubstantiel à son lecteur. Sa pensée, ses images, ses phrases hantent le souvenir de ceux qui l'ont lu et même, parfois, seulement parcouru. C'est un texte qui, s'il appartient pleinement à la littérature universelle, n'est pas seulement un objet littéraire. Il marque l'âme. Paradoxe parmi d'autres : ce qui fut rédigé par un homme dépourvu de mémoire continue de hanter la mémoire de milliers de lecteurs. Chacun d'eux se sent invité à participer à ces « essais » écrits il y a plus de quatre cents ans et qu'on sent toujours inachevés, toujours en train de se faire. En matière d'écrits comme en matière de voix, « *la parole est moitié à celui qui parle, moitié à celui qui l'écoute* » (III, 13; 1088) : on l'a rarement aussi bien senti.

Un monde de contradictions

Et puis on ne se défait pas si vite des contradictions de Montaigne. Nous disons bien « contradictions » et non plus « paradoxes ». Ces contradictions abondent; elles charment souvent; elles surprennent parfois; il arrive qu'elles dérangent; elles manifestent la pensée vivante et, de ce fait, elles ont pleinement leur place dans des « essais » – par opposition à ce que seraient des « résolutions » (voir p. 245).

En cela encore, l'auteur des *Essais* est fils de son siècle, un siècle attentif aux détails, amateur de dénombrements, sensible à tout ce qui fait la différence, fasciné par la recherche des oppositions, en un mot par les multiples contradictions qui expriment la complexité du monde. Catholique orthodoxe pour toutes sortes de raisons dont certaines sont politiques (c'est-à-dire, au sens étymologique du terme, qu'elles regardent l'intérêt de la cité, du pays) autant que religieuses, convaincu de toute façon que, non plus qu'aucun de ses semblables, il n'a les moyens de pénétrer les mystères de l'au-delà, Montaigne sait qu'il est condamné, en tant qu'homme, à n'apercevoir qu'une portion infime de la vérité des choses et du monde, voire une simple apparence. Inutile de se dresser sur ses ergots : « *Si avons-nous beau* [1] *monter sur des échasses, car sur des échasses encore faut-il marcher de nos jambes. Et au plus élevé trône du monde, si* [2] *ne sommes assis que sur notre cul* » (III, 13; 1115). Ne faisons pas l'ange au risque de faire pire. Sachons ce que nous sommes et contentons-nous-en. Ce n'est pas une leçon de résignation.

Toutefois, si l'homme est condamné aux apparences et aux illusions, il lui convient de ne pas s'y complaire au point de se forger de lui-même ou de ce qui l'entoure une image absurdement avantageuse. Rester clairvoyant sinon modeste. Faire avec ce qu'on est et ce qu'on a : accepter l'incompréhensible comme incompréhensible, le mystère

---

1. *Si avons-nous beau :* et il nous est facile de, nous pouvons toujours.
2. *Si :* pourtant.

comme mystère, l'inconnaissable comme inconnaissable. Constater les heurts, les incompatibilités apparentes entre ce que nous livrent les sens, l'histoire, l'expérience. Accueillir les contradictions sans tricher.

Le siècle de Montaigne n'a pas la religion de la « synthèse », comme on dit si volontiers aujourd'hui. On ne s'est pas encore avisé, alors, que rien n'est beau que le lisse, l'uni – risquons : le synthétique... Il ne semble pas que les meilleures solutions soient celles qui gomment les différences, qui rassemblent, qui uniformisent. Pour le meilleur ou pour le pire, d'ailleurs : voyez les guerres de religion, où l'intolérance triomphe. Dans ce contexte, on ne réduit certes pas les différences. On réduit l'ennemi, c'est-à-dire qu'on le supprime ou qu'on le transforme (en le convertissant, de gré ou de force, autre façon de le supprimer). Point de conciliation, de rassemblement, d'œcuménisme ou de « synthèse » d'aucune sorte là-dedans. La différence entre un Montaigne et les autres, ligueurs ou huguenots intransigeants, c'est que lui ne croit pas à la violence, même s'il est sceptique sur les chances d'une réconciliation nationale. (Rappelons qu'il meurt en 1592, deux ans avant la conversion de Henri IV.) Mais, comme les autres, il constate les différences, dans les idées, dans les faits, dans les comportements, dans les usages, et il ne rêve pas de les transformer en ressemblances. La tolérance ne consiste pas à tout mouler sur le même modèle, mais à accepter les différences des autres, en commençant par les percevoir. Aux yeux de Montaigne comme à ceux de ses contemporains, la triade qui aujourd'hui gouverne tant de règlements et de modes de penser : « thèse-antithèse-synthèse », serait proprement dépourvue de sens.

Libres choix

Contradictoire, donc, et non seulement paradoxal, Montaigne l'est partout. Ou plutôt, partout il observe la contradiction. Mais cela n'interdit pas de choisir : « *Démocritus et*

Héraclitus ont été deux philosophes, desquels le premier, trouvant vaine et ridicule l'humaine condition, ne sortait en public qu'avec un visage moqueur et riant; Héraclitus, ayant pitié et compassion de cette même condition nôtre, en portait le visage continuellement attristé et les yeux chargés de larmes [...]. *J'aime mieux la première humeur...* » (I, 50; 303). Rire ou pleurer? Plutôt rire.

Mourir seul ou mourir entouré de l'apparat habituel : quant à lui, Montaigne préférerait la première solution, il l'a dit clairement. Mais le récit qu'il fait (dans une lettre, hors des *Essais*) de la mort de La Boétie, illustre pleinement la deuxième manière [1] : «... *Après que le testament eut été signé, comme sa chambre était pleine de gens, il me demanda s'il lui ferait mal de parler. Je lui dis que non, mais que* [2] *ce fût tout doucement. Lors il fit appeler Mademoiselle de Saint-Quentin, sa nièce, et parla ainsi à elle... Il fit après appeler Mademoiselle d'Arsat, sa belle-fille, et lui dit... Toute la chambre était pleine de cris et de larmes, qui n'interrompaient toutefois nullement le train de ses discours, qui furent longuets* [3]... »

Mourir en chrétien, comme La Boétie, ou se suicider. On sait que l'Église n'admet pas le suicide. Cela n'empêche nullement Montaigne, bon catholique, d'estimer grandement « le jeune Caton », comme il dit (Caton d'Utique) dont le suicide dramatique – un véritable hara-kiri avant la lettre [4] – demeure mémorable et admirable. (Chose étonnante, d'ailleurs, le *Maestro del Sacro Palazzo* ne reprocha pas à Montaigne cet épisode dans la critique, au demeurant fort indulgente, qu'il fit des *Essais* en 1581 [5] : d'autant plus étonnante que Montaigne persiste et qu'il envisage avec

---

1. Voir pp. 231-232.
2. *Mais que :* à condition que.
3. Lettre de Montaigne à son père, narrant la maladie et la mort de La Boétie. In Montaigne, *Œuvres complètes*, éd. Thibaudet-Rat, Paris, Gallimard, Bibliothèque de la Pléiade, 1962, pp. 1354, 1355 et 1356. – Il va sans dire que le mot *longuets* n'a pas ici la valeur ironique et péjorative que nous lui donnons.
4. Voir Maurice Pinguet, *La Mort volontaire au Japon*, Paris, Gallimard, 1984, chap. I : « Le *hara-kiri* de Caton ».
5. Voir *Journal de voyage*, éd. Garavini, pp. 221-222.

intérêt et sympathie le suicide, tel que le pratiquent diverses civilisations, dans plusieurs pages des *Essais*, notamment dans le chapitre « *Coutume de l'île de Céa* » (II, 3).)

Malgré cela, malgré l'admiration que Montaigne ne cesse d'éprouver pour la vertu et les hommes vertueux, et d'autant plus, remarque-t-il, que le siècle déchaîné où il vit en est singulièrement dépourvu, l'image du sage qui, de plus en plus, lui est chère ne sera plus celle d'un héros, à la manière du jeune Caton, mais celle d'un homme qui vécut comme un homme ordinaire, Socrate, qui sut recevoir la mort mais ne se la donna pas. C'est que, plus que le savoir-mourir, en fin de compte, le savoir-vivre est la pierre de touche de la vertu, c'est-à-dire de la sagesse. Dans le IIIe livre, Montaigne choisira le sage, le maître de vie, contre le héros, Socrate contre Alexandre :

« *Je conçois aisément Socrate en la place d'Alexandre; Alexandre en celle de Socrate, je ne puis. Qui*[1] *demandera à celui-là ce qu'il sait faire, il répondra : subjuguer le monde; qui le demandera à cettui-ci*[2]*, il dira : Mener l'humaine vie conformément à sa naturelle condition; science bien plus générale, plus pesante*[3] *et plus légitime. Le prix de l'âme ne consiste pas à aller haut, mais ordonnément.* » (III, 2.)

Aller « *ordonnément* », frayer sa voie dans la diversité des choses, au milieu des contradictions qui constituent la vie, sans les nier mais sans s'y perdre : tel est peut-être, s'il y en a un, le dernier mot des *Essais*.

---

1. *Qui :* si l'on.
2. *Cettui-ci :* celui-ci.
3. *Pesante :* difficile, grave.

V

DEPUIS

1

Les Essais *devant les contemporains*

De la nouveauté des *Essais,* Montaigne a eu pleinement conscience. Non point tant de la nouveauté de ses idées, peut-être, quelque grande qu'elle ait été, que de celle qui tient à la forme et au sujet : la peinture du moi. Il l'affirme dès l'avis au lecteur de 1580 : « *Je suis moi-même la matière de mon livre* » et il ne cesse de le répéter jusqu'après 1588 : « (C) *Nous n'avons nouvelles que de deux ou trois Anciens qui aient battu ce chemin; et si* [1] *ne pouvons dire si c'est du tout* [2] *en pareille manière à cette-ci* [3]*, n'en connaissant* [4] *que les noms. Nul depuis ne s'est jeté sur leur trace. C'est une épineuse entreprise, et plus qu'il ne semble, de suivre une allure si vagabonde que celle de notre esprit...* » (II, 6; 377-378.)

A ce propos, Pierre Villey observait judicieusement que « d'édition en édition, les apologies du *dessein de se peindre* occupent plus de place dans les *Essais,* et prennent un ton plus pressant, agressif même » [5]. A se demander si Montaigne ne répond pas ainsi à une opposition suscitée par cette insolite entreprise.

---

1. *Et si :* et encore.
2. *Du tout :* tout à fait.
3. *Cette-ci :* celle-ci (la mienne).
4. *N'en connaissant :* puisque nous n'en connaissons.
5. *Montaigne devant la postérité,* Paris, 1935, p. 13. Nous suivons largement cet ouvrage dans ce chapitre ainsi que celui d'A. Boase *The Fortunes of Montaigne...* (voir plus loin, p. 263, n. 2).

L'accueil réservé aux Essais de 1580

Montaigne parle avec satisfaction de la faveur rencontrée par son livre lors de sa publication : « *La faveur publique m'a donné un peu plus de hardiesse que je n'espérais* » (III, 9; 964). Il y a d'autres témoignages de ce succès. De La Croix du Maine, le récit de l'entrevue avec le roi Henri III qui avait complimenté Montaigne pour les *Essais* [1]. De Montaigne lui-même, dans le *Journal de voyage,* d'autres indications montrant que, quelques mois après leur publication, les *Essais* procuraient la notoriété à leur auteur. Sans parler de l'affaire de la censure romaine qui se termina par des mots plutôt flatteurs pour Montaigne. De plus, on se rappelle que celui-ci, lors de son séjour à Rome, avait obtenu le titre de citoyen romain auquel il tenait assez pour recopier *in extenso,* à la fin du chapitre « *De la vanité* » (III, 9), le brevet qui le lui accordait : on peut penser que le mérite de l'écrivain ne fut pas étranger à cet honneur.

Dès 1582, le livre fut réimprimé à Bordeaux. Nous ignorons quels étaient les chiffres des tirages (à peu près mille exemplaires sans doute) [2], mais cela prouve que la première édition s'était bien vendue.

Un peu plus tard, l'année 1584 est une année faste pour l'auteur des *Essais.* La Croix du Maine publie alors le premier volume de sa *Bibliothèque* (il n'y en aura jamais d'autre) dans laquelle il se propose de recenser tous les ouvrages et tous les auteurs de son temps; quatre ans à peine après la sortie des *Essais,* Montaigne y est présenté comme l'un des maîtres de l'époque et son livre comme « *bien reçu de tous les hommes de lettres* ». La même année, Du Verdier, autre bibliographe, publie sa *Bibliothèque française* où, comme son prédécesseur, il accorde une place de choix à Montaigne dont il apprécie particulièrement le

---

1. Voir plus loin p. 330.
2. Voir Lucien Febvre et Henri-Jean Martin, *L'Apparition du livre,* Paris, Albin Michel, réimpr. 1971, pp. 310 et 311.

« *jugement émerveillable* », au point de citer un long extrait du chapitre « *Des livres* » (II, 10).

D'autre part, Montaigne se voit cité, nommé, parfois même pillé par des auteurs à la mode : dans ses *Sérées* [1], dont la première partie date de 1584, Guillaume Bouchet nomme plusieurs fois « *La Montagne* » ou « *le seigneur de la Montagne* ». En 1586, c'est Tabourot des Accords qui, dans ses *Bigarrures,* mentionne « *les gentils Essais* » : il s'étonne, quant à lui, de la manière dont l'enfant Montaigne a appris le latin. D'autres lui rendent des hommages indirects et même indiscrets sous forme de larcins non déclarés : érudits ou amateurs devenus aujourd'hui le plus souvent obscurs, mais non point toujours. Ainsi, Étienne Pasquier, dans une lettre qu'il publia cette même année. 1586 [2], plaidait la cause de l'intelligence des animaux et il est difficile d'imaginer qu'il ne se soit pas souvenu à ce propos de longs passages de l'*Apologie de Raymond Sebond.*

Mais « le coup de tonnerre [...], ce fut l'éloge public de Juste Lipse, l'illustre professeur de l'Université de Leyde, l'érudit hollandais dont le prestige s'étendait sur toute la république des lettres » [3]. Cet éloge fut imprimé en 1586 et il retentit à travers l'Europe : « Par-delà les frontières, auxquelles son langage vulgaire semblait borner les *Essais,* le nom de Montaigne était répandu partout où était lue la langue latine [4]. » Comme d'autres, Lipse admire en Montaigne son jugement; il voit en lui un sage à l'antique, un « nouveau Thalès ». Nous sommes là, peut-être, à l'origine d'un malentendu qui se manifestera surtout à propos du IIIe livre. En somme, comme Pasquier, ce qu'apprécie essentiellement Lipse dans les *Essais,* c'est le Montaigne admirateur du stoïcisme. Le stoïcisme adapté au christianisme – ce qu'on a appelé le néo-stoïcisme – jouissait

---

1. *Sérées :* Soirées.
2. Lettre à M. de Tournebu (Turnèbe), in *Œuvres complètes,* édition d'Amsterdam, 1723, t. II, pp. 249 et suivantes.
3. Pierre Villey, ouvr. cit., p. 24.
4. *Ibid.,* p. 25.

alors d'un grand succès[1]. Il est probable que ce même contresens fut commis par une partie non négligeable du public.

Les Essais de 1588

C'est à Paris que Montaigne, auteur désormais célèbre, fait paraître son ouvrage augmenté. On s'en souvient : en 1588, le IIIe livre est publié pour la première fois. Aujourd'hui, et depuis longtemps, l'admiration est unanime autour de ce IIIe livre qui apparaît comme le couronnement des *Essais*. Or, tandis qu'il y a de nombreux témoignages attestant le succès des deux premiers, il n'y en a guère pour le IIIe dans les quatre années qui séparent sa sortie de la mort de Montaigne. Plus tard, même, Mlle de Gournay, dans sa préface à l'édition posthume de 1595, s'indignera du « *froid recueil*[2] *que nos hommes ont fait aux* Essais ». Certes, dans ses dernières années, Montaigne préparait une nouvelle réédition de son livre, preuve qu'il avait eu ses acheteurs, et cela nous a valu le texte de 1595 et l'exemplaire de Bordeaux : mais est-il impertinent d'observer que pour les deux premiers livres, c'est au bout de deux ans seulement qu'il avait fallu une réédition (en 1582) alors qu'il s'en écoulait sept entre 1588 et 1595?

A propos du IIIe livre, Juste Lipse ne donna pas son opinion, du moins publiquement. Pasquier le fit, beaucoup plus tard, et elle n'était pas dépourvue de réserves : ce IIIe livre lui « *semble être une histoire des mœurs et actions de Montaigne, chose que j'attribue aucunement*, écrit-il, *à la liberté de sa vieillesse quand il le composa* »[3]. De plus, longtemps après la mort de Montaigne, il le célèbre encore d'être un « *Sénèque en notre langue* »; il se plaît à en recopier des maximes[4], qui pour la plupart datent de la

---

1. Voir Léontine Zanta, *La Renaissance du stoïcisme au XVIe siècle*, Paris, Champion, 1914.
2. *Recueil* : accueil.
3. Lettre à M. de Pelgé.
4. *Ibid.*

première période [1]. Le Montaigne du III⁰ livre le déconcerte et il le laisse donc de côté. Il n'est pas le seul. En 1594, peu de temps après la mort de Montaigne, Florimond de Raemond, qui le connaissait bien (il lui avait racheté sa charge de conseiller au Parlement en 1570) et qui utilisa les armes fournies par les *Essais* dans sa lutte contre les protestants, écrivait de lui qu' « *il voulait accointer la mort d'un visage ordinaire, s'en apprivoiser et s'en jouer, philosophant entre les extrémités de la douleur jusqu'à la mort, voire en la mort même* » [2]. Ce n'est pas le Montaigne du III⁰ livre qu'on reconnaît ici. D'autre part, en tête d'une édition lyonnaise des *Essais* imprimée en 1595, Claude Expilly, érudit dauphinois qui à ses heures taquinait la Muse en disciple attardé de la Pléiade, célébrait Montaigne comme un « *magnanime stoïque* » et lui demandait solennellement :

> *Montaigne, qui nous peins ta vie et ton courage,*
> *En quelle antique école as-tu si bien appris*
> *De l'effroyable mort le glorieux mépris,*
> *Que tu soutiens sans peur l'horreur de son visage ?*

Autant de témoignages qui sembleront peut-être inattendus, d'autant plus que nous contemplons tout cela de loin. Ils montrent curieusement « l'importance que prend souvent une première œuvre pour fixer la physionomie d'un auteur devant ses contemporains. Qu'il se transforme dans la suite jusqu'à se contredire, le public se cramponne obstinément à la première image qu'il a donnée de lui » (Pierre Villey [3]).

Toutefois, le dernier Montaigne avait probablement ses admirateurs, moins diserts que les autres. Pourquoi cette discrétion ? Il faut se remettre dans l'époque où le goût de la cour, celui des « honnêtes gens », ne l'emportait pas

---

1. Voir la note de l'édition D. Thickett, *Choix de lettres sur la littérature...*, pp. 51-52.
2. *Erreur populaire de la papesse Jeanne*, p. 159.
3. Ouvr. cit., p. 34.

encore sur celui des doctes comme à la fin du XVIIᵉ siècle. Or ce sont les doctes qui avaient le plus profondément apprécié en Montaigne le sage, le nouveau Thalès, et ce sont eux qui ont le plus regretté, sans doute, le stoïcien disparu du IIIᵉ livre. Ce sont les doctes, aussi, qui écrivaient, alors que les gens du monde, qui ont largement fait le succès des *Essais,* ne tenaient guère la plume. Telle était en effet l'une des principales nouveautés des *Essais,* surtout dans leurs dernières rédactions : c'est aux hommes de sa classe, autant et plus qu'aux érudits, que Montaigne s'adressait désormais. De ce point de vue, l'influence du livre sera considérable et il deviendra au siècle suivant le bréviaire des gentilshommes.

Les *Essais de 1595. Mlle de Gournay*

La dernière édition préparée par Montaigne ne parut que trois ans après sa mort, par les soins de Pierre de Brach et de Mlle de Gournay, sa « fille d'alliance ».

Celle-ci était une demoiselle de petite noblesse picarde, que la lecture de Montaigne avait enthousiasmée au point qu'elle lui rendit visite lorsqu'il séjourna à Paris en 1588. Elle avait alors un peu plus de vingt ans. Tout porte à croire qu'elle devint l'amie du vieil écrivain, la différence d'âge imposant comme naturellement cette relation de fille à père plutôt que – si l'on peut dire – d'homme à homme. Mlle de Gournay a été passablement malmenée par la critique : bas-bleu, vieille fille, obstinée dans la défense de ses idées et de ses goûts jusqu'au ridicule. Elle prêta certes le flanc à la raillerie d'un siècle (le XVIIᵉ) qui ne fut pas tendre pour les femmes à prétentions un peu indépendantes (voyez Molière). En fait, depuis quelques années, et grâce notamment aux travaux de M. H. Ilsey [1], la figure et l'œuvre de Mlle de Gournay commencent à être réévaluées et plus justement estimées.

1. Marjorie H. Ilsey, *A Daughter of the Renaissance. Marie Le Jars de Gournay,* La Haye, Mouton, 1963.

De Paris, elle surveilla la réédition de 1595, en restant en correspondance avec Pierre de Brach et Mme de Montaigne qui étaient à Bordeaux. Elle composa une longue préface, emphatique mais plus ouverte à l'originalité réelle de Montaigne que bien des jugements de doctes. Par ce texte, a-t-on dit, elle se plaçait pour la vie « à l'ombre du grand Montaigne » (Mario Schiff) [1]. En outre, ses réfutations nous informent des critiques qu'on adressait aux *Essais*. Il y en a six : 1) l'abus du latin et des néologismes; 2) l'excessive liberté de certains passages (le chapitre consacré à des considérations sur l'amour, notamment, « *Sur des vers de Virgile* » (III, 5), avait surpris); 3) l'obscurité; 4) le désordre des développements; 5) la mention d'un hérétique parmi les grands poètes du moment (c'était Théodore de Bèze et le reproche avait déjà été formulé à Rome par le *Maestro del Sacro Palazzo*); 6) le fait de se peindre. C'était le dernier point qui irritait le plus.

L'édition de 1595 a fait autorité jusqu'au XIXe siècle. On sait qu'à sa mort, Montaigne travaillait au remaniement de ses *Essais* sur son exemplaire personnel de l'édition de 1588. Cet exemplaire a été transféré pendant la Révolution du couvent des Feuillants, à Bordeaux, où l'avait déposé Mme de Montaigne, à la Bibliothèque municipale de cette ville où il est encore. Mais ce n'est qu'au début du XIXe siècle qu'on s'avisera pour la première fois de publier les *Essais* à partir de ce texte plutôt que de celui de l'édition de 1595 [2].

Depuis lors, on a également imputé à la négligence (ou pire) de la fille d'alliance de Montaigne les différences (à la vérité relativement peu importantes) qui existent entre l'édition de 1595 et l'exemplaire de Bordeaux. Depuis une dizaine d'années, le jugement des spécialistes tend à se nuancer et l'on conjecture que l'exemplaire de Bordeaux qui nous est conservé n'était que l'une des deux copies du

1. Cité par P. Villey, ouvr. cit., p. 46.
2. Voir plus bas, pp. 280 et 291-292.

texte préparé par Montaigne, l'autre ayant disparu et ayant peut-être servi de base à l'édition de 1595. De plus, certains considèrent même que ce texte de 1595, mieux corrigé, devrait être repris comme texte de référence [1].

Après cette première édition posthume, les éditions des *Essais* se suivent, nombreuses, éditions autorisées ou éditions pirates. Jusqu'à la fin de sa longue vie, Mlle de Gournay (qui mourra en 1645 à près de quatre-vingts ans) en dirigea quelques-unes, réduisant tantôt sa première longue préface à une seule page (1598), l'étendant au contraire (1635) et ne la recomposant pas moins de six fois en quarante ans. D'autre part, la fille d'alliance de Montaigne veillera scrupuleusement à ce que soit respectée la physionomie originelle du texte des *Essais,* sans annotation en marge, sans mention des auteurs cités, au contraire des usages éditoriaux de la fin du XVIᵉ siècle. Jusqu'au début du siècle suivant, en effet, « l'originalité de Montaigne réside dans la manière dont il avait su confondre sources et textes. [...] L'art de la citation inauguré par Montaigne, à force d'affaiblir, sinon d'effacer, les démarcations usuelles entre sources livresques et ressources personnelles, cet art ne comportait rien de moins que la socialisation de la philologie classique et la sécularisation du savoir et de la sagesse antiques » (J. Brody) [2].

C'est sur l'exacte lecture qu'elle fit des *Essais* que Marie de Gournay mérite les plus grands éloges. Elle a remarquablement compris – bien mieux que la plupart des doctes – la perfection de la langue de son « père » (au moment où celle-ci, pourtant, devenait archaïque) et la profondeur de son dessein : « *Ses compagnons enseignent la sagesse, il désenseigne la sottise... Les autres discourent sur les choses, celui-ci sur le discours même autant que sur elles* [3]... »

---

1. Voir Bibliographie, l'édition préparée par Michel Simonin (plus bas, p. 366).
2. *Lectures de Montaigne,* pp. 25-26. Cité aussi par D. Maskell, « Déformations du texte des *Essais* aux XVIᵉ et XVIIᵉ siècles », in *Mélanges Pierre Michel,* 1984, p. 169.
3. Préface de 1635.

2

Au XVIIe siècle

Contrairement à ce qui s'est passé pour d'autres auteurs du XVIe siècle (Ronsard par exemple), la faveur de Montaigne n'a pas subi d'éclipse véritable au XVIIe siècle, du moins dans les deux premiers tiers. De 1595 à 1669, il paraît même en moyenne une édition des *Essais* tous les deux ans [1], ce qui prouve que « pendant quatre-vingt-neuf ans, les imprimeurs considèrent Montaigne comme une bonne affaire » [2]. Dès 1590, les *Essais* sont traduits, en italien (pour le texte de 1580) par Girolamo Naselli, à Ferrare, sous le titre *Discours [Discorsi] moraux, politiques et militaires*; les trois livres seront publiés dans cette langue à Venise, en 1633 seulement, dans une traduction due à Girolamo Canini, cette fois sous le titre d'*Essais [Saggi]*. C'est en Angleterre que la fortune des *Essais* sera la plus considérable [3]. Ils sont traduits dès 1603 par John Florio, directement sous le titre *Essais [Essays*, même mot au XVIe siècle en français et en anglais], et cette traduction est rééditée deux fois jusqu'en 1632. De plus, la même année 1603, le titre *Essais* est repris par Francis Bacon et popularisé comme il ne le sera jamais en France. Les Anglais, et non

---

1. Voir David Maskell, art. cit., p. 167.
2. Alan M. Boase, *The Fortunes of Montaigne. A History of the Essays in France. 1580-1669*, Londres, Methuen and C^o, 1935, p. V (texte anglais traduit).
3. Voir Ch. Dédeyan, *Montaigne chez ses amis anglo-saxons*, Paris, Boivin, 1944.

les moindres, lisent Montaigne, le citent parfois : Marston, Webster, Burton, Shakespeare.

Revenons en France. Si l'influence de Montaigne y est énorme, au point qu'il deviendra rapidement un classique, faisant partie de l'éducation d'un enfant de bonne maison au même titre que Sénèque ou Plutarque [1], l'appréciation qu'on porte sur lui n'y est pas toujours sans réserve et Jules Brody a pu observer, fort justement, que « les fortunes de Montaigne au XVIIᵉ siècle dégagent deux tendances bien nettes. Il y a d'abord toute cette grande littérature axée sur le contenu des *Essais*, qui s'étend de Charron à Malebranche, en passant par Naudé, La Mothe Le Vayer, Descartes et Pascal. Parallèlement à la réception idéologique de Montaigne, l'on constate la présence moins visible, moins imposante, d'une autre famille d'esprits : Marie de Gournay, Pasquier, Baudius, Jean-Pierre Camus, Guez de Balzac, Sorel, qui voyaient surtout dans les *Essais* un discours audacieux, éloquent, et pourtant problématique en ce qu'il se dérobait par le statut exceptionnel de son langage et de sa forme aux critères normaux de la prose » [2].

La réception des idées de Montaigne

Le XVIIᵉ siècle commence avec Pierre Charron (1541-1603), prêtre et théologien, disciple de Juste Lipse, familier de Montaigne qui lui avait légué ses armoiries, auteur de l'ouvrage intitulé *De la Sagesse* qui parut en 1601 avec un succès considérable – succès de scandale en grande partie. Charron y prêchait la tolérance religieuse en disciple de Sénèque plutôt que du Christ, et il empruntait largement à Montaigne, des passages entiers qu'il transcrivait au risque de les fausser complètement, faisant par exemple du « *Que sais-je ?* » un « *Je ne sais* ». Les paradoxes et les conjectures de Montaigne devenaient de lourdes et sérieuses conclu-

---

1. Boase, ouvr. cit., pp. 104-105.
2. *Lectures de Montaigne*, p. 13.

sions; « envolés la grâce, le charme, la liberté de l'autoportrait, le jeu avec les idées » (Donald Frame [1]). On avait
affaire à quelque chose comme une table analytique des
Essais. Quoi qu'il en soit, et probablement malgré lui,
Charron apparut avec ce livre comme « le patriarche des
esprits forts », selon l'expression du P. Garasse. Il fut aussi,
très délibérément, un propagandiste efficace des idées de
Montaigne – et sans doute un déformateur de ces idées. A
la suite du livre de Charron, fidéiste rationaliste, l'image de
Montaigne se figea pour trois quarts de siècle au moins.

Cependant, avec Charron le plus souvent, sans lui
quelquefois, au XVIIᵉ siècle, Montaigne eut de nombreux
lecteurs, parmi lesquels les deux plus grands furent Descartes et Pascal. Tous deux partent des *Essais* dans leur
quête de la vérité et de la foi. A Montaigne, Descartes
emprunte l'idée (paradoxale) que le bon sens est la chose
du monde la mieux partagée, celle que l'homme doit
chercher la vérité en lui-même plutôt que dans les livres, et
la technique qui consiste à partir de la quête de soi pour
aboutir à une méthode universellement valable. Faut-il
d'autre part rappeler que le *cogito* repose sur une clef de
voûte qui est le doute, peut-être enseigné par Montaigne?

La dette de Pascal envers Montaigne est considérable.
Dans l'*Entretien avec M. de Sacy*, Pascal oppose Épictète et
Montaigne, le premier trop confiant dans la grandeur de
l'homme, le second témoin de sa misère. Dans les *Pensées,*
une bonne part des arguments prouvant la faiblesse de
l'homme, sa vanité, son ennui, son ignorance, etc. sont
empruntés à Montaigne, mais retournés contre lui.

Bien d'autres lisent et aiment, ou rejettent, Montaigne
pour ses idées : l'évêque Jean-Pierre Camus, « l'une des
colonnes de l'Église de France », écrit Pierre Villey [2],

---

1. *Montaigne. A Biography*, p. 314 (texte anglais traduit).
2. *Les Essais de Montaigne*, p. 165.

commence par admirer Montaigne avec ferveur. Il le considère comme un nouveau Socrate. Dans l'*Essai sceptique*, il reprend à son compte le fidéisme de Montaigne. Mais, un peu plus tard, il s'en détachera au point de décrire, en 1626, les *Essais* comme un « livre qui [lui] était autant en délices durant [s]a jeunesse qu'il [lui] est maintenant en dégoût »[1]. Cette évolution représente assez bien celle des doctes et des théologiens au cours du XVIIᵉ siècle. Le rejet de Montaigne se précisera avec *La Logique ou l'Art de penser* de Port-Royal (1666) où l'auteur des *Essais* n'est plus qu'un ennemi de l'Église, dépourvu de « tout sentiment de religion »[2], avant que Bossuet, en 1669, ne tonne en chaire contre lui, puis que Malebranche, dans la *Recherche de la vérité*, dresse l'acte d'accusation le plus serré et le plus rude de tout le siècle. Mais nous sommes alors en 1674 : en 1676, les *Essais* vont être mis à l'Index et, depuis 1669, ils ne sont plus réédités.

« La beauté de ce livre » appréciée

Jules Brody note que les premiers débats suscités par les *Essais* au début du XVIIᵉ siècle portaient surtout sur les questions de style : style provincial, décousu – on dit plutôt « style coupé », à la Sénèque –, en un mot quelque chose de rustique tout en étant un peu trop savant (les citations!) suscitait la discussion. On demeurait perplexe devant le fait que « non sans humour, Montaigne choisissait l'humilité de la langue vulgaire et du style *comique* pour se dire, et traiter le plus grand sujet, l'homme » (Marc Fumaroli[3]).

C'est Guez de Balzac qui, au milieu du XVIIᵉ siècle (vers 1651-1652), a vu le plus clairement et examiné le plus justement tout cela dans les deux *Entretiens* qu'il a consa-

---

1. Tiré de la nouvelle intitulée *Pétronille*. Cité par Boase, ouvr. cit., p. 130.
2. Quelques-uns de ces jugements sont signalés dans les Aperçus critiques (plus loin, pp. 338, 339, 345, 346, etc.). Plusieurs sont d'autre part cités largement dans l'édition Villey-Saulnier des *Essais*. Il faut enfin consulter l'ouvrage indispensable d'A. Boase, cité plus haut.
3. *L'Age de l'éloquence*, Genève, Droz, 1980, p. 645.

crés à Montaigne et où il « s'acharne à le présenter, lui et son livre, comme le lieu d'une déviance généralisée : c'est le discontinu de Sénèque ennemi du coulant cicéronien, la fanfaronnerie périgourdine opposée à l'urbanité parisienne, le mauvais goût ultramontain négateur de la bienséance française, c'est l'ineptie du hobereau bordelais comparée aux grandeurs du consul romain. Et cependant, loin de vouloir porter sur Montaigne un jugement défavorable, Guez de Balzac est à compter parmi ses plus zélés admirateurs » (J. Brody [1]).

Les textes de Balzac sont importants en ce qu'ils situent remarquablement Montaigne par rapport à ce que sera l'esthétique classique (Montaigne représente en somme le « vieux style valois sénéquien » contre le « nouveau style bourbon cicéronien » [2]), mais en même temps, « l'accueil que fit Balzac à l'écriture de Montaigne récapitule et prolonge la première grande revendication de l'esthétique de la négligence face aux premières grandes manifestations de l'esthétique *classique* » [3]. De sorte que jusqu'à Boileau, on ne cessera d'apprécier cette élégance d'un style négligé – « le beau désordre » – qui est l'un des privilèges du sublime.

Un maître d'honnêteté

Par ailleurs, Montaigne apparaissait aussi comme l'éducateur de l'honnête homme. Alors que ses contemporains humanistes, magistrats lettrés (qu'on pense à Pasquier, à Du Vair, par exemple), avaient été des érudits savants en latin, souvent en grec, quelquefois en hébreu, remplis de vénération pour la culture antique, Montaigne cherchait plutôt comme lecteur un habile homme qu'un homme savant. Lui-même était certes un lettré, mais c'était aussi un homme du monde et c'est à ses semblables qu'il

1. Ouvr. cit., p. 15.
2. *Ibid.*, p. 16.
3. *Ibid.*, p. 17.

s'adressait. « Le public de Montaigne n'était pas formé au moment où il écrivait. [...] Montaigne a plus que personne composé ce public d'honnêtes gens capables de juger et de goûter, et qui se constitue en dehors des savants et contre eux. (XVIIᵉ siècle, Descartes, Pascal.) Des âmes réglées et faites d'elles-mêmes, non du dehors. Un des effets principaux de la lecture de Montaigne sur le XVIIᵉ siècle consistera précisément à mettre l'accent sur ces valeurs personnelles humaines, à substituer l'humanisme authentique à l'humanisme d'érudition » (A. Thibaudet [1]).

C'est en tant que maître d'honnêteté que Montaigne eut comme lecteurs sinon comme disciples le poète Racan, puis Mlle de Scudéry, La Fontaine, Mme de Sévigné, Bussy-Rabutin, des épicuriens comme Gassendi, comme Naudé – qui écrivait : « Sénèque m'a plus servi qu'Aristote, Plutarque que Platon, Juvénal et Horace plus qu'Homère et Virgile, Montaigne et Charron que tous les précédents » [2] –, et La Rochefoucauld, La Bruyère, Molière, Boileau même, Mme de Lafayette, Segrais, etc.

En somme, au moment où nous arrivons, Montaigne a ses partisans (du côté de la cour, du côté des esprits libres, en France et à l'étranger : après Spinoza, Bayle en Hollande fut un grand lecteur et un admirateur de Montaigne, de même que Saint-Évremond à Londres ; en France, il y avait eu Sorel, il y avait Méré, le parangon de l'honnête homme). Il a ses détracteurs (Port-Royal, Bossuet, Malebranche, quelques autres parmi lesquels ceux de l'Académie française, y compris Fontenelle, qui ne le convoqueront guère lors de la Querelle des Anciens et des Modernes pour cette raison que, comme Ronsard, il est trop vieux pour faire figure de Moderne).

---

1. *Montaigne*, p. 49.
2. Cité par Boase, ouvr. cit., p. 243.

Les Essais *proscrits*

Pendant presque cinquante ans, au tournant des XVIIᵉ et XVIIIᵉ siècles, les *Essais* vont brusquement cesser d'être réédités, sinon par extraits. En 1677, paraît *L'Esprit des Essais de Montaigne* chez l'éditeur Sercy, qui entreprend en somme de les rajeunir en les réduisant un peu et en les remettant au goût du jour. Les titres des chapitres sont explicités : ainsi, « *Des coches* » devient « *Des Coches ou plutôt : Des Dépenses des princes et de l'industrie du Nouveau Monde* ». Malgré le médiocre succès rencontré par cette publication, en 1700, vingt-cinq ans plus tard, un autre éditeur, Artaud, fait paraître les *Pensées de Montaigne propres à former l'esprit et les cœurs*. Alors qu' « en 1677, Sercy s'excusait de toucher à Montaigne, en 1700 on regarde comme un devoir de l'expurger » (M. Dréano [1]). On continue d'être choqué par la liberté d'allure des *Essais*. Les quatre cinquièmes du texte de Montaigne sont cette fois supprimés [2]; Artaud présente l'archaïsme de la langue comme un charme (et c'est la première fois que cet argument apparaît) mais cela ne l'empêche pas de changer libéralement les mots qu'il juge incompréhensibles, comme *vastité, admonester* (!), etc. Les *Pensées* eurent plus de succès que le premier recueil de ce genre et elles furent rééditées deux fois, en 1702 et en 1703. Les revues les apprécièrent : les *Nouvelles de la république des lettres*, les *Mémoires de Trévoux* et le *Journal des Savants* félicitèrent Artaud – plus que Montaigne, jugé dangereux pour les jeunes gens et les âmes innocentes.

Cependant, si l'on ne rééditait pas Montaigne, on ne cessait de le piller : compilateurs, auteurs de dictionnaires, etc., pour qui « les *Essais* sont devenus comme un dictionnaire national des idées reçues » (M. Dréano [3]). Quelques-uns l'apprécient particulièrement, qui le citent, tels le P. Bouhours dans ses *Pensées ingénieuses* (1689) et d'autres

1. *La Renommée de Montaigne en France au XVIIIᵉ siècle*, p. 13.
2. *Ibid.*, p. 25.
3. *Ibid.*, p. 29.

moins connus. On retient certains épisodes de la biographie de Montaigne : ainsi son éducation en latin. L'auteur des *Essais* est d'autre part l'objet d'articles dans de grands dictionnaires : avant celui de Bayle (1695), celui de Moreri, dès 1674, qui parle de l'homme mais se contente de nommer les *Essais* sans en dire grand-chose.

Certes, il est des lecteurs, en marge des modes et de la ville, pour continuer d'apprécier les *Essais* même dans cette période de déclin relatif. Huet, l'évêque d'Avranches, écrit : « C'est pour ainsi dire le bréviaire des honnêtes paresseux et des ignorants studieux qui veulent s'enfariner de quelques connaissances du monde et de quelque teinture des lettres. A peine trouverez-vous un gentilhomme de campagne qui veuille se distinguer des preneurs de lièvres sans un Montaigne sur sa cheminée »[1]. Quant à lui, Huet a lu les *Essais*, il en apprécie le style et la fantaisie mais les juge dangereux. Désormais, aux yeux des personnes bien-pensantes, Montaigne fait décidément figure d'inquiétant libertin. Au mieux, c'est un plaisantin. Au pire, même s'il n'est pas un philosophe, c'est un brouillon peu recommandable[2].

Du moins en France, car en Angleterre plus que partout ailleurs, pendant cette période critique, on ne cesse de lire et d'aimer Montaigne. Il influence profondément la philosophie de Locke. « L'auteur de l'*Essai sur l'entendement humain* (1690) adopte le sensualisme diffus dans les *Essais* et lui donne une portée philosophique énorme. De même, ses *Lettres sur la tolérance* développent les idées chères à Montaigne[3]. » Il n'y a là-bas ni puristes ni savants pour parler durement contre lui comme en France, en Allemagne, aux Pays-Bas. « Pendant cinquante ans, les *Essais* ne furent pas édités en France; ils n'ont pas été traduits en allemand, ils ont été traduits une fois en hollandais et

1. *Huetiana*, 1712, p. 14.
2. Dréano, ouvr. cit., p. 69.
3. P. Michel, *Montaigne*, Bordeaux, Ducros, p. 52.

quatre fois en anglais, ou plus exactement la traduction anglaise de Cotton a eu quatre éditions en Angleterre de 1685 à 1711 [1]. C'est en Angleterre que Montaigne semble avoir le moins d'ennemis » (M. Dréano [2]).

Ou, pour le dire autrement, « dès le début du XVIIᵉ siècle, Montaigne est adopté par le public anglais avec le même engouement que le vin de Bordeaux » [3].

---

1. Elle en aura neuf, jusqu'en 1811.
2. Ouvr. cit., p. 84.
3. Pierre Michel, *ibid.*

3

Au XVIIIe siècle : de Coste à Naigeon

Montaigne retrouvé. L'édition de Coste

C'est à Londres qu'en 1724 paraît une nouvelle édition française des *Essais*, celle de Pierre Coste, un protestant réfugié en Angleterre, qui reprend le texte de 1595. Il le publie avec soin, donne des traductions nouvelles des citations dont il vérifie et complète les références. C'est dans l'édition de Coste, souvent rééditée, que le XVIIIe siècle lira Montaigne.

L'auteur des *Essais* est alors considéré, plutôt que comme un grand penseur, comme un écrivain agréable et comme un homme simple, voire comme un maître de sagesse mondaine. Marivaux, qui s'en étonnera ? l'apprécie. Désormais, les ecclésiastiques ne s'emportent plus contre lui et si le père Nicéron, qui rédige une vie de Montaigne dans ses *Mémoires pour servir à l'histoire* (1731), ne lui ménage pas les critiques, c'est de façon modérée. Les réformés sont partagés : à la suite de Bayle, certains apprécient le scepticisme du traducteur de Sebond ; d'autres, dans la lignée de Jurieu, l'ennemi de Bayle, sont plus sévères. En général, on apprécie donc l'écrivain mais on le trouve vieilli et on n'en lit pas tout.

D'où la tentation de le récrire en meilleur français, comme on l'avait fait ou comme on allait le faire pour d'autres ouvrages non moins illustres : l'*Introduction à la vie dévote* en 1709, *Le Cid* en 1734, etc. En 1733, un certain abbé Trublet publie ce qu'il appelle « une espèce de traduction » des *Essais*. Cela doit permettre à un public plus large de lire Montaigne, qui le mérite pour sa « morale également agréable et solide » [1]; certes, c'est un libertin souvent « licencieux » : il faut donc garder l'agrément de son style (remis au goût du jour) et supprimer le reste. Voici ce que devient, sous la plume du bon abbé, l'un des passages les plus célèbres des *Essais* :

MONTAIGNE. « *Certes, c'est un sujet merveilleusement vain et divers et ondoyant que l'homme. Il est malaisé d'y fonder jugement constant et uniforme.* » (I, 1).

TRUBLET. « Au reste il ne manque pas d'exemples contraires à ceux-ci; ce qui fait voir l'inconstance et si cela se peut dire la variation de l'homme. Dans les mêmes circonstances, il agit différemment et reçoit des mêmes objets des impressions tout opposées d'où il s'ensuit qu'il n'est pas sûr d'en juger d'une manière constante et uniforme [2]. »

Le pire n'est pas toujours sûr : l'« espèce de traduction » de Trublet fut un échec. On demandait à retrouver la langue, la verdeur, la nervosité de l'original qu'on pouvait d'ailleurs lire dans les éditions de Coste, toujours revues, corrigées, complétées jusqu'à la dernière, publiée deux ans avant sa mort, en 1745. On prétendait même que l'excellent Coste, à force de vivre avec Montaigne, avait fini par se prendre un peu pour son modèle : « Montesquieu et Diderot parlent d'un éditeur des *Essais* qui ne pouvait entendre le nom de Montaigne sans rougir un peu et faire une révérence » (M. Dréano [3]).

---

1. M. Dréano, ouvr. cit., pp. 118-119. (C'est le livre du chanoine Dréano que nous suivons dans ce chapitre.)
2. *Ibid.*, pp. 122-123.
3. *Ibid.*, p. 129.

Lectures de Montaigne jusque vers 1750

Biographies et critiques se multipliaient en se recopiant les unes les autres. L'article de Moreri, dans son *Dictionnaire,* se complétait d'édition en édition jusqu'au milieu du XVIIIe siècle. Il y eut en 1739 le *Mémoire sur la vie et les ouvrages de Michel de Montaigne* du président Bouhier.

Tant et si bien qu'au milieu du XVIIIe siècle, Montaigne a de nouveau de fidèles lecteurs, en particulier chez les mondains et parmi les philosophes. Citons ici le marquis d'Argens, qui en parla bien. Certes, tous ne l'apprécient pas sans réserve. Ainsi Vauvenargues, qui blâme son pyrrhonisme, qui n'apprécie pas son style, mais qui reconnaît en lui un homme de génie : « Montaigne a été un prodige dans les temps barbares » [1], écrit-il. Le *Mercure* publie des débats sur Montaigne, rappelle combien celui-ci reste aimé en Angleterre où il a pu être attaqué, mais où toujours il a été défendu « par les plus beaux génies de son temps et tous les gens de goût » (1746) [2].

Il est vrai que les savants, les esprits sévères sont partagés. Un Louis Racine s'en prend au pyrrhonisme de ce Montaigne qu'il voit comme « l'un de ces malheureux désemparés qui ayant passé de Pyrrhon à Sénèque, ont perdu la foi et l'espérance. Les *Mémoires de Trévoux* approuvèrent ce jugement [3] ». Les hommes d'Église sont en général plus indulgents et considèrent paisiblement ce qui, moins de cent ans plus tôt, déclenchait les foudres de leurs prédécesseurs. L'abbé Prévost goûte le scepticisme des *Essais* et il en admire la langue au point de fonder sur cet exemple une définition du goût : « On demande ce que c'est que le goût. Écoutez Montagne [4] : un ravissement, un ravage. Il

---

1. *Ibid.,* p. 278.
2. *Ibid.,* p. 141.
3. *Ibid.,* p. 151.
4. Telle est couramment l'orthographe du nom au XVIIIe siècle, et telle était d'ailleurs sa prononciation.

n'est pas question de voir... Avoir du goût, c'est sentir par la vue, par l'ouïe, etc. [1] »

En somme, « pendant que philosophes et mondains font l'éloge de Montaigne, que les savants et apologistes le traitent avec sévérité, plus indulgents, les hommes d'Église, si du moins l'on peut encore leur conserver ce titre, tout en signalant quelques-unes de ses faiblesses, lui témoignent beaucoup d'estime pour sa manière d'écrire et de penser » [2].

Montaigne au milieu du siècle : ni guelphe ni gibelin

Montaigne est hautement apprécié par les encyclopédistes et leurs amis, pour des raisons quelquefois curieuses. D'Alembert admire en lui le penseur et l'homme sensible plus que l'écrivain. Mme du Deffand le soutient contre Horace Walpole qui ne l'aime guère. Helvétius prise en Montaigne le précurseur de Locke, le plus grand de tous. Marmontel loue sa langue, malgré quelques scories : « Ce n'est pas que son vieux langage n'eût grand besoin d'être purgé et que la langue dans son état actuel ne soit mille fois préférable [...] mais son élégance a trop pris sur sa vigueur. Ses polisseurs l'ont affadie, elle a perdu de sa naïveté, de sa concision et de son énergie » [3]. A l'étranger Swift, Pope lisent Montaigne.

En France, même ceux qui ne sont pas particulièrement favorables aux encyclopédistes ne dénigrent pas Montaigne. Les *Mémoires de Trévoux* (c'est-à-dire les Jésuites) ne le tiennent nullement pour un ennemi, non plus que Palissot, l'adversaire des philosophes, qui admire en lui l'honnête homme du XVIIᵉ siècle. L'engouement est général. Le curé Meslier le cite avec éloge d'avoir été sceptique devant les miracles; d'après les éditeurs de Meslier en 1762, « les principaux de ses livres étaient la Bible, un Moreri, un

---

1. Ouvr. cit., p. 154.
2. *Ibid.*, p. 159.
3. *Ibid.*, p. 207.

Montaigne et quelques Pères [1]... » Peu à peu et de plus en plus, on va présenter l'influence de Montaigne comme décisive et favorable aux Lumières.

Montaigne philosophe

Ce n'est pas de son compatriote Montesquieu que Montaigne fut le plus apprécié. Montesquieu goûte sans doute le style, la « poésie » [2], la gaieté de Montaigne, mais il en parle au total assez peu. Diderot, lui, « a défendu, en philosophe, la manière de Montaigne sans en excepter sa manière de composer » [3] : on n'en attendait pas moins de l'auteur de *Jacques le Fataliste*. Pour Diderot, les *Essais* sont un trésor dans lequel il ne se fait pas faute de puiser. Il aime en Montaigne la hardiesse d'esprit, même s'il n'est pas toujours d'accord avec ses idées. Voltaire, certes, admire aussi Montaigne mais il le comprend peut-être moins profondément que Diderot; il fait de Montaigne l'un des précurseurs de la lutte contre le fanatisme, voire contre l'Infâme. Le chanoine Dréano suggère très judicieusement que, « quand il parle de Montaigne, Voltaire songe à se donner un ancêtre » [4].

Quant à Rousseau, il fut un bon, un très bon lecteur de Montaigne. Si « Voltaire ne connaît pas Montaigne autant qu'il semble le dire, Rousseau au contraire lui emprunte beaucoup plus qu'il ne l'avoue » [5]. On sait que, dans ses *Confessions,* il a récusé l'exemple de Montaigne, qu'il a accusé de n'être pas sincère. Mais il lui arrive en maints endroits de citer, éventuellement sans le signaler, les *Essais* à l'appui de sa propre pensée. Le Rousseau de l'*Émile* autant que celui des *Confessions* et des *Rêveries* se souvient d'avoir lu Montaigne.

---

1. *Ibid.,* p. 267.
2. *Ibid.,* p. 281.
3. *Ibid.,* p. 301.
4. *Ibid.,* p. 331.
5. *Ibid.,* p. 335.

Montaigne dans la dernière partie du siècle

Les deux années 1773-1774 sont importantes dans l'histoire de la fortune de Montaigne. C'est en 1773 qu'on retrouve l'exemplaire de Bordeaux, encore au couvent des Feuillants où l'avait déposé Mme de Montaigne. Malgré cela, l'édition des *Essais* donnée en 1783 par Bastien continue d'ignorer cet exemplaire. Bastien fait au demeurant un travail de nettoyage sérieux : il épure le texte de ses notes, de la traduction des termes cités. C'est, dit-il, « une édition pour personnes instruites [...] jalouses de penser par elles-mêmes » [1], sans le secours d'un commentateur. Désormais, en effet, rien n'aide à comprendre ce texte difficile.

Puis, en 1774, c'est la première publication du *Journal de voyage*, dont le manuscrit a été retrouvé au château de Montaigne. On le sait, la publication du *Journal* ne fut pas un grand succès [2].

Il n'empêche que Montaigne est en vogue. Signe de cet engouement : en 1770, l'Académie de Bordeaux met au concours l'éloge de Montaigne. L'histoire littéraire a ses moments d'humour : le candidat primé, en 1774 seulement (l'académie avait pris son temps), fut le même abbé Talbert, chanoine de Besançon, qui vingt ans plus tôt avait été préféré par l'Académie de Dijon pour un *Discours sur l'inégalité* à un certain Jean-Jacques Rousseau! L'éloge que l'abbé Talbert fait de Montaigne s'inscrit parfaitement dans la tendance de l'époque : sous sa plume, Montaigne est devenu philosophe et croyant.

Désormais, Montaigne est à la mode. Il est admiré comme moraliste autant que comme écrivain. On trouve l'écho de cette admiration chez Mme de Genlis, chez d'Holbach, chez Paulmy, fils du marquis d'Argenson et auteur d'*Essais dans le goût de Montaigne* publiés en 1785, chez Mirabeau (en particulier dans son *Essai sur le*

1. *Ibid.,* p. 346.
2. Voir plus haut, pp. 114.

278   MONTAIGNE

despotisme, paru à Londres en 1775). En 1778, la future
Mme Roland écrit qu'elle a « choisi Rousseau pour [s]on
bréviaire, Plutarque pour [s]on maître et Montaigne pour
[s]on ami. Ce dernier, ajoute-t-elle, n'est pas sans défaut,
mais le nom d'ami dit tout : c'est un homme auquel il faut
passer ses fantaisies [1]. » Elle le lira encore pendant la
Révolution, jusque dans son cachot.

Montaigne pendant la Révolution

Elle n'y sera pas seule. Pendant la Révolution, Montaigne est, si l'on peut dire, partout. On le lit dans les prisons,
on le lit en exil. Vingt ans plus tôt, il était le régal des
mondains. « Ondoyant et divers, remarque Dréano, il s'est
fait à toutes les situations » [2]. D'autant plus facilement que
« l'on s'est moins pressé de le connaître que de l'exploiter
[...]. On l'a mêlé à toutes les querelles du temps, qu'il s'agît
de style, de langue, de composition, de morale, d'éducation,
de philosophie, de politique, de religion. [3] » Durant toutes
ces années, « la routine, l'imagination et le sentiment ont
fait plus que l'esprit critique pour la renommée de Montaigne » [4].

En effet, paradoxalement, si ce n'est de mots, de gestes
plus ostentatoires que probants, la Révolution a été une
période creuse pour la connaissance de Montaigne. Il y eut
même une pièce de théâtre intitulée *Michel Montaigne* (sic)
représentée en 1798. Elle tranchait par sa nullité sur la
médiocrité générale du théâtre révolutionnaire : elle fut
sifflée et tomba. Certes, on célébra parfois plus dignement
l'auteur des *Essais*. Il y eut le *Cours de littérature* de La
Harpe de l'An VII (1797) [5]. On réimprima l'édition Bastien
des *Essais* en 1793 et en 1796, celle de Coste en 1801.

On parlait d'une nouvelle édition en préparation : celle

---

1. *Ibid.*, p. 392.
2. *Ibid.*, p. 521.
3. *Ibid.*, p. 552.
4. *Ibid.*, p. 553.
5. Voir Dréano, ouvr. cit., pp. 493-494.

d'un philosophe, ami de Diderot et d'Holbach, fort savant sur Montaigne, du nom de Naigeon. L'édition qu'il préparait effectivement paraîtra, mais ce sera au début du XIXᵉ siècle, en 1802.

Hors de France

A l'étranger, les émigrés de la Révolution vont contribuer à répandre le goût pour Montaigne comme, à la fin du siècle précédent, l'avaient fait les émigrés de la persécution anti-réformée. Mais avant même d'être devenu le « Plutarque français » célébré par l'*Almanach des sans-culottes*[1], Montaigne n'avait cessé d'être lu et admiré en Angleterre : Hume, Goldsmith, l'historien Gibbon, et Sterne, l'auteur du *Voyage sentimental*, sont de ses lecteurs.

L'Italie s'y intéresse de plus en plus, le considérant comme le précurseur des philosophes. Beccaria, Alfieri, le lisent avec ferveur. Une traduction anonyme, attestant l'existence d'un public, paraît à Florence en 1783. En revanche, en Espagne, l'influence des *Essais* demeure médiocre.

C'est dans les pays du Nord qu'elle se développe, au Danemark et surtout en Allemagne. La première traduction des *Essais* en allemand par Titius paraît en 1753 à Leipzig, mais c'est celle de Bode (1793) qui en assurera vraiment la diffusion. Des hommes comme Lessing, Herder, disent leur intérêt pour l'œuvre de Montaigne. Richter, Kant, la connaissent. Quant au *Journal de voyage*, il est traduit dès 1777 et rencontre plus de succès qu'en France. Goethe en particulier s'en souvient lorsqu'il rédige son propre *Voyage en Italie*. Au tout début du XIXᵉ siècle, en 1803, un descendant de réfugiés français, Jean Bastide, lit devant l'Académie de Berlin un mémoire intitulé, de façon prometteuse, *Montaigne commenté à neuf*.

---

1. Mentionné par P. Michel, ouvr. cit., p. 72.

4

Au XIXᵉ siècle : de Naigeon à Villey

Une esthétique nouvelle. Popularité de Montaigne

Le XIXᵉ siècle commence avec l'édition de Naigeon, la première qui se fonde sur le texte de l'exemplaire de Bordeaux. Certains passages manuscrits que n'avait pas repris l'édition de 1595 surprirent, choquèrent même, en particulier l'ajout du chapitre « *De l'institution des enfants* » où Montaigne évoque la possibilité que l'élève soit assez frivole pour préférer le jeu ou la danse à l'exercice des armes, noble et viril : « *Je n'y trouve autre remède, sinon que de bonne heure son gouverneur l'étrangle, s'il est sans témoin, ou qu'on le mette pâtissier dans quelque bonne ville, fût-il fils d'un duc...* » (I, 26; 162-163). On s'indigna souvent; on imagina pourtant, parfois, qu'il pût y avoir là de l'ironie [1].

L'édition de Naigeon fut plusieurs fois réimprimée au XIXᵉ siècle, elle influença d'autres éditions des *Essais*, mais elle ne fut pas la seule : de 1812 à 1852, D. Frame n'en compte pas moins de cinquante-six, la plupart, malgré Naigeon, fondées sur le texte de 1595; certaines de ces éditions sont des publications bon marché, destinées

---

1. Donald Frame, *Montaigne in France. 1812-1852*, pp. 207-208. Sauf précision contraire, c'est à cet ouvrage de Frame que renvoient les notes du présent chapitre.

à mettre les *Essais* à la portée de toutes les bourses [1].

Autre signe de l'intérêt attaché aux *Essais* par les temps nouveaux : en 1812, l'Académie française met au concours l'« éloge de Montaigne ». Les réponses sont nombreuses. Parmi elles, l'une des plus intéressantes est celle de Villemain dont l'*Éloge de Montaigne*, a-t-on dit, inaugure « la *montaignologie* française » [2]. D'une manière générale, l'ensemble des travaux suscités par le concours de 1812 « marque le début de l'érudition montaignienne sérieuse » [3].

Les érudits ne sont pas les seuls à s'intéresser à Montaigne. Outre Napoléon qui, partant pour la campagne de Russie, emportait un Montaigne dans ses bagages [4], dès le début du siècle, Senancour, Mme de Staël, Chateaubriand apprécient l'élégante négligence de son style et la richesse de sa pensée. La louange de Montaigne apparaît peut-être alors comme la critique implicite d'un certain classicisme. Pour les romantiques, un trait de sa vie gagne tous les suffrages : son sens de l'amitié, qui rachète une insensibilité, voire une immoralité déplorée par certains (Lamartine, Guizot, Maine de Biran). Mais tout le monde admire le style de Montaigne, même des hommes qui ne l'aiment pas. Ainsi Michelet, aussi mal inspiré sur l'auteur des *Essais* qu'il l'est en général sur la Renaissance, écrit non sans mépris : « Pour ma part, ma profonde admiration littéraire pour cet écrivain exquis ne m'empêchera pas de dire que j'y trouve à chaque instant certain goût nauséabond, comme d'une chambre de malade, où l'air peu renouvelé s'empreint des tristes parfums de la pharmacie. Tout cela est *naturel* sans doute; ce malade est l'*homme de la nature*, oui, mais dans ses infirmités [5]. » Le très réactionnaire Louis

---

1. Voir D. Frame, *ibid.*, pp. 291-294.
2. *Ibid.*, p. 210.
3. *Ibid.*
4. Pierre Michel, ouvr. cit., p. 83.
5. *Histoire de France*, X, éd. de 1861, p. 400.

Veuillot, lui aussi admirateur d'un style, ne dira guère mieux et condamnera Montaigne « petit diplomate, petit militaire, très petit maire de Bordeaux, grand raisonneur toujours [1]! »

Malgré ces notes discordantes, d'une manière générale, comme le nombre d'éditions et d'études le prouve, le XIXᵉ siècle a du goût pour Montaigne. « Ce qui renouvela sa popularité fut l'esthétique nouvelle. La recherche d'ancêtres préclassiques rendait désormais parfaitement acceptable ce qui avait été écrit avant 1636. L'ordre organique mais non systématique de Montaigne, son amour du naturel plutôt que de l'art, sa nonchalance, sa vigueur, son sens du concret, se transformèrent rapidement de faiblesses regrettables en riches beautés. Au moment où la critique anglaise rejetait l'image d'un Shakespeare « diamant brut », les lecteurs français de Montaigne en vinrent à le considérer moins comme un improvisateur capricieux que comme un écrivain profond et solide. Le halo de bizarrerie qui l'entourait une fois dissipé, il réapparut comme un esprit avec lequel il fallait compter » (D. Frame [2]).

Les grands montaignistes du XIXᵉ siècle

Au nombre des admirateurs de Montaigne au XIXᵉ siècle, on compte les plus grands esprits : Stendhal (qui écrit de Montaigne que « c'est peut-être le style français qui a le plus de coloris » [3]), Mérimée, Hugo, Nerval, Nodier, pour ne citer que les plus connus. Plus tard, il faudra ajouter George Sand, Flaubert surtout qui ne cessera toute sa vie de lire Montaigne et d'en recommander la lecture : « Lisez Montaigne... et quand vous aurez fini, recommencez [4] » et qui pratique sa recommandation : « Les gens que je lis habituellement, mes livres de chevet, ce sont Montaigne,

---

1. Cité par P. Michel, ouvr. cit., p. 84, note.
2. *Montaigne. A biography*, pp. 316-317 (texte anglais traduit).
3. *Journal*, 4 nov. 1804.
4. Lettre à Louise Colet, 1853, citée par P. Michel, ouvr. cit., p. 86.

Rabelais, Régnier, La Bruyère et Le Sage », écrit-il en 1844[1]. Et puis, il y a des hommes aussi divers que Béranger, et à la fin du siècle Daudet et Renan, etc. Et l'étranger. Il y a l'Amérique avec Emerson, l'Angleterre avec Thackeray, les Hazlitt père et fils (qui traduisent les *Essais*), et Walter Pater, qui fait de Montaigne un esthète, à la veille du XXᵉ siècle. Il y a la Suisse avec Amiel, l'Allemagne avec Hegel, Schopenhauer et Nietzsche – le plus fervent –; en Italie, Foscolo et Leopardi sont des lecteurs assidus de Montaigne. Et c'est en Italie qu'est publiée, en 1889, l'édition fondamentale du *Journal de voyage*, celle d'Alessandro d'Ancona, d'où dérivent toutes les éditions ultérieures.

Parmi tous ces noms, il en est trois qu'on ne peut omettre quand il est question de la « fortune » de Montaigne pendant cette période : ceux de Philarète Chasles, du docteur Payen et de Sainte-Beuve.

Conservateur de la Bibliothèque Mazarine puis professeur au Collège de France, Chasles (1798-1873) contribua autant que Sainte-Beuve à la « réhabilitation » du XVIᵉ siècle au sortir de l'âge classique. Sa lecture de Montaigne est d'une profondeur et d'une justesse remarquables; elle porte sur la forme et le fond, dont Chasles a bien senti qu'ils sont indissociables : « L'honnête Charron a tenté de régulariser Montaigne; essayez de le parcourir, après avoir lu son maître. L'ordre apparent domine chez Charron, et c'est une rude lecture. Le désordre apparent qui jette au hasard les perles et les pierres précieuses de Montaigne, ne fait que donner plus d'attrait à son génie. Charron, qui a creusé des canaux rectilignes pour y emprisonner la pensée de Montaigne, n'est qu'un ouvrier patient. Cette même pensée de Montaigne qui déborde et qui jaillit, qui bondit et qui écume, qui serpente en étincelant et se précipite en capricieuses cascades, est plus sérieuse cent

---

1. *Correspondance*, 7 juin 1844. Cité par D. Frame, *Montaigne in France*, p. 197.

fois que le labeur puérilement grave de son élève [1]. »

Sainte-Beuve a souvent parlé de Montaigne. Comme on l'a dit aussi à propos de Ronsard [2], il n'est pas certain qu'il ait été supérieur à Chasles dans ce qu'il en a écrit, mais sa notoriété donne de l'éclat et de l'importance à ses idées. Celles-ci ont évolué. Le premier Sainte-Beuve est réservé sur l'auteur des *Essais*, dont il admire le style non sans en déplorer bien des aspects. Puis, après 1837, année où il professe à Lausanne son fameux cours sur Port-Royal, sa compréhension et son admiration vont s'accroître et s'approfondir. Mais il lui faudra encore du temps pour abandonner ses réserves quant à l'immoralité de Montaigne. A la fin de sa vie, toutefois, il le citera, entre Horace et Bayle, comme un de ses trois maîtres [3].

Le docteur Jean-François Payen (1800-1870) a consacré sa vie et sa fortune à Montaigne. Sainte-Beuve associa justement son nom à celui de Mlle de Gournay et de Pierre de Brach, les exécuteurs testamentaires de l'ancien maire de Bordeaux et, pour la première, sa « fille d'alliance ». « Fils d'alliance » de Montaigne : le docteur Payen a bien mérité ce nom et la reconnaissance de ceux qui s'intéressent à l'auteur des *Essais*. Animé d'une ferveur infatigable, il suscita pendant trente ans la découverte et la publication d'une quantité de documents, éditions anciennes, notes érudites, correspondances, transcriptions de pièces aujourd'hui disparues, etc [4]. Ce qu'il assembla constitue à présent le Fonds Payen à la Bibliothèque nationale : sans cette inappréciable documentation, l'étude de Montaigne ne serait pas devenue ce qu'elle est.

Bien entendu, limiter ainsi à trois noms la liste des grands montaignistes du XIXe siècle est tout à fait arbitraire et injuste. Un homme comme Gustave Brunet, par exem-

---

1. *Le XVIIIe siècle en Angleterre* (1846). Cité par D. Frame, ouvr. cit., pp. 137-138.
2. Voir J. Céard, « Ronsard à l'Académie française en 1828 », in *Œuvres & Critiques*, VI, 2, (*Le poète et ses lecteurs : le cas Ronsard*), pp. 69 et suivantes. Notamment p. 76.
3. Voir D. Frame, ouvr. cit., chap. VIII, pp. 140-184.
4. Voir R. Trinquet, *La Jeunesse de Montaigne*, pp. 12-14.

ple, fit presque autant que le docteur Payen pour mieux faire connaître Montaigne. C'est au XIXᵉ siècle qu'on découvrit de ses lettres jusque-là disparues, et toutes ne furent pas exhumées par Payen. Il y eut aussi Alphonse Grün qui vulgarisa l'érudition montaignienne en publiant sa *Vie publique de Montaigne* (1855), et bien d'autres qu'on ne peut tous nommer. Tant et si bien qu'en 1856, la situation était ainsi décrite : « Les temps ont bien changé; les éditions originales de Montaigne se vendent aujourd'hui un prix fou; ses autographes ont monté [...] dans la proportion de dix-huit sous à dix-huit cents francs; on fouille les bibliothèques pour y découvrir les moindres débris de sa correspondance; on se dispute ses lettres devant la justice. Si Montaigne n'existait pas, ce serait le moment de l'inventer [1]. »

Montaigne et la recherche positiviste

Du milieu du XIXᵉ siècle à la guerre de 1914-1918, pendant la période proprement positiviste, on trouve les noms de plusieurs très grands montaignistes : Dezeimeris, Bonnefon, Lanson, Champion, Strowski, Villey, etc. qui ont modelé l'image de Montaigne que s'est faite notre siècle, image qui prévaut encore largement, au moins dans le grand public et dans les manuels scolaires. Vers 1870-1880, on a largement réimprimé les *Essais* et on les trouve dans le texte conforme à l'édition de 1580 (grâce à Dezeimeris et Barckhausen : 1870), à celle de 1588 (grâce à Motheau et Jouaust : 1872-1876), à celle de 1595 (Courbet et Royer : 1872-1875). Reste à publier l'édition moderne qui sera celle où le XXᵉ siècle lira les *Essais*, c'est-à-dire le texte de l'exemplaire de Bordeaux, alors disponible dans la seule édition Naigeon, vieille de bientôt un siècle.

Pour dire l'importance du XIXᵉ siècle dans l'histoire de la critique montaignienne, il convient de laisser la parole à

---

1. Cuvillier-Fleury, *Dernières Études historiques et littéraires*, I, 197. Cité par D. Frame, ouvr. cit., p. 215.

Lanson : « Personne n'ignore le développement que prit au XIXᵉ siècle la critique littéraire. On sait aussi que le plus souvent elle ne s'enferma point dans le cadre de l'analyse de goût et dans l'examen des valeurs esthétiques, mais qu'elle fut de plus en plus dominée par l'esprit historique et par les méthodes historiques. L'étude littéraire fut dirigée vers la connaissance aussi précise que possible de la vie intellectuelle du passé et des révolutions de la sensibilité, des idées et du goût. Il était naturel que le livre et la personne de Montaigne attirassent un grand nombre d'érudits, dont les recherches ont éclairé d'une lumière nouvelle sa biographie et son œuvre. Sans nul doute ces travaux ont produit des résultats précieux, ont éclairci beaucoup de problèmes et fixé beaucoup d'incertitudes, soit sur le caractère et l'activité de Montaigne, soit sur les matériaux dont il construisit ses *Essais*, soit sur leur vraie et primitive signification, j'entends la signification qu'ils avaient pour l'auteur [1]. »

Avec cette dernière phrase, nous touchons à l'un des points aujourd'hui les plus contestés de la théorie positiviste : l'idée qu'il y a une « vraie » signification aux œuvres. La reprise et la discussion de ces points de vue constituent pour une large part l'histoire de la critique montaignienne au XXᵉ siècle.

Image de Montaigne, légendes montaigniennes

Comment voit-on Montaigne vers 1900 ? On le connaît mieux, ainsi que ses écrits, on a retrouvé de ses lettres, on peut lire un grand nombre des textes qui ont compté pour lui. Certes, on a continué de s'interroger sur sa religion pendant tout le XIXᵉ siècle, les uns voyant dans son scepticisme la marque d'une humilité chrétienne, mais beaucoup – comme au XVIIIᵉ siècle – s'obstinant à douter de la ferveur de ses sentiments religieux (Bonnefon), voire à nier son christianisme (Lanson, Champion).

---

1. G. Lanson, *Les Essais de Montaigne*, p. 355.

Quant aux *Essais*, nul n'envisage plus de les lire dans des traductions en français moderne ou dans des arrangements bizarres comme en avaient proposés le XVIIe et le XVIIIe siècle [1]. En 1906, paraît à Bordeaux le premier tome de l'édition dite « municipale » des *Essais*, publiée d'après l'exemplaire de Bordeaux par Strowski, Gébelin et Villey; cette édition, qui comprendra cinq volumes, s'achèvera en 1933. En 1913, Strowski fera paraître l'exemplaire de Bordeaux reproduit en phototypie. C'est d'autre part en 1908 que Pierre Villey a publié sa thèse, *Les Sources et l'évolution des Essais de Montaigne*, dont l'influence sera considérable. Mais, on le voit, nous sommes désormais entrés dans le XXe siècle.

L'image de Montaigne telle qu'elle se lève maintenant aux yeux d'un public sans cesse élargi apparaît peut-être plus nette qu'elle ne fut jamais. Prenons garde cependant aux illusions de perspective. Le scrupule biographique, en effet, a ses revers, tout comme l'excès d'attention et la tendance à la surinterprétation. Nous n'en prendrons que deux exemples qui appartiennent aujourd'hui à l'exégèse montaignienne, mais dont on peut se demander s'ils ne seraient pas mieux classés dans une rubrique intitulée « Légendes montaigniennes » : il s'agit de la lignée juive de Montaigne et de sa dérobade devant la peste de Bordeaux. A cette dernière question, nous avons fait allusion dans notre premier chapitre (p. 23) auquel nous renvoyons. On lira à ce propos la mise au point du regretté Pierre Bonnet dans les *Mélanges Pierre Michel*, où est retracée toute l'histoire, depuis sa création sous la plume de Grün qui s'avisa, dans sa biographie de Montaigne en 1855, d'en faire une affaire, laquelle se résume en fait à beaucoup de bruit pour rien [2].

---

1. Il y eut pourtant, en 1909 encore, un général Michaud pour proposer une édition des *Essais de Montaigne* ainsi annoncée : « Texte original accompagné de la traduction en langage de nos jours. » Cela parut à Paris chez Firmin-Didot.

2. P. Bonnet, « Montaigne et la peste de Bordeaux », in *Mélanges P. Michel*, pp. 59-67.

Quant à la seconde, personne jusqu'en 1875 n'avait jamais pensé que Montaigne fût descendant de marranes, c'est-à-dire de Juifs convertis venus d'Espagne. On savait que sa mère avait des origines ibériques, et il est effectivement possible que son ascendance ait été ce qu'en dit Théophile Malvezin dans son livre *Michel de Montaigne. Son origine, sa famille.* L'absence de preuve, si elle ne prouve rien, ne prouve pas non plus le contraire. Mais la démonstration de Malvezin, qui se fondait sur de pures hypothèses, était menée autrement. Ce biographe considérait en effet que des « présomptions graves (sic) [...] peuvent équivaloir à une preuve » [1]. Passons sur les flots d'encre versés à propos de cette question dont le principal intérêt est la date où elle apparaît et où elle se développe : celle où l'antisémitisme français prend la vigueur que l'on sait. Coïncidence, peut-être, non moins concluante et sans doute plus grave que les « présomptions » de Malvezin, dont le vocabulaire dénonce curieusement la culpabilité qu'il y aurait à être juif.

A notre avis, ce problème n'a d'intérêt que pour l'histoire de la réception critique de Montaigne; il n'en a aucun concernant la personne et les écrits de Montaigne lui-même. Un mot néanmoins pour satisfaire la curiosité éventuelle du lecteur : non plus que ses contemporains, Montaigne n'a jamais dit un mot de l'éventuelle juiverie de sa mère; en revanche, il a toujours manifesté de la curiosité et de la sympathie pour les Juifs qu'il a rencontrés quand l'occasion s'en est présentée, en particulier pendant son voyage en Allemagne et en Italie. Libre à chacun, à partir de là, de tirer les conclusions qu'il voudra, en n'oubliant pas, cependant, cette recommandation d'un des plus grands critiques qu'ait connus le XXᵉ siècle, Marcel Raymond : « L'existence posthume et " légendaire " des *Essais* n'est

---

1. Voir l'étude de tout ce dossier in Roger Trinquet, ouvr. cit., chap. v, pp. 117-159. Les « présomptions graves » de Malvezin sont énumérées p. 120.

pas achevée. On ne cessera jamais de " niaiser et fantastiquer " à propos de Montaigne. Sans doute, parmi les
interprétations qu'a proposées le XIXᵉ siècle, il en est
aujourd'hui auxquelles il est impossible de s'arrêter; Montaigne, cependant, échappera toujours à nos prises; autant
dire qu'il continuera de nous séduire, et de vivre [1]. »

---

1. *Génies de France*, p. 235.

5

Au XX⁰ siècle : Montaigne parmi nous

La gloire

Plus que jamais au XX⁰ siècle, Montaigne est un auteur présent, vivant, en France et hors de France. L'admiration qu'on lui porte outre-Manche ne se dément pas; il a des lecteurs dans toute l'Europe, en Amérique, en Australie, au Japon; il est traduit dans une multitude de langues (le polonais, le russe, le turc, le japonais, etc.) et il est retraduit quand il l'a déjà été (six fois rien qu'au Japon par exemple [1]). La meilleure édition critique du *Journal de voyage* a été donnée en Italie (A. d'Ancona, 1889); l'une des plus admirables études d'ensemble sur Montaigne, qui continue de faire autorité près de quarante ans après sa première publication, est due à un Allemand (*Montaigne*, de Hugo Friedrich); la meilleure biographie, non encore traduite en français, est celle d'un Américain (Donald Frame, auteur de *Montaigne. A Biography* et, par ailleurs, traducteur des *Essais* en anglais); un des livres les plus intéressants publiés ces dernières années l'a été par un

---

1. Traduction des *Œuvres complètes* de Montaigne en quatre volumes par Hideo Sekine (1957-1958), des *Essais* par K. Kurihara et G. Takahashi en 1927-1928, par H. Sekine en 1935, par Jiro Hara en 1962, par Shinzaburo Matsunami en 1966-1967, par Shotaro Araki (extraits) en 1967. – Ces renseignements nous ont été communiqués par M. Michiyo Matsunami, que nous remercions.

professeur de Genève (*Montaigne en mouvement*, de Jean Starobinski), etc.

Les lieux où Montaigne a vécu sont devenus depuis le XIXᵉ siècle des lieux de pèlerinage. En 1912, a été fondée la Société des Amis de Montaigne, toujours active. Des colloques, des congrès ont célébré des centenaires : en 1933, le quatrième centenaire de la naissance du grand homme (à cette occasion, on a érigé en face de la Sorbonne sa statue, passablement malmenée par des générations d'étudiants irrespectueux); en 1963, ce fut le centenaire de la mort de La Boétie; en 1980, celui de la première édition des *Essais*; il y a eu en 1980 et 1981 la commémoration du voyage vers l'Allemagne et l'Italie; il y en aura d'autres en 1988 pour le quatrième centenaire du IIIᵉ livre des *Essais* et plus encore en 1992 pour l'anniversaire de la mort de Montaigne. On peut sourire de telles manifestations, dont le parfum est quelquefois désuet. Mais les plus réussies ne sont pas inutiles. Elles ont le mérite de réunir les spécialistes, de relancer la recherche et de susciter de nouvelles curiosités. On s'intéresse de plus en plus au *Journal de voyage*. La vulgarisation s'en mêle. Des écrivains connus ou moins connus y vont de leur *Montaigne,* qui n'ajoute pas toujours à leur gloire non plus qu'à celle de leur héros : pour ne citer que quelques-uns de ces montaignistes récents, mentionnons une fantaisie de Michel Chaillou intitulée *Domestique chez Montaigne* (1982), un *Montaigne à bâtons rompus* de J.-G. Poletti (1984), un *Autour de Montaigne* de Roger Stéphane (1986). On a mis les *Essais* à la scène dans des tentatives de théâtre nouveau, d'abord en 1939, ensuite il y a une dizaine d'années : tentatives sans suite. On les a mis en musique, à Bruxelles en 1955. Et puis, évidemment – et surtout – on lit, on relit Montaigne.

L'édition de Montaigne au XXᵉ siècle

Le texte des *Essais* qu'on pratique au XXᵉ siècle est celui qui a été mis au point par Villey en 1922-1923, après la publication de l' « édition municipale », et par Armaingaud qui fit paraître un peu plus tard, à partir de 1924, les *Œuvres complètes* de Montaigne en 12 volumes. Les éditions suivantes, celles de Thibaudet et de Plattard essentiellement, n'ajoutent rien quant à l'établissement du texte [1].

Certaines de ces éditions, celles de Villey, de Plattard, de Thibaudet-Rat, celle de Micha dans la collection Garnier-Flammarion, quelques autres, indiquent les trois couches du texte (voir plus haut, pp. 160-161); certaines laissent de côté ces distinctions (L'Intégrale au Seuil, la vieille édition de M. Rat chez Garnier notamment) : cela n'a pas grande importance pour une lecture courante. On a même fait remarquer que les lecteurs du XVIe siècle et du XVIIe siècle lisaient Montaigne « dans un texte lié, suivi, uni, visuellement tout autre que le discours archéologiquement étagé et abécédaire de nos éditions scientifiques » (J. Brody) [2]. Toutefois, le curieux de Montaigne apprécie généralement, aujourd'hui, de pouvoir saisir par ce procédé typographique la mobilité du texte, sa progression dans le temps aussi bien que dans l'espace et, en somme, de pouvoir lire les *Essais* à la fois horizontalement et verticalement.

D'autre part, on a fait remarquer que le texte de l'exemplaire de Bordeaux est un choix contestable parce que les contemporains ne l'ont pas connu. Plus gênant : le fait que les raccords, dans nos éditions modernes, ne soient pas toujours de Montaigne (même si les éditeurs signalent en notes leurs interventions). Du propre aveu de Villey dans sa préface, ses choix sont parfois arbitraires [3]. Pour répondre à ces objections, une tentative intéressante avait été proposée par Samuel S. de Sacy en 1952 [4]. Elle consistait à éditer le texte de 1588 en ajoutant, dans un autre caractère typogra-

---

1. Voir Bibliographie, plus bas, pp. 365-366.
2. *Lectures de Montaigne,* p. 27.
3. Préface de l'édition Villey-Saulnier des *Essais,* p. XIV.
4. Club français du livre.

phique, les repentirs et les « allongeails » de l'exemplaire de
Bordeaux. Malheureusement, le résultat était faussé par
une fâcheuse initiative de l'éditeur qui avait cru bon de
retoucher le texte de Montaigne en y intégrant des correc-
tions intervenues plus tard sans prendre la peine de
signaler ces interventions. Mais l'idée mériterait peut-être
d'être reprise.

D'autre part, depuis la dernière guerre, la critique,
anglo-saxonne surtout, a fourni des arguments en faveur de
la réhabilitation de l'édition de 1595, dont l'exemplaire de
Bordeaux ne serait peut-être qu'un brouillon non définitif.
L'édition des *Essais* établie par Michel Simonin prend
comme texte de base, pour la première fois depuis longtemps, cette édition de 1595 [1].

Quoi qu'il en soit, les éditions de Montaigne aujourd'hui
disponibles sont nombreuses et cette abondance est révélatrice : les éditeurs savent qu'ils trouveront leur public.

L'image de Montaigne au XXᵉ siècle

A travers les bouleversements de l'histoire que le XXᵉ siècle a connus, Montaigne a conservé et même élargi son
audience : non seulement les doctes de notre temps,
c'est-à-dire les universitaires, les critiques professionnels,
mais les écrivains, les savants, les « amateurs » en nombre
toujours plus grand continuent de se passionner pour les
Essais et s'intéressent au *Journal de voyage*. Ironie de
l'histoire dans la destinée d'un homme qui n'aima guère la
médecine ni les médecins : nul plus que deux médecins,
l'un au XIXᵉ siècle, le docteur Payen, l'autre au XXᵉ, le
docteur Armaingaud, ne travailla à la fortune posthume de
Montaigne. Le docteur Armaingaud fut le prosélyte infatigable de Montaigne, il en fut l'éditeur (pour la seule
véritable édition des *Œuvres complètes* [2]), il fonda la Société

---

1. Voir Bibliographie, p. 366.
2. Voir Bibliographie, p. 366.

des Amis de Montaigne, il fit faire la statue du maire de Bordeaux par Landowski, il défendit la gloire de son héros au-delà même du raisonnable puisque le XXᵉ siècle était à peine commencé qu'éclatait une polémique entre Armaingaud qui soutenait que Montaigne était l'auteur du *Discours de la servitude volontaire* (1906) et des spécialistes chevronnés (Bonnefon, Dezeimeris, Strowski, Villey, etc.) dont aucun ne le suivit. Avec Armaingaud, Anatole France, le philosophe Alain, Abel Lefranc et quelques autres, c'est un Montaigne positiviste ou radical qui nous est décrit, un incroyant ou pour le moins un incrédule, le représentant d'un humanisme engagé et précurseur des Lumières, en somme un Montaigne dans le droit fil de l'interprétation qui était déjà celle de Naigeon.

A l'inverse, et en réaction, d'autres se font les défenseurs d'un Montaigne ardent militant du catholicisme. Le P. Sclafert considère le scepticisme des *Essais* comme un exemple d'humilité chrétienne et Montaigne comme « le parfait pyrrhonien, pseudonyme transparent du parfait chrétien » [1]. Marc Citoleux publie en 1937 *Le vrai Montaigne, théologien et soldat,* « point extrême de la réaction antijanséniste et naturaliste » (M. Raymond [2]), jusqu'à l'excès. C'est aussi le moment où l'Église va canoniser la nièce de Montaigne, Jeanne de Lestonnac, qui devint sainte le 15 mai 1949. Armaingaud dut se retourner dans sa tombe s'il entendit l'éloge que le pape Pie XII fit de l'auteur des *Essais* à cette occasion. Cette promotion familiale dans l'ordre de la sainteté valut à Montaigne la suppression de ses *Essais* sur la liste des ouvrages à l'Index où ils figuraient depuis presque trois siècles. « Conséquence immédiate », remarquait à ce propos (ironiquement?) le regretté montaigniste Pierre Michel : « les catholiques du Canada pouvaient désormais lire Montaigne » [3].

---

1. *L'Ame religieuse de Montaigne;* cité par P. Michel, ouvr. cit., p. 149.
2. *Génies de France,* p. 236.
3. Ouvr. cit., p. 108.

En fait, indépendamment de ce que ces querelles, ces reconnaissances, ces divergences prouvent quant à l'intérêt qu'inspire Montaigne, elles apparaissent aujourd'hui passablement désuètes. Les modes passent. Ceux qu'on lit encore volontiers, actuellement, à propos de Montaigne ne sont plus les militants d'une cause tranchée, ou tranchante. Ce sont les Thibaudet, les Gide, voire les Étiemble, les Butor, que fascinent la fluidité, le mouvement, la disponibilité en Montaigne. Hors de France, de même, ce sont les T. S. Eliot, Stefan Zweig, Virginia Woolf, Aldous Huxley, que nous aimons d'avoir aimé Montaigne.

Le renouvellement de la critique

Depuis la guerre, la critique montaignienne s'est complètement renouvelée sans pour autant rompre avec certaines des voies ouvertes par quelques « grands ancêtres ». Le plus important des livres parus entre 1950 et 1980 est incontestablement le *Montaigne* de Hugo Friedrich (1949; traduction française excellente de Robert Rovini publiée en 1968) qui offre de l'auteur des *Essais* une étude de synthèse admirable. Le livre de Friedrich n'est pas un travail de recherche littéraire proprement dite mais vise à situer Montaigne dans l'histoire des mentalités. D'autre part, il « dialectise » en quelque sorte la pensée de Montaigne en présentant sa fantaisie, son désordre, comme le témoignage d'un cheminement du moins vers le plus (de « l'homme humilié » à « l'acceptation de l'homme »). A ce type de critique, malgré les différences qu'il y a d'un ouvrage à l'autre, se rattachent des travaux tels que ceux de Thibaudet dont le *Montaigne* posthume présente un Montaigne bergsonien avant la lettre, ceux de Butor, de Baraz, que nous avons déjà cités, le Montaigne baroque de R. Sayce, voire le *Montaigne en mouvement* de Starobinski. L'autre orientation de la critique montaignienne a été, on le sait, sinon découverte du moins lancée par le livre de Jean-Yves Pouilloux selon qui le désordre des *Essais* a une signification par lui-même. Montaigne non dialectique. La même préoccupation de respecter le désordre, le caprice, les contradictions des *Essais* inspire les recherches d'un Étiemble (n'en déplaise à J.-Y. Pouilloux), sans compter A. Glauser, B. Bowen, M. McGowan ou Michel Beaujour [1].

On s'intéresse aussi de plus en plus à la structure du texte (L. Kritzmann), au rôle primordial du langage (J. Brody, T. Cave, F. Rigolot, H. Ehrlich, F. Garavini, A. Tournon, etc.). Plusieurs études récentes et fort nouvelles se sont attachées aux citations et aux emprunts (A. Compagnon, C. Blum, M. McKinley, J. Starobinski) ainsi qu'à la rhétorique de Montaigne [2].

On ne néglige pas pour autant d'anciens problèmes que l'on reprend et que l'on approfondit : ainsi de l'étude des sources (Montaigne et Érasme, Montaigne et saint Augustin). On ne cesse de s'interroger sur la religion de Montaigne (avec M. Raymond, L. Pertile, M. A. Screech). On en revient à des aspects laissés de côté pendant un assez long moment par la critique qui se voulait « nouvelle » (Montaigne et l'histoire ont fait l'objet de la thèse de Géralde Nakam) en même temps que l'on découvre dans l'auteur des *Essais* le précurseur de la pensée la plus moderne, celle de Freud, de Jung, d'Adler. A la réflexion, cela devrait étonner : « Il [Montaigne] se raille de la confiance que nous accordons à la médecine, à la science, au progrès, à l'amélioration des connaissances humaines; il met en doute l'efficacité du changement en matière de politique et de gouvernement; il ne croit pas à l'égalité entre les hommes; et il s'oppose à la fois à tout engagement et à notre conviction que l'engagement est une vertu. Et pourtant, les docteurs, les érudits, les protestants, les réformateurs et les dogmatiques qu'il moque écartent ses critiques d'un haussement d'épaule comme celles d'un ami excentrique (ou peut-être comme des critiques qui s'adressent au voisin) et

1. Pour tous ces noms, consulter la Bibliographie ci-après.
2. Voir les Actes du Colloque *Rhétorique de Montaigne*, éd. F. Lestringant, 1985.

tous continuent de l'aimer. Il a si peu d'ennemis que c'en est presque inquiétant » (D. Frame [1]). Ces lignes, publiées pour la première fois en 1965, sont plus que jamais vraies aujourd'hui, où nous sommes revenus de quelques illusions sur l'engagement, sur le progrès, sur les théories et plus encore sur les idéologies.

Montaigne 400 ans après

Certes il est vain de prétendre dessiner une figure de Montaigne et une image des *Essais* qui emporte l'assentiment général. La critique structuraliste est passée – aux deux sens du terme. Elle est venue, et elle a eu le mérite de décaper l'étude de Montaigne de pas mal de poussières dont s'encrassait la pensée critique. Et elle est aussi dépassée, parce qu'elle laissait de côté trop d'éléments importants de l'œuvre pour ne pas la trahir. De ces exclusions arbitraires, des considérations comme celles-ci, publiées en 1983, donnent un témoignage intéressant : « Aujourd'hui l'auteur a cessé d'avoir bonne presse, c'est le moins qu'on puisse dire. Loin de susciter l'intérêt, il fait naître au contraire le soupçon. [...] Ceux qui [...] aujourd'hui sont encore assez téméraires pour s'intéresser aux intentions de l'auteur, à la dimension consciente de sa création [...] sont perçus comme des attardés [*behind the times*], comme les témoins d'un âge passé – et préstructuraliste. » Allons plus loin : « L'auteur est devenu un obstacle, un objet encombrant, quelqu'un qui empêche la machine de bien tourner [*a nuisance, an encumbrance, someone who prevents things from running smoothly*] » (G. Defaux [2]). Ou : de la théorie considérée comme un lit de Procuste. Car ces lignes préfacent un recueil d'articles consacrés à Montaigne : comme exemple d'auteur absent

---

1. *Montaigne. A Biography,* p. 320 (texte anglais traduit).
2. *Montaigne : Essays in reading,* Yale French Studies, n° 64, 1983, pp. III, IV, V (texte anglais traduit).

de son œuvre, il est des lecteurs assez « attardés » – à moins qu'ils ne soient *post*-structuralistes autant et plus que *pré*-structuralistes – pour considérer que les *Essais* de Montaigne ne sont pas très probants.

Bien plus pertinentes, à notre avis, ces réflexions de Marcel Gutwirth : « De cette vérité, que l'art est illusion, nos contemporains, de Joyce à Derrida, ont conclu qu'il avait à se refermer sur soi, à faire fi de tout raccord avec un réel qui lui-même se dissout en retombées fictives. Montaigne et Cervantès y allèrent d'une autre méthode. Le réel par eux se vit rendu justiciable de la fiction. [...] Le héros de Montaigne s'apparente à l'immortel hidalgo par ces deux caractères : comme lui il naît d'une réflexion sur les livres, et comme lui il ne tarde pas à faire éclater la coquille de noix où d'abord on avait pensé l'enclore. [...] Il [*Montaigne*] entreprit de corriger le bouillonnement de ses imaginations par la discipline de l'écriture [...]. Tant et si bien que la somme des opinions éparses, rassemblées dans un ordre qui en respectait la vivante contradiction, finit par dessiner le portrait mental d'un personnage à la fois très cohérent et fort dispersé, muni de quelques opinions bien arrêtées – dont la moindre n'était pas l'injonction de ne pas s'asservir à son propre personnage ni de se rétrécir à n'être que soi (étant bien entendu qu'il tenait à grand honneur de savoir être lui-même) [1]. »

Au reste, comment trancher à propos d'une œuvre où l'on peut lire cette phrase qui ouvre toutes les possibilités : « *J'ai lu en Tite-Live cent choses que tel n'y a pas lues. Plutarque en y a lu cent, outre ce que j'y ai su lire et, à l'aventure, outre ce que l'auteur y avait mis* » (I, 26; 156) ?

---

1. « Les *Essais,* et la manière de s'en servir », in *O un amy!...*, *Mélanges D. Frame*, 1977, pp. 139-140.

ANNEXES

I

Chronologies

1

Repères biographiques

1533 *(28 février)* Naissance de Michel, fils de Pierre Eyquem, au château de Montaigne.

1533-1539 L'enfant apprend le latin comme une langue vivante.

1539 *(?)***-1546** Il est élève au collège de Guyenne, à Bordeaux. Le directeur en est Antoine Gouvéa. Il a comme précepteurs les humanistes Buchanan, Guérente, sans doute Muret, etc. Il y joue des pièces latines.

1554 Conseiller à la Cour des Aides de Périgueux.

1557 Au Parlement de Bordeaux.

1558-1559 Rencontre d'Étienne de La Boétie : étroite amitié entre les deux hommes.

1559 Montaigne vient à Paris; il accompagne la Cour à Bar-le-Duc.

1561-1562 Nouveau voyage à la Cour : il accompagne le jeune roi Charles IX à Rouen.

1563 *(août)* Mort d'Étienne de La Boétie.

1568 *(juin)* Mort de Pierre Eyquem de Montaigne.

1569 Partage de l'héritage paternel avec ses frères et sœurs. Contestation avec sa mère. – Publication de la traduction de la *Théologie naturelle* de Raymond Sebond.

1570 Il cède sa charge de conseiller au Parlement de Bordeaux à Florimond de Raemond.

1570-1571 Voyage à Paris. Publication des écrits de La Boétie (à l'exception du *Discours de la servitude volontaire*[1]).

1571 (février) Montaigne se retire dans la tranquillité de sa « librairie ». – *(Octobre)* Il est fait chevalier de l'Ordre de Saint-Michel.

1572 Il commence probablement la rédaction des *Essais*.

1574 (mai) Montaigne a rejoint l'armée royale en Poitou. Il est envoyé à Bordeaux par le duc de Montpensier pour négocier avec le Parlement de cette ville.

1576 (février) Montaigne fait frapper une médaille « pyrrhonienne » : une balance dont les deux plateaux sont en équilibre, avec la devise « *Que sais-je?* »

1577 (novembre) Montaigne devient gentilhomme de la chambre du roi de Navarre.

1578 Premières atteintes de la maladie de la pierre.

1580 (printemps) Publication des *Essais,* en deux livres, chez Simon Millanges, à Bordeaux.

1580 (juin)-1581 (novembre) Voyage de Montaigne par Paris, la Champagne, la Lorraine, l'Alsace, jusqu'en Suisse, en Allemagne (Augsbourg, Munich), en Italie (Venise, Florence, Rome, Lorette, Rome) dont il revient par le mont Cenis et directement à Montaigne. Les *Essais,* soumis à l'Index à Rome, ne sont pas censurés. Montaigne revient avec le manuscrit du *Journal de voyage* qui ne sera publié qu'en 1774.

1581 (août) Montaigne élu maire de Bordeaux.

1581 Deuxième édition de la *Théologie naturelle*.

1582 Réédition des *Essais* en deux livres, chez Simon Millanges.

1583 (août) Montaigne réélu maire de Bordeaux.

1584 (décembre) Séjour de Henri de Navarre à Montaigne.

1585 (2ᵉ moitié de l'année) La peste ravage le Périgord. Montaigne erre avec sa famille hors de chez lui.

1587 Troisième édition des *Essais* chez Jean Richer à Paris. – *(Octobre)* Le roi de Navarre dîne à Montaigne.

---

1. Les protestants le publieront en 1574 sous le titre *Contr'un.*

1588 (janvier-décembre) Montaigne à Paris : voyage mouvementé. – *(Juin)* Quatrième édition des *Essais* (annoncée comme la cinquième) avec un troisième livre et six cents additions, à Paris chez Abel L'Angelier. – *(10 juillet)* Montaigne embastillé par les ligueurs et relâché le jour même. – C'est pendant ce séjour à Paris qu'il fait la connaissance de Mlle de Gournay. Il sort de Paris pour suivre la cour à Chartres, à Rouen, pour aller en Picardie. – *(Octobre-novembre, peut-être décembre)* Il se rend aux états généraux à Blois.

1592 (13 septembre) Mort de Montaigne chez lui.

1595 Publication posthume des *Essais* (nouvelle édition préparée par Pierre de Brach et Mlle de Gournay).

1676 Les *Essais* mis à l'Index.

1774 Publication du *Journal de Voyage*.

2

Repères historiques

1530. Création du Collège royal (Collège de France). – Confession d'Augsbourg (revendication « protestante » des princes allemands).

1531. Marguerite de Navarre censurée par la Sorbonne. – Ligue de Smalkade (les princes protestants allemands alliés à François Ier contre Charles Quint). – Henri VIII chef de l'Église anglicane. – Supplice de Berquin à Paris.

1532. Rattachement de la Bretagne à la France. – Pizarre et Almagro au Pérou. – Rabelais, *Pantagruel.* – Machiavel, *Le Prince.*

1533. Adhésion de Calvin à la Réforme. – Henry VIII épouse Anne Boleyn. – Avènement d'Ivan le Terrible (âgé de trois ans). – Portrait de Charles Quint par le Titien.

1534. Premier voyage de Jacques Cartier au Canada. – Calvin à Bâle. – Ignace de Loyola fonde la Compagnie de Jésus. – Rabelais, *Gargantua.*

1534-1536. Révolte au Pérou contre les Espagnols.

1535. Ambassade turque de Soliman à Paris. – Adoption de la Réforme à Genève. – Supplice de Thomas More. – Léon l'Hébreu, *Dialogues d'amour* (en italien).

1535-1536. Deuxième voyage de Jacques Cartier au Canada. Remontée du Saint-Laurent. – Les Espagnols maîtres du Pérou.

1536. François Ier signe les capitulations avec Soliman. – Acte d'union entre l'Angleterre et le Pays de Galles. – Publication en latin de l'*Institution de la religion chrétienne* de Calvin. – Mort d'Érasme. – Invasion de la Provence par les Espagnols. – Michel-Ange à la Sixtine : *Le Jugement dernier*.

1537. Castiglione, *Le Courtisan* (en italien). – *Le Rossignol* de Janequin.

1538. Entrevue d'Aigues-Mortes. Trêve de Nice entre François Ier et Charles Quint. – Calvin chassé de Genève. – Tartaglia : *La Nuova Scienza*. – Paracelse : *La Grande Astronomie*.

1539. Ordonnance de Villers-Cotterêts : le français langue officielle aux dépens du latin et des langues régionales. – *Madrigaux* d'Arcadelt.

1540. Approbation des statuts de la Compagnie de Jésus par le pape.

1540-1546. Traduction française d'*Amadis de Gaule*.

1541. Troisième voyage de Jacques Cartier. – Prise de Buda par les Turcs. – Retour de Calvin à Genève. – Traduction française de l'*Institution chrétienne*. – Traduction des *Psaumes* par Marot.

1542. Rétablissement de l'Inquisition en Italie. Établissement de l'Index. – Reprise de la guerre entre François Ier et Charles Quint. – *Histoire des cruautés exercées par les Espagnols* de Las Casas.

1543. Copernic : *Révolution des corps célestes*. – Vésale : *La construction du corps humain*. – Jubé de Saint-Germain l'Auxerrois à Paris par Jean Goujon et Pierre Lescot.

1544. Bataille de Cérisoles (victoire française sur les Impériaux). Charles Quint envahit la Champagne. Paix de Crépy. – Fondation du premier collège des Jésuites. – Mort de Marot. – Scève : *Délie*.

1545. Début du concile de Trente. – Ouverture des mines du Potosi au Pérou.

1546. Mort de Luther. – Rachat de Boulogne aux Anglais. – Exécution d'Étienne Dolet à Paris. – Guerre entre Charles Quint et la Ligue de Smalkade. – Rabelais, *Tiers Livre*. – *Rimes* de Michel-Ange.

1547. Mort de François Ier et avènement de Henri II. – Mort de Henri VIII d'Angleterre et avènement d'Édouard VI. – Bataille de Muhlberg (Charles Quint vainqueur de la Ligue de Smalkade). – Ivan le Terrible prend le titre de Tsar. – *(Décembre)* Création de la censure sur les textes imprimés (France).

1548. Révolte contre la gabelle en Guyenne. – Intérim d'Augsbourg : Charles Quint veut abattre le protestantisme en Allemagne. – Le Parlement de Paris interdit la représentation des mystères. – Rabelais : *Tiers Livre.* – Construction du château d'Anet par Philibert Delorme.

1548-1550. Guerre franco-anglaise.

1549. Entrée de Henri II à Paris. – Saint François Xavier au Japon. – Du Bellay : *Défense et illustration de la langue française.* – Pierre Lescot et Jean Goujon : *Fontaine des Innocents* à Paris.

1550. Paix franco-anglaise. – Ronsard : *Odes.* – Théodore de Bèze : *Abraham sacrifiant.* – Vasari : *Vies des peintres.* – Italie : premiers madrigaux dramatiques (musicaux).

1551. Reprise des guerres d'Italie. – Édit de Châteaubriant contre l'hérésie.

1551-1558. G. Gesner : *Historiae animalium* (première encyclopédie zoologique). – *Psaumes* de Goudimel.

1552. Expédition de Henri II en Lorraine : occupation des Trois Évêchés (Metz, Toul, Verdun). Siège de Metz : échec de Charles Quint. – *Histoire générale des Indes* de Las Casas.

1553. Exécution de Michel Servet à Genève. – Jodelle : représentations de *Cléopâtre* et d'*Eugène* à Paris.

1553-1558. Règne de Marie Tudor.

1554. Mariage de Marie Tudor avec Philippe d'Espagne. – *Lazarillo de Tormes*, premier roman picaresque.

1555. Paix d'Augsbourg : division de l'Allemagne entre princes protestants et princes catholiques. – Capitulation de Monluc à Sienne : échec militaire français. – Ronsard : *Hymnes, Continuation des Amours.*

1555-1556. Abdication de Charles Quint : son frère Ferdinand lui succède en Allemagne, son fils Philippe II en Espagne.

1555-1560. Établissement français au Brésil.

1556. Mort de saint Ignace de Loyola. – Descente des armées françaises en Italie. – Traduction des *Odes* d'Anacréon par Belleau. – Louise Labé : *Œuvres.*

1557. Édit de Compiègne : répression de l'hérésie. – Désastre de Saint-Quentin (victoire espagnole). – Premiers poèmes pétrarquistes anglais de Wyatt et Surrey.

1558. Avènement d'Elisabeth d'Angleterre. – Calais reprise par François de Guise. – Du Bellay : *Regrets, Antiquités de Rome, Jeux rustiques.* – J. B. Porta : *Magia naturalis.*

1558-1559. Publication posthume de l'*Heptaméron* de Marguerite de Navarre.

1559. Traité du Cateau-Cambrésis : paix entre la France et l'Espagne, fin des guerres d'Italie. – Mort de Henri II; avènement de François II. – Premier synode réformé à Paris. – Premiers grands autodafés à Séville et à Valladolid. – Amyot traducteur des *Vies* de Plutarque. – Montemayor : *Diana.* – Lescot travaille au Louvre.

1560. Mort de Du Bellay. – Conspiration d'Amboise : tentative de coup de main calviniste, durement réprimée. – Michel de L'Hospital chancelier de France. – *(Décembre)* Mort de François II; avènement de Charles IX; régence de Catherine de Médicis.

1560-1561. États généraux d'Orléans.

1561. (Septembre-octobre) Colloque de Poissy : tentative de rapprochement entre catholiques et protestants. – Théâtre : *La Mort de César* par Grévin. – *Poétique* de Scaliger (posthume).

1562. Édit de Janvier : dispositions libérales envers les protestants. – *(Mars)* Massacre de Wassy, en Champagne; début des guerres de religion. – Formation du Triumvirat. – Le Havre livré à l'Angleterre. – *(Septembre-octobre)* Siège de Rouen; mort d'Antoine de Bourbon.

1563. Assassinat de François de Guise. – Paix d'Amboise (fin de la 1re guerre de religion). – *(Décembre)* Clôture du concile de Trente.

1564. L'année commence désormais officiellement le 1ᵉʳ janvier. – Mort de Michel-Ange. – Mort de Calvin. – Traité de Troyes avec l'Angleterre. – Fêtes de Fontainebleau. – *(Juillet)* Entrevue de Bayonne. – Les dix premiers *Psaumes* de Goudimel.

1564-1565. Les Turcs assiègent Malte.

1564-1566. Tour de France du roi Charles IX et de sa cour.

1565. Massacre des garnisons françaises de Floride. – Belleau, *La Bergerie.* – Ronsard, *Élégies, mascarades et bergerie.*

1566. *(Août)* Révolte des Pays-Bas. – 2ᵉ guerre de religion. – Messe *Laudate Dominum* de Roland de Lassus.

1567. *(Septembre)* Surprise de Meaux. – Siège de Paris. Bataille de Saint-Denis : mort du connétable de Montmorency. – Marie Stuart prisonnière d'Elisabeth.

1568. *(Mars)* Paix de Longjumeau : fin de la 2ᵉ guerre. – Disgrâce de L'Hospital. Constitution des premières ligues. – *(Été)* 3ᵉ guerre de religion.

1569. *(Mars)* Bataille de Jarnac : mort de Condé. – *(Octobre)* Bataille de Moncontour.

1569-1570. Révolte des Morisques en Espagne.

1570. *(Avril)* Paix de Saint-Germain : fin de la 3ᵉ guerre; avantages accordés aux protestants. – Prise de Chypre par les Turcs. – Baïf : fondation de l'Académie de poésie et de musique. – Zanni et Pantalon à Paris : premiers succès de la *Commedia dell'arte.*

1571. Victoire navale de Lépante sur les Turcs. – Fêtes pour l'Entrée de Charles IX à Paris.

1572. Mort de Jeanne d'Albret : Henri devient roi de Navarre. – *(24 août)* Massacre de la Saint-Barthélemy. – Ronsard : *La Franciade.* – La Taille : *L'Art de la tragédie.* – Traduction des *Œuvres morales* de Plutarque par Amyot. – Camoëns : *Les Lusiades.* – Observations de Tycho-Brahé sur la constellation de Cassiopée.

1573. 4ᵉ guerre de religion : paix de La Rochelle. – Formation du parti des Politiques. – Le duc d'Anjou roi de Pologne. – Publication des *Œuvres* de Desportes.

1574. Mort de Charles IX; avènement de Henri III, alors roi de Pologne. – 5ᵉ guerre de religion. – Les Turcs à La Goulette et à Tunis. – Guerre des pamphlets : la *Franco-Gallia* de Hotman; *Le Réveille-matin des Français* (incluant le *Contr'un* de La Boétie). – Publication des *Œuvres* de Jodelle. – Tycho-Brahé à Oranienbourg.

1575. Première édition des œuvres d'Ambroise Paré.

1576. Paix de Beaulieu : fin de la 5ᵉ guerre de religion. – Fondation de la Ligue. – Henri de Navarre et Condé s'échappent du Louvre. – Jean Bodin : *La République*. – Le Greco à Tolède. – Construction du premier théâtre anglais à Londres (James Burbage).

1577. 6ᵉ guerre de religion : édit de Poitiers. – Les *Gelosi* (comédiens italiens) à la cour de Henri III à Blois. – Saint Jean de la Croix commence *La Nuit obscure.* – Thérèse d'Avila : *Le Château intérieur.*

1578. Catherine de Médicis amène Marguerite de Valois à la cour de Nérac. – Échec du duc d'Anjou (précédemment : duc d'Alençon) aux Pays-Bas. – Ronsard : *Sonnets pour Hélène*; Du Bartas : *La Semaine ou Création du Monde.*

1579. 7ᵉ guerre de religion (guerre des Amoureux); siège de Cahors : victoire protestante. – Larivey : *Comédies facétieuses.*

1580. Philippe II roi de Portugal. – *(Novembre)* Paix de Fleix : fin de la 7ᵉ guerre. – Bernard Palissy : *Discours admirable de la nature des sources et des fontaines.* – Jean Bodin : *La Démonomanie des sorciers.* – Le Tasse : *Jérusalem délivrée.*

1581. Assemblée des Églises à Montauban. – Mariage du duc de Joyeuse : *Circé ou le Ballet comique de la reine.* – Théodore de Bèze : *Méditations chrétiennes.* – Cervantès : *Numance.*

1582. Réforme du calendrier grégorien. – Robert Garnier : *Bradamante*, 1ʳᵉ tragi-comédie française.

1583. Furie d'Anvers : échec du duc d'Anjou. – Cisalpino : premier essai de classification des plantes. – Garnier : *Les Juives*, tragédie.

1584. Mort du duc d'Anjou : Henri de Navarre héritier du trône. Fondation de la Sainte Ligue. – *(Décembre)* Traité de Joinville : la Ligue alliée à l'Espagne. – Assassinat de Guillaume d'Orange. – Mort d'Ivan le Terrible.

1585. *(Mars)* Manifeste de Péronne. *(Juillet)* Édit de Nemours : interdiction du protestantisme en France. Henri de Navarre déclaré hérétique et relaps par le pape Sixte Quint. *(Septembre)* 8ᵉ guerre de religion. – Inauguration du théâtre de Vicence (Palladio). – Cervantès : *Galathée*. – *Livre des Mélanges* de Claude Le Jeune. – Giordano Bruno : *Des Fureurs héroïques*.

1586. Guerre en Poitou-Saintonge. – Le Greco : *Enterrement du comte d'Orgaz*. – *Chansonnettes mesurées* de Baïf et Mauduit.

1587. Victoire du roi de Navarre à Coutras. – Exécution de Marie Stuart. – Fondation de la Virginie en Amérique. – Marlowe : *Tamerlan*. – *Faustbuch* : spectacle de marionnettes en Allemagne.

1588. *(Mai)* Journée des Barricades : expulsion du roi hors de Paris. La Ligue règne à Paris (Conseil des Seize). – Défaite de l'*Armada* espagnole. *(Octobre)* États généraux de Blois. *(Décembre)* Assassinat du duc et du cardinal de Guise. – Le Parlement de Paris interdit toute représentation de comédie. – Marlowe : *Faust*.

1588-1602. Tycho-Brahé : *Introduction à la nouvelle astronomie.*

1589. Mort de Catherine de Médicis. – *(Août)* Assassinat de Henri III; avènement (théorique) de Henri IV. Le cardinal de Bourbon est proclamé roi sous le nom de Charles X. – Victoire de Henri IV à Arques.

1590. Mort du cardinal de Bourbon. – Intervention de Philippe II en faveur des ligueurs : campagnes militaires d'Alexandre Farnèse et du duc de Savoie. Victoire de Henri IV à Ivry. Blocus de Paris par Henri IV. – Première lunette composée fabriquée en Italie. – François Viète : emploi des lettres en algèbre. – Spenser : *La Reine des Fées*. – Shakespeare : *Henry VI*.

1591. Prise de Chartres. – Premier voyage anglais aux Indes orientales.

1592. Échec des troupes royales devant Rouen. – 2ᵉ campagne de Normandie contre Alexandre Farnèse. – Monluc : *Commentaires*.

1593. États généraux de la Ligue. – Abjuration de Henri IV.

1594. Henri IV sacré à Chartres. Entrée du roi à Paris – *Satyre ménippée.*

1595. Henri IV reconnu par le pape. – Chassignet : *Mépris de la vie et consolation contre la mort.*

1596. Ralliement des princes ligueurs. – Kepler : *Mysterium cosmographicum.*

1597. Surprise et reprise d'Amiens. – Francis Bacon : *Essais.*

1598. *(Avril)* Édit de Nantes. *(Mai)* Traité de Vervins. – Mort de Philippe II. – Lope de Vega : *Arcadia.*

Paris ligueur

Récit fait par Pierre de L'Estoile de la joie des Parisiens après l'assassinat de Henri III (1589)

Les nouvelles de la mort du roi furent sues à Paris dès le matin du 2e août 1589 et divulguées entre le peuple l'après-dînée : lequel, pour témoignage de la joie qu'il en avait, en porta le deuil vert (qui est la livrée des fous). Et fit incontinent Mme de Montpensier [1], par une fureur insolente et ostentation enragée, distribuer à tous les conjurés des écharpes vertes. A celui qui lui en porta les premières nouvelles, lui sautant au cou et l'embrassant, lui dit : « Ha! mon ami, sois le bien venu! Mais est-il vrai, au moins? Ce méchant, ce perfide, ce tyran, est-il mort? Dieu! que vous me faites aise! Je ne suis marrie que d'une chose : c'est qu'il n'a su, devant que de mourir, que c'était moi qui l'avait fait faire. » Puis se retournant vers ses demoiselles : « Et puis, dit-elle, que vous en semble? Ma tête ne me tient-elle pas bien, à cette heure? Il m'est avis qu'elle ne me branle plus comme elle faisait [2]. »

Et à l'instant, s'étant acheminée vers Mme de Nemours, sa mère (qui ne s'en montra moins contente qu'elle), étant toutes deux montées en leurs carrosses et se faisant promener par la ville, en tous les carrefours et places où elles voyaient du peuple assemblé, lui criaient à haute voix : « Bonnes nouvelles, mes

---

1. Sœur des Guise.
2. La duchesse sent levées toutes les menaces qui l'entouraient.

amis! Bonnes nouvelles! Le tyran est mort. Il n'y a plus de Henri de Valois de France[1]. »

Puis, s'en étant allées aux Cordeliers[2], Mme de Nemours monta sur les degrés du grand autel et là, harangua ce sot peuple sur la mort du tyran, montrant en cet acte une grande immodestie et impuissance de femme de mordre encore sur un mort. Elles firent faire aussi des feux de joie partout, témoignant par paroles, gestes, accoutrements dissolus, livrées et festins, la grande joie qu'elles en avaient. Ceux qui ne riaient point et qui portaient tant soit peu la face mélancolique, étaient réputés pour politiques et hérétiques.

D'autre part, les théologiens et prédicateurs, en leurs sermons, criaient au peuple que ce bon religieux[3] qui avait si constamment[4] enduré la mort pour délivrer la France de la tyrannie de ce chien de Henri de Valois était un vrai martyr : le voulant faire croire ainsi à quelques coquefredouilles et oisons embeguinés[5], appelaient cet assassinat et trahison détestable une œuvre grande de Dieu, un miracle, un pur exploit de sa providence, jusqu'à la comparer aux plus excellents mystères de son incarnation et résurrection.

C'était la jurisprudence des moines et prêcheurs de ce temps, auxquels les parricides et les assassinats plus exécrables étaient censés des miracles et des œuvres de Dieu : dont il ne faut autres témoins que les écrits et libelles diffamatoires criés et publiés à Paris contre la mémoire de ce pauvre prince[6]...

---

1. L'Estoile est anti-ligueur et hostile aux Guise, comme Pasquier.
2. Le couvent du moine assassin de Henri III.
3. L'assassin du roi.
4. Avec tant de constance. Jacques Clément, l'assassin de Henri III, avait été mis à mort.
5. Les dupes de la Ligue.
6. Le roi Henri III. – *Mémoires journaux*, t. V, pp. 3-5

La grandeur de l'homme
selon Raymond Sebond

Comme tout ce qui est au monde est fait pour l'homme
et sert à ses commodités...

... Par quoi il n'y a rien en ce monde qui ne travaille jour et
nuit pour le bien de l'homme, l'univers est pour lui, à cause de
lui et a été d'une merveilleuse structure compassé [1] et ordonné
pour son bien. Et si on me dit que les bêtes s'aident à leur besoin
aussi bien que nous de la plupart des choses que j'ai alléguées,
comme la respiration de l'air, de la lumière du soleil, de l'eau, de
la terre et choses semblables, je leur répondrai que cette
commodité que les animaux en reçoivent est à cause de nous et
retourne enfin à la nôtre : car si eux-mêmes sont pour nous et
non pour eux, le profit de leur commodité est plus nôtre que
leur. Soit donc que telles choses servent à l'homme, soit qu'elles
servent à ce qui le sert, tout revient à un. Nous les pouvons
toujours dire nous être nécessaires, nous être données et être
employées pour nous. Or sus, homme, jette hardiment ta vue
bien loin autour de toi et contemple si de tant de membres, si de
tant de diverses pièces de cette grande machine, il y en a aucune
qui ne te serve. Considère comme le soin et la sollicitude de
nature ne vise qu'à ton profit, comme elle a asservi tous ses
desseins et tous ses effets à ton seul besoin et utilité, de quelle
affluence elle te fournit incessamment de toute façon de biens,
jusqu'aux délices mêmes et à tes plaisirs. Ce ciel, cette terre, cet
air, cette mer et tout ce qui est en eux, est continuellement

---

1. *Compassé :* calculé.

embesogné [1] pour ton service. Ce branle [2] divers du soleil, cette constante variété des saisons de l'an ne regarde qu'à ta nécessité et à te pouvoir renouveler continuellement des fruits pour ton usage. [...]

Écoute la voix de toutes les créatures qui te crie : « Reçois, mais paye; prends mon service, mais reconnais-le; jouis de ces biens, mais rends-en grâce ». Le ciel te dit : « Je te fournis de lumière le jour afin que tu veilles; d'ombre la nuit afin que tu dormes et reposes; pour ta récréation et commodité, je renouvelle les saisons, je te donne la fleurissante douceur du printemps, la chaleur de l'été, la fertilité de l'automne, les froidures de l'hiver. Je bigarre mes jours, ores [3] les allongeant, ores les accourcissant, ores je les taille moyens afin que la variété te rende la course du temps moins ennuyeuse et que cette diversité te porte de la délectation. » L'air : « Je te communique la respiration vitale et offre à ton obéissance tout le genre de mes oiseaux. » L'eau : « Je te fournis de quoi boire, de quoi te laver, j'arrose et humecte les lieux secs et arides, et si [4] te fais présent pour ton vivre de l'infinie diversité de mes poissons. » La terre : « Je te soutiens, tu as de moi le pain de quoi se nourrissent tes forces, le vin de quoi tu éjouis tes esprits, tous les fruits que tu manges sont de moi, et si ta table se voit chargée d'un grand nombre de mes animaux. » Le monde : « Considère de quelle affection t'a chéri celui qui m'a ordonné pour te servir : mais je te sers afin que tu serves celui qui m'a fait. Il m'a fait pour toi et toi pour lui : puisque tu jouis de ses bénéfices, paye-les, reconnais-les et l'en remercie. »

Voilà comment nous apprenons par expérience que tout ce qui est en ce monde est fait pour le bien et commodité de l'homme, en respect à son corps.

Théologie naturelle,
chap. 97.

---

1. *Embesogné :* occupé.
2. *Branle :* mouvement.
3. *Ores... ores... :* tantôt... tantôt...
4. *Si :* aussi.

Le succès de la
Théologie naturelle

Publications et traductions du livre de Sebond [1]

Éditions latines du Liber creaturarum

A partir de la première édition, probablement en 1484, à Lyon chez l'imprimeur Balsarin, on en recense quinze jusqu'au milieu du XVIIe siècle. D'abord en 1487, 1488, 1496, 1501, 1502 (essentiellement en Allemagne et en Hollande).

En 1509, c'est l'édition parisienne chez l'imprimeur Jean Petit.

Puis sortent plusieurs éditions lyonnaises (1526, 1540, 1541), une vénitienne (1581), deux allemandes (1631, 1635), une française (1648).

Éditions de l'abrégé latin du livre de Sebond, dû à l'humaniste Pierre Dorland et publié sous le titre Viola Animae

1499, à Cologne; 1500 en Espagne; 1517 à Milan; 1533 à Anvers; 1544, 1550, 1558 et 1568 à Lyon.

Traductions françaises de la Viola

1551 par Jean Martin, à Paris, sous le titre *La Théologie naturelle de R. Sebond, docteur excellent entre les modernes, mise de latin en français suivant le commandement de Madame Léonor, reine douairière de France...*

---

1. Voir J. Coppin, *Montaigne traducteur de R. Sebond*, Lille, 1925, pp. 15-16.

Réimpressions de cette traduction en 1555 et 1566.

En 1600, nouvelle traduction par Ch. Blendecq, à Arras, sous le titre *La Violette de l'âme*.

Traductions du Liber creaturarum

En 1519 à Lyon, par un traducteur anonyme, sous le titre *Le Livre pour l'homme* de Raymond Sebeide.

En 1569, traduction de Montaigne, sous le titre *La théologie naturelle de Raymond Sebond, docteur excellent entre les modernes, en laquelle par l'ordre de Nature est démontrée la vérité de la Foi chrétienne et catholique, traduite nouvellement de latin en français,* publiée à Paris.

Réimpressions en 1581 (Paris), 1603 (Rouen), 1605 (Tournon), 1611 (Paris) et 1641 (Rouen).

II

Critiques et commentaires
sur Montaigne

Sur Montaigne et Sebond

L'estime durable de Montaigne pour Sebond

En 1569, deux ou trois ans avant de composer ses premiers *Essais*, Montaigne achevait et faisait imprimer une traduction du *Liber creaturarum* de Raymond Sebond. Dans les années suivantes, il eut souvent, en conversation, l'occasion de défendre son auteur. Plus tard, il le défendit par écrit, dans le long chapitre des *Essais* qui a pour titre « *Apologie de Raymond Sebond* ». Enfin, en 1581, il réimprima sa traduction, en prenant soin de faire corriger les nombreuses fautes laissées par l'imprimeur dans la première édition.

Voilà donc une œuvre de longue haleine, entreprise, non pas dans la toute première jeunesse, mais vers trente-cinq ans, à l'âge où l'esprit achève de se former. Cette œuvre, Montaigne ne l'a jamais reniée : il y est revenu, et, pendant une douzaine d'années au moins, il a continué de s'y intéresser.

J. COPPIN [1].

L'importance du livre de Sebond

Il suffira de noter que saint François de Sales et Pascal, sans compter d'Urfé, ont beaucoup profité de la *Théologie naturelle*. Je ne suis pas certain que Pascal l'ait lue dans le français de Montaigne; peut-être s'est-il servi de l'édition latine donnée à Lyon en 1648, chez Pierre Compagnon; mais à coup sûr et

---

1. *Montaigne traducteur de R. Sebond*, p. 3.

d'Urfé et saint François de Sales ont pratiqué la traduction même de Montaigne. Et celui qui a encore le plus profité de cette traduction, c'est Montaigne lui-même.

F. STROWSKI [1].

L'indépendance d'esprit de Montaigne

Il est très possible que, dès l'époque de cette traduction, sa pensée se soit engagée dans la voie d'un fidéisme contraire aux thèses de la théologie naturelle. C'est ce que semble indiquer un passage du chapitre 208. Sebond y effleure en quelques mots la beauté et la certitude de la foi. Montaigne, juste à cet endroit, insère une des rares amplifications de sa traduction et s'étend, avec des accents nettement fidéistes, sur l'irrationalité de la foi, laquelle constitue une exception qui se situe bien au-dessus de la raison humaine capable seulement d'opinions inadéquates, et n'est en rien une claire évidence. Cela est confirmé d'une manière générale par le fait qu'il traduit les chapitres spéculatifs et l'exposé sur les sacrements dans le style le plus terne, visiblement sans intérêt profond, alors que son instinct littéraire s'éveille dans les chapitres purement anthropologiques et introduit dans le texte beaucoup plus de vie qu'il n'y en a dans l'original – cela, donc, dans les passages qui traitent, non des résultats assurés, mais des préliminaires de la théologie naturelle. Ces changements et déplacements d'accent sont significatifs. Ils annoncent le Montaigne des *Essais,* le fidéiste, le sceptique, l'analyste de l'homme.

H. FRIEDRICH [2].

Le style de la Théologie naturelle n'est pas celui des Essais

La phrase de Montaigne, en 1569, est bien différente de ce qu'elle sera plus tard. En 1569, il partage le goût de plusieurs de ses contemporains pour la longue période d'allure cicéronienne. Du Verdier [3] a loué Amyot d'avoir uni à la perfection les deux points qui font l' « *écriture parfaite, à savoir le langage du*

---

1. *Montaigne,* Paris, 2e éd. 1931, p. 80.
2. *Montaigne,* ouvr. cit., pp. 112-113.
3. Bibliophile du XVIe siècle, auteur d'une *Bibliothèque* (c'est-à-dire d'une Bibliographie) fameuse sur les écrivains de son temps à l'instar de La Croix du Maine.

commun et du peuple, et la liaison du docte ». Le *Projet de
l'éloquence royale* [1] déclare qu' « *il y a plus de montre et de parade
ès clauses longues qui vont tout d'une tire jusqu'à la fin et sont plus
numéreuses* [2] *et plaisantes à l'oreille* »; « *qu'il se faut étudier non
seulement à joindre mais à lier les clauses ensemble* [...] *afin que
rien n'y soit décousu ni entrerompu ains* [3] *que tout coule d'une suite
et que toutes les parties soient assemblées comme les membres d'un
même corps* ». Montaigne, conformément au goût du temps,
s'attache dans sa traduction *à lier les clauses ensemble.*

[...] Il y a dans la traduction [de Montaigne] beaucoup de
phrases [...] fort longues mais parfaitement claires et très
régulièrement ordonnées. Montaigne sait donc, quand il le veut,
conduire avec aisance une période largement étoffée, en orga-
niser harmonieusement les parties et les enchaîner selon les lois
d'une exacte logique. [...]

Montaigne, dans les *Essais*, a changé tout à fait de manière. Il
le dit lui-même, vers 1578 : « *Mon langage n'a rien de facile et de
fluide : il est âpre, ayant ses dispositions libres et déréglées; et me
plaît ainsi...* » [Il] renonce aux périodes trop compassées; il
renonce même, en général, aux longues phrases, parce qu'il n'y
peut atteindre, nous dit-il, et en continuant de les juger plus
admirables et plus difficiles. Mais c'est, à ce qu'il semble, une
formule de modestie. Il maniait fort bien ce style dans sa
jeunesse : il pourrait encore le faire. Nous voyons mieux, après
avoir lu le *Livre des créatures*, que si Montaigne a changé de
manière, ce n'est pas par nécessité, mais par préférence.

J. COPPIN [4].

La qualité de sa version nous permet de corriger certaines de
ses déclarations ultérieures sur son style. Il se plaît à déprécier
l'irrégularité des *Essais* : « *Je l'eusse fait meilleur ailleurs, mais
l'ouvrage eût été moins mien... Mon langage n'a rien de facile et
poli; il est âpre et dédaigneux, ayant ses dispositions libres et
déréglées.* » Il lui arrive de laisser entendre, et il le déclare

1. D'Amyot, le traducteur de Plutarque.
2. *Numéreuses :* nombreuses, rythmées.
3. *Ains :* mais.
4. Ouvr. cit., pp. 227-234.

clairement une fois, qu'il lui est impossible de faire autrement :
« *Quand j'entreprendrais de suivre cet autre style égal, uni et
ordonné, je n'y saurais advenir.* » Si ce qu'il veut dire par là, c'est
qu'il ne saurait écrire comme Raymond Sebond, nous pouvons
parfaitement le croire et nous en réjouir. Mais s'il faut comprendre ce qu'il a l'air de vouloir dire : qu'il ne saurait écrire une
prose française ordonnée et maîtrisée, alors sa propre traduction
l'accuse de sacrifier la vérité à la modestie. Il était tout à fait
capable d'écrire – et il écrivit – cette sorte de prose avec la plus
parfaite aisance au moment de son apprentissage. La liberté avec
laquelle, parvenu à la maturité, il manie le langage ne vient pas
d'une incapacité, mais d'une maîtrise supérieure.

D. Frame [1].

---

1. *Montaigne. A Biography,* ouvr. cit., p. 112. (Texte anglais traduit.)

Sur Montaigne
et le Journal de voyage

Insuffisance artistique de Montaigne?

Quarante-quatre ans après Rabelais, Montaigne trouva les bords du Tibre plantés, et il remarque que le 16 mars il y avait des roses et des artichauts à Rome. Les églises étaient nues, sans statues de saints, sans tableaux, moins ornées et moins belles que les églises de France. Montaigne était accoutumé à la *vastité sombre de nos cathédrales gothiques*; il parle plusieurs fois de Saint-Pierre sans le décrire, insensible ou indifférent qu'il paraît être aux arts. En présence de tant de chefs-d'œuvre, aucun nom ne s'offre au souvenir de Montaigne; sa mémoire ne lui parle ni de Raphaël, ni de Michel-Ange, mort il n'y avait pas encore seize ans.

Au reste les idées sur les arts, sur l'influence philosophique des génies qui les ont agrandis ou protégés, n'étaient point encore nées. Le temps fait pour les hommes ce que l'espace fait pour les monuments; on ne juge bien des uns et des autres qu'à distance et au point de la perspective; trop près on ne les voit pas, trop loin on ne les voit plus.

L'auteur des *Essais* ne cherchait dans Rome que la Rome antique...

CHATEAUBRIAND[1].

---

1. *Mémoires d'Outre-tombe*, XXX, 7.

Montaigne, le spirituel, le curieux Montaigne, voyageait en Italie pour se guérir et se distraire, vers 1580. Quelquefois, le soir, il écrivait ce qu'il avait remarqué de singulier, il se servait indifféremment du français ou de l'italien, comme un homme dont la paresse est à peine dominée par le désir d'écrire, et qui a besoin, pour s'y déterminer, du petit plaisir que donne la difficulté vaincue lorsqu'on se sert d'une langue étrangère.

En 1580, quand Montaigne passait à Florence, il y avait seulement dix-sept ans que Michel-Ange était mort[1], tout retentissait encore du bruit de ses ouvrages. Les fresques divines d'André del Sarto, de Raphaël et du Corrège étaient dans toute leur fraîcheur. Eh bien! Montaigne, cet homme de tant d'esprit, si curieux, si désoccupé, n'en dit pas un mot. La passion de tout un peuple pour les chefs-d'œuvre des arts l'a sans doute porté à les regarder, car son génie consiste à deviner et à étudier attentivement les dispositions des peuples; mais les fresques du Corrège, de Michel-Ange, de Léonard de Vinci, de Raphaël ne lui ont fait aucun plaisir.

STENDHAL[2].

Quand nous aurons dit qu'à propos de Florence, Montaigne ne fait qu'une fugitive évocation de la basilique de Saint-Laurent, que tout au long de l'itinéraire, la seule cathédrale honorée d'une description est celle de Pise, que de sa visite « au Vatican » [...] il retient seulement qu'il « *perdit sa bourse et ce qui était dedans* », il apparaîtra assez que, bien avant que le retour précipité du futur maire de Bordeaux n'explique l'aridité des dernières pages, le refus de décrire a plus d'une fois privé le lecteur de pages attendues.

Cette attitude du voyageur incite d'ordinaire les critiques à un débat sur les limites de la sensibilité esthétique de Montaigne; nous préférons y voir comme une lointaine préfiguration des choix du touriste qui, au XIXᵉ siècle, livrera en toute subjectivité ses impressions et renverra, pour le demeurant, aux guides et aux ouvrages techniques.

Au sein de la littérature de voyage s'esquisse en effet, vers la fin du XVIᵉ siècle, une diversification [...] qui éloigne de plus en

---

1. Michel-Ange est mort en 1564.
2. *Promenades dans Rome*, 20 novembre 1828.

plus l'ouvrage recueillant et dispensant un savoir objectif du périple accompli par un esprit curieux de découvrir à sa façon des mœurs et des contrées pour lui nouvelles.

Michel BIDEAUX[1].

Une géographie humaine

... Ces éléments de paysage [...] s'organisent, dans le *Journal*, selon une typologie précise qui manifeste deux traits essentiels : la soumission de la sensation parcellaire à une vision par ensembles beaucoup plus intellectualiste, et la tendance à traiter le paysage, non comme une collection de figures géographiques, mais comme un décor où vient s'inscrire la trace de l'activité humaine. Si le *Journal* relève si fréquemment l'état des routes, ce n'est pas tant pour mesurer le confort qu'il apporte au cavalier et à sa monture que pour évaluer à travers lui la maîtrise technique d'une civilisation ou l'efficacité d'une administration. Que l'on avance dans la plaine lombarde par un « *chemin très uni, large, droit, fossoyé des deux parts* » ou que l'on franchisse les Appenins par un « *chemin* [...] *qui se peut nommer incommode et farouche* » n'a sans doute rien de surprenant : mais la *via Ostiensis* porte témoignage du génie bâtisseur des Romains, les routes de Viterbe font l'éloge du « *pape Farnèse* » et c'est un Montaigne quelque peu physiocrate qui, chevauchant de San Chirico à Lucques, vante la sage administration du grand-duché de Toscane.

Michel BIDEAUX[2].

---

1. « La description dans le *Journal de voyage* de Montaigne », in *Études seiziémistes*, Genève, Droz, 1980, pp. 411-412.
2. *Ibid.*, p. 414.

Sur les Essais
Une écriture et un portrait

Jusqu'au XVIIIᵉ siècle, l'entreprise de Montaigne séduisit par sa nouveauté, mais elle ne laissa pas d'être critiquée, voire incomprise, pour cette même originalité. En voici quelques témoignages.

« Chose vue » sur Montaigne et son livre.

... Ce livre ne contient autre chose qu'une ample déclaration de la vie dudit sieur de Montaigne et chacun chapitre contient une partie d'icelle : en quoi me plaît fort la réponse que ledit sieur fit au roi de France Henri III, lorsqu'il lui dit que son livre lui plaisait beaucoup. « Sire, répondit l'auteur, il faut donc nécessairement que je plaise à Votre Majesté, puisque mon livre lui est agréable, car il ne contient autre chose qu'un discours de ma vie et de mes actions. »

LA CROIX DU MAINE (1584) [1].

Réputation de Montaigne

Les œuvres mêlées qu'il voulut donner à la France sous ce modeste titre d'*Essais*, quoiqu'à cause de l'élégance de son style, la naïve liberté de parler qui s'y rencontre et la docte variété des matières qu'il traite, il leur eût pu donner justement un titre plus pompeux et plus magnifique, témoigneront toujours cette vérité que j'annonce [son insigne vertu]. La publication d'un si rare

---

1. *Bibliothèque française*, 1772, t. II, p. 130.

ouvrage lui acquit une telle réputation de suffisance et de bonté[1], non seulement parmi les siens mais encore parmi les nations étrangères que Rome même, qui se vante d'être la reine de toutes les cités du monde, ne dédaigna point de l'honorer du droit de bourgeoisie et de le recevoir volontairement au nombre de ses citoyens.

SCÉVOLE DE SAINTE-MARTHE,
Éloge des hommes illustres... (1598),
mis en français par G. Colletet (1644)[2].

L'entêtement de M. de Montaigne

Nous étions, lui et moi, familiers et amis par une mutuelle rencontre des lettres : fûmes ensemblement en la ville de Blois, lors de cette fameuse assemblée des trois États[3] de l'an 1588, dont la fin produisit tant de malheurs à la France. Et comme nous nous promenions dedans la cour du château, il m'advint de lui dire qu'il s'était aucunement[4] oublié de n'avoir communiqué son œuvre à quelques siens amis avant que de le[5] publier; d'autant que l'on y reconnaissait en plusieurs lieux je ne sais quoi du ramage gascon [...], chose dont il eût pu recevoir avis par un sien ami. Et comme il ne m'en voulut croire, je le menai en ma chambre où j'avais son livre. Et là, je lui montrai plusieurs manières de parler familières non aux Français ains[6] seulement aux Gascons : « *Un patenôtre, une dette, un couple, un rencontre. Les bêtes nous flattent, nous requièrent et non nous à elles. Ces ouvrages sentent à l'huile et à la lampe.* » Et surtout je lui remontrai que je le voyais habiller le mot « *jouir* » du tout[7] à l'usage de Gascogne et non de notre langue française : « *Ni la santé que je jouis jusqu'à présent. La lune est celle même que vos aïeux ont jouie. L'amitié est jouie à mesure qu'elle est désirée. C'est la vraie solitude qui se peut jouir au milieu des villes et des cours des rois, mais elle se peut jouir plus commodément à part. Je reçois*

---

1. De compétence et de qualité.
2. P. 147.
3. Les états généraux de décembre 1588.
4. Quelque peu.
5. *Œuvre* est souvent masculin au XVIᵉ siècle.
6. Mais.
7. Absolument.

ma santé les bras ouverts et aiguise mon goût à la jouir. » Plusieurs autres locutions lui représentai-je, non seulement sur ce mot, ains sur plusieurs autres dont je ne me suis proposé de vous faire ici l'inventaire, et estimai qu'à la première et prochaine impression que l'on ferait de son livre, il donnerait ordre de les corriger.

Toutefois non seulement il ne le fit, mais ainsi soit [1] qu'il fut prévenu de mort, sa fille par alliance l'a fait réimprimer tout de la même façon qu'il était et nous avertit par son épître liminaire que la dame de Montaigne le lui avait envoyé tout tel que son mari projetait de le remettre au jour. J'ajouterai à tout ceci que pendant qu'il fait contenance de se dédaigner, je ne lus jamais auteur qui s'estimât tant que lui : car qui aurait rayé tous les passages qu'il a employés à parler de soi et de sa famille, son œuvre serait raccourcie d'un quart, à bonne mesure, spécialement en son troisième livre, qui semble être une histoire de ses mœurs et actions. Chose que j'attribue aucunement à la liberté de sa vieillesse, quand il le composa.

ÉTIENNE PASQUIER,
Lettres (publ. 1619) [2].

Le plaisir de connaître un homme

Ma pensée était donc, et je suis encore de même avis, que Montaigne sait bien ce qu'il dit mais, sans violer le respect qui lui est dû, je pense aussi qu'il ne sait pas toujours ce qu'il va dire. S'il a dessein d'aller en un lieu, le moindre objet qui lui passe devant les yeux le fait sortir de son chemin pour courir après ce second objet. Mais l'importance est qu'il s'égare plus heureusement qu'il n'allait tout droit. Ses digressions sont très agréables et très instructives. Quand il quitte le bon, d'ordinaire il trouve le meilleur et il est certain qu'il ne change guère de matière que le lecteur ne gagne en ce changement.

GUEZ DE BALZAC,
Dissertation critique (1657) [3].

---

1. Étant donné.
2. *Choix de lettres sur la littérature...*, éd. D. Thickett, pp. 45-46.
3. Cité dans l'éd. Villey-Saulnier des *Essais*, p. 1211.

La réprobation janséniste

Un des caractères les plus indignes d'un honnête homme est celui que Montaigne a affecté de n'entretenir ses lecteurs que de ses humeurs, de ses inclinations, de ses fantaisies, de ses maladies, de ses vertus et de ses vices; et il ne naît que d'un défaut de jugement aussi bien que d'un violent amour de soi-même. Il est vrai qu'il tâche autant qu'il peut d'éloigner de lui le soupçon d'une vanité basse et populaire, en parlant librement de ses défauts aussi bien que de ses qualités, ce qui a quelque chose d'aimable par une apparence de sincérité; mais il est facile de voir que tout cela n'est qu'un jeu et un artifice qui doit le rendre encore plus odieux. Il parle de ses vices pour les faire connaître et non pour les faire détester; il ne prétend pas qu'on doive moins l'en estimer; il les regarde comme des choses à peu près indifférentes et plutôt galantes que honteuses; [...] mais quand il appréhende que quelque chose le rabaisse un peu, il est aussi adroit que personne à le cacher.

ARNAULD et NICOLE,
Logique de Port-Royal (1666)[1].

Le sot projet qu'il a de se peindre! et cela non pas en passant et contre ses maximes, comme il arrive à tout le monde de faillir; mais par ses propres maximes et par un dessein premier et principal. Car de dire des sottises par hasard et par faiblesse, c'est un mal ordinaire; mais d'en dire par dessein, c'est ce qui n'est pas supportable, et d'en dire de telles que celles-ci...

PASCAL,
Pensées (1670)[2].

Un auteur vaniteux

Quel besoin le public avait-il de cette connaissance [celle de Montaigne]? Quelle nécessité qu'il fût informé des travers de son esprit, de ses pensées vaines, de ses idées fausses, de ses opinions dangereuses, de ses passions folles et insensées?

Journal des Savants (1677)[3].

---

1. IIIᵉ partie, chap. XX, p. 242.
2. Ed. Lafuma, nº 780 (in Pascal, coll. « L'Intégrale », Paris, Seuil, 1963, p. 599).
3. Cité dans l'éd. Villey-Saulnier, p. 1119.

Le livre de Montaigne contient des preuves si évidentes de la vanité et de la fierté de son auteur qu'il paraît peut-être assez inutile de s'arrêter à les faire remarquer; car il faut être bien plein de soi-même pour s'imaginer, comme lui, que le monde veuille bien lire un assez gros livre pour avoir quelque connaissance de nos humeurs. [...]

Montaigne n'a fait son livre que pour se peindre et pour représenter ses humeurs et ses inclinations : il l'avoue lui-même dans l'avertissement au Lecteur inséré dans toutes les éditions [...] quoiqu'il dise *que ce n'est pas raison qu'on emploie son loisir en un sujet si frivole et si vain.* Ces paroles ne font que le condamner : car s'il eût cru que ce n'était pas *raison* qu'on employât le temps à lire son livre, il eût agi lui-même contre le sens commun en le faisant imprimer. Ainsi on est obligé de croire ou qu'il n'a pas dit ce qu'il pensait ou qu'il n'a pas fait ce qu'il devait.

C'est encore une plaisante excuse de sa vanité de dire qu'il n'a écrit que pour ses *parents et amis.* Car si cela eût été ainsi, pourquoi en eût-il fait trois impressions? Une seule ne suffisait-elle pas pour ses parents et pour ses amis? [...] Il a donc voulu se produire et hypothéquer au monde son ouvrage, aussi bien qu'à ses parents et à ses amis. Mais sa vanité serait toujours assez criminelle quand il n'aurait tourné et arrêté l'esprit et le cœur que de ses parents et de ses amis vers son portrait autant de temps qu'il en faut pour lire son livre.

Si c'est un défaut de parler souvent de soi, c'est une effronterie ou plutôt une espèce de folie que de se louer à tous moments, comme fait Montaigne : car ce n'est pas seulement pécher contre l'humilité chrétienne, mais c'est encore choquer la raison.

MALEBRANCHE,
Recherche de la vérité (1674) [1].

Un auteur qu'on lit comme un ami

En voici un [amusement] que j'ai trouvé : c'est un tome de Montaigne que je ne croyais pas avoir apporté. Ah, l'aimable

---

1. Livre II, IIIᵉ partie, chap. v.

homme! qu'il est de bonne compagnie! C'est mon ancien ami, mais à force d'être ancien, il m'est nouveau.

MME DE SÉVIGNÉ (1679) [1].

« Ah! Madame, reprit le comte d'Albe, Montaigne est un philosophe admirable et les autres en comparaison de lui fardent la vérité et la déguisent; mais par celui-là, c'est la nature même. [...] Il connaît admirablement tous les replis du cœur humain, il en étale les défauts pour les faire éviter, il regarde la mort sans la désirer ni la craindre, il connaît mieux toutes les misères de la vie qu'il n'en connaît les plaisirs, ou du moins qu'il ne les sent. En un mot, son ouvrage est un portrait d'après nature de toutes les faiblesses humaines, au lieu que les autres livres de cette espèce ne sont que des tableaux faits à plaisir; et excepté quelques endroits un peu trop hardis, c'est un ouvrage qui fera beaucoup d'honneur à la France, et qui instruit en divertissant. »

MLLE DE SCUDÉRY,
Histoire du comte d'Albe (1680) [2].

Le charmant projet que Montaigne a eu de se peindre naïvement comme il a fait! car il a peint la nature humaine. Si Nicole et Malebranche avaient toujours parlé d'eux-mêmes, ils n'auraient pas réussi. Mais un gentilhomme campagnard du temps de Henri III, qui est savant dans un siècle d'ignorance, philosophe parmi les fanatiques, et qui peint sous son nom nos faiblesses et nos folies, est un homme qui sera toujours aimé.

VOLTAIRE,
Lettres philosophiques,
« Sur les *Pensées* de M. Pascal » (1734).

Un hypocrite?

Nul ne peut écrire la vie d'un homme que lui-même. Sa manière d'être intérieure, sa véritable vie n'est connue que de lui; mais, en l'écrivant, il la déguise; sous le nom de sa vie, il fait son apologie; il se montre comme il veut être vu, mais point du

1. Lettre du 6 octobre 1679, à Mme de Grignan.
2. Cité dans l'éd. Villey-Saulnier, p. 1221.

tout comme il est. Les plus sincères sont vrais tout au plus dans ce qu'ils disent, mais ils mentent par leurs réticences, et ce qu'ils taisent change tellement ce qu'ils feignent d'avouer, qu'en ne disant qu'une partie de la vérité ils ne disent rien. Je mets Montaigne à la tête de ces faux sincères, qui veulent tromper en disant vrai. Il se montre avec ses défauts, mais il ne s'en donne que d'aimables : il n'y a point d'homme qui n'en ait d'odieux. Montaigne se peint ressemblant, mais de profil. Qui sait si quelque balafre à la joue ou un œil crevé, du côté qu'il nous a caché, n'eût pas totalement changé sa physionomie ?

ROUSSEAU,
Confessions (première rédaction : 1764).

Difficile sincérité

[L'exigence de sincérité] est une exigence profondément équivoque. D'une part, en effet, il s'agira de ne point dire de soi plus qu'on n'est capable de faire, de ne pas se représenter en paroles autrement qu'on ne s'accomplit en actes, bref de ne pas se peindre plus grand que nature. Mais d'autre part, une fois qu'on aura commencé de se raconter de la sorte, il s'agira de ne point trahir ce qu'on aura dit de soi. La fidélité du portraitiste à son modèle renvoie ici à une fidélité de sens inverse, du modèle au portrait. Désormais, on se devra de ne pas déchoir par rapport à cette image de soi selon laquelle on s'est déterminé, par rapport à cette objectivation de soi qui devient ainsi comme un niveau de référence, comme une règle de vie, une sorte de « minimum éthique ». Il reste à savoir si ce *minimum* sera vraiment tenu pour tel, ou si l'on en fera, de façon plus ou moins implicite, la définition d'un état d'équilibre – satisfaisant par lui-même. En réalité, une telle limite est essentiellement mouvante, puisqu'elle résulte à tout moment d'une dialectique vécue, entre la description de soi et la réalisation de soi. Dès lors, ou bien le sujet, en prenant conscience de soi, choisira de se décrire en fonction de ce que son existence lui propose de meilleur, la provoquant ainsi, en retour, à une constante amélioration; ou bien il sera tenté de se raconter, de se représenter au niveau le plus moyen, afin de ne se trouver contraint, dans la pratique de son existence, à aucun effort de dépassement. En d'autres termes, la lucidité objective est une chimère : se connaître, c'est déjà se choisir tel ou tel, et c'est toujours à partir d'un certain choix d'existence que l'homme prend conscience de lui-même. Or [...] on pourrait assez bien conclure, semble-t-il, au choix par Montaigne d'une perspective de médiocrisation. De cette manière, l'obligation qu'il se découvre d'« *aller de la plume comme des pieds* » renverrait à un souci plus fondamental : celui de n'avoir jamais à marcher au-delà de ce qu'il se contentera d'écrire. C'est ainsi une sorte de démission morale qui fournirait le sens de sa franchise sur le plan psychologique, confirmant du même coup un penchant que nous avons déjà eu l'occasion de signaler : celui du « moraliste » qui, humiliant tous les hommes par le moyen de sa propre humilité, justifie de la sorte – vis-à-vis de lui-même et vis-à-vis d'autrui – le pessimisme radical qui lui permettra de n'exiger dès lors aucune transformation de soi.

FRANCIS JEANSON,
Montaigne par lui-même [1].

Il n'a pas la conscience de lui comme d'un tout, mais comme d'une série, d'une succession, donnée toujours et toute dans son présent. De là le titre des *Essais* : « *Si mon âme pouvait prendre pied, je ne m'essaierais pas, je me résoudrais.* » [III, 2 ; 805.]

Ce qui pour lui est *résolu*, ce sont ses images antiques, ses hommes de Plutarque, son stoïcisme, Socrate, Épaminondas, La Boétie. Le défaut de mémoire le rend plus sensible à cet écoulement.

« *Je ne vise ici qu'à découvrir moi-même, qui serai par aventure autre demain, si nouvel apprentissage me change* » (I, 26 ; 148). En d'autres termes les *Essais* sont un portrait en mouvement, et comme une transmission du temps.

ALBERT THIBAUDET,
Montaigne [2].

1. Pp. 33-34.
2. P. 164.

Les emprunts. L'évolution.
L'ordre et le désordre.

Les Essais *recueil de sentences*

Montaigne est un auteur autant savant en l'art de vivre qui s'en puisse voir et qui s'est décrit autant religieusement et franchement que fit jamais homme. J'ai lu les *Essais* mille et mille fois et ne les peux lire qu'à livre ouvert; j'y trouve toujours des grâces nouvelles et découvre des secrets qui m'avaient échappé aux premières lectures. Jamais livre ne me plut tant, ne m'ennuya moins; ses mots sont autant de sentences, ses lignes autant de discours, autant de livres.

JEAN-PIERRE CAMUS,
Les Diversités (1613) [1].

Et quant à ses *Essais* (que j'appelle chefs-d'œuvre), je n'ai livre entre les mains que j'aie tant caressé que celui-là. J'y trouve toujours quelque chose à me contenter. [...] Mais, surtout, son livre est un vrai séminaire de belles et notables sentences, dont les unes sont de son estoc [2] et les autres transplantées si heureusement et d'une telle naïveté [3] dans son fond qu'il est malaisé de les juger pour les autres que siennes, dont je vous remarquerai à la traverse [4] quelques-unes, remettant à votre diligence de voir toutes les autres dedans son livre.

---

1. *Diversités*, VIII, 3ᵉ Lettre à Acante.
2. De son cru.
3. D'un tel naturel.
4. En passant.

Sentences notables de cet auteur :

L'amour est un désir forcené de ce qui nous fuit.
La sagesse de la femme est un vrai leurre de l'amour. Etc.

ÉTIENNE PASQUIER,
Lettres (1619)[1].

Un livre sans ordre

Les *Essais* de Michel de Montaigne [...] sont faits sur divers sujets sans ordre ni liaison, et le corps de leurs discours a encore un plus grand mélange. Cela n'empêche pas que des gens de toutes qualités ne les élèvent au-dessus de la plupart des ouvrages qu'ils ont vus et n'en fassent leur principale étude...

CHARLES SOREL,
Bibliothèque française (1664)[2].

Montaigne pédant

Montaigne était aussi pédant que plusieurs autres [...] : car je ne parle pas ici de pédant à longue robe : la robe ne peut pas faire le pédant. Montaigne, qui a tant d'aversion pour la pédanterie, pouvait bien ne porter jamais robe longue, mais il ne pouvait pas de même se défaire de ses propres défauts. Il a bien travaillé à se faire l'esprit cavalier[3], mais il n'a pas travaillé à se faire l'esprit juste, ou pour le moins il n'y a pas réussi. Ainsi il s'est plutôt fait un pédant à la cavalière, et d'une espèce toute singulière, qu'il ne s'est rendu raisonnable, judicieux et honnête homme.

MALEBRANCHE,
Recherche de la vérité (1674)[4].

L'humanisme de Montaigne

Il ne les [les Anciens] lit pas pour leur obéir, mais pour y trouver des incitations. Il n'est pas sans connaître leurs faiblesses et leurs erreurs, hommes qu'ils sont. Mais il les pratique comme le trésor toujours le plus noble de l'esprit, seul digne d'être

---

1. *Loc. cit.*
2. Cité dans l'éd. Villey-Saulnier, p. 1212.
3. *L'esprit cavalier* : l'esprit d'un gentilhomme.
4. *Loc. cit.*

interrogé et cité. C'est la mentalité de l'humanisme finissant : respectueuse, mais critique.

La prééminence de l'Antiquité dans la culture de Montaigne est déjà attestée par ses citations, anecdotes et exemples. Ils assurent une présence constante de la vie et de l'histoire antiques dans les *Essais*. Mais ils n'en sont que le côté le plus superficiel. Les emprunts non identifiés, et, d'une manière générale, les thèmes et leurs combinaisons, en disent davantage. On peut poser que l'Antiquité définit la totalité des idées dont dispose Montaigne, c'est-à-dire non seulement l'étendue de sa culture, mais encore sa formation d'esprit.

HUGO FRIEDRICH,
Montaigne [1].

Sur le grotesque

Montaigne raconte qu'il a un jour observé un peintre en train de remplir les surfaces vides entourant [2] une fresque « de grotesques [...] » et il rapporte cela à ses *Essais* [...]. Ce mot de « grotesques » qu'emploie ici Montaigne traduisait une notion précise de la technique de l'artiste. Il désignait, dans la langue des peintres d'alors, les ornements et fioritures où se mêlaient arbitrairement des motifs hétérogènes, végétaux, fabuleux, les caprices de l'imagination pouvant s'y donner libre cours, à la différence des sujets sérieux à la composition serrée. C'est à dessein que Montaigne choisit ce terme; il pouvait compter que la définition (méprisante) du style qu'il comportait serait comprise. Plus tard, il utilisera une autre image : « Ce n'est qu'une marqueterie mal jointe » (III, 9). Quant aux additions des diverses éditions, il les appelle, continuant sur la même image, « quelque emblème supernuméraire ».

Ce sont là de ces formules péjoratives par lesquelles il déprécie couramment son autoportrait. Elles voilent ironiquement ce qui lui tient à cœur, l'abandon résolu de la composition, c'est-à-dire de ce que la rhétorique ancienne appelait *dispositio* et les modernes *ordo tractandi*. La composition d'un essai de Montaigne, par pures et simples associations, est en fait à l'extrême

---

1. P. 43.
2. Sic. Dans le texte de Montaigne, c'est le contraire : les grotesques entourent le vide du milieu (voir I, 28; 183).

opposé de la prose latine des humanistes, mais aussi d'œuvres en langue vulgaire comme l'*Institution chrétienne* de Calvin.

H. Friedrich,
Montaigne [1].

Le désordre de l'édition posthume des Essais

A une époque où nous goûtons surtout l'artiste en Montaigne, le créateur de formes, nous ne devons pas trop médire de la période de sa vie [2] pendant laquelle son souci d'art a été le plus vif peut-être et son travail de style le plus conscient. Nous ne devons pas oublier non plus que, dans ces quatre dernières années, grâce à toutes ses lectures, au contact de la pensée ancienne, quelques-unes de ses idées ont acquis une vigueur nouvelle. C'est après 1588, par exemple, qu'il a condamné énergiquement la torture, et qu'il s'est prononcé avec netteté sur la question des monstres. Tout cela reconnu, il reste qu'au point de vue du fond, l'édition posthume n'a pas apporté grand-chose, qu'elle a considérablement exagéré le désordre des *Essais* jusqu'à le rendre vraiment gênant pour le lecteur, qu'enfin elle les a encombrés d'une masse d'allégations et d'autorités qui alourdissent la pensée et qui risquent d'en cacher l'originalité.

Pierre Villey,
Les Sources et l'évolution... [3].

La critique anglo-saxonne et l'ordre des Essais

[Elle] attribue le désordre des *Essais* à la peinture baroque de l'unité diverse du monde, hypothèse à laquelle se prête un instant H. Friedrich. Ces diverses interprétations reposent sur un postulat esthétique; les *Essais* sont un livre d'art, ils font le portrait du monde; par fidélité à l'objet de leur peinture, ils transcrivent le désordre du monde. Le désordre des *Essais* n'est rien d'autre que la marque d'un acquiescement au désordre universel. Cette hypothèse répond à un certain nombre d'exigences : elle se garde de commettre des anachronismes puisque les *Essais* sont écrits au moment où la « période baroque »

1. P. 349.
2. La dernière.
3. P. 545.

commence; elle prend en considération les revendications explicites de Montaigne concernant l'allure poétique « à sauts et à gambades »...

JEAN-YVES POUILLOUX,
Lire les Essais de Montaigne [1].

La critique française et l'ordre des Essais

(*Il s'agit de trois articles de J. Thomas, R. Jasinski et Etiemble* [2].)

Ces trois études s'attachent à dépister un fil conducteur intelligible dans chacun des essais considérés, une continuité intellectuelle entre les divers développements. Elles reposent sur le postulat explicite que « tout y est relié par une pensée » (Etiemble), qu'il est possible de retracer le cheminement d'une pensée qui « gradue les progressions et les effets, ménage s'il le faut de brusques élargissements » (Jasinski), de déceler à travers l'apparence informe une « unité d'intention » (Thomas). Une telle démarche prend l'exact contrepied des analyses précédentes [3], comme en témoignent la verve et la verdeur des critiques adressées par Etiemble à Baraz ou à Sayce, à l'associationnisme. »

J.-Y. POUILLOUX,
Lire les Essais... [4].

Un double mouvement

On trouve dans ce livre une pensée en travail; il faut remonter à ses sources, ou prolonger et coordonner tant bien que mal ses résultats parcellaires, pour la constituer en système. Ces opérations, laissées à l'initiative du critique, sont sans doute légitimes; mais elles ne correspondent qu'à l'une des deux tendances perceptibles dans le texte – celle qui résume et fige en aphorismes, par instants, le progrès des investigations. La

---

1. P. 52.
2. J. Thomas, « Sur la composition d'un essai de Montaigne », in *Humanisme et Renaissance*, t. V, 1938, pp. 297-306; R. Jasinski, « Sur la composition chez Montaigne » in *Mélanges H. Chamard*, 1951. pp. 257-267; et Etiemble, « Sens et structure dans un essai de Montaigne » in *CAIEF*, no 14, 1962, pp. 263-274.
3. Les analyses anglo-saxonnes.
4. P. 53.

tendance opposée, par laquelle ces mêmes aphorismes sont remis en question ou exploités en divers sens, n'est pas moins efficace : principe de mobilité et d'innovation, elle anime la confrontation de Montaigne avec la culture humaniste, ou avec la part de lui-même qui en reste tributaire.

ANDRÉ TOURNON,
Montaigne. La Glose et l'essai[1].

Peindre le « passage »

A l'« être », substance soustraite au temps, s'oppose le « passage », structure temporelle qu'on ne doit pas concevoir comme un procès orienté ou comme une transition, mais comme un saut d'instant en instant dans l'horizon d'une imprévisibilité fondamentale. La temporalité de l'homme apparaît comme sa discontinuité. De même qu'il n'y a pas de rapport constitutif entre deux moments temporels, et que chaque moment n'est fondamentalement que lui-même, séparé de tous les autres, de même l'existence individuelle se dissocie en une suite de moments d'existence discontinus qui constituent, à l'intérieur d'un déroulement temporel, le moi dans son incommensurable diversité. L'unité de l'individu ne serait saisissable que dans l'unité de l'instant. Mais un raccourcissement de plus en plus vigoureux de l'instant reste nécessairement illusoire, parce que cette unité se dérobe, si petit que soit le moment : en effet, ce moi est déjà contradictoire en lui-même. [...]

Ainsi, les *Confessions* de saint Augustin par exemple sont une histoire qui se constitue seulement en référence à l'instant présent, privilégié par une plus grande lucidité. Chez Montaigne au contraire, cette élévation du moi présent [...] est naïveté, perspective aveugle, incapable de se rendre compte de l'aspect conditionné de l'instant qui va suivre immédiatement, c'est-à-dire de l'instant présent. A partir du moment où on a pris conscience de cet aspect conditionné, on doit se fixer pour tâche, non plus de juger les moments de l'existence passée à partir de l'existence présente, mais de les laisser subsister dans leur intégrité, afin de saisir ainsi la diversité de son propre moi. Dans

1. Pp. 287-288.

cette perspective, la possibilité de constituer une histoire apparaît [...] illusoire...

KARLHEINZ STIERLE,
« L'Histoire comme Exemple... » [1].

La progression des Essais

Montaigne n'écrivit pas d' « essais ». Il écrit un livre appelé
« Les Essais de Michel de Montaigne » que nous appelons ses
Essais par commodité. « De l'expérience » n'est pas un « essai » qui
se trouve à la fin du livre; c'est le dernier chapitre du troisième
et dernier livre des Essais. Chaque chapitre contient de nombreux « essais ». Les Essais sont l'œuvre d'un apprenti : un
maître a déjà produit son chef-d'œuvre; le titre de Montaigne
proclame que tel n'est pas son cas. Sa sagesse est celle d'un
apprenti en sagesse. Ce n'est pas par hasard si le dernier mot du
livre I est apprentissage. [...]

Des « essais », au sens moderne, peuvent se lire dans n'importe
quel ordre. Ils n'imposent pas la lecture de ceux qui précèdent
ou de ceux qui suivent, au contraire des chapitres de Montaigne.
Les dernières pages du dernier chapitre, « De l'expérience »,
constituent le sommet des trois livres. Elles sont l'aboutissement
d'une longue quête.

Les chapitres des trois livres de Montaigne ne sont pas groupés
selon la date de leur composition. Leur ordre correspond à une
préoccupation plus élevée. Aucune des centaines de modifications que Montaigne introduisit dans son texte ne toucha à
l'ordre des chapitres. Les pages de la fin sont modifiées dans la
dernière version, mais elles demeurent les pages de la fin. Elles
rassemblent en elles les trois livres des Essais comme une
énorme vague qui déferle sur le lecteur dans les derniers
paragraphes. En amoindrir la force serait fausser l'ensemble de
l'œuvre.

M.A. SCREECH,
Montaigne and Melancholy [2].

---

1. Pp. 197-198.
2. P. 13 (texte anglais traduit).

« Que sais-je ? »

L'originalité de Montaigne

Ajoutons que cette égale et plaisante beauté de ce livre, son nouvel air, son intention et sa forme inconnues jusqu'à nos jours expriment assez que quiconque l'ait écrit l'a conçu. Nouvel air, dis-je : car vous le voyez d'un particulier et spécial dessein, scrutateur universel de l'homme intérieur et de plus correcteur et fléau continu des erreurs communes. Ses compagnons enseignent la sagesse, il désenseigne la sottise. Il évente cent mines nouvelles, mais combien difficilement éventables. Davantage, il a cela de propre à lui que vous diriez qu'il ait épuisé les sources du jugement et qu'il ait tant jugé qu'il ne reste plus que juger après.

Mlle de GOURNAY,
Préface de l'édition des Essais (1635).

Le doute de Montaigne

Pour Montaigne, étant né dans un État chrétien, il fait profession de la religion catholique et en cela il n'a rien de particulier. Mais comme il a voulu chercher quelle morale la raison devrait dicter sans la lumière de la foi, il a pris ses principes dans cette supposition; et ainsi, en considérant l'homme destitué de toute révélation, il discourt en cette sorte. Il met toutes choses dans un doute universel et si général que ce doute s'emporte soi-même, c'est-à-dire qu'il doute s'il doute, et doutant même de cette dernière proposition, son incertitude roule sur elle-même dans un cercle perpétuel et sans repos, s'opposant également à ceux qui assurent que tout est incertain et à ceux qui assurent que tout ne l'est pas, parce qu'il ne veut rien assurer. C'est dans ce doute de soi et dans cette ignorance qui s'ignore, et qu'il appelle sa maîtresse forme, qu'est l'essence de son opinion, qu'il n'a pu exprimer par aucun terme positif.

[...]

Je vous avoue, Monsieur, que je ne puis voir sans joie dans cet auteur la superbe raison si invinciblement froissée par ses propres armes, et cette révolte si sanglante de l'homme contre l'homme, qui, de la société avec Dieu où il s'élevait par les maximes de sa faible raison, le précipite dans la nature des bêtes; et j'aurais aimé de tout mon cœur le ministre d'une si grande vengeance si, étant disciple de l'Église par la foi, il eût suivi les règles de la morale, en portant les hommes, qu'il avait si utilement humiliés, à ne pas irriter par de nouveaux crimes celui qui peut seul les tirer des crimes qu'il les a convaincus de ne pouvoir pas seulement connaître. Mais il agit au contraire en païen de cette sorte. De ce principe, dit-il, que hors de la foi tout est dans l'incertitude, et considérant combien il y a que l'on cherche le vrai et le bien sans aucun progrès vers la tranquillité, il conclut qu'on en doit laisser le soin aux autres; et demeurer cependant en repos, coulant légèrement sur les sujets de peur d'y enfoncer en appuyant; et prendre le vrai et le bien sur la première apparence, sans les presser, parce qu'ils sont si peu solides que, quelque peu qu'on serre la main, ils s'échappent entre les doigts et la laissent vide.

PASCAL (vers 1655),
Entretien avec M. de Sacy[1].

Montaigne et la religion

Un esprit non prévenu, lisant aujourd'hui les *Essais*, aurait peine à imaginer un Montaigne antichrétien, adversaire de la religion, parlant « à feinte » dans l' « *Apologie de Raymond Sebond* », comme un joueur hypocrite. « Un démon malin, un enchanteur maudit », tel apparaissait-il à Sainte-Beuve, qui

---

1. Ce texte ne fut publié qu'au XVIIIe siècle. Il est antérieur aux *Pensées*.

adoptait d'ailleurs, pour l'exposer plus dramatiquement, l'opinion de ces Messieurs de Port-Royal. On se rappelle le monologue intérieur que Sainte-Beuve, dans son *Port-Royal*, prête à Montaigne, et cette « lampe sacrée » dans la nuit (la lumière de la foi) qu'un souffle éteint brusquement, tandis que « l'on n'entend plus qu'un petit rire ». Puis vint le petit juif marchant à pas comptés, Spinoza, qui pousse l'homme dans les bras du grand Tout. Cela donne encore le frisson, après un siècle.

Il est certain que les travaux des historiens, au cours des vingt-cinq dernières années [1], ont contribué à tirer au clair le problème de l'attitude religieuse de Montaigne. On ne résout rien, en pareil cas, de façon définitive, mais le nombre des interprétations possibles est singulièrement plus limité qu'autrefois, la zone est restreinte où il est loisible d'errer, de « niaiser et fantastiquer » à l'exemple du maître, et l'amalgame de christianisme, de scepticisme philosophique et de paganisme moral que l'on distingue dans les *Essais* forme un composé moins instable. Montaigne n'est plus un isolé, dans un paysage spirituel aux lignes trop vagues.

Marcel RAYMOND,
« *L'attitude religieuse de Montaigne* [2]. »

Montaigne et les animaux

Quand on entend dire à Montaigne qu'il y a plus de différence de tel homme à tel homme que de tel homme à telle bête, on a pitié d'un si bel esprit; soit qu'il dise sérieusement une chose si ridicule, soit qu'il raille sur une matière qui d'elle-même est si sérieuse. Y a-t-il un homme si stupide qui n'invente du moins quelque signe pour se faire entendre? Y a-t-il une bête si rusée qui ait jamais rien trouvé? Et qui ne voit que la moindre des inventions est d'un ordre supérieur à tout ce qui ne fait que suivre? Et à propos du raisonnement qui compare les hommes stupides avec les animaux, il y a deux choses à remarquer : l'une, que les hommes les plus stupides ont des choses d'un ordre supérieur au plus parfait des animaux; l'autre que tous les hommes étant sans contestation de même nature, la perfection de l'âme humaine doit être considérée dans toute la capacité où

1. Publié pour la première fois en 1935.
2. In *Génies de France*, pp. 50-51.

l'espèce se peut étendre; et qu'au contraire, ce qu'on ne voit dans aucun des animaux n'a son principe ni dans aucune des espèces, ni dans tout le genre.

BOSSUET (1670),
Traité de la connaissance de Dieu et de soi-même.

... Non seulement il ignorait la nature de l'esprit humain, mais même il était dans des erreurs fort grossières sur ce sujet, supposé qu'il nous ait dit ce qu'il en pensait, comme il l'a dû faire.

Car que peut-on dire d'un homme qui confond l'esprit avec la matière; qui rapporte les opinions les plus extravagantes des philosophes sur la nature de l'âme sans les mépriser, et même d'un air qui fait assez connaître qu'il approuve davantage les plus opposées à la raison; qui ne voit pas la nécessité de l'immortalité de nos âmes; qui pense que la raison humaine ne la peut reconnaître; et qui regarde les preuves que l'on en donne comme des songes que le désir fait naître en nous [...], qui trouve à redire que les hommes *se séparent de la presse des autres créatures, et se distinguent des bêtes,* qu'il appelle *nos confrères et nos compagnons,* qu'il croit parler, s'entendre, et se moquer de nous, de même que nous parlons, que nous nous entendons, et que nous nous moquons d'elles; qui met plus de différence d'un homme à un autre homme que d'un homme à une bête; qui donne jusqu'aux araignées *délibération, pensement et conclusion;* et qui après avoir soutenu que la disposition du corps de l'homme n'a aucun avantage sur celle des bêtes, accepte volontiers ce sentiment que *ce n'est point par la raison, par le discours et par l'âme que nous excellons sur les bêtes, mais par notre beauté, notre beau teint, et notre disposition de membres, pour laquelle il nous faut mettre notre intelligence, notre prudence, et tout le reste à l'abandon,* etc.? Peut-on dire qu'un homme qui se sert des opinions les plus bizarres pour conclure que *ce n'est point par vrai discours*[1]*, mais par une fierté et opiniâtreté que nous nous préférons aux autres animaux,* eût une connaissance fort exacte de l'esprit humain, et croit-on en persuader les autres?

MALEBRANCHE (1674),
Recherche de la vérité[2].

---

1. *Discours :* raisonnement.
2. *Loc. cit.*

L'abandon de l'orgueil humain fait place à une *humanité,* une bonté à l'endroit de toutes les créatures qui ne s'inquiète plus du commandement d'avoir à les quitter pour leur créateur. Voilà qui est on ne peut plus hétérodoxe. L'orthodoxie, elle, ne peut concevoir un rapprochement de l'homme et de l'animal que comme un rappel de la chute qui a précipité le premier du sommet de la création qu'il occupait à l'origine, que comme un renversement de l'ordre voulu par Dieu. Aussi est-ce la comparaison avec les animaux que Bossuet a le plus vertement relevée dans sa critique de Montaigne. Peut-être y a-t-il aussi le souvenir de ces passages des *Essais* chez Pascal quand il qualifie de terrible la domination qui soumet l'homme au charme tentateur de toutes les créatures, donc aussi des animaux, et qu'il la cite parmi les stigmates du péché originel. Mais un autre viendra rejoindre Montaigne : La Fontaine...

Hugo FRIEDRICH,
Montaigne [1].

Lorsqu'elle n'est pas qu'exercice intellectuel, l'idée de la supériorité des animaux a une signification assez banalement moralisatrice; ceux-ci sont présentés alors comme des modèles, évidemment mythiques, d'innocence, avec l'intention de faire ressortir, par contraste, la corruption des hommes. Ceci est vrai, dans une très grande mesure, même des cyniques, de Pline, d'Ovide, de Plutarque, etc. Et il n'en est pas autrement au XVIᵉ siècle. Ainsi, la pensée de Boaistuau, qui essaie de prouver (dans son *Théâtre du monde*) que l'homme est la créature la plus misérable, se maintient dans les limites de la tradition théologique; dans le *Bref discours de l'excellence et dignité de l'homme,* il affirmera que celui-ci est le roi de la création et qu'il n'est misérable que dans la mesure où il subit les conséquences du péché originel. Étienne Pasquier, qui pourtant connaissait l' « *Apologie de Raymond Sebond* » lorsqu'il écrivait sa *Lettre à M. de Tournebu* sur la supériorité des animaux, se contente de répéter des lieux communs qui étaient dans l'air avant Montaigne; voici la conclusion de cette lettre, décevante par son conformisme : « ... *voulez-vous que je vous dise... qui je pense être*

1. P. 136.

*le plus grand non seulement par-dessus les bêtes, ains [1] par-dessus
les hommes? Celui... estime que combien que Dieu ait voulu
gratifier l'homme de plusieurs grandes bénédictions par-dessus les
autres animaux, toutefois pour lui ravaler son orgueil, a avantagé
les bêtes de plusieurs grands avantages que nous tous devons tirer à
notre édification.* »

On ne trouve que rarement dans de tels écrits de la sympathie
pour les bêtes ou un pressentiment de l'unité cosmique. [...]

Mais ceux qui affirment la supériorité des bêtes restent aussi
loin de l'idée d'unité cosmique que ceux qui soutiennent le
contraire, car ils isolent l'homme du reste de la nature. Montaigne
est remarquablement original dans la mesure où il pense que
nous ne sommes ni au-dessus, ni au-dessous du reste et où il relie
l'idée de l'égalité des êtres à l'inscience, à la critique de
l'anthropocentrisme, à l'idée qu'il y a autant d'images subjectives
du monde qu'il y a d'espèces d'animaux, etc.

Nous ne sommes pas encore en état d'apprécier toute l'importance de la critique montaignienne de l'anthropocentrisme,
car nous sommes encore loin d'avoir poussé jusqu'au bout la
révolution copernicienne contre l'illusion si tyrannique d'une
position privilégiée de l'homme. C'est l' « opinion de science »
qui en est l'essence ultime et il est fort difficile de la combattre.
De nos jours, on ne défend plus le géocentrisme, mais l'anthropocentrisme est plus prestigieux que jamais. Nous en sommes
encore à l'image, en somme naïve, d'une pyramide d'espèces au
sommet de laquelle se trouve l'homme.

Michaël BARAZ,
L'Être et la connaissance selon Montaigne [2].

Montaigne pyrrhonien

Le doute de Montaigne c'est l'état d'ignorance savante.
L'ignorance qui se connaît, se mesure, s'explique, se complaît en
elle : « *L'ignorance qui était naturellement en nous, nous l'avons,
par longue étude, confirmée et avérée* » (II, 12; 500). Et il atteste ici
Socrate « *le plus sage homme qui fut onques* » (II, 12; 501). Cette
ignorance savante n'est pas ignorance, ne l'est que de nom, ne

---

1. *Ains :* mais.
2. Pp. 95-96.

l'est que d'une certaine chose. Elle est science de nous-mêmes. De même que la science de ce qui est hors de nous est ignorance de nous-mêmes. (Cf. analyse de Bergson, ordre et désordre, être et néant.) « *Les hommes ayant tout essayé et tout sondé, n'ayant trouvé en cet amas de science et provision de tant de choses diverses rien de massif et de ferme, et rien que vanité, ils ont renoncé à leur présomption et reconnu leur condition naturelle.* » (II, 12; 500) [...] Ce n'est pas ignorance entière, c'est science de quelque chose.

Pyrrhonisme : un jugement qui est son but à lui-même, qui se consume de son propre feu. Mouvement, mais mouvement sur place, comme celui de l'âne de Buridan : « *Quiconque imaginera une perpétuelle confession d'ignorance, un jugement sans pente et sans inclination, à quelque occasion que ce puisse être, il conçoit le pyrrhonisme* » (II, 12; 505). Pyrrhon d'ailleurs a probablement dans son sage pyrrhonien établi une sorte de réplique au dieu d'Aristote. Hyperbole du doute socratique, comme l'autre est l'hyperbole des idées platoniciennes. D'ailleurs Montaigne estime que le vrai Pyrrhon, tout idéal, était un homme comme Socrate : « *Il n'a pas voulu se faire pierre ou souche; il a voulu se faire homme vivant* », etc. (II, 12; *ibid.*). L'extrême gauche du socratisme parmi lequel se range Montaigne, comme Raphaël a rangé ses jeunes amis dans l'*École d'Athènes*.

Albert THIBAUDET,
Montaigne [1].

Le pyrrhonisme de Montaigne n'est donc pas une ruse de dialecticien, subordonnée à une fin apologétique. C'est l'inverse : il constitue la raison d'être du discours déconcertant qui accuse et excuse les bévues de Sebond, il en assure la cohérence logique et s'inscrit en lui pour y manifester silencieusement sa propre nature que les « propositions affirmatives » du langage courant ne pouvaient définir. De ce fait, il échappe à ses contradictions de doctrine informulable, d'école du non-savoir; il devient une attitude mentale présupposée tout au long de l'enquête, une réserve intime perceptible même sous les éclats de voix du plaidoyer dès que l'on rapporte celui-ci à son objet.

En l'adoptant, ou plutôt en le décelant dans ses paradoxes, le

---

1. Pp. 276-277.

philosophe ne renonce pas aux investigations. Car le pyrrhonisme est aussi une « zététique », une philosophie de la recherche.

André Tournon,
Montaigne. La glose et l'essai [1].

Montaigne et la Réforme

S'il se tourna à la fois contre la théologie naturelle et contre la
Réforme, c'est qu'il voyait dans l'une comme dans l'autre un
même danger, la prétention de la raison humaine à l'autonomie.
Pareille assimilation est assurément insoutenable au strict point
de vue de l'histoire, mais elle est le fait de beaucoup de ses
contemporains. Montaigne, qui n'y regardait pas de trop près
quand il rapportait les opinions des autres, confondait ce qui
n'avait qu'une très vague ressemblance. Les preuves fidéistes par
lesquelles il voulait infirmer la Réforme lui auraient été pour
une bonne part inutiles s'il avait discerné les traits de fidéisme
très marqués que comportaient les doctrines de Luther et de
Calvin. Cependant, ce qui comptait pour ce sceptique était tout
simplement de s'opposer aux prétentions d'une raison trop sûre
d'elle-même, sous quelque forme que ce fût, sans considération
du camp religieux où on pouvait les trouver ou les soupçonner.
Les deux phénomènes, Réforme et théologie naturelle, lui sont
l'occasion de démontrer cet abaissement de l'homme dont il
avait besoin pour assurer le fondement de son anthropologie et
de sa sagesse.

Hugo Friedrich,
Montaigne [2].

---

1. P. 253.
2. Pp. 108-109.

Les grands thèmes

Montaigne et le temps

Ce n'est pas [la philosophie] qui nous donnera la paix en
nous apprenant à dominer le temps, et à en ordonner le flux.
Les Cannibales s'en tirent bien mieux. Ils *« jouissent l'heur
d'une longue vie, tranquille et paisible, sans les préceptes d'Aristote, et sans la connaissance du nom de la physique »* (II, 12).
Montaigne reconnaît l'inutilité des solutions que la philosophie
antique prétend apporter au problème du temps. Aucune école
n'est épargnée. Comment admettre le précepte épicurien selon
lequel il faut oublier la douleur présente grâce au souvenir des
biens passés? *« La mémoire nous représente, non pas ce que nous
choisissons, mais ce qui lui plaît. »* Bien plus, rien n'imprime
davantage une vision dans l'esprit que le désir de l'oublier. Les
platoniciens ont la chance de vivre dans un monde où les
apparences fluantes sont le reflet de l'éternel, et où les signes
de la divine pensée, le soleil, les étoiles, les eaux et la terre
figurent *« les intelligibles »* (II, 12). Mais malgré les nostalgies
platoniciennes de Montaigne, une telle correspondance
est exclue de l'*Apologie*. Montaigne se défie des ravissements
où les disciples de Platon – jusqu'aux xve et xvie siècles –
découvrent les joies de l'éternité. Les *« fureurs »* poétique et
prophétique nous entraînent au-dessus de notre condition
moyenne (II, 2). Montaigne cependant sait par expérience
que s'il nous arrive *« d'élancer parfois notre âme, éveillée par
les discours ou exemples d'autrui, bien loin au-delà de son ordi-*

naire », l'âme retombe en elle-même après avoir traversé ce tourbillon.

Françoise JOUKOVSKY,
Montaigne et le problème du temps [1].

Nous ne sommes qu'une succession rapide d'instants dissemblables. Et si (argument de Montaigne), dans le milieu de la joie, notre visage montre soudain de la tristesse, cela ne veut pas dire que nous dissimulions notre joie : cela signifie seulement que nous avons subitement changé et que nous avons été abandonnés par la joie que nous manifestions il y a un instant. Nous sommes devenus différents. Nos états se succèdent et se contredisent, sans qu'aucun d'entre eux soit jamais assez stable pour donner support à la superposition de l'être et du paraître. Quand « *nous rions et pleurons d'une même chose* » (I, 38), ce n'est pas hypocrisie, c'est l'effet de la « *volubilité et souplesse de notre âme* ».

Jean STAROBINSKI,
Montaigne en mouvement [2].

Montaigne et l'avenir

Par un singulier retour, cette absence d'espoir historique qui chez Montaigne a pu longtemps sembler anachronique, retrouve aujourd'hui une actualité saisissante, à la faveur de la crise qui affecte l'esprit moderne. Cette crise peut se définir comme une crise de confiance à l'égard du futur – un pressentiment désenchanté, qui redoute les « effets pervers » de changements motivés, à l'origine, par la meilleure volonté, et servis par les moyens les plus puissants. Le malaise de notre siècle est dû, pour une large part, au poids excessif des impératifs d'avenir, au pouvoir dictatorial d'un futur dont le triomphe est de faire oublier qu'il est exercé à partir du présent par des hommes qui se trouvent entraînés à traiter d'autres hommes en objets, en les dédommageant par l'annonce des profits ou du bonheur à réaliser. Nombreux sont désormais ceux qui ne peuvent se résigner à vivre dans un présent rendu exsangue par les sacrifices, par l'investissement d'énergie demandés au nom de

---

1. P. 134.
2. P. 107.

l'espoir. Cet « engagement », cette « hypothèque » sont devenus si considérables, qu'il en résulte un escamotage du présent, une escroquerie où la vie de maintenant est échangée contre un « chèque en blanc sur le futur ». Notre époque est devenue de plus en plus sensible à ce défaut de garantie.

Jean STAROBINSKI,
Montaigne en mouvement [1].

Montaigne et l'instant

Mais cette possession de tous les possibles n'est à son tour possible que grâce au temps et à sa fuite. Sans lui rien ne se possède. Voici que le temps apparaît maintenant comme la possibilité infinie de tous les moments où dans sa diversité la vie s'apporte et se possède. Vivre dans le temps, vivre conscient du temps, ce n'est plus comme auparavant, vivre conscient d'être entraîné loin de soi par le temps; c'est vivre conscient de s'avancer dans une possession de soi qui se révèle comme inépuisable. L'essentiel, c'est de se trouver toujours prêt à recevoir le dépôt de tous ces moi possibles [...].

Georges POULET,
Études sur le temps humain. I [2].

Montaigne croit à l'authenticité de chaque instant. Au moment où il écrit, il veut saisir ce moment comme étant unique, résumé de toute joie et de toute angoisse, mise en abyme de sa vie, instant auquel il demande l'intensité de la durée. L'idée qu'il se fait d'un temps minime, image d'un temps infini, détermine sa manière d'écrire, de concevoir l'essai, lui aussi fragment dans la multiplicité des possibles. On pourrait voir une attitude contraire chez Bossuet, par exemple, plus tourné vers l'idée de l'éternité que vers l'instant et dont la forme littéraire correspond à ses visions englobantes. Si Montaigne divise le temps, Bossuet l'étend; il le propose comme vaste toile de fond à ses méditations. Montaigne, dont la vision est limitée volontairement, se méfie des regards qui dominent et préfère ceux qui scrutent. S'occupant de son sujet immédiat avec minutie, il

---

1. Pp. 354-355.
2. Pp. 12-13.

recherche ses vérités dans la subtilité, *sub tela*; tout en écrivant donc, il reste dans les régions du sous-texte. Devant un sujet, il éprouve le désir de le morceler, de le diviser pour le voir en profondeur. Cette manière d'écrire peut se rattacher à sa conception du temps : vivre intensément chaque minute, qui donne l'idée d'un temps sans limite.

Floyd GRAY,
La Balance de Montaigne : exagium/essai [1].

La possession du temps : Montaigne et la mémoire

Or, pour bien montrer ce que c'est que le jugement, Montaigne l'oppose constamment à la mémoire, comme il oppose la sagesse à la science. La mémoire, c'est du passé; c'est un acquis qui ne se possède pas. C'est ce dont on se souvient et qu'on garde comme un objet dont on n'a pas l'usage et qu'on n'a pas fait sien. Il n'y a donc d'abord de jugement possible que s'il n'y a pas science. Négativement le jugement est une inscience, une ignorance. L'ignorance est « *maîtresse-forme* », parce qu'elle ramène sans cesse l'esprit à son opération propre, parce qu'elle le met en demeure de faire face à chaque occasion nouvelle. Ignorance et jugement se trouvent donc inséparablement liés.

Georges POULET,
Études sur le temps humain. I [2].

Montaigne et la diversité

Épier cette différence, qui fait la singularité d'un être, de son être, c'est le dessein de Montaigne dans le chapitre « *De l'expérience* » (III, 13). Pierre Villey s'est persuadé que Montaigne s'intéresse à son *moi* parce que le *moi* seul fait l'objet d'une connaissance directe, mais que son dessein est de prendre, à travers ce *moi*, connaissance de l'homme en général; aussi s'étonne-t-il, dans sa notice introductive au chapitre « *De l'expérience* », que, « plus en cet essai qu'en aucun autre de la même époque », Montaigne s'abandonne à des confidences qui « n'ont qu'un intérêt trop individuel et rappellent la première manière ». Il estime que le « goût du paradoxe » et « le plaisir d'étonner le lecteur » en sont responsables. Explication embarrassée; ne

1. P. 188.
2. P. 13.

faut-il pas plutôt penser que, dans ce dernier chapitre du livre, Montaigne est à l'écoute – c'est un de ses mots – de sa propre individualité et qu'il a dessein de montrer que ces traits individuels, loin de coexister avec des traits plus généraux, censés plus importants, qu'ils ne modifieraient pas, donnent à ceux-ci mêmes une qualité singulière qui constitue la nature propre de chaque être ?

Jean CÉARD,
La Nature et les prodiges [1].

Se sentir différent

Il dit qu'il a plus appris et s'est mieux cultivé en voyant les autres mal faire et en se défendant de les imiter (III, 8) qu'en les voyant bien faire et en suivant leur exemple. Pourtant il dit ailleurs qu'il est de condition singeresse; mais condition singeresse quand il ne réfléchit pas. Quand il réfléchit, c'est au contraire contre-imitation car alors il se retire en lui-même, se forge et se construit lui-même. Il ne *se sent* pas conforme (distraction), mais il *se sent* différent. Il se connaît et se goûte en tant que différent. Il estime même que le temps où il vit, temps de mal, de volerie et de perfidie, lui a été excellent pour cette besogne.

C'est là une des sources de la vie intérieure. Elle se définit toujours par un principe de différence. Elle est un non-conformisme. Et d'autant plus chez Montaigne qu'il est conformiste en actions.

Albert THIBAUDET,
Montaigne [2].

Montaigne et Machiavel

On rapprochera avec fruit de certaines idées exprimées ici [dans le chapitre « *De l'utile et de l'honnête* » (III, 1)] la critique des théories de Machiavel rencontrée dans l'essai II, 17. Quand il affirme l'incompatibilité de la morale et de la politique, il est probable que Montaigne se souvient des leçons de Machiavel, qui a écrit notamment : « Quiconque veut en tout et partout se

1. P. 407.
2. Pp. 421-422.

conduire en homme de bien est inévitablement destiné à périr parmi tant de méchants »; et encore : « quiconque ne peut se dépouiller des idées morales courantes doit vivre en homme privé, et ne pas se hasarder parmi les gouvernants. » Seulement, à la différence de Machiavel, Montaigne tire comme conséquence de ces prémisses l'impossibilité pour le sage de se mêler de la politique. On observera ici l'originalité de sa position dans le grand débat d'alors sur les doctrines de Machiavel; tandis qu'autour de Montaigne on reproche surtout à Machiavel d'avoir placé la politique sur le terrain positif et séparé la politique de la morale, Montaigne, approuvant cette séparation, reconnaît que la politique choque nécessairement bien souvent les règles de la morale; mais, dans l'essai II, 17, d'une part il reproche à Machiavel d'avoir méconnu la valeur du facteur moral en politique; ici, d'autre part, il affirme que le devoir moral qui lie les individus légitime l'abstention en politique.

Pierre VILLEY,
Notice introductive à l'essai III, 1 [1].

Montaigne et la politique

Montaigne est certainement curieux des goûts politiques, les juge avec une pénétration et une intelligence singulières, aiguisée par la fréquentation des historiens anciens, par le rapport constant avec Rome. Ici encore il y a chez lui un Montesquieu en puissance. De Thou [2] a dit qu'il était parfaitement informé des affaires de Guyenne, et lui-même qu'on le pressait de faire œuvre d'historien. Mais probablement ces histoires eussent nui à sa tranquillité, et puis il était en défiance de soi. En tout cas il a une curiosité d'historien. Il assiste aux malheurs de son temps avec cette curiosité même, bien éveillée. Voir [...] : « *Je m'agrée aucunement* [3] *de voir de mes yeux ce notable spectacle de notre mort publique* » (III, 12; 1046). Il a l'impartialité et la psychologie nécessaires. Peut-être verrait-il les choses trop compliquées. Cf. ses jugements sur les historiens (Guichardin). Sens psychologique. Sens des faits politiques. Ce qu'il dit des origines des

---

1. Édition Villey-Saulnier des *Essais*, pp. 789-790.
2. Historien de la fin du XVIᵉ siècle.
3. *Je m'agrée aucunement* : il ne me déplaît pas.

guerres civiles [...] pourrait se transporter tel quel aux origines de la Révolution. Sens social (Coutume-Sauvages). Cf. Montesquieu : formation de Rome, patron des choses politiques.

Albert THIBAUDET,
Montaigne [1].

Montaigne et la nature

Idée de la bonté de la nature, si ancrée au XVIIIe siècle. Ne pose pas beaucoup la question du *sequi naturam* [2] de la morale antique. Mais le plus grand effort de la sagesse en ce qui concerne la mort n'est-il pas de nous amener à la résignation et à la placidité d'un paysan qui meurt? Cf. les paysans de son entourage pendant la grande maladie. [...] Nous avons en tout dépravé et corrompu la nature : « *le débordement et dérèglement de notre appétit devançant toutes les inventions que* [3] *nous cherchons de l'assouvir* » [II, 12; 458].

Est-ce que Montaigne est en effet l'homme de la nature? Pas du tout. Il est lié de tous côtés à la plus artificielle humanité. Il est l'homme de la tradition, de l'intelligence, de la culture. Ce qu'il « *déprise* » et raille sous l'homme, c'est lui-même. Voltaire dans le *Mondain* et Rousseau dans le *Discours* font la philosophie de leur nature. Montaigne fait dans la peau de Voltaire la philosophie de Rousseau.

Albert THIBAUDET,
Montaigne [4].

Montaigne et les Cannibales

Cet embarras de la critique [à propos de l'essai I, 31 « *Des Cannibales* »] qui voudrait réduire la portée immédiate de l'essai à une volonté d'esbrouffe littéraire, à un jeu philosophique et rhétorique sans conséquence, traduit une gêne profonde quant aux tabous que lève ou que contourne un Montaigne désinvolte comme jamais : cannibalisme, polygamie, nudité. Il est tentant

---

1. P. 318.
2. *Sequi naturam :* Suivre la nature.
3. *Que :* par lesquelles.
4. P. 399.

pour des lecteurs modernes accoutumés à des classiques plus anodins de crier ici à l'anarchie, sans toutefois atteindre aux imprécations d'un Georges Le Gentil, qui voyait dans Montaigne, Léry, et même [...] Thevet [1], des boutefeux de la révolution mondiale [2]! La meilleure solution pour ne pas insulter à la gloire posthume de Montaigne est alors de faire croire qu'il joue et de ne pas prendre au sérieux une telle « glorification systématique des Indigènes » jusque dans leurs pratiques alimentaires et sexuelles les moins recommandables. Par un semblable désir d'atténuation, il arrivera que l'on mette en doute les tortures ici évoquées – ce cannibalisme du vivant dont parle en passant Montaigne – et que maints documents du temps des guerres de religion attestent clairement. [...]

Montaigne en fait, sans témoigner de cette rigueur que certains commentateurs ont cru découvrir ici, use tour à tour dans sa défense des Cannibales d'arguments empruntés à deux théories distinctes et difficilement compatibles. Suivant une tactique de l'atténuation, il recourt d'abord aux commodités que lui offre la première thèse (coutume guerrière fondée sur l'honneur), puis, sans en prévenir et sans prendre garde à la légère incohérence qui en résulte, il s'adresse, toujours par souci d'efficacité rhétorique, à la seconde tradition (contrainte alimentaire ou traitement médical). S'il y a un jeu conscient dans cet essai et une habileté étonnante à manier l'esprit du lecteur, c'est bien dans ce subtil déplacement d'un exemple à l'autre qu'il convient de les déceler. Par ce glissement imperceptible d'un argument à son contraire, tous deux utiles en leur temps à une démonstration qui est un perpétuel passage à la limite, l'essai « Des Cannibales » développe un exercice d'acrobatie d'autant plus périlleux qu'il joue des tabous les plus tenaces et les plus essentiels au christianisme : nudité, polygamie, cannibalisme. Pirouette des hauts-de-chausses [3] qui achève brusquement l'essai, récriminations personnelles contre les épouses acariâtres de par-deçà, et dans le cas de l'anthropophagie, alliage savamment

---

1. Thevet et Léry : auteurs de relations de voyage au Brésil.
2. Dans un article publié dans une revue portugaise en 1932 (*Biblos*, université de Coïmbre).
3. Allusion à la chute de l'essai « *Des Cannibales* » : « *Tout cela ne va pas trop mal : mais quoi, ils ne portent point de hauts-de-chausses.* »

dosé de raisons médicales, sociologiques et morales, dont l'enchaînement ne va nullement de soi.

Frank LESTRINGANT,
« Le cannibalisme des Cannibales.
I. Montaigne et la tradition » [1].

Montaigne et la sorcellerie

En matière de sorcellerie, la seule vérité qui lie le Chrétien est celle de sa possibilité. Montaigne n'y manque pas, mais refuse d'accepter les conséquences qu'en tire un Bodin. [...]

Remarquons bien cependant que toutes ces analyses particulières ne ruinent pas la possibilité générale de la sorcellerie. Telle est, semble-t-il, la signification de l'avertissement que Montaigne donne vers la fin du chapitre « Des boiteux » : « *Qui mettrait mes rêveries en compte au préjudice de la plus chétive loi de son village, ou opinion, ou coutume, il se ferait grand tort, et encore autant à moi* » (III, 11; 1033). Il n'invite pas à abolir toute législation relative à la sorcellerie, mais peut-être à ne jamais l'appliquer! [...] Il s'agit, en effet, de matières où les jugements, fondés ou non, ont toujours de grandes conséquences. Trop de prétendus miracles de sorcelleries se dissipent à l'examen pour qu'un cas douteux suffise à créer la conviction. Mais cette réserve ne va jamais, en Montaigne, jusqu'à la négation. Le chapitre « *Des boiteux* » ne contredit pas à ces lignes de la première édition, où Montaigne condamne la « *sotte présomption* » de sa jeunesse : il méprisait tout ce qu'il entendait dire « *des esprits qui reviennent, ou du pronostic des choses futures, des enchantements, des sorcelleries* » (I, 27; 179); il y a renoncé, mais, précise-t-il, ce n'est pas « *que l'expérience m'ait depuis rien fait voir au-dessus de mes premières créances* [2], *et si* [3] *n'a pas tenu à ma curiosité* [4] » (*ibid.*).

Jean CÉARD,
La Nature et les prodiges [5].

---

1. In *BSAM*, 6e série, nos 9-10, 1982, pp. 29 et 34.
2. *Créances :* croyances.
3. *Et si :* et pourtant.
4. Montaigne n'a pas manqué d'exercer sa curiosité à cet égard.
5. Pp. 428-430.

III

Bibliographie

I. Œuvres de Montaigne.

II. Instruments de travail.

III. Sur l'époque, le milieu, la vie.

IV. Actes de colloques, mélanges, recueils collectifs, revues, etc.

V. Abréviations.

VI. Études générales et sur les *Essais*.

VII. Sur le *Journal* et autres écrits.

VIII. Fortunes de Montaigne.

I. Œuvres de Montaigne

Éditions originales

Essais, livres I et II. Bordeaux, Simon Millanges, 1580.

Essais, livres I et II, Bordeaux, Simon Millanges, 1582.

Essais, livres I et II, Paris, Jean Richer, 1587.

[Il est possible qu'une édition perdue aujourd'hui ait été imprimée avant celle de 1588, signalée comme la « cinquième ». La Croix du Maine parle en effet d'éditions rouennaises dont il ne reste aucune trace. Voir P. Villey, *Montaigne devant la postérité*, p. 28, note.]

Essais, augmentés du IIIᵉ livre et de 600 additions aux deux premiers, Paris, Abel L'Angelier, 1588. [L' « exemplaire de Bordeaux » est un exemplaire de cette édition de 1588 annoté par Montaigne.]

Essais, édition posthume établie par Pierre de Brach et Mlle de Gournay, Paris, Abel L'Angelier, 1595, avec une longue préface apologétique de Mlle de Gournay.

[Dans leur *Descriptive Bibliography of Montaigne's Essays (1580-1700)*, R. A. Sayce et D. Maskell comptent 8 éditions des *Essais* jusqu'en 1598 (et 35 jusqu'en 1669).]

Éditions modernes

Ces éditions sont épuisées et ne peuvent se trouver qu'en bibliothèque. Elles n'en font pas moins, pour certaines, autorité et toutes intéressent les curieux de Montaigne.

Essais, publiés d'après l'exemplaire de Bordeaux par F. Strowski, F. Gébelin et P. Villey, Bordeaux, 1906-1933. C'est l'édition dite « municipale » en 5 volumes.

Essais. Reproduction phototypique de l'exemplaire de Bordeaux, avec une introduction de F. Strowski, Paris, Hachette, 1912, 3 volumes.

Essais. Reproduction typographique de l'exemplaire de Bordeaux, procurée par le Dr Armaingaud, Paris, Imprimerie nationale, 1913-1931.

Essais, éd. P. Villey, Paris, Alcan, 1922-1923, 3 volumes. Édition établie sur l'exemplaire de Bordeaux. Réédition 1930-1931.

Essais, in *Œuvres complètes* (t. I-VI), éd. Armaingaud, Paris, Conard, 1929-1941. Cette édition est la seule qui donne toutes les variantes (hormis les variantes manuscrites).

Essais, éd. A. Thibaudet, Paris, Gallimard, Bibliothèque de la Pléiade, 1933.

Essais, éd. M. Rat, Paris, « Classiques Garnier », 1941, 2 volumes. (Sans indication des couches du texte.)

Essais, éd. Samuel S. de Sacy, Paris, Club Français du Livre, 1952. Réimpression 1962. (Texte de 1588 avec les ajouts du texte de l'exemplaire de Bordeaux dans un autre caractère typographique. Voir plus haut, pp. 292-293.)

Éditions disponibles

Œuvres complètes :
    éd. Thibaudet-Rat, Paris, Gallimard, Bibliothèque de la Pléiade, 1967. (Réédition de l'édition de 1933, augmentée du texte du *Journal de voyage,* des *Lettres,* des *Ephémérides de Beuther.*) L'une des bonnes éditions courantes aujourd'hui sur le marché;
    collection « L'Intégrale », Paris, Seuil. (Mêmes textes que dans la précédente édition. Les *Essais* sont présentés sans indication des couches du texte.)
    [Seule l'édition Armaingaud méritait le titre d'*Œuvres complètes* puisqu'elle était la seule à donner aussi le texte de *La Théologie naturelle.* Voir plus loin.]

Essais :
    éd. Villey-Saulnier, Paris, P.U.F., 1965; réimpr. 1978 en 2 volumes. (Reprise de la vieille édition Villey de 1922-1923.) Faute d'une véritable édition critique des *Essais,* c'est l'édition Villey-Saulnier qui sert actuellement le plus souvent d'édition de référence;
    éd. Michel Simonin, Paris, Classiques Garnier, 3 tomes, 1988, 1989, 1990. Cette édition, actuellement en préparation, prend comme texte de base celui de 1595. (Voir les articles de D. Maskell mentionnés ci-dessous.)
    Pour un public de spécialistes, des reprints permettent de se procurer l'édition de 1580 (Paris, Slatkine) et l'édition municipale de 1906-1933 (OLMS [Allemagne], 1980, 3 volumes). D'autre part, il existe une édition critique séparée de l'*Apologie de Raymond Sebond,* due à R. Porteau, Paris, Aubier, réimpr. 1978.
    En format poche, on dispose des *Essais* dans les collections G.-F.

(Garnier-Flammarion : la meilleure des éditions de poche à ce jour), Livre de Poche, Folio.

Pour des lecteurs intimidés par la langue du XVIᵉ siècle, une bonne approche peut être fournie par les éditions scolaires (extraits expliqués), notamment celles des éditions Bordas, collection « Univers des connaissances » (procurée par Claude Faisant) et Larousse, « Nouveaux Classiques Larousse » (procurée par Daniel Ménager).

Les problèmes posés par l'édition des *Essais* ont été exposés (en italien) par Fausta Garavini dans son article « Per un'edizione critica degli *Essais* » in *Itinerari a Montaigne* (voir plus bas, p. 372). Sur les arguments en faveur de l'édition de 1595, voir deux articles de David Maskell, « Montaigne correcteur de l'exemplaire de Bordeaux », in *BSAM*, 5ᵉ série, nᵒˢ 25-26, 1978, pp. 57-71 et « Quel est le dernier état authentique des *Essais* de Montaigne? » in *BHR*, 1978, pp. 85-103.

Journal de voyage :

in *Œuvres complètes,* éd. Armaingaud (t. VII-VIII), éd. Thibaudet-Rat, éd. « L'Intégrale » du Seuil, et en éditions séparées. Voir la liste de celles-ci plus haut, p. 117. La dernière en date, procurée par Fausta Garavini dans la collection Folio en 1983 possède un bon apparat critique, une introduction remarquable et donne le seul texte à jour puisqu'elle utilise la copie Leydet du *Journal* récemment découverte par François Moureau (voir plus haut, pp. 112-113, et ci-dessous p. 373).

La Théologie naturelle : la seule édition du XXᵉ siècle est celle des *Œuvres complètes* procurée par le Dr Armaingaud (t. IX-X).

Lettres :

in *Œuvres complètes,* éd. Armaingaud (t. XI), Thibaudet-Rat, « L'Intégrale ».

Il reste un peu moins de 40 lettres de Montaigne, d'ampleur, d'intérêt, de ton extrêmement divers. La plus longue, la plus « littéraire », non datée, est celle qu'il adressa à son père pour lui faire le récit de la mort de La Boétie. Une autre, du 10 septembre 1570, est adressée à sa femme pour la consoler de la mort de leur premier-né. Plusieurs le sont au maréchal de Matignon. Il y a une lettre de remontrances adressée par le maire de Bordeaux au roi Henri III. Plusieurs sont des lettres politiques envoyées à des personnages d'importance diverse (Henri de Navarre, les jurats de Bordeaux, etc.).

Éphémérides de Beuther :

in *Œuvres complètes, id.*

Il s'agit d'une sorte de calendrier dont une demi-page restait libre pour qu'on pût y inscrire des notes personnelles. Montaigne possédait un exemplaire de ces *Éphémérides* de 1551, sur lesquelles figurent une quarantaine de notes de sa main ou de celle de sa fille Léonor. Une édition critique de ces *Éphémérides* a été donnée en 1948 par Jean Marchand, Paris, Compagnie française des Arts graphiques.

Autres écrits de Montaigne :

Mises à part les inscriptions de la librairie (publiées dans plusieurs éditions des *Essais :* Villey-Saulnier, « L'Intégrale », Thibaudet-Rat, et évidemment Armaingaud [t. XII]), on possède des annotations de Montaigne sur les *Annales* de Nicole Gilles et sur le Quinte-Curce de Froben. Elles n'intéressent que le spécialiste et n'ont été publiées que par Armaingaud (t. XII).

II. Instruments de travail

La bibliographie de Montaigne est énorme. Deux instruments de travail facilitent grandement sa consultation :

Bonnet (Pierre), *Bibliographie méthodique et analytique des œuvres et documents relatifs à Montaigne,* Genève-Paris, Slatkine, 1983. Il s'agit du relevé de toute la bibliographie montaignienne jusqu'en 1975, classée par rubriques. Ce travail de bénédictin, admirable, contient 3 270 titres (et deux index).

De 1976 à 1985, il faut consulter la bibliographie annuelle de Klapp, *Bibliographie der französischen Literaturwissenschaft* [Bibliographie de l'histoire littéraire française], Francfort, Klostermann, qui apporte tous les ans la liste des travaux concernant Montaigne.

Autre instrument désormais indispensable : R.E. Leake..., *Concordance des Essais*, Genève, Droz, 1981, 2 volumes (qui rend moins utile l'ancien *Répertoire des idées de Montaigne* d'Eva Marcu, Genève, Droz, 1965).

III. Sur l'époque, le milieu, la vie

Bennassar (B.) et Jacquart (J.), *Le XVIᵉ siècle,* Paris, A. Colin, 1972.

Braudel (Fernand), *La Méditerranée,* Paris, A. Colin, 5ᵉ éd., 1982, 2 vol.

Chastel (André), *La Crise de la Renaissance,* Genève, A. Skira, 1968.

Frame (Donald), *Montaigne. A Biography,* San Francisco, North Point Press, rééd. 1984 (1ʳᵉ éd. : 1965).

Fumaroli (Marc), *L'Age de l'éloquence,* Genève, Droz, 1980.

Huppert (George), *Bourgeois et gentilshommes. La réussite sociale en France au XVIᵉ siècle,* trad. franç., Paris, Flammarion, 1983.

Ilsey (Marjorie H.), *A Daughter of the Renaissance. Marie Le Jars de Gournay,* La Haye, Mouton, 1963.

Lemonnier (Henry), *Charles VIII, Louis XII et François Iᵉʳ. Les guerres d'Italie. 1492-1547,* réimpr. Paris, Tallandier, 1982. [*Histoire de France* de Lavisse, t. V, 1ʳᵉ partie.]
Henri II, la lutte contre la maison d'Autriche. 1519-1559, réimpr. Paris, Tallandier, 1983. [*Hist. de France* de Lavisse, t. V, 2ᵉ partie.]

L'Estoile (Pierre de), *Mémoires-journaux. 1574-1611*, éd. Brunet, Champollion, Halphen, Lacroix, Read, Tamizey de Larroque et Tricotel, 1875-1899; reprint et additions Paris, Tallandier, 1982, 12 vol.

Mandrou (Robert), *Introduction à la France moderne. 1500-1640*, Paris, Albin Michel, 1961. Réimp. 1974.

Mariéjol (Jean-H.), *La Réforme, la Ligue, l'Édit de Nantes. 1559-1598*, réimpr. Paris, Tallandier, 1983. [*Hist. de France* de Lavisse, t. VI, 1ʳᵉ partie.]

Nakam (Géralde), *Montaigne et son temps. Les événements et les Essais. (L'histoire, la vie, le livre)*, Paris, Nizet, 1982.

Les Essais de Montaigne, miroir et procès de leur temps, Paris, Nizet, 1984.

Pasquier (Étienne), *Œuvres complètes*, Amsterdam, 1723, 2 vol. in-folio.

Choix de lettres sur la littérature, la langue et la traduction, éd. D. Thickett, Genève, Droz, 1956.

Péronnet (Michel), *Le XVIᵉ siècle : des grandes découvertes à la Contre-Réforme*, Paris, Hachette, 1981.

Trinquet (Roger), *La jeunesse de Montaigne*, Paris, Nizet, 1972.

Zanta (Léontine), *La Renaissance du stoïcisme en France au XVIᵉ siècle*, Paris, Champion, 1914.

Zuber (Roger), « Atticisme et classicisme », in *Critique et création littéraire en France au XVIIᵉ siècle*, pp. 375-393.

IV. Actes de colloques, mélanges, recueils collectifs, revues, etc.

Consacrés à Montaigne :

Mémorial du 1ᵉʳ Congrès international des études montaignistes, éd. G. Palassie, Bordeaux, Taffard, 1964.

O un amy! Essays on Montaigne in honor of Donald M. Frame [*Mélanges D. Frame*], Lexington (Kentucky), French Forum Publishers, 1977.

Autour du Journal de voyage de Montaigne, Actes des Journées Montaigne, Mulhouse-Bâle, octobre 1980. Genève-Paris, Slatkine, 1982.

Montaigne et les Essais. 1580-1980, Paris-Genève, Champion-Slatkine, 1983.

Montaigne, Actes du colloque international (Duke University), éd. M. Tetel, Paris, Nizet, 1983.

Études montaignistes en hommage à Pierre Michel [*Mélanges P. Michel*], Paris, Champion, 1984.

Rhétorique de Montaigne, Actes du colloque de Paris, réunis par Frank Lestringant, Paris, Champion, 1985. Préface de Marc Fumaroli.

Contenant des articles sur Montaigne :

L'Automne de la Renaissance. 1580-1630, Actes du Colloque de Tours (1979), Paris, Vrin, 1981.

Critique et création littéraire en France au XVIIe siècle, Paris, CNRS, 1977.

Les Écrivains et la politique dans le sud-ouest de la France autour des années 1580, Actes du Colloque de Bordeaux (1981), Presses Universitaires de Bordeaux, 1982.

Études seiziémistes, Genève, Droz, 1980.

Mélanges à la mémoire de V. L. Saulnier, Genève, Droz, 1984.

Renaissance Studies in honor of Isidore Silver [Mélanges I. Silver], éd. F.S. Brown, Lexington (Kentucky), French Forum Publishers, 1974.

Revues

Outre les numéros du *BSAM* riches d'articles et d'études sur Montaigne, on retiendra les numéros spéciaux des revues suivantes :
Europe, numéro sur « Montaigne », janv.-fév. 1972.
Yale French Studies, « Montaigne : Essays in reading », no 64, 1983.
Œuvres & Critiques, « Montaigne », VIII, 1-2, 1983.
CAIEF, no 14 (1962) et 33 (1981).
RHR, no 21, 1985.
Des articles sur Montaigne sont publiés dans des revues spécialisées telles que *BHR, RHLF,* etc.

V. Abréviations

BHR, Bibliothèque d'Humanisme et Renaissance.
BSAM, Bulletin de la Société des Amis de Montaigne.
CAIEF, Cahiers de l'Association Internationale des Études Françaises.
RHLF, Revue d'Histoire littéraire de la France.
RHR, Réforme, Humanisme, Renaissance.

VI. *Études générales et sur les* Essais

Auerbach (Erich), *Mimésis,* trad. franç., Paris, Gallimard, 1970.
Aulotte (Robert), *Montaigne : L'Apologie de Raymond Sebond,* Paris, SEDES, 1979.
Baraz (Michaël), *L'Être et la connaissance selon Montaigne,* Paris, Corti, 1968.

« Sur la structure d'un essai de Montaigne [III, 13] », in *BHR*, 1961, pp. 265-281.

« Le sentiment de l'unité cosmique chez Montaigne », in *CAIEF*, n° 14, 1962, pp. 211-224.

« L'intégrité de l'homme selon Montaigne », in *Mélanges D. Frame*, 1977, pp. 18-33.

Beaujour (Michel), *Miroirs d'encre*, Paris, Seuil, 1980.

Bellenger (Yvonne), « Nature et naturel dans quatre chapitres des *Essais* [III, 2, 6, 8, 10] », in *BSAM*, 5e série, n° 25-26, 1978, pp. 37-49.

« L'intelligence des animaux : Montaigne et Du Bartas lecteurs de Plutarque », in *RHLF*, 1980, n° 4, pp. 523-539.

« Montaigne et l'ironie », in *CAIEF*, n° 38, 1986.

Blum (Claude), « La mort des hommes et la mort des bêtes dans les *Essais* de Montaigne : sur les fonctions paradigmatiques de deux exemples », in *French Forum* 5, 1980, pp. 3-13.

« La fonction du *déjà dit* dans les *Essais* : emprunter, alléguer, citer », in *CAIEF*, n° 33, 1981, pp. 35-51.

Bowen (Barbara), *The Age of Bluff. Paradoxes and ambiguity in Rabelais and Montaigne*, Urbana, University of Illinois Press, 1972.

Brody (Jules), *Lectures de Montaigne*, Lexington (Kentucky), French Forum Publishers, 1982.

Butor (Michel), *Essais sur les Essais*, Paris, Gallimard, 1968.

Cave (Terence), *The Cornucopian Text. Problems of writing in the French Renaissance*, Oxford, Clarendon Press, 1979.

Céard (Jean), *La Nature et les prodiges. L'insolite au XVIe siècle en France*, Genève, Droz, 1977.

Clark (Carol), *The Web of metaphor. Studies in the imagery of Montaigne*, Lexington..., French Forum..., 1978.

Compagnon (Antoine), *La Seconde Main, ou le travail de la citation*, Paris, Seuil, 1979.

Nous, Michel de Montaigne, Paris, Seuil, 1980.

Demonet (Marie-Luce), *Michel de Montaigne et les Essais*, Paris, PUF, 1985.

Dréano (Maturin), *La Pensée religieuse de Montaigne*, Paris, Beauchesne, 1936.

Duval (Edwin M.), « Lessons of the New World : design and meaning in Montaigne's « *Des Cannibales* » (I, 31) and « *Des coches* » (III, 6) », in *Yale French Studies*, n° 64, pp. 95-112.

Ehrlich (Hélène-Hedy), *Montaigne et le langage*, Paris, Klincksieck, 1972.

Étiemble, « Montaigne », in *Histoire des littératures*, Paris, Gallimard, Encyclopédie de la Pléiade, t. III, 1958, pp. 255-272.

« Sens et structure dans un essai de Montaigne [III, 6] », in *CAIEF*, n° 14, 1962, pp. 263-274.

Frame (Donald), *Montaigne's discovery of Man : the humanization of a humanist*, New York, Columbia University Press, 1955.

Friedrich (Hugo), *Montaigne*, trad. franç., Paris, Gallimard, 1968.

Garavini (Fausta), *Itinerari a Montaigne*, Rome, Sansoni, 1983.

Garapon (Robert), « Quand Montaigne a-t-il écrit les *Essais* du livre III ? » in *Mélanges Jean Frappier*, t. I, Genève, Droz, 1970, pp. 321-327.

Gide (André), *Essai sur Montaigne*, Paris, Schiffrin, 1929.

Glauser (Alfred), *Montaigne paradoxal*, Paris, Nizet, 1972.

Gray (Floyd), *Le style de Montaigne*, Paris, Nizet, 1958.
La Balance de Montaigne : exagium/essai, Paris, Nizet, 1982.

Gutwirth (Marcel), *Montaigne ou le pari d'exemplarité*, Montréal, Presses de l'Université, 1977.
« By diverse means... [I, 1] », in *Yale French Studies*, n° 64, pp. 180-187.

Jasinski (René), « Sur la composition chez Montaigne [III, 6, 9, 10] », in *Mélanges Chamard*, 1951, pp. 257-267.

Jeanson (Francis), *Montaigne par lui-même*, Paris, Seuil, 1951.

Joukovsky (Françoise), *Montaigne et le problème du temps*, Paris, Nizet, 1972.

Kritzmann (Lawrence), *Destruction/découverte : le fonctionnement de la rhétorique dans les Essais*, Lexington..., French Forum..., 1980.

La Charité (Raymond), *The concept of judgment in Montaigne*, La Haye, Nijhoff, 1968.

Lanson (Gustave), *Les Essais de Montaigne*, Paris, Mellottée [1930].

Lestringant (Frank), « Le cannibalisme des " *Cannibales* " », I et II, in *BSAM*, 6e série, n° 9-10, 1982, pp. 27-40 et n° 11-12, 1982, pp. 19-38.

McGowan (Margaret), *Montaigne's deceits. The art of persuasion in the Essais*, Philadelphie, Temple University Press, 1974.

McKinley (Mary), *Words in a corner. Studies in Montaigne's Latin quotations*, Lexington..., French Forum..., 1981.

Ménager (Daniel), « Mémoire et écriture chez Montaigne », in *Œuvres & Critiques*, « *Montaigne* », 1983, pp. 169-183.
« Improvisation et mémoire dans les *Essais* », in *Rhétorique de Montaigne*, 1985, pp. 101-110.

Merleau-Ponty (Maurice), « Lecture de Montaigne », in *Signes*, Paris, Gallimard, 1960.

Micha (Alexandre), *Le singulier Montaigne*, Paris, Nizet, 1964.

Moreau (Pierre), *Montaigne, l'homme et l'œuvre*, Paris, Hatier, 1939.

Pouilloux (Jean-Yves), *Lire les Essais de Montaigne*, Paris, Maspero, 1970.

Poulet (Georges), *Études sur le temps humain*, Paris, Plon, 1950, t. I, chap. I.

Raymond (Marcel), « L'attitude religieuse de Montaigne », in *Génies de France*, Neuchâtel, La Baconnière, 1942, pp. 50-67.

Rigolot (François), « Le langage des *Essais*, référentiel ou mimologique ? », in *CAIEF*, n° 33, 1981, pp. 19-34.

Sayce (Richard A.), *The Essays of Montaigne: a critical exploration*, Londres, Weidenfeld and Nicolson, 1972.

« Renaissance et maniérisme dans l'œuvre de Montaigne », in *Renaissance, Baroque, Maniérisme*, Actes du Colloque de Tours, Paris, Vrin, 1972.

Screech (M. A.), *Montaigne and melancholy. The wisdom of the Essays*, Londres, Duckworth, 1983.

Starobinski (Jean), *Montaigne en mouvement*, Paris, Gallimard, 1982.

Stierle (Karlheinz), « L'Histoire comme exemple, l'exemple comme histoire », in *Poétique*, n° 10, 1972, pp. 176-198.

Strowski (Fortunat), *Montaigne*, Paris, Alcan, 1906; 2ᵉ éd. 1931.

Thibaudet (Albert), *Montaigne*, éd. par Fl. Gray, Paris, Gallimard, 1963.

Thomas (J. H.), « Sur la composition d'un essai de Montaigne [III, 9] », in *Humanisme et Renaissance*, t. V, 1938, pp. 297-306.

Tournon (André), *Montaigne. La glose et l'essai*, Presses Universitaires de Lyon, 1983.

Traeger (Wolf Eberhard), *Aufbau und Gedankenführung in Montaignes Essays* [Composition et conduite de la pensée dans les *Essais* de Montaigne], Heidelberg, C. Winter Verlag, 1961.

Villey (Pierre), *Les Sources et l'évolution des Essais de Montaigne*, Paris, Hachette, 1908; réimpr. 1933; reprint Osnabrück, Zeller, 1976.

Les livres d'histoire moderne utilisés par Montaigne, Paris, Hachette, 1908; reprint Slatkine, 1972.

Les Essais de Montaigne, Paris, Malfère, 1932; réimpr. Nizet, 1961.

Wojciechowska Bianco (Barbara), *Nel crepuscolo della coscienza. Alterità e libertà in Montaigne*, Lecce, Adriatica Editrice Salentina, 1979.

VII. Sur le Journal et les autres écrits

Bideaux (Michel), « La description dans le *Journal de voyage* de Montaigne », in *Études seiziémistes*, pp. 405-422.

Brush (Craig B.), « La composition de la première partie du *Journal de voyage* de Montaigne », in *RHLF*, 1971, pp. 369-380.

Coppin (Joseph), *Montaigne traducteur de Raymond Sebond*, Lille, impr. Morel, 1925.

Garavini (Fausta), « Montaigne e il suo biografo : doppia esposizione » et « Sull'italiano del *Journal de voyage* », in *Itinerari a Montaigne*, chap. VI et VII. [Ces deux articles ont été repris en français : le premier comme préface à l'édition du *Journal* donnée par F. Garavini, coll. Folio; le second sous le titre « Montaigne, écrivain italien ? » in *Mélanges P. Michel*, pp. 117-129.]

Moureau (François), « La copie Leydet du *Journal de Voyage* », in *Autour du Journal de Voyage de Montaigne*, pp. 107-185.

« Le manuscrit du *Journal de Voyage* : découverte, édition et copies », in *Montaigne et les Essais*, pp. 289-299.

« Deux inédits montaigniens : 1) une lettre de Léonor de Montaigne ; 2) la préface de l'abbé Prunis au *Journal de Voyage* », in *Mélanges P. Michel*, pp. 183-193.

Pérouse (Gabriel-A.), « La lettre sur la mort de La Boétie et la première conception des *Essais* », in *Montaigne et les Essais*, pp. 65-76.

Pertile (Lino), « Il problema della religione nel *Journal de Voyage* di Montaigne », in *BHR*, 1971, pp. 79-100.

VIII. Fortunes de Montaigne

Bernoulli (Dr René), « A propos de quelques thèmes de Montaigne dans la philosophie allemande », in *BSAM*, 4ᵉ série, nº 7, 1966, pp. 84-95.

Boase (Alan M.), *The Fortunes of Montaigne. A history of the Essays in France, 1580-1669*, Londres, Methuen, 1935 ; réimpr. New York, 1970.

Bonnet (Pierre), « Montaigne et la peste de Bordeaux », in *Mélanges P. Michel*, pp. 59-67.

Bouillier (V.), *La renommée de Montaigne en Allemagne*, Paris, Champion, 1921.

Brody (Jules), « La première réception des *Essais* de Montaigne : les fortunes d'une forme », in *Lectures de Montaigne*, pp. 13-27. [Article repris de *L'Automne de la Renaissance*, pp. 19-30.]

Brunschvicg (Léon), *Descartes et Pascal lecteurs de Montaigne*, Neuchâtel, La Baconnière, 1942.

Compagnon (Antoine), « Montaigne chez les post-modernes », in *Critique*, nº 433-434, juin-juillet 1983, pp. 522-534. [Compte rendu très intéressant par Frank Lestringant in *BSAM*, 6ᵉ série, nº 13-14, janvier 1983, pp. 116-117.]

Croquette (Bernard), *Pascal et Montaigne. Étude des réminiscences des Essais dans l'œuvre de Pascal*, Genève-Paris, Droz-Minard, 1974.

Dédeyan (Charles), *Montaigne et ses amis anglo-saxons*, Paris, Boivin, 1946.

Dréano (Maturin), *La renommée de Montaigne en France au XVIIIᵉ siècle, 1677-1802*, Angers, 1952. Réimp. Paris, Nizet, 1979.

« Montaigne dans les bibliothèques privées en France au XVIIIᵉ siècle », in *CAIEF*, nº 14, 1962, pp. 255-262.

Frame (Donald), *Montaigne in France, 1802-1852*, New York, Columbia University Press, 1940.

Maskell (David), « Déformation du texte des *Essais* aux XVIᵉ et XVIIᵉ siècles », in *Mélanges P. Michel*, pp. 167-172.

Michel (Pierre), *Montaigne*, collection « Tels qu'en eux-mêmes », Bordeaux, Ducros, 1969.

Moureau (François), « Montaigne à l'aube du siècle des lumières », in *BSAM,* 4ᵉ série, nº 22-23, 1970, pp. 49-55.

Pertile (Lino), « Montaigne, il suo tempo e noi », in *Culture française* (Bari), XIX, 1972 (mars-avril), pp. 89-96.

Pintard (René), *Le Libertinage érudit dans la première moitié du XVIIᵉ siècle,* Paris, Boivin, 1943, t. I.

Regosin (Richard L.), « Recent trends in Montaigne's scholarship : a post-structuralist perspective », in *Renaissance Quarterly,* 1984, XXXVII, nº 1, pp. 34-54.

Villey (Pierre), *Montaigne devant la postérité* [1580-1610], Paris, Boivin, 1935.

Index des noms de personnes

ADLER, 296.
ALAIN, 294.
ALBE (Duc d'), 58, 74.
ALBRET : voir JEANNE D'ALBRET.
ALEMBERT (d'), 275.
ALENÇON (François, duc d'), 66, 67, 70, 311.
ALEXANDRE, 211, 233, 244, 252.
ALFIERI, 279.
ALMAGRO, 306.
AMIEL, 283.
AMYOT, 87, 145, 156, 309, 310, 324, 325.
ANACRÉON, 309.
ANCONA (A. d'), 117, 283, 290.
ANJOU (Duc d', futur Henri III) : voir HENRI III.
ANJOU (Duc d', précédemment duc d'Alençon) : voir ALENÇON.
ANTOINE DE BOURBON : voir BOURBON.
ARAKI (Sh.), 290.
ARCADELT, 307.
ARGENS (d'), 274.
ARGENSON (d'), 277.
ARIÈS (Ph.), 232.
ARIOSTE, 45, 58, 166.
ARISTOTE, 173, 268, 351, 353.
ARMAINGAUD (Dʳ), 100, 117, 203, 292, 293, 294, 366, 367, 368.
ARNAULD, 333.
ARSAT (Mlle d'), 251.
ARTAUD, 269.
AUBIGNÉ (d'), 63, 87.

AUERBACH (E.). 370.
AUGUSTIN (Sᵗ), 148, 149, 169, 193, 196, 243, 296, 343.
AULOTTE (R.), 96, 193, 370.

BACON (Fr.), 263, 313.
BAÏF (J.-A. de), 47, 87, 310, 312.
BALDE, 45.
BALSARIN, 318.
BARAZ (M.), 192, 194, 202, 222, 224, 295, 342, 350, 370.
BARCKHAUSEN, 285.
BARETTI, 114.
BARRAL (R.), 117.
BARTOLE, 45.
BASTIDE (J.), 279.
BASTIEN, 277, 278.
BATAILLON (M.), 34.
BAUDIUS, 264.
BAYLE (P.), 210, 268, 270, 272, 284.
BEAUJOUR (M.), 296, 371.
BECCARIA, 279.
BELLEAU (R.), 47, 309, 310.
BEMBO, 45.
BENVÉNISTE (E.), 179.
BENNASSAR (B.), 40, 51, 368.
BÉRANGER, 283.
BERGSON, 351.
BERNI, 225.
BERNOULLI (R.), 105, 374.
BERQUIN, 34, 36, 306.
BEUTHER, 31, 366, 367.
BÈZE (Th. de), 47, 51, 261, 308, 311.

Bideaux (M.), 329, 373.
Blandecq (Ch.), 319.
Bloch, 168.
Blum (Cl.), 296, 371.
Boaistuau, 349.
Boase (A.), 255, 263, 264, 266, 268, 374.
Boccace, 169.
Bode, 279.
Bodin (J.), 45, 86, 87, 157, 215, 311, 361.
Boileau, 267, 268.
Boleyn (Anne), 306.
Bonaventure (St), 96, 97.
Bonnefon (P.), 285, 286, 294.
Bonnet (P.), 287, 368, 374.
Borie (Anne), 111.
Bossuet, 266, 268, 348, 349, 355.
Bouchet (G.), 257.
Bougainville, 114, 115.
Bouhier (Pt), 274.
Bouhours (Père), 269.
Bouillier (V.), 374.
Bourbon (Antoine de), 41, 44, 53, 54, 55, 309.
Bourbon (Cal de), 71, 80, 83, 312.
Bourbon (Famille de), 48.
Bovelles (Ch.), 96.
Bowen (B.), 296, 371.
Brach (P. de), 26, 159, 260, 261, 284, 305, 365.
Braudel (F.), 60, 65, 368.
Briçonnet (G.), 37.
Brody (J.), 262, 264, 266, 267, 292, 296, 371, 374.
Brown (F. S.), 370.
Brunet (G.), 284, 369.
Bruno (G.), 76, 312.
Brunschvicg (L.), 204, 374.
Brush (C. B.), 120, 373.
Buchanan, 303.
Budé (G.), 35, 37.
Bunel (P.). 99.
Burbage (J.), 311.
Burton, 264.
Bussy-Rabutin, 268.
Butor (M.), 153, 162, 186, 187, 295, 371.

Calvin, 37, 40, 44, 46, 47, 49, 56, 57, 214, 306, 307, 310, 341, 352.
Camesasca (E.), 117.

Camoëns, 310.
Camus (J.-P.), 264, 265, 338.
Canini (G.). 263.
Capperonnier, 111.
Cardan, 148.
Cartier (J.), 306, 307.
Casalis (B. de), 110.
Castiglione (B.), 307.
Catena, 127.
Catherine de Médicis, 24, 44, 50, 51, 52, 56, 57, 58, 60, 61, 62, 64, 65, 66, 69, 81, 309, 311, 312.
Caton d'Utique, 156, 181, 251, 252.
Cave (T.), 296, 371.
Céard (J.), 243, 246, 284, 357, 361, 371.
Cellini (B.), 148.
Cento (A.), 117.
Cervantès, 166, 168, 202, 298, 311, 312.
César, 118, 148, 149, 157, 169, 173.
Chaillou (M.), 291.
Chamard (H.), 342.
Champion (E.), 285, 286.
Champollion, 369.
Charles VIII, 31, 34, 368.
Charles IX, 32, 44, 56, 58, 60, 61, 62, 65, 66, 67, 69, 77, 303, 309, 310, 311.
Charles X : voir Bourbon (Cal de).
Charles Quint, 33, 41, 46, 306, 307, 308.
Charles II de Lorraine, 83.
Charles Emmanuel Ier, duc de Savoie : voir Savoie.
Charron (P.), 188, 264-265, 268, 283.
Chasles (Ph.), 283.
Chassignet, 313.
Chastel (A.), 58, 86, 368.
Chateaubriand, 281, 327.
Chrysippe, 231.
Cicéron, 169, 170, 182, 215, 236.
Cisalpino, 89, 311.
Citoleux (M.), 203, 294.
Claire-Eugénie (Infante), 83.
Claude de France, duchesse de Lorraine, 83.
Clark (C.), 371.
Clément (Jacques), 82, 315.
Clovis, 38, 68.
Colet (Louise), 282.

COLIGNY (Amiral), 56, 59, 60, 61, 62, 63.
COLIGNY (Famille de), 43.
COLLETET (G.). 331.
COMPAGNON (A.), 183, 296, 371, 374.
COMPAGNON (P.), 323.
CONDÉ (Louis, prince de, † 1569), 54, 55, 56, 57.
CONDÉ (Henri, prince de, fils du précédent), 24, 63, 73, 74, 311.
CONRAD III, 138.
COOK, 114, 115.
COPERNIC, COPERNICUS, 46, 48, 89, 212, 307.
COPPIN (J.), 318, 323, 325, 373.
CORISANDE, 75.
CORRÈGE (Le), 328.
COSTE (P.), 272-273, 278.
COTTON, 270.
COURBET, 285.
CROQUETTE (B.), 374.
CUVILLIER-FLEURY, 285.

DAUDET (A.), 283.
DAVID, 199.
DE BROSSES (Pᵗ), 115.
DÉDEYAN (Ch.), 117, 204, 263, 374.
DEFAUX (G.), 297.
DELORME (Ph.), 308.
DEL SARTO (A.), 328.
DÉMOCRITUS, 250.
DEMONET (M.-L.), 371.
DENYS L'ANCIEN, 138.
DERRIDA (J.), 298.
DES ADRETS, 55.
DESCARTES, 264, 265, 268, 374.
DESPORTES, 87, 310.
DE THOU, 191, 358.
DÉZEIMERIS, 285, 294.
DIANE DE POITIERS, 43.
DIDEROT, 114, 273, 276, 279.
DIOGÈNE, 238.
DOLET (E.), 76, 307.
DORLAND (P.), 318.
DORLÉANS, 74.
DRÉANO (Chanoine M.), 166, 269, 270, 271, 273, 276, 278, 371, 374.
DU BARTAS, 86, 87, 311, 371.
DU BELLAY, 45, 47, 55, 225, 229, 308, 309.
DU DEFFAND (Mme), 275.
DU GUESCLIN, 138.

DU HAUTOY, 110.
DUMAS (A.), 32.
DU PERRON, 168.
DU VAIR, 87, 181, 267.
DU VERDIER, 256, 324.
DUVAL (E.), 371.

ÉDOUARD VI, 41, 308.
ÉDOUARD, prince de Galles (Édouard III), 138.
EHRLICH (H.-H.), 296, 371.
ELIOT (T. S.), 291.
ÉLISABETH D'ANGLETERRE, 41, 54, 60, 70, 309, 310.
ÉLISABETH DE VALOIS, reine d'Espagne, 59-60, 83.
EMERSON, 166, 283.
EMMANUEL PHILIBERT, duc de Savoie, 83.
ÉPAMINONDAS, 337.
ÉPICTÈTE, 265.
ÉRASME, 18, 34, 35, 45, 156, 165, 170, 202, 225, 296, 307.
ESPEZEL (P. d'), 117.
ESTIENNE (Charles), 225.
ESTIENNE (Henri), 157.
ESTIENNE (Robert), 40.
ESTISSAC (d'), 110, 119.
ÉTIEMBLE, 188, 203, 295, 296, 342, 371.
EXPILLY (Cl. d'), 259.
EYQUEM : voir MONTAIGNE.

FAISANT (Cl.), 367.
FARNÈSE (Alexandre), 312.
FARNÈSE (Le pape : Paul III), 329.
FAURE (P.), 117.
FEBVRE (L.), 256.
FERDINAND (Empereur), 41, 308.
FICIN (M.), 45.
FLAUBERT, 282.
FLORIO (J.), 85, 263.
FONTENELLE, 210, 268.
FOSCOLO, 283.
FRAME (D.), 25, 101, 190, 197, 280, 281, 282, 283, 284, 285, 290, 297, 298, 326, 368, 369, 371, 374.
FRANCE (A.), 294.
FRANÇOIS Iᵉʳ, 31, 32, 33, 34, 36, 38, 41, 83, 306, 307, 308, 368.
FRANÇOIS II, 32, 42, 44, 49, 50, 309.
FRANÇOIS D'ASSISE (Sᵗ), 96.

FRANÇOIS DE SALES (S¹), 323, 324.
FRANÇOIS XAVIER (S¹), 40, 308.
FRANÇON (M.), 129.
FRAPPIER (J.), 372.
FREUD, 296.
FRIEDRICH (H.), 96, 97, 98, 100, 104, 139, 143, 147, 163, 164, 171, 178, 184, 188, 198, 199, 203, 204, 205, 209, 210, 214, 228, 265, 290, 295, 324, 340, 341, 349, 352, 372.
FROBEN, 368.
FUMAROLI (M.), 191, 266, 368, 370.

GALILÉE, 89.
GARAPON (R.), 372.
GARASSE (Père), 265.
GARAVINI (F.), 22, 108, 110, 113, 117, 118, 119, 120, 121, 122, 139, 192, 251, 296, 367, 372, 373.
GARNIER (R.), 85, 311.
GASSENDI, 268.
GÉBELIN (F.), 287, 365.
GENLIS (Mme de), 277.
GESNER (G.), 308.
GIBBON, 279.
GIDE (A.), 295, 372.
GILLES (N.), 368.
GLAUSER (A.), 224, 226, 296, 372.
GOETHE, 279.
GOLDSMITH (O.), 279.
GONGORÁ, 86.
GOUDIMEL, 45, 308, 310.
GOUJON (J.), 47, 307, 308.
GOURNAY (Mlle de), 24, 25, 26, 82, 159, 258, 260-262, 264, 285, 305, 345, 365, 368.
GOUVÉA (A.), 303.
GRAHAM (V. E.), 9.
GRAY (Fl.), 356, 372, 373.
GRÉCO (Le), 311, 312.
GRÉGOIRE XIII, 125, 230.
GRÉVIN (J.), 309.
GRIGNAN (Mme de), 335.
GROSLEY, 114.
GROTIUS, 96.
GRÜN (A.), 285, 287.
GUÉRENTE, 303.
GUEZ DE BALZAC, 104, 264, 266-267, 332.
GUICHARDIN, 215, 358.
GUILLAUME D'ORANGE, dit le Taciturne, 74, 311.

GUISE (François, duc de, † 1563), 52, 53, 54, 56, 309.
GUISE (Henri, duc de, † 1588, fils du précédent), 25, 54, 67, 68, 71, 79, 80, 312.
GUISE (Cᵃˡ de), 80, 312.
GUISE (Famille de), 42, 43, 44, 49, 50, 51, 55, 56, 61, 62, 71, 314, 315.
GUIZOT, 281.
GUTENBERG, 30.
GUTWIRTH (M.), 298, 372.

HABSBOURG (Famille de), 33, 66.
HALPHEN, 369.
HARA (J.), 290.
HAWKESWORTH, 114.
HAZLITT, 283.
HEGEL, 283.
HELVÉTIUS, 275.
HENRI II, 32, 41, 42, 43, 44, 49, 83, 308, 309, 368.
HENRI III, 23, 32, 54, 59, 61, 62, 65, 66, 67, 68, 69, 71, 72, 79, 80, 81, 87, 256, 310, 311, 312, 314, 315, 330, 335, 367.
HENRI DE NAVARRE, puis HENRI IV, 21, 25, 32, 41, 53, 62, 63, 65, 70, 72, 74, 82, 83, 84, 87, 250, 310, 311, 312, 313, 367.
HENRI VIII D'ANGLETERRE, 33, 41, 306, 308.
HENRI marquis de Pont-à-Mousson, 83.
HÉRACLITUS, 250, 251.
HERDER, 279.
HOLBACH, 277, 279.
HOMÈRE, 268.
HORACE, 168, 169, 244, 268, 284.
HOTMAN, 66, 311.
HUET, 270.
HUGO (V.), 282.
HUME, 279.
HUPPERT (G.), 16, 191, 368.
HUXLEY (A.), 295.
HYÉRON, 141.

ILSEY (M. H.), 260, 368.
IVAN LE TERRIBLE, 66, 126, 306, 308, 311.

JACQUART (J.), 40, 51, 368.
JANEQUIN, 45, 307.
JASINSKI (R.), 342, 372.

JEAN DE LA CROIX (S⁺)., 311.
JEANNE D'ALBRET, 41, 44, 55, 61, 310.
JEANSON (Fr.), 204, 337, 372.
JODELLE, 46, 47, 308, 311.
JOLIVET (J.), 96, 97.
JOUAUST, 285.
JOUKOVSKY (Fr.), 234, 354, 372.
JOYCE, 298.
JOYEUSE (Duc de), 68, 311.
JUAN D'AUTRICHE (Don), 64, 65.
JULIEN L'APOSTAT, 186-187, 216.
JUNG, 296.
JURIEU, 272.
JUSTE LIPSE : voir LIPSE.
JUVÉNAL, 268.

KANT, 279.
KEPLER, 89, 313.
KLAPP (O.), 368.
KOCHANOWSKI, 86.
KRITZMANN (L.), 296, 372.
KURIHARA (K.), 290.

LABÉ (Louise), 47, 309.
LA BOÉTIE, 19-20, 51, 67, 153, 160, 186, 187, 214, 233, 236, 251, 291, 303, 311, 337, 367, 374.
LA BRUYÈRE, 268, 283.
LA CHARITÉ (R.), 372.
LA CHASSAIGNE (Françoise de) : voir MONTAIGNE (Mme de).
LACROIX, 369.
LA CROIX DU MAINE, 163, 256, 324, 330, 365.
LAFAYETTE (Mme de), 41, 268.
LA FONTAINE, 151, 268, 349.
LAFUMA, 333.
LA HARPE, 278.
LAMARTINE, 281.
LA MOTHE LE VAYER, 264.
LANDI (O.), 225.
LANDOWSKI, 294.
L'ANGELIER (Abel), 24, 158, 305, 365.
LANSON, 9, 181, 182, 285, 286, 372.
LARIVEY, 311.
LA ROCHEFOUCAULD, 268.
LAS CASAS, 307, 308.
LASSUS (Roland de), 45, 310.
LA TAILLE (J. de), 310.
LAUTREY (L.), 117.
LAVISSE, 34, 368.

LEAKE (R. E. et al.), 148, 368.
LE BANSAIS (E.), 96.
LEFÈVRE D'ÉTAPLES, 37.
LEFRANC (A.), 294.
LE GENTIL (G.), 360.
LE JAY, 111.
LE JEUNE (Claude), 312.
LEMONNIER (H.), 33, 34, 35, 37, 38, 39, 43, 44, 368.
LÉON L'HÉBREU, 306.
LÉONARD DE VINCI, 328.
LÉONOR : voir MONTAIGNE.
LEONOR, reine de France, 318.
LEOPARDI, 283.
LÉRY (J. de), 360.
LE SAGE, 283.
LESCOT (P.), 47, 307, 308, 309.
LESSING, 279.
L'ESTOILE (P. de), 73, 76, 80, 81, 87, 314, 315, 368.
LESTONNAC (J. de), 30.
LESTONNAC (S⁺ᵉ Jeanne de, fille de la précédente), 30, 294.
LESTRINGANT (Fr.), 183, 296, 361, 370, 372, 374.
LEYDET (Chanoine), 112, 113, 116, 367, 373.
L'HOSPITAL (M. de), 50, 51, 57, 59, 191, 309, 310.
LIPSE (Juste), 87, 257, 258, 264.
LOCKE, 270, 275.
LOPE DE VEGA, 313.
LOPEZ : voir LOUPPES.
LORRAINE (C⁴ de), 44, 51, 57.
LORRAINE (Duc de) : voir CHARLES II.
LOUIS XII, 34, 368.
LOUIS XIII, 84.
LOUPPES : voir MONTAIGNE.
LOYOLA (S⁺ Ignace de), 40, 306, 309.
LUCRÈCE, 170.
LULLE (Raymond), 96, 97.
LUTHER, 37, 40, 99, 214, 307, 352.
LYLY, 86.

MACHIAVEL, 45, 170, 215, 306, 357-358.
MAINE DE BIRAN, 281.
MALEBRANCHE, 166, 264, 266, 268, 334, 335, 339, 348.
MALHERBE, 87.

MALVEZIN (Th.), 288.
MANDROU (R.), 45, 369.
MARCHAND (J.), 367.
MARCU (E.), 368.
MARGUERITE DE VALOIS-ANGOULÊ-
ME, reine de Navarre (sœur de
François Ier), 32, 33, 34, 37, 41, 52,
223, 306, 309.
MARGUERITE DE FRANCE, duchesse
de Savoie (sœur de Henri II), 32,
83.
MARGUERITE DE FRANCE, reine de
Navarre (épouse de Henri IV), 32,
61, 69, 70, 74, 87, 195, 311).
MARIE STUART, 42, 49, 60, 74, 310,
312.
MARIE TUDOR, 41, 308.
MARIÉJOL (J.-H.), 50, 52, 56, 66, 68,
69, 71, 72, 73, 81, 83, 369.
MARIVAUX, 272.
MARLOWE, 312.
MARMONTEL, 275.
MAROT, 40, 46, 307.
MARSTON, 264.
MARTIN (H.-J.), 256.
MARTIN (Jean), 99, 318.
MASKELL (D.), 262, 363, 365, 366,
367, 374.
MATHIEU, 72.
MATIGNON (M^{al} de), 75, 81, 82, 83,
84, 367.
MATTECOULON (B. de, frère de Mon-
taigne), 110.
MATSUNAMI (S. et M.), 290.
MAUDUIT, 312.
MAUROIS (A.), 204.
MAYENNE (Duc de), 71, 81.
McGOWAN (M.), 296, 372.
McKINLEY (M.), 296, 372.
MÉDICIS (Famille de), 50.
MÉNAGER (D.), 367, 372.
MERCATOR, 46, 309.
MÉRÉ (Chevalier de), 268.
MÉRIMÉE, 282.
MERLEAU-PONTY, 372.
MESLIER (Curé), 275.
MEUNIER DE QUERLON, 111, 112,
113, 116, 118, 119.
MICHA (A.), 292, 372.
MICHAUD (G^{al}), 287.
MICHEL (Pierre), 105, 117, 262, 270,
271, 279, 281, 282, 287, 294, 369,
373, 374.

MICHEL-ANGE, 45, 46, 307, 310, 327,
328.
MICHELET, 281.
MILLANGES (Simon), 22, 157, 304,
365.
MIRABEAU, 277.
MIRAILLE (Dominique), 77.
MISSON, 115.
MOLIÈRE, 47, 260, 268.
MONLUC, 55, 87, 148, 308, 312.
MONTAIGNE (Michel de), *passim.*
MONTAIGNE (Antoinette de Louppes,
mère de Montaigne), 16.
MONTAIGNE (Françoise de La Chas-
saigne, épouse de Montaigne;
Mme de), 19, 261, 277, 332.
MONTAIGNE (Grimon Eyquem,
grand-père de Montaigne), 15, 16.
MONTAIGNE (Léonor de, fille de
Montaigne), 25, 367, 374.
MONTAIGNE (Pierre Eyquem, père
de Montaigne), 16, 17, 18, 20, 42,
99, 100, 303.
MONTAIGNE (Raymond Eyquem,
bisaïeul de Montaigne), 15.
MONTEMAYOR, 309.
MONTESQUIEU, 86, 273, 276, 358,
359.
MONTMORENCY (Connétable de), 32,
43, 54, 55, 310.
MONTMORENCY (Famille de), 49.
MONTPENSIER (Duc de), 304.
MONTPENSIER (Mme de), 314.
MORE ou MORUS (Thomas), 34,
306.
MOREAU (P.), 167, 372.
MORERI, 270, 274, 275.
MOUREAU (Fr.), 111, 113, 114, 115,
116, 367, 373, 375.
MOTHEAU, 285.
MURET (M.-A. de), 303.

NAIGEON, 272, 279, 280, 285, 294.
NAKAM (G.), 32, 35, 42, 72, 74, 75, 77,
78, 82, 204, 296, 369.
NAPOLÉON, 281.
NASELLI (G.), 263.
NAUDÉ, 264, 268.
NEMOURS (Mme de), 314, 315.
NERVAL, 282.
NICÉRON (Père), 272.
NICOLE (P.), 333, 335.

NICOLAS DE CUSE, ou CUES, 96, 198.
NIETZSCHE, 7, 139, 283.
NODIER, 282.
NOSTRADAMUS, 58.

OVIDE, 170, 177, 178, 349.

PALASSIE (G.), 369.
PALISSOT, 275.
PALISSY (B.), 86, 311.
PALLADIO, 86, 312.
PARACELSE, 307.
PARÉ (A.), 46, 311.
PASCAL, 105, 200, 264, 265, 268, 323, 333, 335, 346, 349, 374.
PASQUIER (E.), 44, 74, 77, 78, 79, 87, 169, 191, 224, 226, 257, 258, 264, 267, 315, 331, 339, 349, 369.
PATER (W.), 283.
PAUL (St), 169.
PAULMY, 277.
PAYEN (Dr), 283, 284, 285, 293.
PELGÉ, 224, 258.
PÉRONNET (M.), 369.
PÉROUSE (G.-A.), 374.
PERTILE (L.), 131, 132, 296, 374, 375.
PETIT (J.), 318.
PÉTRARQUE, 162, 168, 169, 170.
PHILIPPE II (d'abord Philippe d'Espagne), 41-42, 54, 58, 60, 63, 64, 71, 80, 83, 308, 311, 312, 313.
PIBRAC, 191.
PIC DE LA MIRANDOLE, 203.
PIE V, 64.
PIE XII, 294.
PILON (E.), 116.
PINGUET (M.), 251.
PINTARD (R.), 375.
PIZZARO, 306.
PLATON, 45, 156, 170, 244, 245, 268, 353.
PLATTARD (J.), 292.
PLINE, 201, 349.
PLUTARQUE, 45, 87, 105, 145, 155, 156, 157, 166, 170, 173, 174, 201, 264, 268, 278, 279, 298, 309, 310, 325, 337, 349, 371.
POLETTI (J.-G.), 291.
POLTROT DE MÉRÉ, 54, 56.
POMPONAZZI, 205.
POPE, 166, 275.

PORTA (J. B.), 309.
PORTEAU (R.), 366.
POUILLOUX (J.-Y.), 186, 188, 189, 295, 296, 342, 372.
POULET (G.), 355, 356, 372.
PRÉVOST (Abbé), 275.
PRIMATICE (Le), 46, 85.
PROUST, 93.
PRUNIS (Chanoine), 111, 112, 374.
PSAMMENITUS, 138.
PYRRHON, 156, 206, 274, 351.

QUERLON : voir MEUNIER DE QUERLON.
QUINTE-CURCE, 368.

RABELAIS, 29, 34, 36, 45, 47, 166, 168, 225, 230, 283, 306, 307, 308, 326, 371.
RACAN, 268.
RACINE (Louis), 274.
RAEMOND (Fl. de), 259, 303.
RAPHAËL, 169, 327, 328, 351.
RAT (M.), 31, 117, 251, 292, 366, 367, 368.
RAYMOND (M.), 198, 203, 288, 294, 296, 347, 372.
READ, 369.
RÉGNIER, 283.
REGOSIN (R.), 375.
RENAN, 283.
RETZ (Mlle de), 87.
RICHER (J.), 158, 305, 365.
RICHTER (Jean-Paul), 279.
RIGOLOT (Fr.), 296, 372.
ROLAND (Mme), 278.
RONSARD, 45, 47, 57, 61, 85, 86, 87, 168, 169, 263, 268, 284, 308, 310, 311.
ROUSSEAU, 276, 277, 278, 336, 359.
ROUSSEL (G.), 34, 37.
ROVINI (R.), 295.
ROYER, 285.

SACY (M. de), 265, 346.
SACY (Samuel S. de), 292, 366.
SAINT-ANDRÉ (Mal de), 55.
SAINTE-BEUVE, 204, 283, 284, 346, 347.
SAINTE-MARTHE, 79, 331.
SAINT-ÉVREMOND, 268.
SAINT-QUENTIN (Mlle de), 251.
SALES : voir FRANÇOIS DE SALES.

SAND (G.), 282.
SANNAZAR, 86.
SARTO : voir DEL SARTO.
SAULNIER (V. E.), 15, 99, 138, 173, 197, 266, 292, 332, 333, 339, 358, 366, 368, 369.
SAVOIE (Charles-Emmanuel, duc de, fils de Marguerite de France), 83, 312.
SAYCE(R. A.), 188, 295, 342, 365, 373.
SCALIGER, 309.
SCANDERBERG, 138.
SCÈVE, 46, 307.
SCHIFF (M.), 261.
SCHILLER, 60.
SCHOPENHAUER, 283.
SCLAFERT (Père), 203, 294.
SCREECH (M. A.), 296, 344, 373.
SCUDÉRY (Mlle de), 268, 335.
SEBOND (R.), 21, 93, 95-106, 137, 156, 174, 181, 190, 193, 194, 195, 196, 197, 198, 200, 201, 202, 204, 207, 257, 272, 303, 316, 318-319, 323, 325, 326, 346, 349, 351, 366, 370, 373.
SEGRAIS, 268.
SÉGUR (Cte de), 111.
SEKINE (H.), 290.
SÉNANCOUR, 281.
SÉNÈQUE, 45, 105, 155, 156, 170, 173, 174, 181, 258, 264, 266, 267, 268, 274.
SERCY, 269.
SERVET (M.), 76, 308.
SÉVIGNÉ (Mme de), 268, 335.
SEXTUS EMPIRICUS, 156.
SHAKESPEARE, 85, 166, 225, 264, 282, 312.
SIDNEY (Sir Philip), 86.
SILVER (I.), 370.
SIMONIN (M.), 169, 262, 293, 366.
SIXTE QUINT, 71, 72, 312.
SOCRATE, 45, 170, 171, 207, 217, 227, 229, 237, 244, 245, 252, 266, 337, 350, 351.
SOLIMAN, 306, 307.
SOREL (Ch.), 264, 268, 339.
SPENSER, 312.
SPINOZA, 268, 347.
STAËL (Mme de), 281.
STAROBINSKI (J.), 176, 177, 178, 179, 184, 185, 291, 295, 296, 354, 355, 373.

STENDHAL, 128, 282, 328.
STÉPHANE (R.), 291.
STERNE (L.), 279.
STIERLE (K.), 184, 344, 373.
STROWSKI (F.), 105, 285, 287, 294, 324, 365, 366, 373.
SURREY, 47, 309.
SUÉTONE, 173.
SWIFT, 275.

TABOUROT DES ACCORDS, 257.
TACITE, 157, 170.
TALBERT (Abbé), 277.
TALBOT, 32.
TAKAHASHI (G.), 290.
TAMIZEY DE LARROQUE, 369.
TANSILLO, 87.
TARTAGLIA, 46, 307.
TASSE (Le), 45, 86, 311.
TETEL (M.), 369.
THACKERAY, 283.
THALÈS, 257, 260.
THÉOCRITE, 162.
THÉRÈSE D'AVILA (S^{te}), 311.
THEVET, 360.
THIBAUDET (A.), 31, 191, 208, 209, 251, 268, 292, 295, 337, 351, 357, 359, 366, 367, 368, 373.
THICKETT (D.), 259, 332, 369.
THOMAS (S^t), 169.
THOMAS (J.-H.), 342, 373.
THOMAS D'AQUIN (S^t), 204.
THOU : voir DE THOU.
THUILLIER (J.), 88.
TITE-LIVE, 298.
TITIEN (Le), 45, 46, 306.
TITIUS, 279.
TOURNEBU : voir TURNÈBE.
TOURNON (A.), 191, 204, 209, 296, 343, 344, 373.
TOVAR, 34.
TRAEGER (W. E.), 373.
TRICOTEL, 369.
TRINQUET (R.), 18, 284, 288, 369.
TRUBLET (Abbé), 273.
TURENNE, 69.
TURNÈBE, 257, 349.
TYCHO-BRAHÉ, 89, 310, 311, 312.

URFÉ (H. d'), 323, 324.

Valois (Famille de), 33, 65, 66, 68, 87.
Vasari, 63, 308.
Vatable, 37.
Vauvenargues, 274.
Verdi, 60.
Vergara, 34.
Vésale, 46, 307.
Veuillot (L.), 281.
Viète (Fr.), 89, 312.
Villamont, 115, 116.
Villemain, 281.
Villeneuve (de) : voir Louppes et Montaigne.
Villey (P.), 9, 15, 99, 138, 156, 173, 179, 180, 181, 182, 183, 184, 186, 188, 190, 197, 209, 217, 225, 255, 257, 259, 261, 265, 266, 280, 285, 287, 291, 292, 294, 332, 333, 335, 339, 341, 356, 358, 365, 366, 368, 373, 375.
Vinci : voir Léonard.
Virgile, 162, 168, 169, 170, 261, 268.
Vivès (J.-L.), 34.
Voltaire, 129, 210, 276, 335, 359.

Walpole (H.), 275.
Wartburg, 168.
Webster, 264.
Wojciechowska Bianco (B.), 373.
Woolf (V.), 295.
Wyatt., 47, 309.

Zanta (L.), 258, 369.
Zénon, 231.
Zuber (R.), 369.
Zweig (S.), 295.

Cet ouvrage a été réalisé sur
Système Cameron
par la *SOCIÉTÉ NOUVELLE FIRMIN-DIDOT*
Mesnil-sur-l'Estrée
pour le compte des Éditions Balland
le 18 janvier 1988

Imprimé en France
Dépôt légal : janvier 1988
Nº d'impression : 7066

ISBN 2-7158-0667-1
F 2 6962